住房城乡建设部土建类学科专业"十三五"规划教材
"十二五"普通高等教育本科国家级规划教材
北 京 市 精 品 教 材
高 校 工 程 管 理 专 业 规 划 教 材

建设工程项目管理
理论与实务

（第二版）

刘伊生　主编

中国建筑工业出版社

图书在版编目（CIP）数据

建设工程项目管理理论与实务/刘伊生主编. —2
版. —北京：中国建筑工业出版社，2018.3（2024.11重印）
高校工程管理专业规划教材 "十二五"普通高等教育
本科国家级规划教材 北京市精品教材 住房城乡建设
部土建类学科专业 "十三五"规划教材
ISBN 978-7-112-21966-7

Ⅰ.①建… Ⅱ.①刘… Ⅲ.①基本建设项目-工程项
目管理-高等学校-教材 Ⅳ.①F284

中国版本图书馆 CIP 数据核字（2018）第 051489 号

　　本书以建设工程项目策划决策及建设实施（设计、施工）全过程为主线，兼顾建设工程项目业主及参建各方（勘察设计单位、施工单位、咨询监理单位）和各管理目标（质量、造价、进度、安全、环保），充分结合我国建设工程管理体制改革内容，系统介绍了建设工程项目管理程序、内容和方法。

　　全书共分 12 章，主要内容包括：建设工程项目管理概述、建设工程项目策划与决策、建设工程项目管理涉及的基本制度、建设工程项目实施方式、建设工程项目管理组织与项目经理、建设工程招投标与合同管理、建设工程实施阶段质量管理、建设工程实施阶段造价管理、建设工程实施阶段进度管理、建设工程安全生产与环境管理、建设工程风险管理、建设工程信息管理。

　　本书可作为高等学校工程管理专业、土木工程专业的教材或教学参考书，也可供政府建设主管部门、建设单位、工程咨询及监理单位、勘察设计单位、施工单位、物资供应单位等有关工程管理人员参考。

责任编辑：牛　松　冯江晓　张　晶
责任校对：刘梦然

住房城乡建设部土建类学科专业 "十三五"规划教材
"十二五"普通高等教育本科国家级规划教材
北　京　市　精　品　教　材
高 校 工 程 管 理 专 业 规 划 教 材
建设工程项目管理理论与实务（第二版）
刘伊生　主编

*

中国建筑工业出版社出版、发行（北京海淀三里河路 9 号）
各地新华书店、建筑书店经销
北京红光制版公司制版
建工社（河北）印刷有限公司印刷

*

开本：787×1092 毫米　1/16　印张：18¼　字数：441 千字
2018 年 5 月第二版　2024 年 11 月第八次印刷
定价：**40.00** 元
ISBN 978-7-112-21966-7
（31808）

第 二 版 前 言

"建设工程项目管理"是高等学校工程管理专业的一门核心课程，同时也是土木工程专业的一门重要课程。为适应我国建设工程管理体制改革及建设工程项目管理发展形势，满足教学与实际工作的需要，特编写《建设工程项目管理理论与实务（第二版）》一书。

本书力求做到内容系统、全面，在分析建设项目法人责任制、工程监理制、招标投标制和合同管理制等工程建设基本制度和组织方式的基础上，以建设工程项目策划决策及建设实施（设计、施工）全过程为主线，从全方位（兼顾建设单位、勘察设计单位、施工单位、咨询监理单位）和全要素（涵盖建设工程质量、造价、进度、安全、环保）角度系统介绍了建设工程项目管理程序、内容和方法。此外，还阐述了建设工程风险管理及保险、担保制度，建设工程信息管理。在本书编写过程中，始终遵循理论与实践相结合的原则，不仅在各章节尽量体现建设工程项目的现代管理内容和实践需求，而且在每章后均附有复习思考题若干，并在有的章后附有案例，以便于读者进一步理解和掌握建设工程项目现代管理理论和方法。

本次再版着重修改了以下内容：

（1）根据法规政策及标准变化，修改了相应内容；

（2）增加了建设工程监理工作内容和方式；

（3）调整了建设工程项目实施模式，包括项目融资模式和项目管理承包（PMC）模式；

（4）修改了项目管理相关执业资格制度；

（5）修改了工程质量事故等级标准；

（6）增加了BIM技术及其在项目管理中的应用。

本书由刘伊生主编。其中第1章、第2章、第3章、第4章由刘伊生编写；第5章由刘伊生、吴旭丹编写；第6章由刘伊生、蒋帅、黎氏桥銮编写；第7章由刘伊生、刘毅盼编写；第8章由刘伊生、敬菡侬编写；第9章由刘伊生、侯沁江编写；第10章由刘伊生、侯静编写；第11章由刘伊生、卢静编写；第12章由刘伊生、赵雪锋编写。全书由刘伊生统稿。

由于作者水平及经验所限，书中缺点和谬误在所难免，敬请各位读者批评指正，不胜感激。

第 一 版 前 言

"建设工程项目管理"是高等学校工程管理专业的一门主干课程，同时也是土木工程专业的一门重要课程。为适应我国建设工程管理体制改革及建设工程项目管理发展形势，满足教学与实际工作的需要，特编写《建设工程项目管理理论与实务》一书。

本书力求做到内容系统、全面，在分析建设项目法人责任制、工程监理制、招标投标制和合同管理制等工程建设基本制度和组织方式的基础上，以建设工程项目策划决策及建设实施全过程为主线，从全方位（兼顾建设单位、勘察设计单位、施工单位、咨询监理单位）和全要素（涵盖建设工程质量、造价、进度、安全、环保）角度系统介绍了建设工程项目管理的内容和方法。此外，还阐述了建设工程风险管理及保险、担保制度，建设工程信息管理。在本书编写过程中，始终遵循理论与实践相结合的原则，不仅在各章节尽量体现建设工程项目的现代管理内容和实践需求，而且在每章后均附有复习思考题若干，并在有的章后附有案例，以便于读者进一步理解和掌握建设工程项目现代管理理论和方法。

本书由刘伊生主编。其中第1章、第2章、第3章、第4章由刘伊生编写，第5章由刘伊生、吴旭丹编写，第6章由刘伊生、蒋帅、黎氏桥銮编写，第7章由刘伊生、刘毅盼编写，第8章由刘伊生、敬菡佼编写，第9章由刘伊生、侯沁江编写，第10章由刘伊生、侯静编写，第11章由刘伊生、卢静编写，第12章由刘伊生、赵雪峰编写。全书由刘伊生统稿。

由于作者水平及经验所限，书中缺点和不足在所难免，敬请各位读者批评指正，不胜感激。

目　　录

第1章 建设工程项目管理概述

学习目标

建设工程项目作为一种以实物形态表现的项目，具有鲜明的特点和特定的项目周期，尽管建设单位及其他参建各方的地位、利益不同，但均需通过实施项目管理达到其目的。

通过学习本章，应掌握如下内容：

(1) 建设工程项目及其组成：单项工程、单位工程、分部工程、分项工程；

(2) 建设工程项目从不同角度的分类及其目的；

(3) 建设工程项目策划决策及实施程序；

(4) 建设工程项目管理的类型和任务。

1.1 建设工程项目组成和分类

1.1.1 项目与建设工程项目

1. 项目

根据美国项目管理学会（Project Management Institute，PMI）提出的项目管理知识体系（Project Management Body of Knowledge，PMBOK），项目是用来创造唯一产品、服务或成果的一项临时性任务（A project is a temporary endeavor undertaken to create a unique product，service，or result）。这里的临时性（temporary）是指每一个项目都有一个明确的起点和终点，并非说项目的策划和实施时间短暂；也不是说项目创造出的产品、服务或成果是临时性的，事实上，大多数项目的输出是持续不断的。唯一性（unique）是指每一个项目会创造出唯一的产品、服务或成果。尽管在有些项目的可移交物（deliverables）中存在一些重复性元素，但不会改变项目工作的基本唯一性。

现实世界中，有很多活动都属于项目，如：开发一个新产品；一个组织中结构、人力资源管理或文化的变革；开发或升级一个信息管理系统；实现一个新的商务流程；完成一项科研课题或一篇论文；建造一栋大楼或一项基础设施等。

2. 建设工程项目及其特点

建设工程项目是一种以实物形态表现的项目，如：建造一栋大楼或公共游乐场、体育馆、展览馆，建造一条道路、铁路或输油、输气管道，建造一个机场、码头、大坝等。建设工程项目包括基本建设项目（新建、扩建等扩大生产能力的项目）和更新改造项目（以改进技术、增加产品品种、提高质量、治理"三废"、劳动安全、节约资源能源为主要目的的项目）。

与其他项目相比，建设工程项目具有以下特点：

(1) 投资额巨大，建设周期长

由于建设工程项目规模巨大、技术复杂、涉及专业广，不仅投资额巨大，而且建设周

1

期长。完成一项建设工程项目，动辄几千万元、几十亿元、几百亿元，甚至上千亿元；从项目设想到设计、施工，直至投入使用，少则需要几年，多则需要十几年。由于投资额巨大，就要求工程项目建设只能成功、不能失败，否则，将造成严重后果，甚至影响国民经济和社会发展。

（2）组成部分多，整体性强

一个建设工程项目通常有许多组成部分，包括若干单项工程、单位工程，而这些组成部分需要按照一个总体设计进行建设，否则，难以形成生产能力或具有使用价值。

（3）建设地点固定，受环境影响大

建设工程项目规模大，而且与土地不可分割，由此决定了建设和使用地点固定，工程设计、施工只能单独进行，不能成批生产（建设）。同时，由于受自然、社会环境影响大，给建设工程项目实施带来难度，使管理复杂化。

1.1.2 建设工程项目组成

建设工程项目可分为单项工程、单位（子单位）工程、分部（子分部）工程和分项工程。

1. 单项工程

单项工程是指有独立设计文件，建成后可以独立发挥生产能力或效益的一组配套齐全的工程。从施工角度看，单项工程就是一个独立的交工系统，在建设工程项目总体施工部署和管理目标的指导下，形成自身的项目管理方案和目标，按其投资和质量要求，如期建成交付生产或使用。

单项工程是建设工程项目的组成部分，一个建设工程项目可以仅包括一个单项工程，也可以包括多个单项工程。生产性建设工程项目的单项工程，一般是指能独立生产的车间，包括厂房建造、设备工器具的购置及安装等。

2. 单位（子单位）工程

单位工程是指具有独立设计文件和施工条件的工程，对于建筑工程还需形成独立使用功能。单位工程是单项工程的组成部分，通常指一个单体建筑物或构筑物。

随着经济发展和技术进步，目前已涌现出大量建筑规模较大的单体工程和具有综合使用功能的综合性建筑物，几万平方米的建筑物比比皆是，十万平方米以上的建筑物也不少。这些建筑物的施工周期一般较长，受多种因素的影响，诸如后期建设资金不足，部分停建、缓建，已建成可使用部分需投入使用，以发挥投资效益等；投资者为追求最大的投资效益，在建设期间需要将其中一部分提前建成使用；规模特别大的工程，一次性验收也不方便等。考虑到上述情况，我国《建筑工程施工质量验收统一标准》GB 50300—2013规定，可将此类工程根据需要划分为若干个子单位工程，以便进行验收。

具有独立施工条件和能形成独立使用功能是单位（子单位）工程划分的基本要求。

3. 分部（子分部）工程

分部工程是单位工程的组成部分，应按专业性质、建筑部位等进行划分。对建筑工程而言，可划分为地基与基础、主体结构、装饰装修、屋面、建筑给排水及采暖、建筑电气、智能建筑、通风与空调、电梯、建筑节能等分部工程。

当分部工程较大或较复杂时，可按材料种类、工艺特点、施工程序、专业系统及类别等划分为若干子分部工程。例如，地基与基础分部工程又可细分为土方、基坑、地基、桩基础、地下防水等子分部工程；主体结构分部工程又可细分为混凝土结构，型钢、钢管混凝土结构，砌体结构，钢结构，轻钢结构，索膜结构，木结构，铝合金结构等子分部工程；建筑装饰装修分部工程又可细分为地面、抹灰、门窗、吊顶、轻质隔墙、饰面板（砖）、幕墙、涂饰、裱糊与软包、细部等子分部工程；智能建筑分部工程又可细分为通信网络系统、办公自动化系统、建筑设备监控系统、火灾报警及消防联动系统、会议系统与信息导航系统、专业应用系统、安全防范系统、综合布线系统、智能化集成系统、电源与接地、计算机机房工程、环境、住宅（小区）智能化系统等子分部工程。

4. 分项工程

分项工程是分部工程的组成部分，也是形成建筑产品基本构件的施工过程。分项工程应按主要工种、材料、施工工艺、设备类别等进行划分。例如，土方开挖工程、土方回填工程、场地平整工程、钢筋工程、模板工程、混凝土工程、砖砌体工程、钢结构安装工程、木门窗制作与安装工程、保温系统安装工程、给水管道安装工程等。分项工程是建筑施工生产活动的基础，也是计量工程用工用料和机械台班消耗的基本单元，同时又是工程质量形成的直接过程。分项工程既有其作业活动的独立性，又有相互联系、相互制约的整体性。

1.1.3　建设工程项目分类

建设工程项目种类繁多，为适应科学管理需要，从不同角度反映建设工程项目的性质、投资效益等，可从不同角度对建设工程项目进行分类。

1. 按建设性质划分

按建设性质不同，可划分为新建、扩建、改建、迁建和恢复项目。

（1）新建项目

新建项目是指根据国民经济和社会发展规划及投资方需求，按照规定的程序立项，从无到有、"平地起家"，新开始建设的工程项目。

（2）扩建项目

扩建项目是指现有企业在原有场地或其他地点，为扩大产品生产能力或增加经济效益而增建的生产车间、独立生产线或分厂项目；事业和行政单位在原有业务系统的基础上扩大规模而进行的新增固定资产投资项目。

（3）改建项目

改建项目是指现有企事业单位为调整产品结构、改革生产工艺、节约资源能源、改善生产条件或生活福利条件，而对原有设施进行技术改造或更新的辅助性生产项目和生活福利设施项目。

（4）迁建项目

迁建项目是指原有企事业单位根据自身生产经营和事业发展要求，按照国家调整生产力布局的战略需求或由于环境保护等其他特殊要求，搬迁到异地而建设的项目。迁建项目中符合新建、扩建、改建条件的，应分别视为新建、扩建或改建项目。

（5）恢复项目

恢复项目是指由于自然灾害、战争等原因使原有固定资产全部或部分报废，需要进行投资重建来恢复生产能力和业务工作条件、生活福利设施等的工程项目。这类项目，不论是按原有规模恢复建设，还是在恢复过程中同时进行扩建，都属于恢复项目。但对尚未建成投产或交付使用的项目，受到破坏后，若仍按原设计重建的，原建设性质不变；如果按新设计重建，则根据新设计内容来确定其性质。

建设工程项目按其性质可分为上述五类，一个建设工程项目只能有一种性质，在项目按总体设计全部建成之前，其建设性质是始终不变的。

2. 按建设规模划分

为正确反映建设工程项目规模，适应对建设工程项目分级管理的需要，基本建设项目可分为大型、中型、小型三类；更新改造项目可分为限额以上和限额以下两类。划分项目等级的原则如下：

（1）按批准的可行性研究报告（初步设计）所确定的总设计能力或投资总额的大小，依据国家颁布的《基本建设项目大中小型划分标准》进行分类。

（2）凡生产单一产品的项目，一般以产品的设计生产能力划分；生产多种产品的项目，一般按其主要产品的设计生产能力划分；产品分类较多，不易分清主次、难以按产品的设计能力划分时，可按投资总额划分。

（3）对国民经济和社会发展具有特殊意义的某些项目，虽然设计能力或全部投资不够大、中型项目标准，经国家批准已列入大、中型计划或国家重点建设工程的项目，也按大、中型项目管理。

（4）更新改造项目一般只按投资额分为限额以上和限额以下项目，不再按生产能力或其他标准划分。

（5）基本建设项目的大、中、小型和更新改造项目限额的具体划分标准，根据各个时期经济发展和实际工作需要而有所变化。

3. 按投资效益和特点划分

根据建设工程项目的经济效益、社会效益和市场需求等基本特性，可将其划分为竞争性项目、基础性项目和公益性项目三种。

（1）竞争性项目

竞争性项目主要是指投资回报率比较高、竞争性比较强的一般性建设工程项目。如：商务办公楼项目、酒店项目、度假村项目、高档公寓项目等。这类建设工程项目应以企业作为基本投资主体，由企业自主决策、自担投资风险。

（2）基础性项目

基础性项目主要是指具有自然垄断性、建设周期长、投资额大而收益低的基础设施和需要政府重点扶持的一部分基础工业项目，以及直接增强国力的符合经济规模的支柱产业项目。如：交通、通信、能源、水利、城市公用设施等。对于这类项目，主要应由政府集中必要的财力、物力通过经济实体进行投资。同时，还应广泛吸收地方、企业参与投资，有时还可吸收外商直接投资。

（3）公益性项目

公益性项目主要是指为社会发展服务、难以产生直接经济回报的项目。如：科技、文教、卫生、体育和环保等设施，公、检、法等政权机关以及政府机关、社会团体办公设施，国防建设等。公益性项目的投资主要由政府用财政资金安排。

4. 按投资来源划分

按投资来源划分，建设工程项目可划分为政府投资项目和非政府投资项目。

（1）政府投资项目

政府投资项目在国外也称为公共工程，是指为了适应和推动国民经济或区域经济的发展，满足社会的文化、生活需要，以及出于政治、国防等因素的考虑，由政府通过财政投资、发行国债或地方财政债券、利用外国政府赠款以及国家财政担保的国内外金融组织的贷款等方式独资或合资兴建的工程项目。

（2）非政府投资项目

非政府投资项目是指企业、集体单位、外商和私人投资兴建的工程项目。其中，国有企业投资的项目可称为国有投资项目。

1.2　建设工程项目策划决策与实施程序

1.2.1　策划决策与实施程序的内涵

建设工程项目策划决策与实施程序也即基本建设程序，是指建设工程项目从设想、选择、评估、决策，到设计、施工、投入生产或交付使用的整个过程中，各项工作必须遵循的先后次序。建设工程策划决策与实施程序是工程建设过程客观规律的反映，是建设工程项目科学决策和顺利实施的重要保证。

尽管世界各国和国际组织在建设工程项目策划决策与实施程序上可能存在着某些差异，如世界银行对任何一个国家的贷款项目，都要经过项目选定、项目准备、项目评估、项目谈判、项目实施和项目总结评价等阶段的项目周期，从而保证世界银行在各国的投资保持较高成功率。但一般说来，按照建设工程项目的内在规律，完成一个工程项目都要经过策划决策、建设实施和交付使用三个发展时期。这三个发展时期又可分为若干阶段，各阶段之间存在着严格的先后次序，可以进行合理交叉，但不能任意颠倒次序。

按现行规定，我国建设工程项目策划决策与实施程序如图 1-1 所示，其中虚线框表示有的建设工程项目不需经过此阶段。

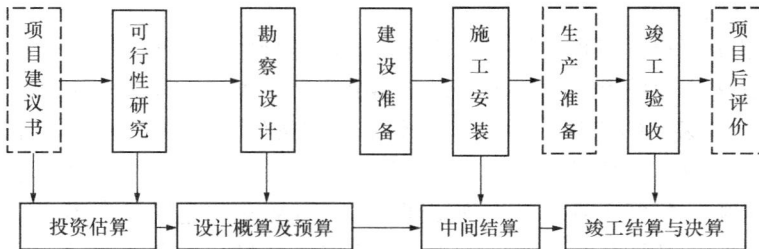

图 1-1　建设工程项目策划决策与实施程序

1.2.2　策划决策与实施各阶段工作内容

1. 项目建议书阶段

项目建议书是建设单位向政府部门提出的要求建设某一工程项目的建议文件，是对建设工程项目的轮廓设想。项目建议书的主要作用是推荐一个拟建项目，论述其建设的必要性、建设条件的可行性和盈利的可能性，供政府部门选择并确定是否进行下一步工作。

项目建议书的内容视项目的不同而有繁有简，但一般应包括以下内容：

（1）建设工程项目提出的必要性和依据；

（2）产品方案、拟建规模和建设地点的初步设想；

（3）资源情况、建设条件、协作关系等的初步分析；

（4）投资估算和资金筹措设想；

（5）项目进度安排；

（6）经济效益和社会效益的估计。

根据《国务院关于投资体制改革的决定》（国发［2004］20 号），对于采用直接投资和资本金注入方式的政府投资项目，政府投资主管部门需要从投资决策角度审批项目建议书和可行性研究报告。项目建议书经批准后，可以进行详细的可行性研究工作，但并不表明项目非上不可，项目建议书不是项目的最终决策。

对于企业不使用政府资金投资建设的项目，一律不再实行审批制，区别不同情况实行核准制或登记备案制。企业投资建设实行核准制的项目，仅需向政府提交项目申请报告，不再经过批准项目建议书、可行性研究报告和开工报告的程序。

2. 可行性研究阶段

可行性研究是对建设工程项目在技术上是否可行和经济上是否合理进行科学的分析和论证。凡经可行性研究未通过的项目，不得进行下一步工作。

建设工程项目可行性研究是指在项目决策前，通过对与工程项目有关的技术、经济等各方面条件和情况的调查、研究、分析，对各种可能的建设方案进行比较论证，并对项目建成后的经济效益、社会效益和环境效益进行预测和评价的一种科学分析方法。可行性研究主要评价工程项目技术上的先进性和适用性，经济上的营利性和合理性，建设的可能性和可行性。可行性研究是项目策划决策阶段的重要工作内容，可行性研究需要从项目建设和生产运营的全寿命期综合考察分析项目的可行性。目的是回答项目是否有必要建设，是否可能建设和如何进行建设的问题，其结论为投资者最终决策提供直接依据。可行性研究阶段需要编写可行性研究报告，其内容详见本书 2.2。

3. 勘察设计阶段

工程勘察是根据建设工程项目初步选址建议，进行拟建场地的岩土、水文地质、工程测量、工程物探等方面的勘察，提出工程勘察报告，为工程设计做好充分准备。工程勘察报告主要包括拟建场地的工程地质条件、水文地质条件，场地、地基的建筑抗震设计条件，地基基础方案分析评价及相关建议，地下工程开挖和支护方案评价及相关建议，降水对周围环境的影响，桩基工程设计与施工建议，其他合理化建议等内容。

工程设计是对拟建工程的实施在技术上和经济上所进行的全面而详尽的安排，是工程项目建设计划的具体化，是组织工程项目施工的依据。一般情况下，建设工程项目只进行两阶段设计，即初步设计和施工图设计，简单工程也有直接进行施工图设计的。有的建设工程项目可根据需要增加技术设计阶段。

（1）初步设计

初步设计是根据可行性研究报告提出具体实施方案，目的是为了阐明在指定的地点、时间和投资数额内，拟建项目在技术上的可能性和经济上的合理性，并通过对拟建项目所做出的基本技术经济规定，编制项目总概算。

初步设计不得随意改变被批准的可行性研究报告所确定的建设规模、产品方案、工程标准、建设地址和总投资等控制目标。如果初步设计提出的总概算超过可行性研究报告总投资的 10% 以上或其他主要指标需要变更时，应说明原因和计算依据，并重新向原审批单位报批可行性研究报告。

（2）技术设计

技术设计文件根据初步设计和更详细的调查研究资料编制，以进一步解决初步设计中的重大技术问题，如：工艺流程、建筑结构、设备选型及数量确定等，使建设工程项目的设计更具体、更完善，技术指标更加明确。

（3）施工图设计

根据初步设计或技术设计的要求，结合现场实际情况，完整地表现建筑物外型、内部空间分割、结构体系、构造状况以及建筑群的组成和与周围环境的配合。施工图设计还包括各种运输、通讯、管道系统、建筑设备的设计。在工艺方面，应具体确定各种设备的型号、规格及各种非标准设备的制造加工图。

4. 建设准备阶段

工程项目在开工建设之前要切实做好各项准备工作，其主要内容包括：

（1）征地、拆迁和场地平整；

（2）施工用水、电、通讯、道路等接通工作；

（3）组织设备、材料采购招标或直接订货；

（4）准备必要的施工图纸；

（5）组织工程监理、施工招标，择优选定工程监理、施工单位；

（6）办理工程质量监督注册、施工许可等手续。

按规定进行建设准备并获得施工许可后，建设单位应立即组织开工。有的政府投资项目在报批开工前，必须由审计机关对项目的有关内容进行审计证明。审计机关主要是对项目的资金来源是否正当、落实，项目开工前的各项支出是否符合国家有关规定进行审计。

5. 施工安装阶段

建设工程项目经批准开工建设，即进入土木建筑工程施工、机电设备安装阶段。工程项目新开工时间是指建设工程项目设计文件中规定的任何一项永久性工程（无论生产性或非生产性）第一次正式破土开槽开始施工的日期。不需开槽的工程，以建筑物组成的正式打桩作为正式开工时间。铁路、道路、水库等需要进行大量土石方工程的，以开始进行土石方工程作为正式开工时间。工程地质勘察、平整场地、旧建筑物的拆除、临时建筑、施工用临时道路和水、电等施工不算正式开工。分期建设的工程项目分别以各期工程开工的时间作为开工日期，如二期工程应根据工程设计文件规定的永久性工程开工时间作为开工日期。工程项目投资额也是如此，不应包括前一期工程完成的投资额。建设工期从新开工时算起，直至工程竣工验收合格时为止。

6. 生产准备阶段

对生产性建设工程项目而言，生产准备是工程项目建成投产前由建设单位进行的一项重要工作。生产准备是衔接工程建设和生产运营的桥梁，是工程建设阶段转入生产运营的必要条件。建设单位应适时组成专门机构做好生产准备工作。

生产准备工作内容根据工程项目特点及生产运营需求不同而异，一般应包括以下内容：

（1）组建管理机构，制定管理制度和有关规定；

（2）招收并培训生产人员，组织生产人员参加设备的安装、调试和工程验收；

（3）签订原料、材料、协作产品、燃料、水、电等供应及运输的协议；

（4）进行工具、器具、备品、备件等的制造或订货；

（5）其他必需的生产准备。

7．竣工验收阶段

当建设工程项目按设计文件规定内容全部完工后，便可组织验收。竣工验收是工程建设过程的最后一环，是投资成果转入生产或使用的标志，也是全面考核工程建设成果、检验工程设计和施工质量的重要步骤。竣工验收对促进建设工程项目及时投产、发挥投资效益及总结建设经验具有重要作用。通过竣工验收，可以检查建设工程项目实际形成生产能力或效益，也可避免工程项目建成后继续消耗建设费用。

8．项目后评价阶段

建设工程项目后评价是工程项目竣工投产、生产运营一段时间后，对工程项目的立项决策、设计施工、竣工投产、生产运营等全过程进行系统评价的一种技术活动。通过建设工程项目后评价，可以达到肯定成绩、总结经验、研究问题、吸取教训、提出建议、改进工作、不断提高建设工程项目决策水平和投资效益的目的。

建设工程项目后评价的基本方法是对比法。就是将工程项目建成投产后所取得的实际效果（经济效益、社会效益、环境效益等）与策划决策阶段的预测情况相对比，与工程项目建设前的情况相对比，从中发现问题，总结经验和教训。在实际工作中，往往从以下三方面对建设项目进行后评价。

（1）影响评价。通过工程项目竣工投产或使用后对社会、经济、政治、技术和环境等方面所产生的影响来评价工程项目决策的正确性。如果工程项目建成后对国民经济发展、产业结构调整、生产力布局、人民生活水平、环境保护等方面都带来有益的影响，说明工程项目的决策是正确的；否则，就应具体分析，找出原因，引以为戒。

（2）经济效益评价。通过工程项目竣工投产后所产生的实际经济效益与可行性研究时所预测的经济效益相比较，从经济上分析工程项目投产运营后是否达到预期效果。没有达到预期效果的，应分析原因，采取措施，提高经济效益。

（3）过程评价。对工程项目的策划决策、设计施工、竣工投产、生产运营等全过程进行系统分析，找出工程项目实际效益与原预期效益之间的差异及其产生原因，并针对问题提出解决办法。

以上三方面评价有着密切联系，必须全面理解和运用，才能对后评价项目做出客观、公正、科学的结论。

1.3 建设工程项目管理类型和任务

1.3.1 项目管理与建设工程项目管理

1．项目管理及其知识体系

（1）项目管理的概念

项目管理是指在一定约束条件下，为达到项目目标（在规定的时间和预算费用内，达到所要求的质量）而对项目所实施的计划、组织、指挥、协调和控制的过程。

一定的约束条件是制定项目目标的依据，也是对项目进行计划和控制的依据。项目管理的目的就是保证项目目标的实现。项目管理的对象是项目，由于项目具有单件性和一次性特点，要求项目管理具有针对性、系统性、程序性和科学性。只有用系统工程的观点、理论和方法对项目进行管理，才能保证项目的顺利完成。

（2）项目管理知识体系

根据美国项目管理学会（PMI）的项目管理知识体系（PMBOK），项目管理包括 10 个知识领域（knowledge areas），即：项目集成管理（Project Integration Management）、项目范围管理（Project Scope Management）、项目时间管理（Project Time Management）、项目费用管理（Project Cost Management）、项目质量管理（Project Quality Management）、项目人力资源管理（Project Human Resource Management）、项目沟通管理（Project communications Management）、项目风险管理（Project Risk Management）、项目采购管理（Project Procurement Management）、项目利益相关者管理（Project Stakeholder Management）。各知识领域均包含有规划及实施过程中的监测与控制，如图 1-2 所示。

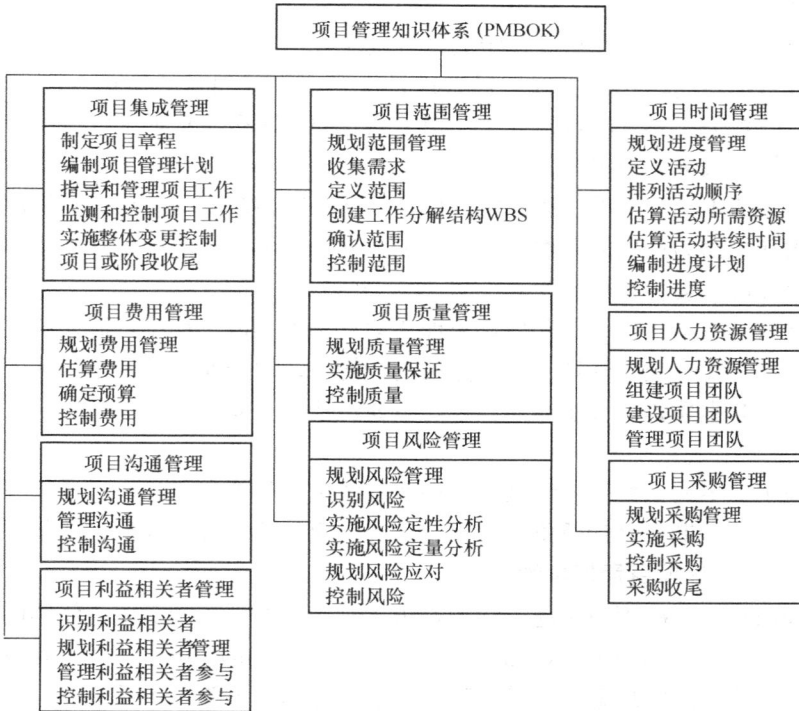

图 1-2　项目管理知识体系中的 10 个知识领域

项目管理不仅仅是指传统的单项目管理（Individual Project Management），还包括多项目管理，即：项目群管理（Program Management）和项目组合管理（Portfolio Management）。所谓项目群管理，是指组织为实现战略目标、获得收益而以一种综合协调方式对一组相关项目进行的管理。由多个项目组成的通信卫星系统是一个典型的项目群实例，该项目群包括卫星和地面站的设计、卫星和地面站的施工、系统集成、卫星发射等多个项目。事实上，修建一条高速铁路也是一个项目群管理。所谓项目组合管理，是指将若干项目或项目群与其他工作组合在一起进行有效管理，以实现组织的战略目标。项目组合中的项目或项目群之间没必要相互关联或直接相关。例如，一个基础设施公司为实现其投资回报最大化的战略目标，可将石油天然气、能源、水利、道路、铁道、机场等多个项目或项目群组合在一起，实施项目组合管理。

2. 建设工程项目管理的概念

建设工程项目管理是项目管理的一个重要分支，它是指通过一定的组织形式，用系统工程的观点、理论和方法对建设工程项目策划决策、设计施工、竣工验收等活动进行计划、组织、指挥、协调和控制的过程，以达到保证工程质量、缩短工期、提高投资效益的目的。建设工程项目管理是以建设工程项目目标控制（质量控制、进度控制和造价控制）为核心的管理活动。当然，有效控制建设工程质量、进度、造价，是建设工程项目管理的基本目标，建设工程项目管理的更高层次应是满足利益相关者期望，使所有利益相关者都满意。

建设工程项目管理与企业管理同属于管理活动范畴，但两者之间存在着明显区别：

（1）管理对象不同。建设工程项目管理的对象是具体工程项目——一次性任务；而企业管理的对象是企业——一个持续稳定的经济实体。

（2）管理目标不同。建设工程项目管理是以具体工程项目的质量、进度和造价为目标，一般是以效益为中心，项目目标是短期、临时的；而企业管理是以持续稳定的利润为目标，企业目标是长远、稳定的。

（3）运行规律不同。建设工程项目管理是一项一次性多变的活动，其规律性是以项目周期和项目内在规律为基础的；而企业管理是一种持续稳定的活动，其规律性是以现代企业制度和企业经济活动内在规律为基础的。

（4）管理内容不同。建设工程项目管理活动贯穿于具体工程项目周期的全过程，是一种任务型管理，需要按项目管理的科学方法进行管理；而企业管理则是一种职能管理和作业管理的综合，其本质是一种实体型管理，主要包括：企业综合性管理、专业性管理和作业性管理。

（5）实施主体不同。建设工程项目管理实施的主体是多方面的，包括建设单位及其委托的咨询监理单位、勘察设计单位、施工单位等；而企业管理实施的主体仅是企业自身。

1.3.2 建设工程项目管理类型

建设工程项目策划决策与实施过程中，由于各阶段的任务和实施主体不同，也就构成了建设工程项目管理的不同类型，如图1-3所示。从系统角度分析，每种类型的项目管理都是在特定条件下，为实现整个建设工程项目总目标的一个管理子系统。

1. 业主方项目管理

业主方项目管理是全过程的，包括项目策划决策与建设实施阶段的各个环节。由于建设工程项目属于一次性任务，业主或建设单位自行进行项目管理往往存在很大的局限性。首先，在技术和管理方面，业主或建设单位缺乏配套的专业化力量；其次，即使业主或建设单位配备完善的管理机构，没有连续的工程任务也是不经济的。在计划经济体制下，每个建设单位都建立一个筹建处或基建处来管理工程建设，这样无法做到资源的优化配置和

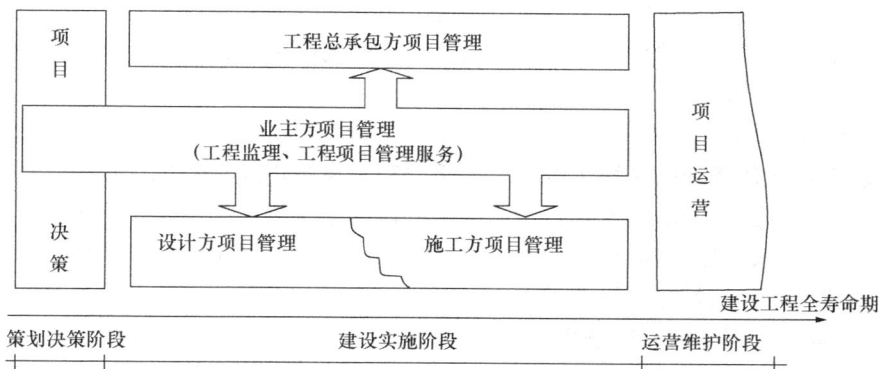

图 1-3 建设工程项目管理的类型

动态管理，而且也不利于建设经验的积累和应用。在市场经济体制下，业主或建设单位完全可以依靠专业化、社会化的工程项目管理单位，为其提供全过程或若干阶段的项目管理服务。当然，在我国工程建设管理体制下，工程监理单位接受工程建设单位委托实施监理，也属于一种专业化的工程项目管理服务。值得指出的是，与一般的工程项目管理咨询服务不同，我国的法律法规赋予工程监理单位、监理工程师更多的社会责任，特别是建设工程质量管理、安全生产管理方面的责任。事实上，业主方项目管理既包括业主或建设单位自身的项目管理，也包括受其委托的工程监理单位、工程项目管理单位的项目管理。

2. 工程总承包方项目管理

在工程总承包（如设计-建造 D&B、设计-采购-施工 EPC）模式下，工程总承包单位将全面负责建设工程项目的实施过程，直至最终交付使用功能和质量标准符合合同文件规定的工程项目。因此，工程总承包方项目管理是贯穿于项目实施全过程的全面管理，既包括设计阶段，也包括施工安装阶段。工程总承包单位为取得预期经营效益，必须在合同条件的约束下，依靠自身的技术、管理优势和实力，通过优化设计及施工方案，在规定时间内按质按量地完成建设工程项目，全面履行工程总承包合同。建设工程实施工程总承包，对工程总承包单位的项目管理水平提出了更高要求。

3. 设计方项目管理

工程设计单位承揽到建设工程项目设计任务后，需要根据建设工程设计合同所界定的工作目标及义务，对建设工程设计工作进行自我管理。设计单位通过项目管理，对建设工程项目的实施在技术和经济上进行全面而详尽的安排，引进先进技术和科研成果，形成设计图纸和说明书，并在工程施工过程中配合施工和参与验收。由此可见，设计项目管理不只局限于工程设计阶段，会延伸至工程施工和竣工验收阶段。

4. 施工方项目管理

工程施工单位通过竞争承揽到建设工程项目施工任务后，需要根据建设工程施工合同所界定的工程范围，依靠企业技术和管理的综合实力，对工程施工全过程进行系统管理。从一般意义上讲，施工项目是指施工总承包的完整工程项目，既包括土建工程施工，又包括机电设备安装，最终成功地形成具有独立使用功能的建筑产品。然而，由于分部工程、子单位工程、单位工程、单项工程等是构成建设工程项目的子系统，按子系统定义项目，既有其特定的约束条件和目标要求，而且也是一次性任务。因此，建设工程项目按专业、按部位分解发包时，施工单位仍可将承包合同界定的局部施工任务作为项目管理对象，这就是广义的施工项目管理。

5. 物资供应方项目管理

从建设工程项目管理的系统角度看，建筑材料、设备供应工作也是建设工程项目实施的一个子系统，有其明确的任务和目标、明确的制约条件以及与项目实施子系统的内在联系。因此，制造商、供应商同样可将加工制造和供应合同所界定的任务，作为项目进行管理，以适应建设工程项目总目标要求。

1.3.3 建设工程项目管理任务

尽管建设工程项目的类型众多、特点各异，但建设工程项目管理的主要任务就是在建设工程项目可行性研究、投资决策的基础上，对建设准备、勘察设计、施工至竣工验收等全过程的一系列活动进行计划、组织、指挥、协调和控制，通过合同管理、组织协调、目标控制、风险管理和信息管理等措施，实现建设工程项目目标。

1. 建设工程项目目标及其相互关系

（1）项目目标内涵

现代工程项目目标可包含质量、职业健康安全、环境保护、工期、造价五大目标。

1）质量目标。建设工程项目质量是指有关法律法规、工程建设标准、设计文件及合同对建设工程安全、适用、经济、美观等特性的综合要求。建设工程质量目标通常体现在优良率、合格率等方面。

2）职业健康安全目标。建设工程项目职业健康安全是指有关法律法规、工程建设标准对建设工程职业健康和施工安全的要求。建设工程项目职业健康安全目标主要体现在施工现场人员职业健康和伤亡率等方面。

3）环境保护目标。建设工程项目环境保护是指有关法律法规、工程建设标准对建设工程环境保护的要求。建设工程项目环境保护目标主要体现在工程建设与运营全寿命期环境影响方面。

4）工期目标。建设工程项目工期是指在满足建设工程质量、职业健康安全、环境保护和造价等要求的前提下，完成建设工程项目所需花费的时间。建设工程项目工期目标经论证确定后可以年、月等时间单位定量表示，在工程实施过程中应力求使实际工期不超过计划工期目标。

5）造价目标。建设工程项目造价是指在满足建设工程质量、职业健康安全、环境保护和工期要求的前提下，完成建设工程项目所需投入的费用。建设工程项目造价目标经估算确定后同样可定量表示，在工程实施过程中应力求使工程实际造价不超过预算投资目标。

（2）项目目标之间的关系

建设工程项目质量、职业健康安全、环境保护、工期、造价五大目标是一个相互关联的整体，这些目标之间相互影响、相互依存、相互制约。实施建设工程项目管理，必须统筹考虑、整体推进，实现整体目标系统最优。防止发生盲目追求单一目标而冲击或干扰其他目标的现象。

1）五大目标之间的整体相关性。一般而言，五大目标中的任何一个目标变动，都将会对其他目标产生一定影响。如果提高项目功能要求和质量标准，可提高建设工程安全可靠度，或降低建设工程运营维护费用，但会在一定程度上增加工程投资和延长工期。如果缩短项目工期，可使项目早日投入运营，从而提前产生一定的经济效益，但需要采取赶工措施，就要增加工程投资，对工程质量和职业健康安全也会有一定影响。

2）五大目标之间的最佳匹配性。建设工程项目管理必须考虑项目五大目标之间的最佳匹配，力求达到整体目标最优。有些工程项目片面追求工期短、投资省，致使质量、职业健康安全、环境保护措施不到位，引发事故造成人员伤亡、经济损失和不良社会影响。工程质量是项目管理的核心，必须在确保质量目标的前提下，协调其他目标努力实现。目标最佳匹配不应局限于静态，而应随着建设需求改变或实际进展情况变化进行必要调整，实现动态最佳匹配。

2. 建设工程项目管理具体任务

（1）合同管理

建设工程项目实施过程中会涉及许多合同，包括工程勘察设计合同、施工合同、物资采购合同、监理合同、咨询合同以及其他经济合同，都是业主或建设单位与工程项目各参建主体之间明确义务和责任关系的具有法律效力的协议文件，也是在市场经济体制下组织建设工程项目实施的基本手段。从某种意义上讲，工程项目的实施过程就是合同订立和履行的过程，所有合同履行到位之日，也就是建设工程项目实施完成之时。

合同管理主要是指对各类合同的依法订立过程和履行过程的管理，包括合同文本的选择，合同条件的协商、谈判，合同书的签署；合同履行、检查，变更和违约、纠纷的处理；总结评价等。

由于业主或建设单位与工程项目各参建单位在合同关系中所处的地位不同，所承担的职责和追求的利益也不同，因此，各自对于合同管理的视点和着力点也不尽一样。在建设工程项目实施阶段，业主方合同管理服务于建设工程项目总目标，其视点在于合同结构策划，以便通过科学合理的合同结构，理顺项目内部管理关系，避免项目组织管理产生相互矛盾、脱节和混乱失控状态。其着力点在于支付条件、质量目标和进度目标。施工方合同管理视点在于工程价款及支付条件、质量标准及验收办法，不可抗力造成损害的承担原则、第三者损害的承担原则，工程变更及工程中止损失的补偿原则，其着力点在于施工索赔。

建设工程项目合同管理不仅需要具备系统的合同法律知识，而且需要熟悉工程建设领域生产经营、交易活动和经济管理的基本特点及基础业务知识，因此，通常需要由合同管理专业人员或委托工程咨询机构来承担。建设工程项目管理人员也必须学习和掌握合同法律基本知识，学会应用法律和合同手段，指导项目管理工作，正确处理好相关经济合同关系。

（2）组织协调

组织协调是建设工程项目管理的基本职能，既是管理技能和艺术，也是实现项目目标必不可少的方法和手段。在工程项目实施过程中，各参建单位需要处理和调整众多复杂的业务组织关系，主要内容包括：项目外部环境协调、项目各参建单位之间的协调、项目各参建单位内部的协调。

1）项目外部环境协调。项目外部环境协调是指与政府部门之间的协调，如：规划、建设、市政、消防、人防、环保等部门的协调；资源供应方面的协调，如：供水、供电、供热、电信、通讯、运输和排水等方面的协调；生产要素方面的协调，如：图纸、材料、设备、劳动力和资金方面的协调；社区环境方面的协调等。

2）项目各参建单位之间的协调。项目各参建单位之间的协调主要是指建设单位、勘察设计单位、施工单位、监理单位、咨询单位、供货单位、加工单位、运输单位等之间的协调。

3）项目各参建单位内部的协调。项目各参建单位内部的协调是指项目参建单位内部各部门、各层次之间及个人之间的协调。

围绕着建设工程项目总目标，建设单位及各参建单位都要积极参与并主动承担各级工作范围内的组织协调工作，需要采用科学有效的方法：

① 设立专门的协调机构和专职人员；

② 建立协调工作制度，对经常性事项制订专门程序，事先确定协调时间、内容、方式和具体负责人；

③ 明确工作职责范围，处理好集中调度与分散处理的关系，充分发挥各级各类管理人员的作用；

④ 根据不同对象，采用不同的协调方法。如宣传、指令、监督、交流、会议等多种形式；

⑤ 考虑建设工程项目系统整体效益，分清各要素之间的联系和制约，实现综合协调和总体优化。

（3）目标控制

目标控制是建设工程项目管理的重要职能，是指项目管理人员在不断变化的动态环境中为实现既定目标而进行的一系列检查和调整活动。项目目标控制过程如图 1-4 所示。

目标控制主要环节的具体内容如下：

1）项目目标值设定。项目目标一般用一系列计划指标值来反映，例如项目质量、工期、投资或成本等数值。为便于控制，有时还须将控制目标值按不同对象、不同层次、不同内容等进行分解。

2）信息调查和收集。信息调查和收集是实现信息反馈的主要步骤，也是实施控制的依据。调查和收集的信息既包括已发生的项目实际状况、外部环境变化等信息，还应包括对未来事态发展趋势的预测信息。

3）比较和分析。通过将预定目标值与实际状况进行对比，可以找出工程项目实施过程中的目标偏差，并分析其产生原因，以便进一步采取措施。

4）纠偏与调整。根据偏差程度，采取相应措施，以保证既定目标实现；或者调整预定目标，重新制定新的实施方案。

建设工程项目目标控制需从多方面采取措施，包括组织措施、技术措施、经济措施、合同措施等，确保项目总目标实现。项目目标控制的任务贯穿于项目策划决策、勘察设计、施工安装、竣工交付等各个阶段。业主或建设单位及各工程项目各参建单位必须根据工程性质、任务和特点，制定详细的目标规划，明确控制要求。

（4）风险管理

随着建设工程项目规模的大型化和技术的复杂化，业主或建设单位及工程项目各参建

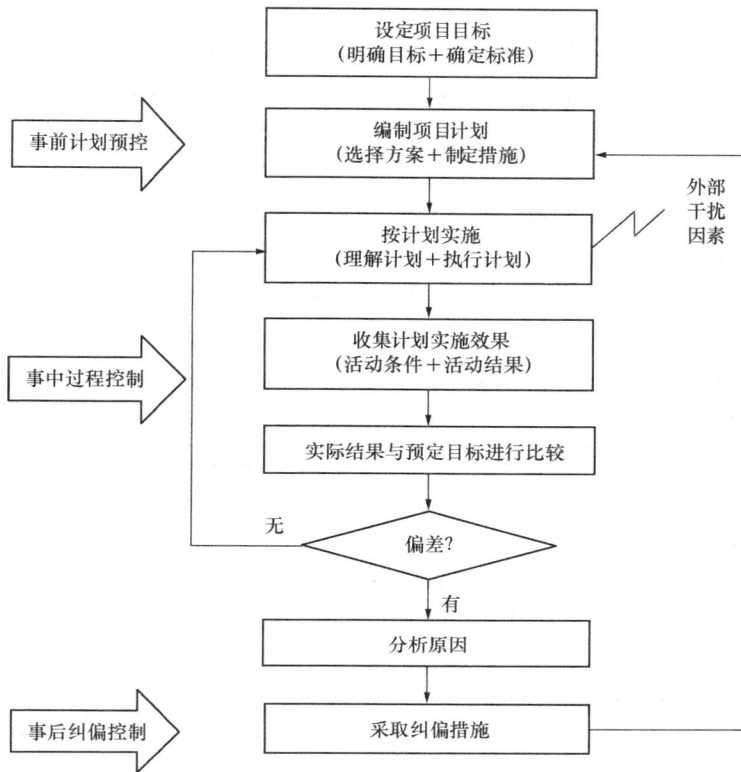

图 1-4　项目目标控制过程

单位所面临的风险越来越多。工程建设客观事实证明，要提高建设工程项目投资效益，就必须对项目风险进行定量分析和系统评价，并制定和实施风险应对策略。

1) 风险及风险因素。风险是一种客观存在的、损失的发生具有不确定性的状态。风险具有客观性、损失性和不确定性的特征。由于分类角度不同，风险有许多类型：按风险的损害对象划分，有人身风险、财产风险和责任风险；按风险性质划分，有主观风险和客观风险；按项目环境划分，有外部环境风险、内部机制风险。

风险因素是指促使和增加损失发生概率或严重程度的任何事件。构成风险因素的条件越多，发生损失的可能性就越大，损失就会越严重。建设工程项目的风险因素按风险来源划分，有自然风险、技术风险、设计风险、施工风险、财经风险、市场风险、政策法律风险和环境风险。

2) 风险管理程序。风险管理是一个确定和度量项目风险，以及制定、选择和实施风险处理方案的过程。其目标是通过风险分析减少项目决策的不确定性，以便决策更加科学，以及在项目实施阶段，保证目标控制的顺利进行，更好地实现项目目标。风险管理主要包括以下几个环节：

① 目标建立。风险管理的目标是选择最经济和有效的方法使风险成本最小，风险管理目标可分为损失前的管理目标和损失后的管理目标，前者想方设法减少和避免损失的发生；而后者是在损失一旦发生后，尽可能减少直接损失和间接损失，使其尽快恢复到损失

前的状况。

② 风险识别。要应对风险，首先需要识别风险。针对项目的性质、规模和技术条件，应选择多种方法和途径，尽可能全面地辨识出所面临的各种风险，并加以分类。

③ 风险分析和评价。是对项目风险发生概率及严重程度进行定量化分析和评价的过程。

④ 制定风险应对策略。完成项目风险的识别和分析后，应对各种风险管理对策进行规划，并根据项目风险管理总体目标，就应对项目风险的最佳策略组合进行决策。一般而言，风险应对策略有：风险回避、风险转移、风险控制和风险自担。

⑤ 编制并实施计划。项目风险管理者应制订具体的计划，如安全计划、损失控制计划、应急计划等，并付诸实施；以及在选择购买工程保险时，确定恰当的水平和合理的保费，选择保险公司等。

⑥ 检查和总结。通过检查和总结，可以使风险管理者及时发现偏差、纠正错误、减少成本；控制计划的执行，调整工作方法；总结经验，提高风险管理水平。

（5）信息管理

信息管理是建设工程项目管理的基础工作，是实现项目目标控制的保证。只有不断提高信息管理水平，才能更好地实施项目管理。

所谓建设工程项目信息管理，主要是指对有关工程项目各类信息的收集、储存、加工整理、传递与使用等一系列工作的总称。

项目信息管理的主要任务是及时、准确地向项目管理各级领导、各参建单位及各类人员提供所需的综合程度不同的信息，以便在项目进展全过程中，动态地进行项目规划，迅速正确地进行各种决策，并及时检查决策执行结果，反映工程实施中暴露的各类问题，为项目总目标服务。

信息管理工作的好坏，将会直接影响项目管理的成败。在我国长期工程建设实践中，由于缺乏信息，难以及时取得信息、所得到的信息不准确或信息的综合程度不满足项目管理的要求、信息存储分散等原因，造成项目决策、控制、执行和检查的困难，以至影响项目总目标实现的情况屡见不鲜，应引起广大项目管理人员的重视。

近年来，随着信息技术的飞速发展，建设工程项目管理信息化得到有效推进。特别是以建筑信息建模（Building Information Modeling，BIM）的推广应用，并将 BIM＋5D 技术与地理信息系统（Geographic Information System，GIS）等技术相结合，将会进一步提升建设工程项目管理价值。今后，大数据、云计算、互联网、物联网等技术也将会在建设工程项目管理中发挥重要作用。

（6）节能环保

为了应对全球气候变化和能源短缺问题，促进经济社会绿色低碳发展，建筑节能已成为项目管理的重要任务之一。建筑节能涉及工程项目的规划、设计、施工及使用，由此可见，建筑节能覆盖建设工程全寿命期。在项目策划决策阶段，需要体现节能理念；在建设实施阶段，要严格执行工程建设标准（包括绿色节能标准），确保建设工程项目满足节能要求。

工程建设既可通过改造环境为人类造福，优秀的设计作品还可以增添社会景观，给人们带来观赏价值。但建设工程项目的实施过程和结果，同时也存在着影响甚至恶化环境的种种因素。因此，应在工程建设中强化环保意识，切实有效地将环境保护和克服损害自然环境、破坏生态平衡、污染空气和水质、扰动周围建筑物和地下管网等现象的发生，作为项目管理的重要任务之一。对于环保方面有要求的建设工程项目，在项目可行性研究阶段，必须编制环境影响评价报告，提出环保对策措施，严格按建设程序向环保管理部门报批；在项目实施阶段，要做到主体工程与环保措施工程同步设计、同步施工、同步投入运行；在工程施工承发包中，必须将依法做好环保工作列为重要的合同条件加以落实，并在施工方案的审查和施工过程中，始终将落实环保措施、克服建设公害作为重要内容予以密切重视。

除以上任务外，对施工单位而言，安全生产管理也是一项重要的项目管理任务。

复 习 思 考 题

1. 建设工程项目有哪些特点？
2. 建设工程项目的组成部分有哪些？
3. 建设工程项目可从不同角度划分为哪些类型？
4. 建设工程项目策划决策及实施各阶段工作内容有哪些？
5. 项目管理知识体系（PMBOK）包括哪些主要内容？
6. 项目群与项目组合的区别是什么？
7. 建设工程项目管理与企业管理的区别有哪些？
8. 建设工程项目管理类型和任务有哪些？

第 2 章　建设工程项目策划与决策

学习目标

　　策划是建设工程项目决策的重要前提，也是实施建设工程项目的基础。建设工程项目可行性研究不仅包括经济评价，还包括社会评价和环境影响评价，只有在此基础上进行综合评价，才能做出科学决策。

　　通过学习本章，应掌握如下内容：

　　(1) 建设工程项目策划的主要内容；

　　(2) 建设工程项目可行性研究的主要内容；

　　(3) 建设工程项目投资审批制度；

　　(4) 建设工程项目经济评价的内容和方法；

　　(5) 建设工程项目社会评价的内容和方法；

　　(6) 建设工程项目环境影响评价的主要内容。

2.1　建设工程项目策划

2.1.1　建设工程项目策划含义和作用

　　每一建设工程项目设想的提出，都有其特定的政治、经济或社会生活背景。从简单而抽象的建设意图产生，到具体复杂的工程项目建成，其间每一环节、每一过程的活动内容、方式及其所要达到的预期目标，都离不开计划的指导。而计划的前提就是行动方案的策划。

　　所谓建设工程项目策划，是指将建设意图转换为定义明确、系统清晰、目标具体且具有策略性运作思路的高智力系统活动。建设工程项目策划主要包括建设前期项目系统构思策划、建设期间项目管理策划和项目建成后的运营策划。项目策划以项目管理理论为指导，并服务于项目管理全过程。项目策划的作用主要体现在以下几个方面。

　　1. 构思项目系统框架

　　项目策划的首要任务是根据建设意图进行项目的定义和定位，全面构想一个待建项目系统。项目定义是指对项目的用途、性质做出明确界定，如某类工业项目、交通运输项目、公共项目、房地产开发项目等，具体描述项目的主要用途或综合用途和目的。项目定位是指根据市场和需求，综合考虑投资能力和最有利的投资方案，决定项目的规格和档次。例如，设想建设一幢高层写字楼，根据需求和建设条件，可以建成普通办公大楼，也可以建成具有多功能的现代化办公楼宇，必须通过定位策划做出选择。

　　在项目定义和定位明确的前提下，提出项目系统框架，进行项目功能分析，确定项目系统组成，使其形成完整配套能力。例如，要建设一个现代化钢铁生产项目，其系统构成应包括从原料投入到各类钢材产品产出全过程的若干单项工程——原材料输送子系统，炼铁子系统，炼钢子系统，轧钢子系统，产成品包装、储存和销售子系统等。再如，要新建一所学校，其系统构成应包括教学楼、实验室、办公楼、食堂、体育设施，以及视教师和学生的住宿情况建设必要的教师宿舍、学生集体宿舍和浴室等其他生活设施。通过项目系统框架的策划，应使项目的基本设想变为具体而明确的建设内容和要求。

2. 奠定项目决策基础

在通常情况下，建设工程项目的投资决策是建立在项目可行性研究基础之上的，而项目可行性研究不仅包含建设方案，而且需要充分考虑建设工程项目所赖以生存和发展的社会经济环境和市场。建设方案的产生，并不是由投资主体的主观愿望和某种意图的简单构想就能完成的，必须通过专家的总体策划和若干重要细节的策划（如项目定位、系统构成、目标设定及管理运作等的具体策划）并进行实施可能性和可操作性分析，才能使建设方案建立在可运作的基础上。也只有在此基础上，才会使项目可行性研究所提供的结论具有可实现性。例如，项目融资方案、项目建设总进度目标等都对项目可行性研究结论产生重要影响，如果仅是从理想条件出发做出决定，在此条件下的可行性研究所得出的结论虽很乐观，但在项目实施过程中却不能按预想的融资方案运作，不能按预想总进度目标开展建设，项目实施的实际结果可能会与原来的可行性研究结论相悖。因此，只有经过科学、缜密的项目策划，才能为可行性研究和项目决策奠定客观而具有运作可能性的基础。

3. 指导项目实施工作

由于项目策划是以项目管理理论和方法为指导，密切结合具体项目系统的整体特征，不仅把握和揭示项目系统总体发展的条件和规律，而且深入到项目系统构成的各个层面，还要针对各个阶段的发展变化对项目管理的运作方案提出系统、具有可操作性的构想，因此，项目策划将直接成为指导项目实施的基本依据。

项目管理工作的中心任务是进行项目策划和目标控制，项目策划是项目实施的前提，没有策划的项目管理，将会陷入管理事务的盲目性和被动性之中，没有科学管理作支撑的项目策划也将会成为纸上谈兵，而缺乏实用价值。

2.1.2 建设工程项目策划主要内容

建设工程项目策划分为项目总体策划和项目局部策划两种。项目总体策划一般是指在项目立项决策过程中所进行的全面策划。而局部策划可以是对全面策划任务进行分解后的一个单项或专业性问题的策划，例如一个生产子系统的工艺策划或设备选型配置策划等。局部策划既可在项目策划决策阶段进行，也可在项目实施过程中进行。根据策划工作的对象和性质不同，策划内容、依据、深度和要求也各有不同。

1. 项目构思策划

建设工程项目的提出，一般根据国家经济社会发展的近远期规划以及提出者（单位或个人）生产经营或社会物质文化生活的实际需要。因此，项目构思策划必须以法律法规和有关政策方针为依据，结合实际建设条件和地区经济社会环境进行。如果已确定在特定的地点建设，还必须与地区或城市规划的要求相适应。项目构想策划的主要内容包括：

（1）项目定义。即描述项目性质、用途和基本内容。

（2）项目定位。即描述项目的建设规模、建设水准，项目在社会经济发展中的地位、作用和影响力，并进行项目定位依据及必要性和可能性分析。

（3）项目系统构成。描述系统的总体功能，系统内部各单项工程、单位工程的构成，各自作用和相互联系，内部系统与外部系统的协调、协作和配套的策划思路及方案的可行性分析。

（4）其他。与项目实施及运行有关的重要环节策划，均可列入项目构思策划范畴。

2. 项目实施策划

项目实施策划旨在将体现建设意图的项目构思，变成有实现可能性和可操作性的行动方案，提出带有谋略性和指导性的设想。

（1）项目组织策划。对于政府投资的经营性项目，需要实行项目法人责任制。项目法人是项目策划、资金筹措、建设实施、建成后的生产运营、贷款偿还、资产的保值增值的责任主体，应按照《公司法》组建。对于政府投资的非经营性项目，可实行工程代建制，也可采用其他实施方式。到底采用何种组织方式，需要根据项目性质、特点等进行分析策划。显然，项目组织策划既是项目总体构思策划的重要内容，也是对项目实施过程产生重要影响的策划内容。

（2）项目融资策划。资金是实施项目的物质基础，建设工程项目投资额大、建设周期长，资金的筹措和运用对项目的成败关系重大。建设资金的来源渠道广泛，各种融资手段有其不同的特点和风险因素。融资方案策划是控制资金使用成本，进而控制项目投资、降低项目风险所不可忽视的环节。项目融资策划具有很强的政策性、技巧性和谋略性，它取决于项目的性质和项目实施方式。竞争性项目、基础性项目和公益性项目的融资具有不同特点，只有通过策划，才能确定和选择最佳融资方案。

（3）项目目标策划。建设工程项目必须具有明确的目的和要求、明确的建设任务量和时间界限、明确的项目系统构成和组织关系，才能作为项目管理对象，才需要进行项目目标控制。也就是说，确定项目质量、造价和进度等目标是项目实施过程管理的前提。由于项目目标之间的内在联系和制约，使项目目标设定变得复杂和困难。人们的主观追求是"质量高、造价低、工期短"。然而，要把握项目目标之间的定量关系却有很大难度。为此，需要在项目系统构成和定位策划过程中做到项目目标之间的协调平衡与匹配。

项目目标策划包括项目总目标（质量、造价、工期）体系的设定和总目标按子项目、参建主体、实施阶段等进行分解的子目标体系设定。

（4）项目实施过程策划。项目实施过程策划是对项目实施的任务分解和组织工作策划，包括设计、施工、采购招投标，合同结构，项目管理机构设置、工作程序、制度及运行机制，项目管理组织协调，管理信息收集、加工处理和应用等。项目实施过程策划视项目系统的规模和复杂程度，分层次、分阶段地展开，从总体轮廓性、概略性策划，到局部实施性详细策划逐步深化。

项目实施过程策划着力于提出行动方案和管理界面设计。行动方案解决做什么（What）、为何要做（Why）、何时做（When）、何地做（Where）、谁去做（Who）、如何做（How），即5W1H；而管理界面设计则是对不同功能子系统之间的衔接面或对各子系统内部不同性质活动过程相互联系所提出的规范性要求。前者一般被称为动态界面，即前一子系统为后一个子系统创造工作条件，作为后一子系统的输入。这种输入的变化将导致后一子系统活动条件和结果的相应变化。为了稳定子系统之间的衔接，确保最终结果和目标的实现，必须强化动态界面管理。例如，可以认为建设工程项目设计单位和施工单位是项目实施系统中的两个子系统，前者为后者提供施工依据、确定质量标准，两者之间的界面管理，通过设计交底、图纸会审制度及变更程序等规定来保证，以防止前者的差错和失误波及后者的系统活动，直到影响最终结果。同样，设计单位与采购供应单位之间、采购供应单位与施工单位之间等，都存在着动态界面。

静态界面则反映各子系统内部的职能分工和界定及相互之间的联系方式和活动标准。例如，设计子系统中建筑设计、结构设计、设备系统设计、工艺设计及概预算编制等之间有其明确的职能分工、相互联系方式和工作标准，形成静态界面。施工子系统中各专业施工活动之间同样也存在着静态界面。但必须指出，当静态界面中存在的相互联系带有互为条件和前因后果的特点时，也就转化成动态界面。因此，动态界面往往寓于静态界面之中，随着系统分解的细化，动态界面的特征也就愈发显现出来。

（5）项目目标控制策划。项目目标控制是对项目实施系统及项目全过程的控制，基本方法是动态控制。从系统论角度看，目标控制必须是具有健全反馈机制的闭环控制，必须具有完整的反馈控制系统。因此，合理的项目目标控制应包括以下基本步骤：

1）建立项目目标控制子系统。作为一个控制系统，应拥有全面深入的信息反馈渠道和完整有效的控制手段，保证项目目标控制的及时和有效。作为一个子系统，应与其他子系统建立和谐的工作界面，保证整个系统运转的协调。

2）建立目标控制子系统信息库。通过项目系统分析，收集、分类、处理项目目标、项目构成、项目过程、项目环境等方面信息，这些信息将作为系统控制的原始信息和系统控制启动的依据和基础。

3）分析子系统运行状态。随着项目的实施，不断收集反馈信息，比较分析系统实际状态与原定状态之间的关系，并对各子系统出现的偏差进行调整，使其恢复到原定状态。

4）调整控制状态。如果由于原始信息的错误或者环境因素的严重干扰，实际系统状态与原定系统状态之间出现较大偏差且不可能恢复到原定状态时，应根据反馈信息对信息库中已有的信息进行局部修正或全面调整，设定新的系统状态，建立新状态下的系统机制，并调整系统，使其尽快达到新的均衡状态。值得注意的是，一般应尽量避免变动系统目标值。否则，将引起系统状态的多方面变化。

以上工作步骤具有高度概括性和原则性，对一个具体工程项目而言，进行目标控制需要进行大量实际工作。

2.2　建设工程项目可行性研究

在建设工程项目投资决策前进行可行性研究，是保证建设工程项目以最少投资耗费取得最佳经济效益的科学手段。可行性研究是一个由粗到细的分析研究过程，一般可分为初步可行性研究和详细可行性研究两个阶段。对于投资规模较大、工艺技术复杂的项目，在进行全面分析研究之前，往往需要先进行初步可行性研究，确定项目初步可行性。详细可行性研究为项目决策提供技术、经济、社会及商业方面的依据，是项目投资决策的基础。进行详细可行性研究的目的是对建设工程项目进行深入细致的技术经济论证，经过多方案比较选择最佳方案，确定建设工程项目的最终可行性。

建设工程项目类别不同，其可行性研究的内容不尽一致，但通常应包括以下三方面内容：

① 进行市场研究，以解决项目建设的必要性问题；

② 进行工艺技术方案研究，以解决项目建设的技术可能性问题；

③ 进行财务和经济分析，以解决项目建设的合理性问题。

项目可行性研究工作完成后，需要编写反映其全部工作成果的项目可行性研究报告。

2.2.1 可行性研究报告的主要内容

1. 联合国工业发展组织（UNIDO）规定的内容

联合国工业发展组织发布的《工业可行性研究手册》规定，工业项目可行性研究报告的内容如下：

第一章 实施纲要

可行性研究在对各种方案进行比较之后，应对项目所有的基本问题做出明确结论。为了叙述方便，将这些结论和建议归纳在"实施纲要"中，该纲要应包括可行性研究的所有关键性问题。

第二章 项目背景和历史

为保证可行性研究的成功，必须清楚地了解项目设想如何适合于本国经济情况的基本结构及其全面的和行业发展情况。要对产品进行详细阐述，对发起人及其对项目感兴趣的理由加以审定。

说明：项目发起人的姓名和地址；项目方向：面向市场或面向原料；市场方向：国内或出口；支持该项目的经济政策和产业政策；项目背景。

第三章 市场和工厂生产能力

包括：需求和市场研究；销售和营销；生产规划；车间生产能力。

第四章 材料投入物

论述制造特定产品所需的材料和投入物的选择和说明，并说明供应规划的确定和材料成本的计算。

第五章 建厂地区和厂址

包括：建厂地区；厂址和当地条件；环境影响。

第六章 工程设计

包括：项目布置和自然范围；工艺及设备；土建工程。

第七章 工厂组织和管理费用

包括：工厂组织机构；管理费用。

第八章 人工

当确定工厂生产能力和使用的工艺流程后，必须规定出项目所需的各级管理人员；生产和其他有关活动的人员应在项目不同阶段连同各级培训一并进行估计。

第九章 项目建设

工厂施工和设备安装的进度安排；试车和投产安排。

第十章 财务和经济评价

包括：总投资；项目资金筹措；生产成本；商务盈利率；国民经济评价。

2. 我国规定的内容

根据我国规定，一般工业项目可行性研究报告的内容如下：

一、总论

（一）项目背景

1. 项目名称

2. 承办单位概况（新建项目指筹建单位情况，技术改造项目指原企业情况，合资项目指合资各方情况）

3. 可行性研究报告编制依据

4. 项目提出的理由与过程

（二）项目概况

1. 拟建地点

2. 建设规模与目标

3. 主要建设条件

4. 项目投入总资金及效益情况

5. 主要技术经济指标

（三）问题与建议

二、市场预测

（一）产品市场供应预测

1. 国内外市场供应现状

2. 国内外市场供应预测

（二）产品市场需求预测

1. 国内外市场需求现状

2. 国内外市场需求预测

（三）产品目标市场分析

1. 目标市场确定

2. 市场占有份额分析

（四）价格现状与预测

1. 产品国内市场销售价格

2. 产品国际市场销售价格

（五）市场竞争力分析

1. 主要竞争对手情况

2. 产品市场竞争力优势、劣势

3. 营销策略

（六）市场风险

三、资源条件评价（针对资源开发项目）

（一）资源可利用量

矿产地质储量、可采储量，水利水能资源蕴藏量，森林蓄积量等。

（二）资源品质情况

矿产品位、物理性能、化学组分，煤炭热值、灰分、硫分等。

（三）资产赋存条件

矿体结构、埋藏深度、岩体性质，含油气地质构造等。

（四）资源开发价值

资源开发利用的技术经济指标。

四、建设规模与产品方案

(一) 建设规模

1. 建设规模方案比选

2. 推荐方案及其理由

(二) 产品方案

1. 产品方案构成

2. 产品方案比选

3. 推荐方案及其理由

五、场址选择

(一) 场址所在位置现状

1. 地点与地理位置

2. 场址土地权属类别及占地面积

3. 土地利用现状

4. 技术改造项目现有场地利用情况

(二) 场址建设条件

1. 地形、地貌、地震情况

2. 工程地质与水文地质

3. 气候条件

4. 城镇规划及社会环境条件

5. 交通运输条件

6. 公用设施社会依托条件 (水、电、汽、生活福利)

7. 防洪、防潮、排涝设施条件

8. 环境保护条件

9. 法律支持条件

10. 征地、拆迁、移民安置条件

11. 施工条件

(三) 场址条件比选

1. 建设条件比选

2. 建设投资比选

3. 运营费用比选

4. 推荐场址方案

5. 场址地理位置图

六、技术方案、设备方案和工程方案

(一) 技术方案

1. 生产方法 (包括原料路线)

2. 工艺流程

3. 工艺技术来源 (需引进国外技术的,应说明理由)

4. 推荐方案的主要工艺 (生产装置) 流程图、物料平衡图,物料消耗定额表

（二）主要设备方案

1. 主要设备选型

2. 主要设备来源（进口设备应提出供应方式）

3. 推荐方案的主要设备清单

（三）工程方案

1. 主要建、构筑物的建筑特征、结构及面积方案

2. 矿建工程方案

3. 特殊基础工程方案

4. 建筑安装工程量及"三材"用量估算

5. 技术改造项目原有建、构筑物利用情况

6. 主要建、构筑物工程一览表

七、主要原材料、燃料供应

（一）主要原材料供应

1. 主要原材料品种、质量与年需要量

2. 主要辅助材料品种、质量与年需要量

3. 原材料、辅助材料来源与运输方式

（二）燃料供应

1. 燃料品种、质量与年需要量

2. 燃料供应来源与运输方式

（三）主要原材料、燃料价格

1. 价格现状

2. 主要原材料、燃料价格预测

（四）编制主要原材料、燃料年需要量表

八、总图、运输与公用辅助工程

（一）总图布置

1. 平面布置。列出项目主要单项工程的名称、生产能力、占地面积、外形尺寸、流程顺序和布置方案。

2. 竖向布置：场区地形条件；竖向布置方案；场地标高及土石方工程量

3. 技术改造项目原有建、构筑物利用情况

4. 总平面布置图（技术改造项目应标明新建和原有以及拆除的建、构筑物的位置）

5. 总平面布置主要指标表

（二）场内外运输

1. 场外运输量及运输方式

2. 场内运输量及运输方式

3. 场内运输设施及设备

（三）公用辅助工程

1. 给排水工程

（1）给水工程。用水负荷、水质要求、给水方案

（2）排水工程。排水总量、排水水质、排放方式和泵站管网设施

2. 供电工程

（1）供电负荷（年用电量、最大用电负荷）

（2）供电回路及电压等级的确定

（3）电源选择

（4）场内供电输变电方式及设备设施

3. 通信设施

（1）通信方式

（2）通信线路及设施

4. 供热设施

5. 空分、空压及制冷设施

6. 维修设施

7. 仓储设施

九、节能措施

（一）节能措施

（二）能耗指标分析

十、节水措施

（一）节水措施

（二）水耗指标分析

十一、环境影响评价

（一）场址环境条件

（二）项目建设和生产对环境的影响

1. 项目建设对环境的影响

2. 项目生产过程产生的污染物对环境的影响

（三）环境保护措施方案

（四）环境保护投资

（五）环境影响评价

十二、劳动安全卫生与消防

（一）危害因素和危害程度

1. 有毒有害物品的危害

2. 危险性作业的危害

（二）安全措施方案

1. 采用安全生产和无危害的工艺和设备

2. 对危害部位和危险作业的保护措施

3. 危险场所的防护措施

4. 职业病防护和卫生保健措施

（三）消防设施

1. 火灾隐患分析

2. 防火等级

3. 消防设施

十三、组织机构与人力资源配置

（一）组织机构

1. 项目法人组建方案

2. 管理机构组织方案和体系图

3. 机构适应性分析

（二）人力资源配置

1. 生产作业班次

2. 劳动定员数量及技能素质要求

3. 职工工资福利

4. 劳动生产率水平分析

5. 员工来源及招聘方案

6. 员工培训计划

十四、项目实施进度

（一）建设工期

（二）项目实施进度安排

（三）项目实施进度表（横线图）

十五、投资估算

（一）投资估算依据

（二）建设投资估算

1. 建筑工程费

2. 设备及工器具购置费

3. 安装工程费

4. 工程建设其他费用

5. 基本预备费

6. 涨价预备费

7. 建设期利息

（三）流动资金估算

（四）投资估算表

1. 项目投入总资金估算汇总表

2. 单项工程投资估算表

3. 分年投资计划表

4. 流动资金估算表

十六、融资方案

（一）资本金筹措

1. 新设项目法人项目资本金筹措

2. 既有项目法人项目资本金筹措

（二）债务资金筹措

（三）融资方案分析

十七、财务评价

（一）新设项目法人项目财务评价

1. 财务评价基础数据与参数选取

（1）财务价格

（2）计算期与生产负荷

（3）财务基准收益率设定

（4）其他计算参数

2. 销售收入估算（编制销售收入估算表）

3. 成本费用估算（编制总成本费用估算表和分项成本估算表）

4. 财务评价报表

（1）财务现金流量表

（2）损益和利润分配表

（3）资金来源与运用表

（4）借款偿还计划表

5. 财务评价指标

（1）盈利能力分析：项目财务内部收益率；资本金收益率；投资各方收益率；财务净现值；投资回收期；投资利润率

（2）偿债能力分析（借款偿还期或利息备付率和偿债备付率）

（二）既有项目法人项目财务评价

1. 财务评价范围确定

2. 财务评价基础数据与参数选取

（1）"有项目"数据

（2）"无项目"数据

（3）增量数据

（4）其他计算参数

3. 销售收入估算（编制销售收入估算表）

4. 成本费用估算（编制总成本费用估算表和分项成本估算表）

5. 财务评价报表

（1）增量财务现金流量表

（2）"有项目"损益和利润分配表

（3）"有项目"资金来源与运用表

（4）借款偿还计划表

6. 财务评价指标

（1）盈利能力分析：项目财务内部收益率；资本金收益率；投资各方收益率；财务净现值；投资回收期；投资利润率

（2）偿债能力分析（借款偿还期或利息备付率和偿债备付率）

（三）不确定性分析

1. 敏感性分析（编制敏感性分析表，绘制敏感性分析图）

2. 盈亏平衡分析（绘制盈亏平衡分析图）

（四）财务评价结论

十八、国民经济评价

（一）影子价格及通用参数选择

（二）效益费用范围调整

1. 转移支付处理

2. 间接效益和间接费用计算

（三）效益费用数值调整

1. 投资调整

2. 流动资金调整

3. 销售收入调整

4. 经营费用调整

（四）国民经济效益费用流量表

1. 项目国民经济效益费用流量表

2. 国内投资国民经济效益费用流量表

（五）国民经济评价指标

1. 经济内部收益率

2. 经济净现值

（六）国民经济评价结论

十九、社会评价

（一）项目对社会的影响分析

（二）项目对所在地互适应性分析

1. 利益群体对项目的态度及参与程度

2. 各级组织对项目的态度及支持程度

3. 地区文化状况对项目的适应程度

（三）社会风险分析

（四）社会评价结论

二十、风险分析

（一）项目主要风险因素识别

（二）风险程度分析

（三）防范和降低风险对策

二十一、研究结论与建议

（一）推荐方案的总体描述

（二）推荐方案的优缺点描述

1. 优点

2. 存在问题

3. 主要争论与分歧意见

（三）主要对比方案

1. 方案描述

2. 未被采纳的理由

（四）结论与建议

附图、附表、附件

（一）附图

1．场址位置图

2．工艺流程图

3．总平面布置图

（二）附表

1．投资估算表

（1）项目投入总资金估算汇总表

（2）主要单项工程投资估算表

（3）流动资金估算表

2．财务评价报表

（1）销售收入、销售税金及附加估算表

（2）总成本费用估算表

（3）财务现金流量表

（4）损益和利润分配表

（5）资金来源与运用表

（6）借款偿还计划表

3．国民经济评价报表

（1）项目国民经济效益费用流量表

（2）国内投资国民经济效益费用流量表

（三）附件

1．项目建议书（初步可行性研究报告）的批复文件

2．环保部门对项目环境影响的批复文件

3．资源开发项目有关资源勘察及开发的审批文件

4．主要原材料、燃料及水、电、汽供应的意向性协议

5．项目资本金的承诺证明及银行等金融机构对项目贷款的承诺函

6．中外合资、合作项目各方草签的协议

7．引进技术考察报告

8．土地主管部门对场址批复文件

9．新技术开发的技术鉴定报告

10．组织股份公司草签的协议

对于非工业建设工程项目，其可行性研究报告可参照上述内容并结合项目特点编制。

2.2.2　可行性研究报告的报批

为转变政府管理职能，确立企业的投资主体地位，《国务院关于投资体制改革的决定》（国发［2004］20 号）中明确，要彻底改革传统的投资管理制度，由原来的不分投资主体、不分资金来源、不分项目性质，一律按投资规模大小分别由各级政府及有关部门进行审批的单一审批制，改变为政府投资项目的审批制和企业投资项目的核准制或登记备案制。

1．政府投资项目的审批制

《国务院关于投资体制改革的决定》（国发［2004］20 号）中明确指出，要进一步完

善和坚持科学的决策规则和程序，提高政府投资项目决策的科学化、民主化水平；政府投资项目一般都要经过符合资质要求的咨询中介机构的评估论证，咨询评估要引入竞争机制，并制定合理的竞争规则；特别重大的项目还应实行专家评议制度；逐步实行政府投资项目公示制度，广泛听取各方面的意见和建议。

对于采用直接投资和资本金注入方式的政府投资项目，政府投资主管部门从投资决策角度只审批项目建议书和可行性研究报告，除特殊情况外，不再审批开工报告，同时应严格政府投资项目的初步设计、概算审批工作。对于采用投资补助、转贷和贷款贴息方式的政府投资项目，只审批资金申请报告。

对于需要报批可行性研究报告的项目，当可行性研究报告经过正式批准后，应当严格执行，任何部门、单位或个人都不能擅自变更。确有正当理由需要变更时，需将修改的建设规模、项目地址、技术方案、主要协作条件、突破原定投资控制数、经济效益的提高或降低等内容报请原审批单位同意，并正式办理变更手续。

2. 企业投资项目的核准制或登记备案制

对于企业不使用政府资金投资建设的项目，一律不再实行审批，区别不同情况实行核准制或登记备案制。项目的市场前景、经济效益、资金来源和产品技术方案等均由企业自主决策、自担风险，并依法办理环境保护、土地使用、资源利用、安全生产、城市规划等许可手续和减免税确认手续。对于企业使用政府补助、转贷、贴息投资建设的项目，政府只审批资金申请报告。

（1）实行政府核准制的项目

政府仅对企业投资建设的重大项目和限制类项目从维护社会公共利益角度进行核准。政府核准项目目录由国务院投资主管部门会同有关行业部门研究提出，报国务院批准后实施。

企业投资建设实行核准制的项目，仅需向政府提交项目申请报告，不再经过批准项目建议书、可行性研究报告和开工报告的程序。政府对企业提交的项目申请报告，主要从维护国家经济安全、合理开发利用资源、保护生态环境、优化重大布局、保障公共利益、防止出现垄断等方面进行核准。对于外商投资项目，政府还要从市场准入、资本项目管理等方面进行核准。

（2）实行登记备案制的项目

对于企业不使用政府资金投资建设的项目，除实行政府核准制的项目以外，其余项目均实行登记备案制。对于实行登记备案制的项目，由企业按照属地原则向地方政府投资主管部门备案。

基本建立现代企业制度的特大型企业集团，投资建设政府核准项目目录内的项目，可以按项目单独申报核准，也可编制中长期发展建设规划，规划经国务院或国务院投资主管部门批准后，规划中属于政府核准项目目录内的项目不再另行申报核准，只须办理备案手续。企业集团要及时向国务院有关部门报告规划执行和项目建设情况。

2.3 建设工程项目经济评价

2.3.1 经济评价内容

经济评价是指在建设工程项目可行性研究和评估中，采用现代经济分析方法，对拟建项目计算期（建设期和生产经营期）内投入产出诸多经济因素进行调查、预测、计算和论证，分析选择最佳方案的过程。经济评价是项目可行性研究和评估的核心内容，经济评价结论是项目决策的重要依据。建设工程项目经济评价通常包括财务评价和国民经济评价两个方面。

1. 财务评价与国民经济评价的异同

财务评价是指从项目或企业财务角度出发，根据国家财税制度和市场价格体系，分析、预测项目投入费用和产出效益，计算财务评价指标，考察拟建项目的财务盈利能力、清偿能力，据以判断建设工程项目的财务可行性。国民经济评价是从国家整体角度出发，按照合理配置资源的原则，采用影子价格等国民经济评价参数，分析计算项目需要耗费的社会资源和对社会的贡献，考察投资行为的经济合理性和宏观可行性。

在市场经济条件下，大部分项目的财务评价结论可以满足投资决策的要求。但有些项目需要进行国民经济评价，以便从国民经济角度评价其是否可行。需要进行国民经济评价的项目主要是铁路、公路等交通运输项目，较大的水利水电项目，国家控制的战略性资源开发项目，动用社会资源和自然资源较大的中外合资项目，以及主要产出物和投入物的市场价格不能反映其真实价值的项目。

（1）财务评价与国民经济评价的共同点

① 都是经济评价，都要寻求以最小投入获得最大产出；

② 都用货币作为统一尺度，都考虑货币的时间因素；

③ 都采用现金流量分析方法，通过编制基本报表计算净现值、内部收益率等指标；

④ 都是在完成产品需求预测、厂址选择、工艺技术路线和技术方案论证、投资估算和资金筹措等基础上进行的。

（2）财务评价与国民经济评价的不同点

① 评价角度不同；

② 项目费用、效益的含义和范围划分不同（见表 2-1）；

财务评价与国民经济评价中项目费用及效益方面的区别　　　　　表 2-1

财务评价	国民经济评价
根据项目的实际收支情况确定项目的直接效益和费用，补贴计为效益	根据项目给国家带来的效益和项目消耗资源的多少，考察项目的效益和费用，补贴不计为效益
税收和利息计为费用	税收和国内借款利息不计为费用
只计算项目的直接效益和直接费用	计算直接效益和直接费用，还要计算间接效益和间接费用

③ 采用的价格不同。财务评价对投入物和产出物采用财务价格；国民经济评价采用影子价格；

④ 采用的主要参数不同。财务评价采用财务基准收益率或银行贷款利率；国民经济评价采用国家统一测定的影子汇率和社会折现率等。

建设工程项目投资决策中，财务评价与国民经济评价的结论均可行的项目，应予通过。国民经济评价结论不可行的项目，一般应予否定。对某些国计民生急需的项目，如国民经济评价合理，而财务评价不可行，应重新考虑方案，必要时也可向政府主管部门提出采取相应经济优惠措施的建议，使项目具有财务上的生存能力。

2. 经济评价步骤

（1）财务评价步骤

财务评价是在确定的建设方案、投资估算和融资方案基础上进行的财务可行性研究。其步骤如下：

① 选取财务评价基础数据与参数，包括主要投入品和产出品财务价格、税费、利率、汇率、计算期、固定资产折旧率、无形资产摊销年限、生产负荷及基准收益率等基础数据和参数；

② 计算销售（营业）收入，估算成本费用；

③ 编制财务评价报表；

④ 计算财务评价指标，进行盈利能力分析和偿债能力分析；

⑤ 进行不确定性分析，包括敏感性分析和盈亏平衡分析；

⑥ 编写财务评价报告。

（2）国民经济评价步骤

国民经济评价步骤如下：

① 识别国民经济效益和费用。不仅包括直接效益和直接费用，而且还要考虑间接效益和间接费用。通常将与项目相关的间接效益（外部效益）和间接费用（外部费用）统称为外部效果；

② 计算和选取影子价格。影子价格是指依据一定原则确定的，能够反映投入物和产出物真实经济价值，反映市场供求状况、资源稀缺程度，使资源得到合理配置的价格。影子价格是计算国民经济效益和费用时的专用价格。进行国民经济评价时，项目的主要投入物和产出物价格，原则上都应采用影子价格；

③ 编制国民经济评价报表；

④ 计算国民经济评价指标并进行方案比选。

3. 经济评价报表

（1）财务评价报表

① 新设项目法人项目财务评价报表主要有财务现金流量表（包括项目财务现金流量表、资本金财务现金流量表和投资各方财务现金流量表）、损益和利润分配表、资金来源与运用表、借款偿还计划表等；

② 既有项目法人项目财务评价报表的编制原理和科目设置与新设项目法人项目的财务评价报表基本相同，不同之处是表中有关数据的计算口径有所区别。既有项目法人的项目财务评价，应按增量效益与增量费用的数据，编制项目增量财务现金流量表、资本金增量财务现金流量表，按"有项目"的效益与费用数据，编制项目损益和利润分配表、资金来源与运用表、借款偿还计划表等。

（2）国民经济评价报表

国民经济效益费用流量表有以下两种：

① 项目国民经济效益费用流量表。以全部投资（包括国内投资和国外投资）作为分析对象，考察项目全部投资的盈利能力；

② 国内投资国民经济效益费用流量表。以国内投资作为分析对象，考察项目国内投资部分的盈利能力。

国民经济效益费用流量表一般在项目财务评价基础上进行调整编制，有些项目也可直接编制。

2.3.2 经济评价指标体系

1. 财务盈利能力评价指标

项目财务盈利能力评价指标主要包括财务内部收益率、财务净现值、投资回收期等。其中，财务内部收益率是项目的主要盈利性指标，其他指标可根据项目特点及财务评价的目的、要求等选用。

（1）财务内部收益率（FIRR）

财务内部收益率是指项目在整个计算期内各年净现金流量现值累计等于零时的折现率，它是评价项目盈利能力的动态指标。其表达式为：

$$\sum_{t=1}^{n}(CI-CO)_t \cdot (1+FIRR)^{-t} = 0 \qquad (2-1)$$

式中　　　CI——现金流入量；

　　　　　CO——现金流出量；

$(CI-CO)_t$——第 t 年的净现金流量；

　　　　　n——计算期年数。

财务内部收益率可根据财务现金流量表中的净现金流量，用内插法试算或利用专用软件的财务函数计算求得。

项目财务内部收益率（FIRR）的判别依据应采用行业发布或评价人员设定的财务基准收益率（i_c）。当 $FIRR \geqslant i_c$ 时，即认为项目的盈利能力能够满足要求，可以接受该项目。反之，不能接受该项目。资本金收益率和投资各方收益率应与出资方最低期望收益率相比较，判断投资方收益水平。

（2）财务净现值（FNPV）

财务净现值是指按行业基准收益率或设定的折现率 i_c 计算的项目计算期内各年净现金流量的现值之和。其计算公式为：

$$FNPV = \sum_{t=1}^{n}(CI-CO)_t \cdot (1+i_c)^{-t} \qquad (2-2)$$

财务净现值反映项目在满足设定折现率前提下的盈利要求之外，获得的超额盈利的现值。一般只计算所得税前财务净现值。当 $FNPV \geqslant 0$ 时，表明项目的盈利能力达到或超过按设定的折现率计算的盈利水平，可以考虑接受该项目。FNPV 越高，项目的经济效益越好。如果 $FNPV < 0$，说明项目的盈利能力达不到要求水平，该项目不可行。

（3）投资回收期（P_t）

投资回收期是指以项目的净收益偿还项目全部投资所需要的时间。投资回收期一般以年为单位，并从项目建设起始年算起。若从项目投产年算起，应予以特别注明。其表达式为：

$$\sum_{t=1}^{P_t}(CI-CO)_t = 0 \qquad (2-3)$$

投资回收期可根据现金流量表计算，现金流量表中累计现金流量（所得税前）由负值变为零时的时点，即为项目投资回收期。计算公式为：

$$投资回收期(P_t) = \left[\begin{array}{c}累计净现金流量\\开始出现正值年份\end{array}\right] - 1 + \left[\begin{array}{c}上年累计净现金流量的绝对值\\当年净现金流量\end{array}\right]$$

(2-4)

投资回收期越短，表明项目的盈利能力和抗风险能力越好。在财务评价中，求得的投资回收期（P_t）与行业基准投资回收期（P_0）比较，当 $P_t \leqslant P_0$ 时，表明项目投资能在规定时间内收回，可以考虑接受该项目。反之，不能接受该项目。

以上是静态投资回收期，如果考虑资金的时间价值，可以计算动态投资回收期。动态投资回收期指标计算较繁，但比较真实。建设工程项目投资回收期较长时，可以考虑采用动态投资回收期指标。

（4）投资收益率

根据分析目的的不同，投资收益率又可分为：总投资收益率（ROI）和资本金净利润率（ROE）。

1）总投资收益率（ROI）。表示项目总投资的盈利水平，计算公式为：

$$ROI = \frac{EBIT}{TI} \times 100\%$$

(2-5)

式中　$EBIT$——项目达到设计生产能力后正常年份的年息税前利润或运营期内年平均息税前利润；

　　　　TI——项目总投资。

2）资本金净利润率（ROE）。表示项目资本金的盈利水平，计算公式为：

$$ROE = \frac{NP}{EC} \times 100\%$$

(2-6)

式中　NP——项目达到设计生产能力后正常年份的年净利润或运营期内年平均净利润；

　　　　EC——项目资本金。

总投资收益率、资本金净利润率高于同行业的参考值，表明项目的盈利能力满足要求。

2. 财务偿债能力评价指标

根据有关财务报表，计算借款偿还期、利息备付率、偿债备付率等指标，可以评价项目借款偿债能力。如果采用借款偿还期指标，可不再计算备付率指标；如果计算备付率指标，则不再计算借款偿还期指标。

（1）借款偿还期（P_d）

借款偿还期是指以项目投产后获得的可用于还本付息的资金，还清借款本息所需的时间。一般以年为单位表示。该指标可由借款偿还计划表推算，不足整年的部分可用内插法计算。其计算公式为：

$$P_d = (借款偿还后出现盈余的年份数 - 1) + \frac{当年应偿还借款额}{当年可用于还款的收益额}$$

(2-7)

借款偿还期满足贷款机构的要求期限时，即认为该项目是有借款偿债能力的。

借款偿还期指标旨在计算最大偿还能力，适用于尽快还款的项目，不适用于已约定借款偿还期限的项目。对于已约定借款偿还期限的项目，应采用利息备付率和偿债备付率指标分析项目偿债能力。

（2）利息备付率

利息备付率也称已获利息倍数，是指项目在借款偿还期内各年可用于支付利息的息税前利润与当期应付利息费用的比值。其计算公式为：

$$利息备付率 = \frac{息税前利润}{当期应付利息费用} \tag{2-8}$$

其中：

息税前利润＝利润总额＋计入总成本费用的利息费用

当期应付利息是指计入总成本费用的全部利息。

利息备付率可按年计算，也可按整个借款期计算。利息备付率表示项目利润偿付利息的保证倍率。对于正常运营的企业，利息备付率应当大于1。否则，表示项目的付息能力保障程度不足。

（3）偿债备付率

偿债备付率指项目在借款偿还期内，各年可用于还本付息的资金与当期应还本付息金额的比值。其计算公式为：

$$偿债备付率 = \frac{可用于还本付息资金}{当期应还本付息金额} \tag{2-9}$$

可用于还本付息的资金包括：可用于还款的折旧和摊销、在成本中列支的利息费用、可用于还款的利润等。当期应还本付息金额包括：当期应还贷款本金及计入成本的利息。

偿债备付率可以按年计算，也可以按项目的整个借款期计算。偿债备付率表示可用于还本付息的资金偿还借款本息的保证倍率。偿债备付率在正常情况下应当大于1，且越高越好。当指标小于1时，表示当年资金来源不足以偿付当期债务，需要通过短期借款偿付已到期债务。

3. 国民经济评价的主要指标

（1）经济内部收益率（EIRR）

经济内部收益率是反映项目对国民经济净贡献的相对指标，它表示项目占用资金所获得的动态收益率，也是项目在计算期内各年经济净效益流量的现值累计等于零时的折现率。其表达式为：

$$\sum_{t=1}^{n} (B-C)_t \cdot (1+EIRR)^{-t} = 0 \tag{2-10}$$

式中　B——国民经济效益流量；

C——国民经济费用流量；

$(B-C)_t$——第 t 年的国民经济净效益流量；

n——计算期。

经济内部收益率（EIRR）的判别标准是社会折现率 i_s。如果 $EIRR \geqslant i_s$，表明项目对国民经济净贡献达到或超过要求的水平，应认为项目可以接受。

（2）经济净现值（ENPV）

经济净现值是反映项目对国民经济净贡献的绝对指标，是用社会折现率将项目计算期内各年的净效益流量折算到建设期初（基准年）的现值之和。其计算公式为：

$$ENPV = \sum_{t=1}^{n} (B-C)_t \cdot (1+i_s)^{-t} \tag{2-11}$$

式中　i_s——社会折现率。

当 $ENPV \geqslant 0$ 时，表示国家为拟建项目付出的代价可以得到符合社会折现率要求的社会盈余，或者除得到符合社会折现率要求的社会盈余外，还可以得到以现值计算的超额社会盈余。这时，该项目是可以接受的。经济净现值越大，表示项目所带来的经济效益的绝对值越大。

按分析效益费用的口径不同，可分为整个项目的经济内部收益率和经济净现值、国内投资经济内部收益率和经济净现值。如果项目没有国外投资和国外借款，全部投资指标与国内投资指标相同；如果项目有国外资金流入与流出，应以国内投资的经济内部收益率和经济净现值作为项目国民经济评价的指标。

2.4　建设工程项目社会评价

2.4.1　社会评价的范围和主要内容

1. 社会评价的概念和范围

建设工程项目社会评价是指分析拟建项目对当地社会的影响、当地社会条件对项目的适应性和可接受程度的系统分析过程。

建设工程项目社会评价旨在系统调查和预测工程项目建设、运营产生的社会影响与社会效益，分析项目所在地区的社会环境对项目的适应性和可接受程度。通过分析项目涉及的各种社会因素，评价项目的社会可行性，提出项目与当地社会协调关系、规避社会风险、促进项目顺利实施、保持社会稳定的方案。

建设工程项目的实施，不仅对经济发展产生影响，而且还会影响到当地社会的各个方面。一个在经济方面可行的项目，有可能在社会方面不可行，甚至产生负面影响。因此，对建设工程项目进行社会评价是十分必要的。

原则上讲，所有的建设工程项目都应进行社会评价。但由于各类工程项目各具特点，实现的目标及功能各不相同，因而使社会评价在各类项目中的作用相距甚远。对于教育、文化、卫生、体育项目和城市基础设施项目，以创造社会效益为主，应重点进行社会评价。农业、林业、水利项目及交通项目，社会效益往往比经济效益明显，也是社会评价的重点。工业项目以经济效益为主，一般不重点进行社会评价。但在边远地区、少数民族地区和贫困地区建设的工业项目，所涉及的社会环境因素比较复杂，应通过社会评价进行重点分析。

2. 社会评价的主要内容

社会评价应遵循以人为本的原则，其主要内容包括项目的社会影响分析、项目与所在地区的互适性分析和社会风险分析三个方面。

（1）社会影响分析

项目的社会影响分析旨在分析预测项目可能产生的正面影响（通常称为社会效益）和负面影响。

① 项目对所在地区居民收入的影响。主要分析预测由于项目实施可能造成当地居民收入增加或者减少的范围、程度及其原因；收入分配是否公平，是否扩大贫富收入差距，并提出促进收入公平分配的措施建议。对于扶贫项目，应着重分析项目实施后减轻当地居民的贫困和帮助贫困人口脱贫的程度。

② 项目对所在地区居民生活水平和生活质量的影响。主要分析预测项目实施后居民

居住水平、消费水平、消费结构、人均寿命的变化及其原因。

③ 项目对所在地区居民就业的影响。主要分析预测项目的建设、运营对当地居民就业结构和就业机会的正面影响与负面影响。其中正面影响是指可能增加就业机会和就业人数，负面影响是指可能减少原有就业机会及就业人数，以及由此引发的社会矛盾。

④ 项目对所在地区不同利益群体的影响。主要分析预测项目的建设、运营会使哪些人受益或受损，以及对受损群体的补偿措施和途径。兴建露天矿区、水利枢纽工程、交通运输工程、城市基础设施等一般都会引起非志愿移民，应特别注重这方面的分析。

⑤ 项目对所在地区弱势群体的影响。分析预测项目的建设和运营对当地妇女、儿童、残疾人员利益的正面影响和负面影响。

⑥ 项目对所在地区文化、教育、卫生的影响。分析预测项目建设和运营期间是否可能引起当地文化教育水平、卫生健康程度的变化以及对当地人文环境的影响，提出减少不利影响的措施建议。公益性项目应特别注重这方面的分析。

⑦ 项目对当地基础设施、社会服务容量和城市化进程等的影响。分析预测项目建设和运营期间，是否可能增加或者占用当地的基础设施，包括道路、桥梁、供电、供水、供汽、服务网点，以及产生的影响。

⑧ 项目对所在地区少数民族风俗习惯和宗教的影响。分析预测项目的建设和运营是否符合国家的民族和宗教政策，是否充分考虑了当地民族的风俗习惯、生活方式或者当地居民的宗教信仰，是否会引发民族矛盾、宗教纠纷，影响当地社会安定。

以上分析可以通过编制项目社会影响分析表来完成。项目社会影响分析表见表2-2。

项目社会影响分析表　　　　　　　　　　　表 2-2

序号	社会因素	影响的范围、程度	可能出现的后果	措施建议
1	对居民收入的影响			
2	对居民生活水平和生活质量的影响			
3	对居民就业的影响			
4	对不同利益群体的影响			
5	对弱势群体的影响			
6	对地区文化、教育、卫生的影响			
7	对地区基础设施、社会服务容量和城市化进程的影响			
8	对少数民族风俗习惯和宗教的影响			

（2）互适性分析

互适性分析主要是分析预测项目能否为当地的社会环境、人文条件所接纳，以及当地政府、居民支持项目存在与发展的程度，考察项目与当地社会环境的相互适应关系。

① 分析预测与项目直接相关的不同利益群体对项目建设和运营的态度及参与程度，选择可以促使项目成功的各利益群体的参与方式，对可能阻碍项目存在与发展的因素提出防范措施。

② 分析预测项目所在地区的各类组织对项目建设和运营的态度，可能在哪些方面、在多大程度上对项目予以支持和配合。对需要由当地提供交通、电力、通信、供水等基础设施条件，粮食、蔬菜、肉类等生活供应条件，医疗、教育等社会福利条件的，当地是否

能够提供，是否能够保障。对于国家重大建设项目，应特别注重这方面的分析。

③ 分析预测项目所在地区现有技术、文化状况能否适应项目建设和发展。对于为发展地方经济、改善当地居民生产生活条件兴建的水利项目、公路交通项目、扶贫项目，应分析当地居民的教育水平能否适应项目要求的技术条件，能否保证实现项目既定目标。

项目与所在地的互适性分析可以通过编制社会对项目的适应性和可接受程度分析表来完成。社会对项目的适应性和可接受程度分析表见表 2-3。

社会对项目的适应性和可接受程度分析表 表 2-3

序号	社会因素	适应程度	可能出现的问题	措施建议
1	不同利益群体			
2	当地组织机构			
3	当地技术文化条件			

（3）社会风险分析

项目的社会风险分析是对可能影响项目的各种社会因素进行识别和排序，选择影响面大、持续时间长，并容易导致较大矛盾的社会因素进行预测，分析可能出现这种风险的社会环境和条件。对于那些可能诱发民族矛盾、宗教矛盾的项目，应特别注重这方面的分析，并提出防范措施。

社会风险分析可以通过编制社会风险分析表来完成。社会风险分析表见表 2-4。

社会风险分析表 表 2-4

序号	风险因素	持续时间	可能导致的后果	措施建议
1				
2				
3				
4				
5				

2.4.2 社会评价的步骤和方法

1. 社会评价的一般步骤

社会评价一般分为三步，即社会资料调查、社会因素识别和方案比选论证。

（1）社会资料调查

调查的内容包括项目所在地区的人口统计资料，基础设施与服务设施状况；当地的风俗习惯、人际关系；各利益群体对项目的反应、要求与接受程度；各利益群体参与项目活动的可能性，如项目所在地区干部、群众对参与项目活动的态度和积极性，可能参与的形式、时间，妇女在参与项目活动方面有无特殊情况等。社会调查可采用多种方法，如查阅历史文献、统计资料，问卷调查，现场访问、观察，召开座谈会等。

（2）社会因素识别

分析社会调查获得的资料，对项目涉及的各种社会因素进行分类。一般可分为三类，即：影响人类生活和行为的因素；影响社会环境变迁的因素；影响社会稳定与发展的因素。从中识别与选择影响项目实施和项目成功的主要社会因素，作为社会评价的重点和论证比选方案的内容之一。

（3）方案比选论证

对项目可行性研究拟定的建设地点、技术方案和工程方案中涉及的主要社会因素进行定性、定量分析，推荐社会正面影响大、社会负面影响小的方案。

2. 社会评价的基本方法

项目的社会因素多而复杂，而且多数是无形的，甚至是潜在的。如项目对社区安全稳定的影响，人们对项目的态度、社区的人际关系，项目对卫生保健、文化水平提高的影响，对人口素质提高的影响等。有的社会因素可以采用一定的计算公式进行定量分析，如就业效益、收入分配效益等，但多数难以进行定量分析。因此，通常采用定量分析与定性分析相结合的方法。

（1）定量分析方法

定量分析要有一定的计算公式和判别标准（参数），通过数量演算反映评价结果。一般地，用数据说话，比较客观、科学。但如果将建设工程项目的所有社会评价因素都进行定量计算，难度极大。鉴于这种情况，能够定量分析的，尽量采用定量分析方法。不能定量分析的，采用定性分析方法加以补充说明。

社会评价定量分析指标大多应结合项目特点确定，以下是各类项目的通用评价指标：

1）就业效益指标。就业效益指标可按单位投资就业人数计算。即：

$$单位投资就业人数 = \frac{本项目与相关项目新增就业人数}{项目直接投资与间接投资总额} \qquad (2\text{-}12)$$

从国家层面分析，一般是单位投资就业人数越大越好。但项目所创造的就业机会，往往与其所采用的技术和经济效益密切相关。劳动密集型企业与资金密集型企业，就业效益相差很大。前者创造就业机会多，后者增加就业人数少而技术经济效益高。行业不同，产品不同，单位投资创造的就业机会也相差悬殊。项目的就业效益与经济效益之间，经常发生矛盾。从地区层面分析，我国各地区劳动就业情况不同，有的地区劳动力富余，要求多增加就业机会；有的地区劳动力紧张，希望多建设资金、技术密集型企业。因此，很难说单位投资就业人数越大就越好。

在评价就业效益指标时，应根据项目的行业特点，并结合地区劳动就业情况进行具体分析。从社会就业角度考察，在待业率高的地区，特别是经济效益相同的情况下，就业效益大的项目应为优先项目。如果当地劳动力紧张，或拟建项目属于高新技术产业，就业效益指标的权重应相应减小，可以作为次要的或仅供参考的评价指标。

2）收入分配效益指标。收入分配是否公平，不仅是一个经济问题，更是一个社会问题。项目社会评价中设置贫困地区分配效益指标，有利于促进国家经济在地区间的合理布局，并促进国家扶贫目标的实现。

贫困地区分配效益指标按下列两步计算：

① 贫困地区收益分配系数：

$$D_i = (G_o/G)^m \qquad (2\text{-}13)$$

② 贫困地区收入分配效益：

$$ENPV_\mathrm{p} = \sum_{t=1}^{n} (CI - CO)_t \cdot D_i \cdot (1 + i_\mathrm{s})^{-t} \tag{2-14}$$

式中 D_i——贫困地区收益分配系数；

G_o——项目评价时全国人均国民收入；

G——项目评价时当地人均国民收入；

m——国家规定的扶贫参数，m 值越大，贫困地区收益分配系数就越大。m 可取 1 ～1.5；

$ENPV_\mathrm{p}$——贫困地区收入分配效益。

项目经济净现值乘以 D_i 将使项目的经济净现值增值，有利于贫困地区的建设项目优先通过经济评价，得以被国家接受。

（2）定性分析方法

定性分析方法基本上是采用文字描述，说明事物性质。在需要与可能的情况下，定性分析也应尽量采用直接或间接数据，以便更准确地说明问题的性质或结论。

建设工程项目社会评价的定性分析与定量分析一样，要确定分析评价的基准线；要在可比的基础上进行"有项目"与"无项目"的对比分析；要制定定性分析的核查提纲，以利于调查分析的深入；并在衡量影响重要程度的基础上，对各种指标进行权重排序，以便于综合分析评价。

2.5 建设工程项目环境影响评价

2.5.1 环境影响评价的概念和原则

建设工程项目一般会引起项目所在地自然环境、社会环境和生态环境的变化，对环境状况、环境质量产生不同程度的影响。为了实施可持续发展战略，预防因规划和建设工程项目实施后对环境造成不良影响，促进经济、社会和环境的协调发展，国家颁布和实施了《环境影响评价法》。

（1）环境影响评价的概念

建设工程项目环境影响评价是指通过调查研究环境条件，分析、预测和评估拟建项目对环境的影响，提出预防或减轻不良环境影响的对策和措施，比选和优化环境保护方案。

（2）环境影响评价的基本原则

进行工程建设应注意保护场址及其周围地区的水土资源、海洋资源、矿产资源、森林植被、文物古迹、风景名胜等自然环境和社会环境。项目环境影响评价应坚持以下原则：

① 符合环境保护法律、法规和环境功能规划的要求；

② 坚持污染物排放总量控制和达标排放的要求；

③ 坚持"三同时"原则，即环境治理设施应与项目的主体工程同时设计、同时施工、同时投产使用；

④ 力求环境效益与经济效益相统一。在研究环境保护治理措施时，应从环境效益与经济效益相统一的角度进行分析论证，力求环境保护治理方案技术可行和经济合理；

⑤ 注重资源综合利用，对环境治理过程中项目产生的废气、废水、固体废物，应提

出回水处理和再利用方案。

2. 环境影响评价的分类

国家根据建设工程项目对环境的影响程度不同，对建设工程项目环境影响评价实行分类管理。建设单位组织编制的环境影响评价文件分为环境影响报告书、环境影响报告表和环境影响登记表三类。建设工程项目环境影响评价分类管理名录，由国务院环境保护主管部门制定并公布。

（1）环境影响报告书

对于可能造成重大环境影响的建设工程项目，应当编制环境影响报告书，对产生的环境影响进行全面评价。环境影响报告书的内容应当包括：项目概况；项目周围环境现状；项目对环境可能造成影响的分析、预测和评估；项目环境保护措施及其技术、经济论证；项目对环境影响的经济损益分析；对项目实施环境监测的建议；环境影响评价结论。

（2）环境影响报告表

对于可能造成轻度环境影响的建设工程项目，应当编制环境影响报告表，对产生的环境影响进行分析或专项评价。

（3）环境影响登记表

对环境影响很小、不需要进行环境影响评价的建设工程项目，应当填报环境影响登记表。

环境影响报告表和环境影响登记表的内容和格式，由国务院环境保护主管部门制定。

3. 环境影响评价文件的编制、审批及实施

（1）环境影响评价文件的编制

环境影响报告书或者环境影响报告表，应当由具有相应环境影响评价资质的机构编制。任何单位和个人不得为建设单位指定环境影响评价机构。

除国家规定需要保密的情形外，对环境可能造成重大影响、应当编制环境影响报告书的建设工程项目，建设单位应当在报批建设工程项目环境影响报告书前，举行论证会、听证会，或者采取其他形式，征求有关单位、专家和公众的意见。建设单位报批的环境影响报告书应当附具对有关单位、专家和公众的意见采纳或者不采纳的说明。

（2）环境影响评价文件的审批

建设工程项目环境影响报告书、报告表，由建设单位按照国务院的规定报有审批权的环境保护主管部门审批。国家对环境影响登记表实行备案管理。

建设工程项目环境影响评价文件未依法经审批部门审查或审查后未予批准的，建设单位不得开工建设。

建设工程项目环境影响评价文件经批准后，建设工程项目的性质、规模、地点、采用的生产工艺或者防治污染、防止生态破坏的措施发生重大变动的，建设单位应当重新报批环境影响评价文件。环境影响评价文件自批准之日起超过五年，方决定该项目开工建设的，其环境影响评价文件应当报原审批部门重新审核。

（3）环境影响评价文件的实施

项目建设过程中，建设单位应当同时实施环境影响报告书、环境影响报告表及环境影响评价文件审批部门审批意见中提出的环境保护对策措施。

在项目建设、运行过程中产生不符合经审批的环境影响评价文件的情形时，建设单位应当组织环境影响后评价，采取改进措施，并报原环境影响评价文件审批部门和建设工程项目审批部门备案；原环境影响评价文件审批部门也可责成建设单位进行环境影响后评价，采取改进措施。

2.5.2 环境影响评价的主要内容

1. 环境条件调查

环境条件调查主要包括以下几个方面：

（1）自然环境。调查项目所在地的大气、水体、地貌、土壤等自然环境状况。

（2）生态环境。调查项目所在地的森林、草地、湿地、动物栖息、水土保持等生态环境状况。

（3）社会环境。调查项目所在地居民生活、文化教育卫生、风俗习惯等社会环境状况。

（4）特殊环境。调查项目周围地区名胜古迹、风景区、自然保护区等环境状况。

2. 环境影响因素分析

主要分析工程项目建设过程中破坏环境、生产运营过程中污染环境，导致环境质量恶化的主要因素。

（1）污染环境因素分析

分析生产过程中产生的各种污染源，计算排放污染物数量及其对环境的污染程度。

1）废气。分析气体排放点，计算污染物产生量和排放量、有害成分和浓度，研究排放特征及其对环境的危害程度。废气排放一览表见表 2-5。

废气排放一览表　　　　表 2-5

序号	车间或装置名称	污染源名称	产生量 (m³/h)	排放量 (m³/h)	组成及特性数据					排放特征			排放方式
					成分名称	数量				温度 (℃)	压力 (Pa)	高度 (m)	
						(kg/h)		(mg/m³)					
						产生	排放	产生	排放				
1													
2													
3													

2）废水。分析工业废水（废液）和生活污水的排放点，计算污染物的产生量和排放量、有害成分和浓度，研究排放特征、排放去向及其对环境的危害程度。废水排放一览表见表 2-6。

废水排放一览表　　　　表 2-6

序号	车间或装置名称	污染源名称	产生量 (m³/h)	排放量 (m³/h)	组成及特性数据			排放特征		排放方式
					成分名称	数量		温度 (℃)	压力 (Pa)	
						(kg/L)				
						产生量	排放量			
1										
2										
3										

3）固体废物。分析计算固体废物的产生量与排放量、有害成分及其对环境的污染程度。固体废物排放一览表见表 2-7。

固体废物排放一览表 表 2-7

序号	车间或装置名称	固体废物名称	产生数量（t/a）	组成及特性数据	固体废物处理方式	排放数量（t/a）
1						
2						
3						

4）噪声。分析噪声源位置，计算声压等级，研究噪声特征及其对环境造成的危害程度。噪声源一览表见表 2-8。

噪声源一览表 表 2-8

序号	噪声源位置	噪声源名称	台数	技术参数（规格型号）	噪声特征			声压级 dB（A）		
					连续	间断	瞬间	估算值	参考值	采用值
1										
2										
3										

5）粉尘。分析粉尘排放点，计算产生量与排放量，研究组分与特征、排放方式及其对环境造成的危害程度。粉尘排放一览表见表 2-9。

粉尘排放一览表 表 2-9

序号	车间或装置名称	粉尘名称	产生数量（t/a）	排放数量（t/a）	组分及特性数据	排放方式
1						
2						
3						
4						

6）其他污染物。分析生产过程中产生的电磁波、放射性物质等污染物发生的位置、特征，计算强度值及其对周围环境的危害程度。

（2）破坏环境因素分析

分析工程项目施工和生产运营对环境可能造成的破坏因素，预测其破坏程度。主要分析以下几个方面：

1）对地形、地貌等自然环境的破坏；

2）对森林草地植被的破坏，如引起的土壤退化、水土流失等；

3）对社会环境、文物古迹、风景名胜区、水源保护区的破坏。

3. 环境影响评价指标在环境影响评价定量分析中，主要设置环境质量指数指标来分析评价项目对各项污染物治理达到国家和地方规定标准的程度，从而全面反映项目对环境治理的效果。为便于计算，环境质量指数采用各项环境污染物治理指数的算术平均值。如果该项目对环境影响很大，则可以根据各项污染物对环境影响的聚集程度不同给予不同的权重，然后再求平均值。计算公式为：

$$r = \sum_{i=1}^{n} \frac{Q_i}{Q_{io}} W_i \tag{2-15}$$

式中　　r——环境质量指数；

　　　　n——项目排出的环境污染物种类，如废气、废渣、噪声、放射物等；

　　　Q_i——第 i 种有害物质排放量；

　　　Q_{io}——国家或地方规定的第 i 种有害物质最大允许排放量；

　　　W_i——第 i 种有害物质对环境影响的权重。

4. 环境保护措施

在分析环境影响因素及其影响程度的基础上，应根据国家有关环境保护法律法规提出治理方案。

（1）治理措施方案

根据项目的污染源和排放污染物的性质不同，应采取不同的治理措施。

1）废气污染治理。可采用冷凝、吸附、燃烧和催化转化等方法；

2）废水污染治理。可采用物理法（如重力分离、离心分离、过滤、蒸发结晶、高磁分离等）、化学法（如中和、化学凝聚、氧化还原等）、物理化学法（如离子交换、电渗析、反渗析、气泡悬上分离、汽提吹脱、吸附萃取等）、生物法（如自然氧池、生物过滤、活性污泥、厌氧发酵）等方法；

3）固体废物污染处理。有毒废物可采用防渗漏池堆存；放射性废物可以封闭固化；无毒废物可以露天堆存；生活垃圾可采用卫生填埋、堆肥、生物降解或者焚烧方式处理；利用无毒固体废物加工制作建筑材料或者作为建材添加物，进行综合利用；

4）粉尘污染治理。可采用过滤除尘、湿式除尘、电除尘等方法；

5）噪声污染治理。可采用吸声、隔音、减震、隔震等措施；

6）工程建设和生产运营引起环境破坏的治理。对岩体滑坡、植被破坏、地面塌陷、土壤劣化等，应提出相应治理方案。

（2）治理方案比选

应对环境治理的各个局部方案和总体方案进行技术经济比较，并作出综合评价。评价的主要内容包括：

1）技术水平比较。分析比较不同环境保护治理方案所采用的技术和设备先进性、适用性、可靠性和可获得性；

2）治理效果比较。分析比较不同环境保护治理方案在治理前及治理后环境指标的变化情况，以及能否满足环境保护法律法规的要求；

3）管理及监测方式比较。分析比较各治理方案所采用的管理和监测方式的优缺点；

4）环境效益比较。将环境治理保护所需投资和环保设施运行费用与所获得的收益相比较。优选效益费用比值较大的方案。

环境保护治理方案经比选后，提出推荐方案并编制环境保护治理设施和设备表。

复 习 思 考 题

1. 建设工程项目策划主要包括哪些内容?

2. 建设工程项目管理中的静态界面和动态界面分别有哪些?

3. 建设工程项目可行性研究报告包括哪些内容?

4. 建设工程项目审批制、核准制和备案制的适用范围是什么?

5. 建设工程项目财务评价的主要内容和指标体系是什么?

6. 建设工程项目国民经济评价的主要内容和指标体系是什么?

7. 建设工程项目社会评价的主要内容有哪些?

8. 建设工程项目环境影响评价的主要内容有哪些?

第3章 建设工程项目管理涉及的基本制度

学习目标

项目法人责任制、工程监理制、工程招标投标制、合同管理制共同构成我国工程建设管理的基本制度。四项基本制度之间相互联系，密不可分，项目法人责任制是核心，其他三项制度是基础。

通过学习本章，应掌握如下内容：

（1）项目法人责任制的内涵及优越性；

（2）工程监理的内涵、工作内容和方式；

（3）工程招标投标的实施范围和程序；

（4）工程项目合同体系。

3.1 项目法人责任制

为了建立投资约束机制，规范建设单位行为，国家要求政府投资的经营性项目实行项目法人责任制，由项目法人对项目的策划、资金筹措、建设实施、生产经营、债务偿还和资产的保值增值，实行全过程负责。项目法人责任制的核心内容是明确由项目法人承担投资风险，项目法人要对工程项目的建设及建成后的生产经营实行一条龙管理和全面负责。

政府投资的经营性项目需要实行项目法人责任制，政府投资的非经营性项目可实行"代建制"，即通过招标等方式，选择专业化的项目管理单位负责建设实施，严格控制项目投资、质量和工期，待工程竣工验收后再移交给使用单位，从而使项目的"投资、建设、监管、使用"实现四分离。

3.1.1 项目法人的设立及职权

1. 项目法人的设立

对于政府投资的经营性项目而言，项目建议书被批准后，应由项目的投资方派代表组成项目法人筹备组，具体负责项目法人的筹建工作。有关单位在申报项目可行性研究报告时，须同时提出项目法人的组建方案，否则，可行性研究报告不被审批。在项目可行性研究报告被批准后，正式成立项目法人，确保资本金按时到位，并及时办理公司设立登记。项目公司可以是有限责任公司（包括国有独资公司），也可以是股份有限公司。

（1）有限责任公司

有限责任公司是指由 2 个以上、50 个以下股东共同出资，每个股东以其认缴的出资额为限对公司承担责任，公司以其全部资产对债务承担责任的项目法人。有限责任公司不对外公开发行股票，股东之间的出资额不要求等额，而由股东协商确定。

国有控股或参股的有限责任公司要设立股东会、董事会和监事会。董事会、监事会由各投资方按照《公司法》的有关规定进行组建。

（2）国有独资公司

国有独资公司是由国家授权投资的机构或国家授权的部门为唯一出资人的有限责任公司。国有独资公司不设股东会。由国家授权投资的机构或国家授权的部门授权公司董事会行使股东会的部分职权，决定公司的重大事项。但公司的合并、分立、解散、增减资本和发行公司债券，必须由国家授权投资的机构或国家授权的部门决定。

（3）股份有限公司

股份有限公司是指全部资本由等额股份构成，股东以其所持股份为限对公司承担责任，公司以其全部资产对债务承担责任的项目法人。股份有限公司应有 5 个以上发起人，其突出特点是有可能获准在交易所上市。

国有控股或参股的股份有限公司与有限责任公司一样，也要按照《公司法》的有关规定设立股东会、董事会、监事会和经理层组织机构，其职权与有限责任公司的职权相类似。

2. 项目董事会及总经理的职权

（1）项目董事会的职权

项目董事会的职权有：负责筹措建设资金；审核、上报项目初步设计和概算文件；审核、上报年度投资计划并落实年度资金；提出项目开工报告；研究解决建设过程中出现的重大问题；负责提出项目竣工验收申请报告；审定偿还债务计划和生产经营方针，并负责按时偿还债务；聘任或解聘项目总经理，并根据总经理的提名，聘任或解聘其他高级管理人员。

（2）项目总经理的职权

项目总经理的职权有：组织编制项目初步设计文件，对项目工艺流程、设备选型、建设标准、总图布置提出意见，提交董事会审查；组织工程设计、施工监理、施工队伍和设备材料采购的招标工作，编制和确定招标方案、标底和评标标准，评选和确定投、中标单位。实行国际招标的项目，按现行规定办理；编制并组织实施项目年度投资计划、用款计划、建设进度计划；编制项目财务预、决算；编制并组织实施归还贷款和其他债务计划；组织工程建设实施，负责控制工程投资、工期和质量；在项目建设过程中，在批准的概算范围内对单项工程的设计进行局部调整（凡引起生产性质、能力、产品品种和标准变化的设计调整以及概算调整，需经董事会决定并报原审批单位批准）；根据董事会授权处理项目实施中的重大紧急事件，并及时向董事会报告；负责生产准备工作和培训有关人员；负责组织项目试生产和单项工程预验收；拟订生产经营计划、企业内部机构设置、劳动定员定额方案及工资福利方案；组织项目后评价，提出项目后评价报告；按时向有关部门报送项目建设、生产信息和统计资料；提请董事会聘任或解聘项目高级管理人员。

3.1.2 项目法人责任制的特点及优越性

1. 项目法人责任制的特点

项目法人责任制是以现代企业制度为基础的一种工程建设管理制度，与计划经济体制下的工程建设指挥部负责制有着本质区别。两者的特点比较见表 3-1。

比较内容	项目法人（公司）	工程建设指挥部
1. 经济管理体制	市场经济，政企分开	计划经济，政企不分
2. 行为特征	独立法人实体，企业行为，先有法人，后有项目	政府派出机构，政府行为，项目建成后才组建企业法人
3. 产权关系	产权关系明晰，便于落实固定资产的保值增值责任	产权关系模糊，不便于落实固定资产的保值增值责任
4. 建设资金筹措	投资主体多元化，筹资方式市场化、国际化	投资主体单一，主要依靠国家预算内投资
5. 管理方式	投资、建设、运营、还贷全过程管理，利益主体一元化	投资、建设、运营、还贷各自分段管理，利益主体多元化
6. 管理手段	主要依靠经济和法律手段	主要依靠行政手段
7. 投资风险责任	自负盈亏，集约经营，追求经济效益，便于落实还贷责任	不承担或无法承担盈亏责任，粗放经营，"三超"现象严重，还贷责任无法落实
8. 运行结果	项目建设期间及建成后均为现代企业制度的公司	临时机构，项目建成后便解散

2. 实行项目法人责任制的优越性

实行项目法人责任制，使政企分开，将建设工程项目投资的所有权与经营权分离，具有许多优越性。

（1）有利于实现项目决策的科学化和民主化

按照《关于实行建设项目法人责任制的暂行规定》要求，项目可行性研究报告批准后，就要正式成立项目法人，项目法人要承担决策风险。为了避免盲目决策和随意决策，项目法人可以采用多种形式，组织技术、经济、管理等方面的专家进行充分论证，提供若干可供选择的方案进行优选。

（2）有利于拓宽项目融资渠道

工程建设资金需用量大，单靠政府投资难以满足国民经济发展和人民生活水平提高的需求。通过设立项目法人，可以采用多种方式向社会多渠道融资，同时还可以吸引外资，从而可以在短期内实现资本集中，引导其投向工程项目建设。

（3）有利于分散投资风险

实行项目法人责任制，可以更好地实现投资主体多元化，使所有投资者利益共享、风险共担。而且通过公司内部逐级授权，项目建设和经营必须向公司董事会和股东会负责，置于董事会、监事会和股东会的监督之下，使投资责任和风险可以得到更好、更具体的落实。

（4）有利于避免建设与运营相互脱节

实行项目法人责任制，项目法人不但负责建设，而且还负责建成后的经营与还贷，对项目建设与建成后的生产经营实行一条龙管理和全面负责，这样，就将建设的责任和经营的责任密切地结合起来，从而可以较好地克服传统模式下基建管花钱、生产管还贷，建设与生产经营相互脱节的弊端，有效地落实投资责任。

（5）有利于促进工程监理、招投标及合同管理等制度的健康发展

实行项目法人责任制，明确了由项目法人承担投资风险，因而强化了项目法人及各投资方的自我约束意识。同时，受投资责任的约束，项目法人大都会积极主动地通过招标优选工程设计单位、施工单位和监理单位，并进行严格的合同管理。经项目法人的委托和授权，由工程监理单位具体负责工程质量、造价、进度控制，并对施工单位的安全生产管理进行监督，有利于解决基本建设存在的"只有一次经验，没有二次教训"的问题，同时，还可以逐步造就一支建设工程项目管理的专业化队伍，进而不断提高我国工程建设管理水平。

3.2　建设工程监理制

3.2.1　建设工程监理内涵和性质

1. 建设工程监理内涵

建设工程监理是指具有相应资质的工程监理单位受建设单位委托，根据法律法规、有关工程建设标准、设计文件及合同，对工程施工质量、造价、进度进行控制，对合同、信息进行管理，对工程建设相关方关系进行协调，并履行建设工程安全生产管理法定职责的专业化活动。也就是通常所说的"三控两管一协调"加"履行建设工程安全生产管理法定职责"。

建设工程监理的行为主体是工程监理单位，既不同于政府主管部门的监督管理，也不同于总承包单位对分包单位的监督管理。工程监理的实施需要建设单位的委托和授权，只有在建设单位委托的前提下，工程监理单位才能根据有关工程建设法律法规、工程建设标准、工程设计文件及合同实施监理。

建设工程监理作为我国工程建设领域的一项重要管理制度，自1988年开始在少数工程项目中试行，经过试点和稳步发展两个阶段后，从1996年开始进入全面推行阶段。工程监理制度的实行，将原来工程施工阶段的管理由建设单位和承包单位承担的体制，转变为建设单位、监理单位和承包单位三家共同承担的管理体制。工程监理单位作为市场主体之一，对规范建筑市场的交易行为、充分发挥投资效益，具有不可替代的重要作用。

2. 建设工程监理性质

建设工程监理的性质可以概括为服务性、科学性、独立性和公平性四个方面。

（1）服务性

工程监理单位既不直接进行工程设计，也不直接进行工程施工；既不向建设单位承包工程造价，也不参与施工单位的利益分成。在工程建设中，监理人员利用自己的知识、技能和经验、信息以及必要的试验、检测手段，为建设单位提供管理和技术服务。

工程监理单位的服务对象是建设单位，既不能完全取代建设单位的管理活动，也不具有工程建设重大问题的决策权，只能在建设单位授权范围内采用规划、控制、协调等方法，控制工程施工的质量、造价和进度，协助建设单位在计划目标内完成工程建设任务。

（2）科学性

工程监理单位以协助建设单位实现其投资目的为己任，力求在计划目标内建成工程。面对工程规模日趋庞大，环境日益复杂，功能、标准要求越来越高，新技术、新工艺、新

材料、新设备不断涌现，参与工程建设的单位越来越多，工程风险日渐增加的形势，工程监理单位只有采用科学的思想、理论、方法和手段，才能驾驭工程建设。

为体现建设工程监理的科学性，工程监理单位应当由组织管理能力强、工程建设经验丰富的人员担任领导；应当有足够数量的、有丰富的管理经验和应变能力的监理工程师组成的骨干队伍；要有一套健全的管理制度；要掌握先进的管理理论、方法和手段；要积累足够的技术、经济资料和数据；要有科学的工作态度和严谨的工作作风，能够创造性地开展工作。

（3）独立性

工程监理单位应当根据建设单位的委托，客观、公平地执行监理任务。尽管工程监理单位是在建设单位委托授权的前提下实施监理，但其与建设单位之间的关系是基于建设工程监理合同而建立的，也不得与施工单位、材料设备供应单位有隶属关系和其他利害关系。

工程监理单位应当严格按照有关法律法规、工程建设文件、工程建设标准、建设工程监理合同及其他建设工程合同等实施监理，在实施工程监理过程中，必须建立自己的组织，按照自己的工作计划、程序、流程、方法和手段，根据自己的判断，独立地开展工作。

（4）公平性

公平性是社会公认的职业道德准则，同时也是工程监理行业能够长期生存和发展的基石。在实施工程监理过程中，工程监理单位应当排除各种干扰，客观、公平地对待建设单位和施工单位。特别是当建设单位与施工单位发生利益冲突或者矛盾时，工程监理单位应当以事实为依据，以法律和有关合同为准绳，在维护建设单位合法权益的同时，不能损害施工单位的合法权益。例如，在调解建设单位与承包单位之间的争议，处理费用索赔和工程延期、进行工程款支付控制以及竣工结算时，应当尽量客观、公平地对待建设单位和施工单位。

3.2.2 建设工程监理工作内容和方式

1. 建设工程监理工作内容

建设工程监理主要工作内容是通过合同管理、信息管理和组织协调等手段，控制建设工程质量、造价和进度目标，并履行建设工程安全生产管理的法定职责。

（1）目标控制

任何建设工程都有质量、造价、进度三大目标，这三大目标构成了建设工程目标系统。工程监理单位受建设单位委托，控制建设工程三大目标，需要综合考虑建设工程项目三大目标之间相互关系，在分析论证基础上明确建设工程项目质量、造价、进度总目标；然后从不同角度将建设工程项目总目标分解成若干分目标、子目标及可执行目标，从而形成"自上而下层层展开、自下而上层层保证"的目标体系，并从组织、技术、经济、合同等多方面采取有效措施控制三大目标。

1）工程项目目标控制任务：

① 工程质量控制的主要任务是通过对施工投入、施工和安装过程、施工产出品（分项工程、分部工程、单位工程、单项工程等）进行全过程控制，以及对施工单位及其人员资格、材料和设备、施工机械和机具、施工方案和方法、施工环境实施全面控制，以期按

标准实现预定施工质量目标。

② 工程造价控制的主要任务是通过工程计量、工程付款控制、工程变更费用控制、预防并处理好费用索赔、挖掘降低工程造价潜力等，使工程实际费用支出不超过计划投资。

③ 工程进度控制的主要任务是通过完善建设工程控制性进度计划、审查施工单位提交的进度计划、做好施工进度动态控制工作、协调各相关单位之间的关系、预防并处理好工期索赔，力求实际施工进度满足计划施工进度的要求。

需要说明的是，建设工程监理要达到的目的是"力求"实现项目目标。工程监理单位和监理工程师"将不是，也不能成为任何承包单位的工程承保人或保证人"。在市场经济条件下，工程勘察、设计、施工及材料设备供应单位作为建筑产品或服务的卖方，应当根据合同按规定的质量、费用和时间要求完成约定的工程勘察、设计、施工及材料设备供应任务。否则，将承担合同责任。违法违规的，将承担法律责任。工程监理单位作为建设单位委托的专业化单位，没有义务替工程项目其他参建各方承担责任。谁设计、谁负责，谁施工、谁负责，谁供应材料和设备、谁负责。当然，如果工程监理单位、注册监理工程师没有履行法律法规及建设工程监理合同中规定的监理职责和义务，将会承担相应监理责任。

2）工程项目目标控制措施：

① 组织措施。组织措施是其他各类措施的前提和保障。包括：建立健全实施动态控制的组织机构、规章制度和人员，明确各级目标控制人员的任务和职责分工，改善建设工程目标控制的工作流程；建立建设工程目标控制工作考评机制，加强各单位（部门）之间的沟通协作；加强动态控制过程中的激励措施，调动和发挥员工实现建设工程目标的积极性和创造性等。

② 技术措施。为了对建设工程目标实施有效控制，需要对多个可能的建设方案、施工方案等进行技术可行性分析。为此，需要对各种技术数据进行审核、比较，需要对施工组织设计、施工方案等进行审查、论证等。此外，在整个建设工程实施过程中，还需要采用工程网络计划技术、信息化技术等实施动态控制。

③ 经济措施。无论是对建设工程造价目标实施控制，还是对建设工程质量、进度目标实施控制，都离不开经济措施。经济措施不仅仅是审核工程量、工程款支付申请及工程结算报告，还需要编制和实施资金使用计划，对工程变更方案进行技术经济分析等。而且通过投资偏差分析和未完工程投资预测，可发现一些可能引起未完工程投资增加的潜在问题，从而便于以主动控制为出发点，采取有效措施加以预防。

④ 合同措施。加强合同管理是控制建设工程目标的重要措施。建设工程总目标及分目标将反映在建设单位与工程参建主体所签订的合同之中。由此可见，通过选择合理的承发包模式和合同计价方式，选定满意的施工单位及材料设备供应单位，拟订完善的合同条款，并动态跟踪合同执行情况及处理好工程索赔等，是控制建设工程目标的重要合同措施。

（2）合同管理

工程合同管理是在市场经济体制下组织建设工程项目实施的基本手段，也是项目监理机构控制建设工程质量、造价、进度三大目标的重要手段。完整的工程合同管理应包括招标策划与实施；合同计价方式及合同文本选择；合同谈判及合同条件确定；合同协议书签署；合同履行检查；合同变更、违约及纠纷处理；合同订立和履行的总结评价等。根据《建设工程监理规范》，项目监理机构在处理工程暂停及复工、工程变更、索赔及施工合同争议、解除等方面的合同管理职责如下。

1）工程暂停及复工处理。项目监理机构发现下列情况之一时，总监理工程师应及时签发工程暂停令：

① 建设单位要求暂停施工且工程需要暂停施工的；

② 施工单位未经批准擅自施工或拒绝项目监理机构管理的；

③ 施工单位未按审查通过的工程设计文件施工的；

④ 施工单位违反工程建设强制性标准的；

⑤ 施工存在重大质量、安全事故隐患或发生质量、安全事故的。

总监理工程师在签发工程暂停令时，可根据停工原因的影响范围和影响程度，确定停工范围。总监理工程师签发工程暂停令，应事先征得建设单位同意，在紧急情况下未能事先报告时，应在事后及时向建设单位作出书面报告。

当暂停施工原因消失、具备复工条件时，施工单位提出复工申请的，项目监理机构应审查施工单位报送的工程复工报审表及有关材料，符合要求后，总监理工程师应及时签署审查意见，并应报建设单位批准后签发工程复工令；施工单位未提出复工申请的，总监理工程师应根据工程实际情况指令施工单位恢复施工。

2）工程变更处理。项目监理机构可按下列程序处理施工单位提出的工程变更：

① 总监理工程师组织专业监理工程师审查施工单位提出的工程变更申请，提出审查意见。对涉及工程设计文件修改的工程变更，应由建设单位转交原设计单位修改工程设计文件。必要时，项目监理机构应建议建设单位组织设计、施工等单位召开论证工程设计文件的修改方案的专题会议。

② 总监理工程师组织专业监理工程师对工程变更费用及工期影响作出评估。

③ 总监理工程师组织建设单位、施工单位等共同协商确定工程变更费用及工期变化，会签工程变更单。

④ 项目监理机构根据批准的工程变更文件监督施工单位实施工程变更。

项目监理机构可对建设单位要求的工程变更提出评估意见，并应督促施工单位按会签后的工程变更单组织施工。

3）工程索赔处理。工程索赔包括费用索赔和工程延期申请。项目监理机构应及时收集、整理有关工程费用、施工进度的原始资料，为处理工程索赔提供证据。

项目监理机构应以法律法规、勘察设计文件、施工合同文件、工程建设标准、索赔事件的证据等为依据处理工程索赔。

① 费用索赔处理。项目监理机构应按《建设工程监理规范》规定的费用索赔处理程序和施工合同约定的时效期限处理施工单位提出的费用索赔。当施工单位的费用索赔要求与工程延期要求相关联时，项目监理机构可提出费用索赔和工程延期的综合处理意见，并应与建设单位和施工单位协商。

因施工单位原因造成建设单位损失，建设单位提出索赔时，项目监理机构应与建设单位和施工单位协商处理。

② 工程延期审批。项目监理机构应按《建设工程监理规范》规定的工程延期审批程序和施工合同约定的时效期限审批施工单位提出的工程延期申请。施工单位因工程延期提出费用索赔时，项目监理机构可按施工合同约定进行处理。

4）施工合同争议与解除的处理：

① 施工合同争议的处理。项目监理机构应按《建设工程监理规范》规定的程序处理施工合同争议。在处理施工合同争议过程中，对未达到施工合同约定的暂停履行合同条件的，应要求施工合同双方继续履行合同。在施工合同争议的仲裁或诉讼过程中，项目监理机构应按仲裁机关或法院要求提供与争议有关的证据。

② 施工合同解除的处理：

a. 因建设单位原因导致施工合同解除时，项目监理机构应按施工合同约定与建设单位和施工单位协商确定施工单位应得款项，并签发工程款支付证书。

b. 因施工单位原因导致施工合同解除时，项目监理机构应按施工合同约定，确定施工单位应得款项或偿还建设单位的款项，与建设单位和施工单位协商后，书面提交施工单位应得款项或偿还建设单位款项的证明。

c. 因非建设单位、施工单位原因导致施工合同解除时，项目监理机构应按施工合同约定处理合同解除后的有关事宜。

（3）信息管理

信息管理是建设工程监理的重要手段之一，及时掌握准确、完整的信息，可以使监理工程师耳聪目明，更加卓有成效地完成工程监理工作。信息管理工作的好坏，将直接影响建设工程监理工作的成败。

建设工程信息管理贯穿工程建设全过程，其基本环节包括：信息收集、传递、加工、整理、分发、检索和存储等。随着工程建设规模的不断增大，信息量增加也是非常惊人的。依靠传统的手工处理方式已难以适应工程建设管理需求。建设工程信息管理平台已成为建设工程管理的基本手段。工程监理单位及项目监理机构应开发和应用建设工程信息管理平台实施建设工程信息管理，特别是以建筑信息建模（Building Information Modeling，BIM）技术为代表的信息技术的迅猛发展和广泛应用，为实现工程监理信息化、数字化提供了强大的技术支撑。

（4）组织协调

建设工程项目目标的实现，需要监理工程师有扎实的专业知识和对工程监理程序的有效执行。此外，还需要监理工程师有较强的组织协调能力。通过组织协调，能够使建设单位及工程项目参建各方有机配合、协同一致，促进建设工程项目目标的实现。

从系统工程角度看，监理工程师组织协调内容可分为系统内部（项目监理机构）协调和系统外部协调两大类，系统外部协调又分为系统近外层协调和系统远外层协调。近外层和远外层的主要区别是，建设单位与近外层关联单位之间有合同关系，与远外层关联单位之间没有合同关系。

监理工程师可采用以下方法进行组织协调：

1）会议协调法。会议协调法是建设工程监理中最常用的一种协调方法，包括第一次工地会议、监理例会、专题会议等。

2）交谈协调法。在工程监理实践中，并不是所有问题都需要开会来解决，有时可采用"交谈"的方法进行协调。交谈包括面对面的交谈和电话、电子邮件等形式的交谈。

3）书面协调法。当会议或者交谈不方便或不需要时，或者需要精确地表达自己的意见时，就会采用书面协调的方法。书面协调法的特点是具有合同效力，一般常用于以下几方面：

① 不需双方直接交流的书面报告、报表、指令和通知等；

② 需要以书面形式向各方提供详细信息和情况通报的报告、信函和备忘录等；

③ 事后对会议记录、交谈内容或口头指令的书面确认。

总之，组织协调是一种管理艺术和技巧，监理工程师尤其是总监理工程师需要掌握领导科学、心理学、行为科学方面的知识和技能，如激励、交际、表扬和批评的艺术、开会艺术、谈话艺术、谈判技巧等等。只有这样，监理工程师才能进行有效的组织协调。

（5）安全生产管理

《建设工程监理规范》明确规定，项目监理机构应根据法律法规、工程建设强制性标准，履行建设工程安全生产管理的监理职责，并应将安全生产管理的监理工作内容、方法和措施纳入监理规划及监理实施细则。项目监理机构在建设工程安全生产管理方面的主要工作内容如下：

1）审查施工单位安全生产管理体系。项目监理机构应审查施工单位现场安全生产规章制度的建立和实施情况；审查施工单位安全生产许可证的符合性和有效性；审查施工单位项目经理、专职安全生产管理人员和特种作业人员的资格；核查施工机械和设施的安全许可验收手续。

施工单位在使用施工起重机械和整体提升脚手架、模板等自升式架设设施前，应当组织有关单位进行验收，也可以委托具有相应资质的检验检测机构进行验收；使用承租的机械设备和施工机具及配件的，由施工总承包单位、分包单位、出租单位和安装单位共同进行验收，验收合格的方可使用。

2）审查专项施工方案。项目监理机构应审查施工单位报审的专项施工方案，符合要求的，应由总监理工程师签认后报建设单位。超过一定规模的危险性较大的分部分项工程的专项施工方案，应检查施工单位组织专家进行论证、审查的情况，以及是否附具安全验算结果。

3）监督专项施工方案的实施。项目监理机构应要求施工单位按已批准的专项施工方案组织施工。专项施工方案需要调整时，施工单位应按程序重新提交项目监理机构审查。

项目监理机构应巡视检查危险性较大的分部分项工程专项施工方案实施情况。发现未按专项施工方案实施时，应签发监理通知单，要求施工单位按专项施工方案实施。

4）安全事故隐患的处理。项目监理机构在实施监理过程中，发现工程存在安全事故隐患时，应签发监理通知单，要求施工单位整改；情况严重时，应签发工程暂停令，并应及时报告建设单位。施工单位拒不整改或不停止施工时，项目监理机构应及时向有关主管部门报送监理报告。

紧急情况下，项目监理机构可通过电话、传真或者电子邮件向有关主管部门报告，事后应形成监理报告。

2. 建设工程监理主要方式

审查、巡视、平行检验、旁站、见证取样是建设工程监理主要方式。

（1）审查

审查是项目监理机构控制建设工程项目目标的重要方式。项目监理机构审查内容包括：施工单位现场质量管理体系、安全生产管理体系；施工组织设计、（专项）施工方案；施工进度计划；工程材料、构配件、设备质量证明文件；施工单位开工、复工报审表；施工控制测量成果报验表；分包单位资格报审表；施工单位试验室报审表；费用索赔、工程延期报审表；工程款支付报审表；隐蔽工程报验表；分部工程报验表；单位工程竣工验收报审表；工程结算报审表等。

（2）巡视

巡视是指项目监理机构监理人员对施工现场进行定期或不定期的检查活动。巡视检查也是项目监理机构实施建设工程监理的重要方式，是监理人员针对现场施工质量和施工单位安全生产管理情况进行的检查工作。监理人员通过巡视检查，能够及时发现施工过程中出现的各类质量、安全问题，对不符合要求的情况及时要求施工单位进行纠正并督促整改，使问题消灭在萌芽状态。巡视对于实现建设工程项目目标，加强安全生产管理等起着重要作用。

（3）平行检验

平行检验是项目监理机构在施工单位自检的同时，按照有关规定、建设工程监理合同约定对同一检验项目进行的检测试验活动。平行检验的内容包括工程实体量测（检查、试验、检测）和材料检验等内容，平行检验是项目监理机构控制建设工程质量的重要手段之一，也是工程质量预验收和工程竣工验收的重要依据之一。

（4）旁站

旁站是指项目监理机构对工程的关键部位或关键工序的施工质量进行的监督活动。关键部位、关键工序应根据工程类别、特点及有关规定确定。旁站是监督施工质量的一种手段，可以起到及时发现问题、第一时间采取措施、防止偷工减料、确保工程施工按施工方案进行、避免其他干扰正常施工的因素发生等作用。旁站与其他监理工作方式结合使用，成为工程质量控制必不可少的工作方式。

（5）见证取样

见证取样是指项目监理机构对施工单位进行的涉及结构安全的试块、试件及工程材料现场取样、封样、送检工作的监督活动。项目监理机构应根据工程特点和具体情况，制定见证取样送检工作制度，将材料进场报验、见证取样送检的范围、工作程序、见证人员和取样人员的职责、取样方法等内容纳入监理实施细则。

3.3 建设工程招投标制

3.3.1 建设工程招投标及其范围

1. 建设工程招标与投标的基本概念

建设工程招标与投标是在市场经济条件下进行工程项目的发包与承包、材料设备的买卖以及服务项目的采购与提供时，所采用的一种交易方式。在通常情况下，项目采购方

（包括工程项目发包者、材料设备购买者和服务项目采购者）作为招标方，通过发布招标公告或者向一定数量的特定承包单位、供应单位发出投标邀请等方式，提出所需采购项目的性质及数量、质量、技术和时间要求，以及对承包单位、供应单位的资格要求等招标采购条件，表明将选择最能够满足采购要求的承包单位、供应单位与之签订合同的意向，由各有意为招标方提供所需工程、货物或服务项目的承包单位、供应单位作为投标方，向招标方书面提出拟提供的工程、货物或服务的报价及其他响应招标要求的条件，参加投标竞争。最后，经招标方组织专家对各投标者的报价及其他条件进行审查比较后，从中择优选定中标者，并与其签订合同。

招标与投标是建设工程交易过程的两个方面，招标是招标方（建设单位）在招投标过程中的行为，投标则是投标方（承包单位、供应单位）在招投标过程中的行为。在正常情况下，招投标最终的行为结果是签订合同，在招标方与投标方之间产生合同关系。

2. 建设工程招标范围

根据《招标投标法》及《工程建设项目招标范围和规模标准规定》原国家发展计划委员会令第3号，下列工程项目的勘察、设计、施工、监理以及与工程建设有关的重要设备、材料等的采购，必须进行招标：

（1）大型基础设施、公用事业等关系社会公共利益、公众安全的项目

1）关系社会公共利益、公众安全的基础设施项目包括：

① 煤炭、石油、天然气、电力、新能源等能源项目；

② 铁路、公路、管道、水运、航空以及其他交通运输业等交通运输项目；

③ 邮政、电信枢纽、通信、信息网络等邮电通讯项目；

④ 防洪、灌溉、排涝、引（供）水、滩涂治理、水土保持、水利枢纽等水利项目；

⑤ 道路、桥梁、地铁和轻轨交通、污水排放及处理、垃圾处理、地下管道、公共停车场等城市设施项目；

⑥ 生态环境保护项目；

⑦ 其他基础设施项目。

2）关系社会公共利益、公众安全的公用事业项目包括：

① 供水、供电、供气、供热等市政工程项目；

② 科技、教育、文化等项目；

③ 体育、旅游等项目；

④ 卫生、社会福利等项目；

⑤ 商品住宅，包括经济适用住房；

⑥ 其他公用事业项目。

（2）全部或者部分使用国有资金投资或者国家融资的项目

1）使用国有资金投资的项目包括：

① 使用各级财政预算资金的项目；

② 使用纳入财政管理的各种政府性专项建设基金的项目；

③ 使用国有企业事业单位自有资金，并且国有资产投资者实际拥有控制权的项目。

2）国家融资的项目包括：

① 使用国家发行债券所筹资金的项目；

② 使用国家对外借款或者担保所筹资金的项目；

③ 使用国家政策性贷款的项目；

④ 国家授权投资主体融资的项目；

⑤ 国家特许的融资项目。

（3）使用国际组织或者外国政府贷款、援助资金的项目

使用国际组织或者外国政府资金的项目包括：

① 使用世界银行、亚洲开发银行等国际组织贷款资金的项目；

② 使用外国政府及其机构贷款资金的项目；

③ 使用国际组织或者外国政府援助资金的项目。

与上述工程项目有关的重要设备、材料等的采购，达到下列标准之一的，也必须进行招标：①施工单项合同估算价在 200 万元人民币以上的；②重要设备、材料等货物的采购，单项合同估算价在 100 万元人民币以上的；③勘察、设计、监理等服务的采购，单项合同估算价在 50 万元人民币以上的；④单项合同估算价低于第①、②、③项规定的标准，但项目总投资额在 3000 万元人民币以上的。

建设工程项目的勘察、设计采用特定专利或者专有技术的，或者其建筑艺术造型有特殊要求的，经项目主管部门批准，可以不进行招标。

3.3.2 建设工程招标方式和程序

1. 建设工程招标方式

根据《招标投标法》，建设工程招标分公开招标和邀请招标两种方式。

（1）公开招标

公开招标又称无限竞争性招标，是指招标单位以招标公告的方式邀请非特定法人或者其他组织投标。即招标单位按照法定程序，在国内外公开出版的报刊或通过广播、电视、网络等公共媒体发布招标公告，凡有兴趣并符合招标公告要求的承包单位、供应单位，不受地域、行业和数量的限制均可以申请投标，经过资格审查合格后，按规定时间参加投标竞争。

公开招标方式的优点是，招标单位可以在较广的范围内选择承包单位或供应单位，投标竞争激烈，择优率更高，有利于招标单位将工程项目交予可靠的承包单位或供应单位实施，并获得有竞争性的商业报价，同时，也可以在较大程度上避免招标活动中的贿标行为。但其缺点是，准备招标、对投标申请者进行资格预审和评标的工作量大，招标时间长、费用高。此外，参加竞争的投标者越多，每个参加者中标的机会越小，风险越大，损失的费用也就越多，而这种费用的损失必然反映在标价上，最终会由招标单位承担。

（2）邀请招标

邀请招标也称有限竞争性招标，是指招标单位以投标邀请书的形式邀请特定的法人或者其他组织投标。招标单位向预先确定的若干家承包单位、供应单位发出投标邀请函，并就招标工程的内容、工作范围和实施条件等作出简要说明。被邀请单位同意参加投标后，从招标单位获取招标文件，并在规定时间内投标报价。

采用邀请招标方式时，邀请对象应以 5～10 家为宜，至少不应少于 3 家，否则就失去竞争意义。与公开招标相比，其优点是不发招标公告，不进行资格预审，简化了招标程

序，节约了招标费用，缩短了招标时间。而且，由于招标单位对投标单位以往的业绩和履约能力比较了解，从而减少了合同履行过程中承包单位、供应单位违约的风险。邀请招标虽然不履行资格预审程序，但为了体现公平竞争和便于招标单位对各投标单位的综合能力进行比较，仍要求投标单位按招标文件的有关要求，在投标书中报送有关资质资料，在评标时以资格后审的形式作为评审的内容之一。

邀请招标的缺点是，由于投标竞争的激烈程度较差，有可能提高中标的合同价；也有可能排除了某些在技术上或报价上有竞争力的承包单位、供应单位参与投标。与公开招标相比，邀请招标耗时短、花费少，对于采购标的较小的招标来说，采用邀请招标比较有利。此外，有些工程项目专业性强，有资格承接的潜在投标人较少，或者需要在短时间内完成投标任务等，也不宜采用公开招标方式，而应采用邀请招标方式。

除公开招标和邀请招标外，还有一种称之为议标的谈判性采购方式，是指招标单位指定少数几家承包单位、供应单位，分别就采购范围内的有关事宜进行协商，直到与某一承包单位、供应单位达成采购协议。与公开招标和邀请招标相比，议标不具公开性和竞争性，因而不属于《招标投标法》规定的招标采购方式。从实践看，公开招标和邀请招标方式不允许对报价及技术性条款进行谈判，议标则允许对报价等进行一对一的谈判。因此，对于一些小型工程项目而言，采用议标方式目标明确、省时省力；对于服务项目而言，由于服务价格难以公开确定，服务质量也需要通过谈判解决，采用议标方式也不失为一种合理的采购方式。但采用议标方式时，容易发生幕后交易。为了规范建筑市场行为，议标方式仅适用于不宜公开招标或邀请招标的特殊工程或特殊条件下的工作内容。建设单位邀请议标的单位一般不应少于两家，只有在限定条件下才能只与一家议标单位签订合同。

2. 建设工程招标程序

公开招标与邀请招标的程序有一定差异，主要体现在两个方面：一是使承包单位获得招标信息的方式不同；二是对投标单位资格审查的方式不同，但均要通过招标准备、招标、决标成交三个阶段。以工程项目施工招标为例，招标程序及各阶段工作内容见表3-2。

工程项目施工招标程序及各阶段工作内容　　　　　　　　表 3-2

阶段	主要工作步骤	主要工作内容	
		建设单位/监理单位	承包单位
招标准备	申请批准招标	向招标管理机构提出招标申请	收集招标信息 准备投标资料 组成投标小组
	组建招标机构	组建招标机构	
	选择招标方式	① 决定分标数量和合同类型 ② 确定招标方式	
	准备招标文件	① 招标公告 ② 资格预审文件及申请表 ③ 招标文件	
	编制标底或招标控制价	① 编制标底或招标控制价 ② 必要时报主管部门审批	

阶段	主要工作步骤	主要工作内容	
		建设单位/监理单位	承包单位
招标阶段	邀请承包单位参加资格预审	① 刊登资格预审公告 ② 编制资格预审文件 ③ 发出资格预审文件	索购资格预审文件 填报和申请资格预审
	资格预审	① 分析资格预审材料 ② 提出合格投标单位名单 ③ 邀请合格投标单位参加投标	接收资格预审通知
	发售招标文件	发售招标文件	购买招标文件 分析招标文件
	踏勘现场	① 安排现场踏勘日期 ② 进行现场介绍	参加现场踏勘 准备投标文件
	招标文件澄清和补遗	① 组织标前会议 ② 招标文件澄清和补遗	参加标前会议 接收招标文件澄清和补遗
	提交和接收投标文件	接收投标文件	递交投标文件（包括投标保函）
决标成交阶段	开标	开标	参加开标会议
	评标	① 初步评审投标文件 ② 详细评审投标文件 ③ 必要时组织投标单位答辩 ④ 编写评标报告	按要求进行答辩 按要求提供证明材料
	授标	① 发出中标通知书 ② 组织合同谈判 ③ 签订合同	接收中标通知书 参加合同谈判 提交履约保函 签订合同

3.4 建设工程合同管理制

3.4.1 合同内容及订立程序

1. 合同形式和内容

根据《合同法》，合同是指平等主体的自然人、法人、其他组织之间设立、变更、终止民事权利义务关系的协议。

（1）合同形式

当事人订立合同，有书面形式、口头形式和其他形式。法律、行政法规规定采用书面形式的，应当采用书面形式。当事人约定采用书面形式的，应当采用书面形式。建设工程合同应当采用书面形式。

（2）合同内容

合同内容是指当事人之间就设立、变更或者终止权利义务关系表示一致的意思。合同内容通常称为合同条款。合同内容由当事人约定，一般包括：当事人的名称或姓名和住所；标的；数量；质量；价款或者报酬；履行的期限、地点和方式；违约责任；解决争议的方法。

2. 合同订立程序

根据《合同法》，当事人订立合同，应当经过要约和承诺两个阶段。

（1）要约

1）要约及其有效的条件。要约是希望和他人订立合同的意思表示。要约应当符合如下规定：①内容具体确定；②表明经受要约人承诺，要约人即受该意思表示约束。也就是说，要约必须是特定人的意思表示，必须是以缔结合同为目的，必须具备合同的主要条款。

有些合同在要约之前还会有要约邀请。所谓要约邀请，是希望他人向自己发出要约的意思表示。要约邀请并不是合同成立过程中的必经过程，是当事人订立合同的预备行为，这种意思表示的内容往往不确定，不含有合同得以成立的主要内容和相对人同意后受其约束的表示，在法律上无需承担责任。寄送的价目表、拍卖公告、招标公告、招股说明书、商业广告等为要约邀请。商业广告的内容符合要约规定的，视为要约。

2）要约生效。要约到达受要约人时生效。如采用数据电文形式订立合同，收件人指定特定系统接收数据电文的，该数据电文进入该特定系统的时间，视为到达时间；未指定特定系统的，该数据电文进入收件人的任何系统的首次时间，视为到达时间。

3）要约撤回和撤销。要约可以撤回，撤回要约的通知应当在要约到达受要约人之前或者与要约同时到达受要约人。

要约可以撤销。撤销要约的通知应当在受要约人发出承诺通知之前到达受要约人。但有下列情形之一的，要约不得撤销：①要约人确定了承诺期限或者以其他形式明示要约不可撤销；②受要约人有理由认为要约是不可撤销的，并已经为履行合同作了准备工作。

4）要约失效。有下列情形之一的，要约失效：①拒绝要约的通知到达要约人；②要约人依法撤销要约；③承诺期限届满，受要约人未作出承诺；④受要约人对要约的内容作出实质性变更。

（2）承诺

承诺是受要约人同意要约的意思表示。除根据交易习惯或者要约表明可以通过行为作出承诺的之外，承诺应当以通知的方式作出。

1）承诺期限。承诺应当在要约确定的期限内到达要约人。要约没有确定承诺期限的，承诺应当依照下列规定到达：①除非当事人另有约定，以对话方式作出的要约，应当即时作出承诺；②以非对话方式作出的要约，承诺应当在合理期限内到达。

以信件或者电报作出的要约，承诺期限自信件载明的日期或者电报交发之日开始计算。信件未载明日期的，自投寄该信件的邮戳日期开始计算。以电话、传真等快速通讯方式作出的要约，承诺期限自要约到达受要约人时开始计算。

2）承诺生效。承诺通知到达要约人时生效。承诺不需要通知的，根据交易习惯或者要约的要求作出承诺的行为时生效。采用数据电文形式订立合同的，承诺到达的时间适用于要约到达受要约人时间的规定。

受要约人在承诺期限内发出承诺，按照通常情形能够及时到达要约人，但因其他原因承诺到达要约人时超过承诺期限的，除要约人及时通知受要约人因承诺超过期限不接受该承诺的以外，该承诺有效。

3）承诺撤回。承诺可以撤回，撤回承诺的通知应当在承诺通知到达要约人之前或者与承诺通知同时到达要约人。

4）逾期承诺。受要约人超过承诺期限发出承诺的，除要约人及时通知受要约人该承诺有效的以外，为新要约。

5）要约内容变更。承诺的内容应当与要约的内容一致。有关合同标的、数量、质量、价款或者报酬、履行期限、履行地点和方式、违约责任和解决争议方法等的变更，是对要约内容的实质性变更。受要约人对要约的内容作出实质性变更的，为新要约。

承诺对要约的内容作出非实质性变更的，除要约人及时表示反对或者要约表明承诺不得对要约的内容作出任何变更的以外，该承诺有效，合同的内容以承诺的内容为准。

3.4.2 建设工程项目合同体系

工程建设是一个极为复杂的社会生产过程，由于现代社会化大生产和专业化分工，许多单位会参与到工程建设之中，而各类合同则是维系这些参与单位之间关系的纽带。在建设工程项目合同体系中，建设单位和施工单位是两个最主要的节点。

1. 建设单位主要合同关系

建设单位为了实现工程项目总目标，可以通过签订合同将建设工程项目策划决策与实施过程中有关活动委托给相应的专业单位，如工程勘察设计单位、工程施工单位、材料和设备供应单位、工程咨询及项目管理单位等。

（1）工程承包合同

工程承包合同是任何一个建设工程项目所必须有的合同。建设单位采用的承发包模式不同，决定了不同类别的工程承包合同。建设单位通常签订的工程承包合同主要有：

1）EPC 承包合同。是指建设单位将建设工程项目的设计、材料和设备采购、施工任务全部发包给一个承包单位。

2）工程施工合同。是指建设单位将建设工程项目的施工任务发包给一家或者多家承包单位。根据其所包括的工作范围不同，工程施工合同又可分为：

① 施工总承包合同。是指建设单位将建设工程项目的施工任务全部发包给一家承包单位，包括土建工程施工和机电设备安装等。

② 单项工程或者特殊专业工程承包合同。是指建设单位将建设工程项目的各个单项工程或者单位工程（如土建工程施工与机电设备安装）及专业性较强的特殊工程（如桩基础工程、管道工程等）分别发包给不同的承包单位。

（2）工程勘察设计合同

工程勘察设计合同是指建设单位与工程勘察设计单位签订的合同。

（3）材料、设备采购合同

对于建设单位负责供应的材料、设备，建设单位需要与材料、设备供应单位签订采购合同。

（4）工程咨询、监理或项目管理合同

建设单位委托相关单位进行建设工程项目可行性研究、技术咨询、造价咨询、招标代理、项目管理、工程监理等，需要与相关单位签订工程咨询、监理或项目管理合同。

（5）贷款合同

贷款合同是指建设单位与金融机构签订的合同。

（6）其他合同

如建设单位与保险公司签订的工程保险合同等。

建设单位的主要合同关系如图 3-1 所示。

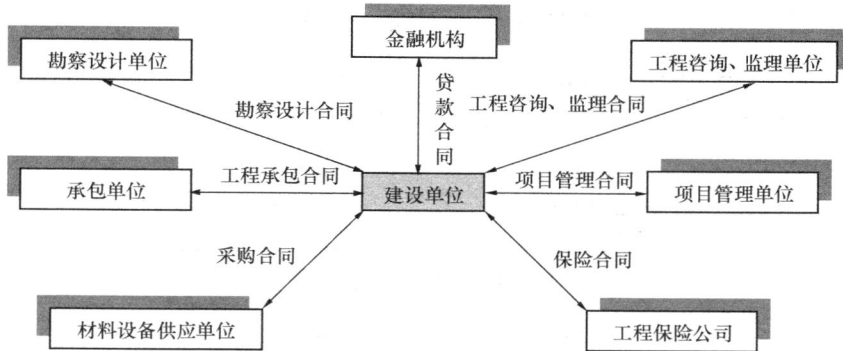

图 3-1　建设单位主要合同关系

2. 承包单位主要合同关系

承包单位作为工程承包合同的履行者，也可以通过签订合同将工程承包合同中所确定的工程设计、施工、材料设备采购等部分任务委托给其他相关单位来完成。

（1）工程分包合同

工程分包合同是指承包单位为将工程承包合同中某些专业工程施工交由另一承包单位（分包单位）完成而与其签订的合同。分包单位仅对承包单位负责，与建设单位没有合同关系。

（2）材料、设备采购合同

承包单位为获得工程所必需的材料、设备，需要与材料、设备供应单位签订采购合同。

（3）运输合同

运输合同是指承包单位为解决所采购材料、设备的运输问题而与运输单位签订的合同。

（4）加工合同

承包单位将建筑构配件、特殊构件的加工任务委托给加工单位时，需要与其签订加工合同。

（5）租赁合同

承包单位在工程施工中所使用的机具、设备等从租赁单位获得时，需要与租赁单位签订租赁合同。

（6）劳务分包合同

劳务分包合同是指承包单位与劳务供应单位签订的合同。

（7）保险合同

承包单位按照法律法规及工程承包合同要求进行投保时，需要与工程保险公司签订保险合同。

承包单位的主要合同关系如图 3-2 所示。

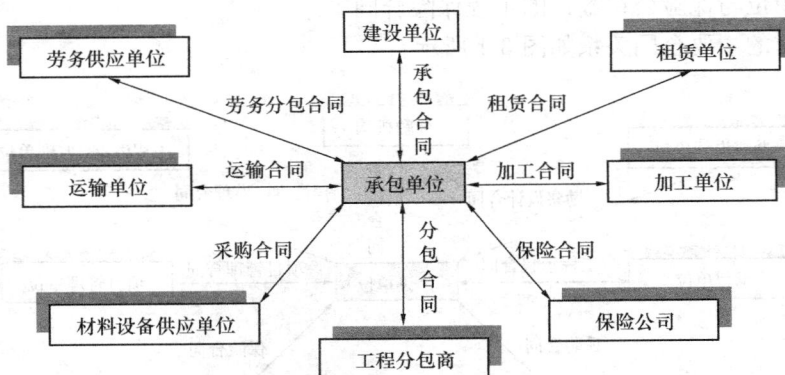

图 3-2 承包单位主要合同关系

复 习 思 考 题

1. 项目法人的组织形式有哪些？需要在何时设立？
2. 项目法人责任制的主要内容及优越性有哪些？
3. 建设工程监理工作内容有哪些？主要采用什么方式实施监理？
4. 建设工程招标方式及其特点有哪些？
5. 建设工程招标程序是什么？
6. 建设工程项目合同体系包括哪些内容？

案 例

三峡工程是一项综合治理和开发长江的宏伟工程，在防洪、发电、航运和供水等方面产生巨大的经济效益和社会效益。早在 1919 年，孙中山先生在其《建国方略·实业计划》一文中就提出开发长江三峡水力资源、改善川江航运的设想："以闸堰其水，使舟得以溯流以行，而又可资其水力"。经过 70 多年各方面专家的研究论证，认为兴建长江三峡工程在技术上是可行的，经济上是合理的。1992 年 4 月 3 日，全国第七届人民代表大会第五次会议通过《关于兴建长江三峡工程的决议》，完成了三峡工程建设的立法程序，三峡工程开始进入实施阶段。

三峡工程规模宏大、技术复杂，为确保三峡工程建设的顺利进行，国务院于 1993 年 1 月 3 日决定成立三峡工程建设委员会。建设委员会主任委员由国务院总理担任。三峡工程建设委员会是一个高层次的行政议事和决策机构，批准三峡工程的初步设计和概算，决定三峡工程的重大问题，但不直接指挥三峡工程建设。

三峡工程建设委员会下设办公室、移民开发局和三峡工程开发总公司三个机构，分别负责库区移民、三峡工程建设及其有关工作的监督与协调。

(1) 国务院三峡工程建设委员会办公室

国务院三峡工程建设委员会办公室是三峡工程建设委员会的办事机构。在建设委员会闭会期间，组织实施三峡工程建设委员会的决定，对三峡工程建设进行监督、检查和协调，处理三峡工程建设中需要请示建设委员会的日常事务。

（2）三峡工程移民开发局

由于三峡工程的移民数量很大，任务繁重，为了加强三峡工程建设中的移民工作，国务院决定在建设委员会下设三峡工程移民开发局。移民开发局不是项目法人，不负责资金的筹集和归还，不单独列报投资，主要负责三峡工程移民工作规划、计划的制定和监督实施。

（3）三峡工程开发总公司

三峡工程开发总公司是三峡工程的项目法人，全面负责三峡工程的建设和建成后的经营管理，以及长江流域水力资源开发、水利水电科学研究和技术咨询等多种经营活动。在国家确定的政策和批准的工程初步设计范围内，负责资金的运用和债务的偿还，自主经营，自负盈亏。

国家决定兴建三峡工程后，出台了两项政策：一是对全国范围内的用电征收三峡工程建设基金；二是将葛洲坝电厂划归三峡工程总公司，并提高上网电价，其发电利润和提价收入用于三峡工程建设。这两部分在三峡工程建设期间可筹集资金约 1000 亿元，由财政部纳入中央预算管理。后经财政部批准，上述资金作为国家对三峡工程建设的资本金投入。

思考：

（1）三峡工程项目法人的组织形式是什么？

（2）三峡工程项目法人与一般意义上的项目法人有何区别？

（3）基础设施建设工程实施项目法人责任制的困难有哪些？

第4章 建设工程项目实施方式

学习目标

建设工程项目通常需要耗费巨额资金,因此,项目融资成为建设工程项目实施的重要前提。无论是业主方建设实施组织模式,还是工程项目承发包模式,对于建设工程项目的顺利实施具有重要意义。

通过学习本章,应掌握如下内容:

(1) 项目融资的主要模式及其特点;

(2) 项目管理服务与工程代建的特点;

(3) 工程项目承发包模式及其特点。

4.1 项 目 融 资 模 式

建设工程项目融资是指以拟建项目资产、预期收益、预期现金流量等为基础进行的一种融资。而不是以项目投资者或发起人的资信为依据进行融资。债权人在项目融资过程中主要关注项目在贷款期内能产生多少现金流量用于还款,能够获得的贷款数量、融资成本高低及融资结构设计等都与项目的预期现金流量和资产价值紧密联系在一起。近年来,常见的项目融资模式有 BOT/PPP、ABS 等模式。

4.1.1 BOT/PPP 模式

1. BOT 模式运作思路和形式

BOT(Build-Operate-Transfer)是 20 世纪 80 年代中后期发展起来的一种主要用于公共基础设施建设的项目融资模式。

(1) BOT 模式运作思路和特点

1) BOT 模式运作思路。由项目所在国政府或其所属机构为项目的建设和经营提供一种特许权协议(Concession Agreement)作为项目融资的基础,由本国公司或者外国公司作为项目的投资者和经营者,承担工程项目建设和经营风险,进行工程项目建设,并在特许权协议期间经营项目获取商业利润。特许期满后,根据协议将该项目转让给相应的政府机构。

2) BOT 模式特点。从项目所在国政府角度,采用 BOT 方式的主要特点在于:

① 可以减少项目建设的初始投入。发电站、高速公路、铁路等公共设施的建设,资金占用量大,投资回收期长,而资金紧缺和投资不足是发展中国家政府所面临的一个普遍性问题。采用 BOT 模式,政府部门可以将有限资金投入到更多领域;

② 可以吸引外资,引进新技术,改善和提高建设工程项目管理水平。

(2) BOT 模式具体形式

1) BOT 模式基本形式。通常所说的 BOT 模式主要包括以下三种基本形式:

① 标准 BOT。即建设-经营-移交（Build-Operate-Transfer）。投资财团愿意自己融资，建设某项基础设施，并在项目所在国政府授予的特许期内经营该公共设施，以经营收入抵偿建设投资，并获得一定收益，经营期满后将此设施转让给项目所在国政府。

② BOOT。即建设-拥有-经营-移交（Build-Own-Operate-Transfer）。BOOT 与 BOT 的区别在于：BOOT 在特许期内既拥有经营权，又拥有所有权。此外，BOOT 的特许期要比 BOT 的长一些。

③ BOO。即建设-拥有-经营（Build-Own-Operate）。特许项目公司根据政府的特许权建设并拥有某项基础设施，但最终不将该基础设施移交给项目所在国政府。

2）BOT 模式演变形式。除上述三种基本形式外，BOT 还有多种演变形式，如 BT（Build-Transfer）、TOT（Transfer-Operate-Transfer）等。

① BT。即建设-移交，是指政府在项目建成后从民营机构中购回项目（可一次支付也可分期支付）。与政府借贷不同，政府用于购买项目的资金往往是事后支付（可通过财政拨款，但更多的是通过运营项目收费来支付）；民营机构用于项目建设的资金大多来自银行的有限追索权贷款。事实上，如果建设资金不是来自银行的有限追索权贷款的话，BT 方式实际上成为"垫资承包"或"延期付款"，这样就超出项目融资范畴了。

② TOT。即移交-建设-移交，是指通过出售现有投产项目在一定期限内的现金流量，从而获得资金来建设新项目。具体说来，就是项目所在国政府将已经投产运行的项目在一定期限内移交（Transfer）给外商经营（Operate），以项目在该期限内的现金流量为标的，一次性地从外商处筹得一笔资金，用于建设新项目。待外商经营期满后，再将原项目移交（Transfer）给项目所在国政府。

TOT 模式具有以下特点：

a. 有利于引进先进管理方式。采用 TOT 模式，由于经营期较长，外商受到利益驱动，常常会将先进的技术、管理引入到投产项目中，并进行必要的维修，从而有助于投产项目的高效运行，使基础设施的建设、经营逐步走向市场化、国际化。

b. 项目引资成功的可能性增加。采用 TOT 模式，由于积累大量风险的建设阶段和试生产阶段已经完成，明显地降低了项目风险，因而使外商面临的风险大幅度减少。基于较低的风险，其预期收益率会合理下调，要价将会降低。此外，由于涉及环节较少，评估、谈判等方面的费用也势必有较大幅度下降。对项目所在国政府而言，其风险虽比 BOT 模式有所增加，却与自筹资金和向外贷款的风险完全相当。在这种情况下，引资成功的可能性将会大大增加。

c. 使项目的运营时间提前。采用 TOT 模式，由于不涉及所有权问题，加之风险小，政府无需对外商作过多承诺。通过引资在项目所在国引起政治争论的可能性也降低，从而可以减小引资阻力。而且由于 TOT 模式仅涉及风险较小的生产运行阶段，用于评估、谈判的时间大大短于 BOT 模式，从而使项目能及时达成协议、及早建设、及早投入运营。

d. 融资对象更为广泛。采用 BOT 模式，融资对象多为外国大银行、大建筑公司或能源公司等，而采用 TOT 模式，其他金融机构、基金组织和私人资本等都有机会参与投资。这样不仅扩大了投资者的范围，同时也加剧了投资者之间的竞争，而政府是其中当然的受益者。

e. 具有很强的可操作性。TOT 模式将开放基础设施建筑市场与开放基础设施经营市场、基础设施装备市场分割开来，使得问题尽量简单化。并且只涉及基础设施项目经营权的转让，不存在产权、股权的让渡，可以避免不必要的争执和纠纷，也不存在外商对国内基础设施的永久控制问题，不会威胁国家的安全。

2. PPP 与 BOT 的异同

近年来，经常与 BOT 相提并论的项目融资模式是 PPP（Public-Private-Partnership）。所谓 PPP（公私合作，在我国称为政府和社会资本合作），是指政府与社会投资者（民营机构或任何国有/外商法人机构）签订长期合作协议，授权社会投资者代替政府建设、运营或管理基础设施（如道路工程、轨道交通工程、桥梁工程、电力工程、供水工程等）或其他公共服务设施（如医院、学校、监狱、警岗等），并向公众提供公共服务。

（1）PPP 与 BOT 的相同点

PPP 与 BOT 在本质上区别不大，都是通过项目的期望收益进行融资，对社会投资者的补偿都是通过授权社会投资者在规定的特许期内向项目的使用者收取费用，由此回收项目的投资、经营和维护等成本，并获得合理的回报（即建成项目投入使用所产生的现金流量成为支付经营成本、偿还贷款和提供投资回报等的唯一来源），特许期满后项目将移交回政府（也有不移交的，如 BOO）。

（2）PPP 与 BOT 的区别

在 PPP 项目中，社会投资者做不了的或不愿做的，需要由政府来做；其余全由社会投资者来做，政府只起监管作用。而在 BOT 项目中，绝大多数工作由社会投资者来做，政府则提供支持和担保。但无论 PPP 或 BOT 方式，都要合理分担项目风险，从而提高项目的投资、建设、运营和管理效率，这是 PPP 或 BOT 的最重要目标。此外，PPP 的含义更为广泛，反映更为广义的公私合伙/合作关系，除了基础设施和自然资源开发，还可包括公共服务设施和国营机构私有化等，因此，近年来国际上越来越多采用 PPP 这个词，并将 BOT 包含其中。

3. PPP 模式分类及运作流程

（1）PPP 模式分类

PPP 模式有广义和狭义之分。狭义的 PPP 模式被认为是具有融资模式的总称，包含 BOT、TOT、BOO 等多种具体运作模式。广义的 PPP 模式是指政府与社会资本为提供公共产品或服务而建立的各种合作关系。

根据社会资本参与程度由小到大，国际上将广义 PPP 模式分为外包类（Outsourcing）、特许经营类（Franchise）和私有化类（Divestiture）三种。

1）外包类。外包类 PPP 项目一般是指政府将公共基础设施的设计、建造、运营和维护等一项或多项职责委托给社会资本，或者将部分公共服务的管理、维护等职责委托给社会资本，政府出资并承担项目经营和项目收益风险，社会资本通过政府付费实现收益，承担的风险相对较少，但却无法通过民间融资实现公共基础设施的建设管理。

通常，外包类 PPP 项目包含项目式外包和整体式外包两种主要类型（见表 4-1）。其中，项目式外包又分为服务外包和管理外包两种形式；整体式外包分为"设计-建造（DB）"、"设计-建造-主要维护（DBMM）"、"运营和维护（O&M）"、"设计-建造-经营（DBO）"等多种形式。

外包类 PPP 项目分类　　　　　　　　　　　　　　　　　表 4-1

类型	二级分类	主要特征	合同期限
项目式外包 (Component Outsourcing)	服务外包 (Service Contract)	政府委托社会资本代为客户提供某项公共服务，由政府向其支付费用	1～3 年
	管理外包 (Management Contract)	政府委托社会资本代为管理公共基础设施或者提供服务	3～5 年
整体式外包 (Turkey)	设计-建造 (DB)	根据社会资本与政府设计的固定价格设计、建设公共基础设施，并由社会资本承担因延误工期的法律责任及超支费用	不确定
	设计-建造-主要维护 (DBMM)	社会资本除承担 DB 模式中的公共基础设施设计、建造职责外，还应承担公共基础设施建造完成后的主要维修职责	不确定
	运营和维护 (O&M)	将公共基础设施的运营维护职责委托给社会资本，但社会资本不再负责向用户提供服务，由政府向社会资本支付费用	5～8 年
	设计-建造-运营 (DBO)	社会资本除承担 DB 和 DBMM 中的职责外，还承担公共基础设施的经营管理	8～15 年

2）特许经营类。特许经营类 PPP 项目需要社会资本参与部分或者全部投资，政府与社会资本就特许经营权签署合同，双方共担项目风险、共享项目收益。社会资本通过与政府签订合同，获得在一定期限内参与公共基础设施的设计建造、运营管理以及为用户提供服务等权利，但项目资产最终归政府所有，在特许经营权期满之后，社会资本将公共基础设施交还给政府，因此一般存在使用权和所有权的移交过程。

特许经营类 PPP 项目主要有 BOT 及 TOT 两种实现形式，另外，与 DB 模式相结合，特许经营类 PPP 还包括 DBFO、DBTO 等类型（见表 4-2）。根据不同实现途径，在 TOT 模式中，还可分为 PUOT 和 LUOT 两种类型；在 BOT 模式中，又可分为 BLOT 和 BOOT 两种类型，两者区别在于建设完成后是通过租赁还是特许拥有的方式获取项目经营权。

特许经营类 PPP 项目分类　　　　　　　　　　　　　　　　表 4-2

类型	二级分类	主要特征	合同期限
建设-运营-移交 (BOT)	建设-拥有-运营-移交 (BOOT)	社会资本在规定期限内融资建设基础设施项目后，对基础设施项目享有所有权，并对其经营管理，可向用户收取费用或者出售产品以偿还贷款，回收投资并获取利润。在特许期届满后将该基础设施移交给政府	25～30 年
	建设-租赁-运营-移交 (BROT/BLOT)	与 BOOT 相比，社会资本不具有基础设施项目的所有权，但可在特许期内承租该基础设施所在地上的有形资产	25～30 年

类型	二级分类	主要特征	合同期限
转让-运营-移交（TOT）	购买-更新-运营-移交（PUOT）	社会资本购买基础设施所有权，经过一定程度的更新、扩建后经营该设施，合同期满后将基础设施及所有权移交给政府	8～15 年
	租赁-更新-运营-移交（LUOT）	与 PUOT 相比，社会资本对基础设施所有权进行租赁	8～15 年
其他	设计-建设-融资-运营（DBFO）	DBFO 是英国 PFI 架构中最主要的模式，社会资本投资建设公共设施，通常也具有该设施所有权。公共部门根据合同约定，向社会资本支付一定费用并使用该设施	20～25 年
	设计-建设-移交-运营（DBTO）	社会资本为基础设施项目融资并进行建设，项目完成后将设施移交给政府，政府再授权该社会资本经营管理基础设施	20～25 年

3）私有化类。私有化类 PPP 项目是指社会资本负责项目的全部投资建造、运营管理等，政府只负责监管社会资本的定价和服务质量，避免社会资本由于权利过大影响公共福利。私有化类 PPP 项目所产生的一切费用及收益和项目所有权都归社会资本所有，并且不具备有限追索的特征，因此，社会资本在私有化类 PPP 项目中承担的风险最大。

根据私有化程度不同，私有化类 PPP 项目可分为完全私有化和部分私有化两种（见表 4-3）。根据实现途径不同，完全私有化项目可通过 PUO 和 BOO 两种实现途径；而部分私有化项目则可通过股权转让等方式实现私有化程序。

私有化类 PPP 项目分类　　　　　　　　　　　　　　　　　　　　表 4-3

类型	二级分类	主要特征	合同期限
完全私有化	购买-更新-运营（PUO）	社会资本购买公共基础设施，对其改建经营，永久性拥有该项基础设施的所有权，为社会提供公益性服务，接受政府监督管理	永久
	建设-拥有-运营（BOO）	针对某项公共基础设施，社会资本进行建设并拥有特许经营权，且该项基础设施及其所有权不交付给政府，永久性属于社会资本	永久
部分私有化	股权转让	政府将国有独资企业或者国有控股企业的部分股权转让给社会资本，但国有独资企业或国有控股企业仍处于控股地位，社会资本可通过受让股权方式享有基础设施所有权	永久
	合资兴建	政府将国有独资企业或者国有控股企业与社会资本合资兴建基础设施，社会资本通过持股方式享有该设施所有权，并通过选举董事会成员对该设施进行管理，而国有独资企业或者国有控股企业仍处于控股地位	永久

（2）PPP 模式运作流程

PPP 项目运作可分为项目识别、项目准备、项目采购、项目执行、项目移交五个阶段，如图 4-1 所示。

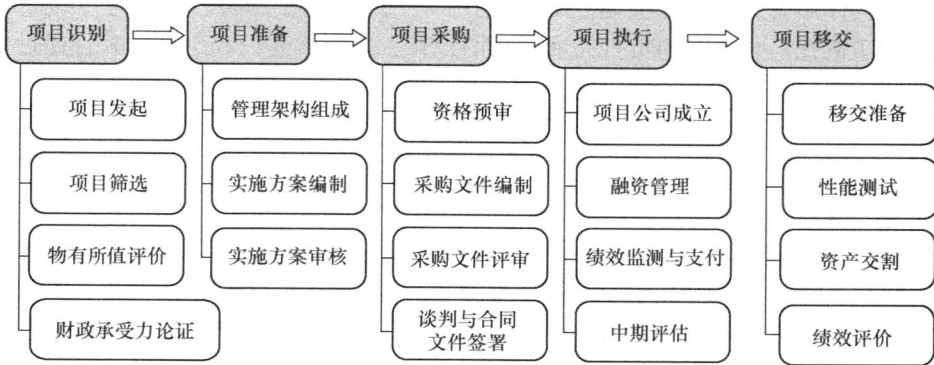

图 4-1　PPP 项目运作流程图

1）项目识别。项目识别是指政府面对社会已识别的需求，从备选方案中科学地筛选满足这种社会需求的方案的过程。PPP 项目分为政府发起和社会资本发起两种，其中以政府发起为主。PPP 项目的选择，首先要比较与传统政府建设管理的优劣，物有所值是实施 PPP 的基本原则之一。此外，还需要进行政府财政承受能力论证。"通过论证"的项目由项目实施机构报政府审核，由财政部门纳入预算统筹安排后，可进行项目准备；"未通过论证"的项目可在调整实施方案后重新论证，仍不通过的，不再采用 PPP 模式。

2）项目准备。PPP 项目准备主要包括管理架构组成、实施方案编制和实施方案审核三部分。其中，实施方案编制可分为选择风险分配方案、选择 PPP 的运作方式、项目交易结构、合同体系、监管架构、采购方式等。

3）项目采购。PPP 项目采购方式包括公开招标、邀请招标、竞争性谈判、竞争性磋商和单一来源采购。项目采购主要包括资格预审、采购文件编制、采购文件评审、谈判与合同文件签署四个方面。

4）项目执行。社会资本可按照相关法律法规设立项目公司，政府可指定相关机构依法参股项目。社会资本或项目公司负责项目融资和建设，项目建成后，项目公司按照项目协议进行运营和维护，向政府和社会公众提供服务。政府作为监管者，承担监管职责。此外，通过中期评估可分析项目履约情况，能有效掌握项目运行进度和质量。政府主管部门可组织相关人员或者委托咨询机构对特许经营项目进行中期评估。

5）项目移交。项目移交通常是指合同届满或者合同提前终止后，社会资本或项目公司将全部项目设施及相关权益以合同约定的条件和程序移交给政府或者政府指定的其他机构。

4. PFI 模式

PFI（Private Finance Initiative）模式是指由私营企业进行项目建设与运营，从政府方或接受服务方收取费用以回收成本。PFI 方式是传递某种公共项目的服务，而不是提供某个具体的建筑物。典型的 PFI 项目，实质上是一种政府或公众对公共物品生产者（一般为私营部门或许多私营部门组成的特殊项目公司）提供的公共服务购买。这些项目可以是医院、学校、甚至是监狱。私营部门在政府的指导下，提供诸如健康医疗、教育和其他社会服务，同时负责项目管理、维护等工作。虽然许多 PFI 项目都伴随着土地的开发利用和建筑物具体形态的形成，但是这并不是 PFI 项目的主要目的，只是为传递服务功能所必须的物质依托。私营部门负责完成项目的设计、融资、建设和运营，并且通过提供服务来获得政府或公众付费，以实现收入和完成利润目标。由此可见，PFI 也属于 PPP 模式中的一种。

（1）PFI 典型模式

PFI 模式最早出现在英国，在实践中通常有三种典型模式：

1）在经济上自立的项目。以这种模式实施的 PFI 项目，私营部门提供服务时，政府不向其提供财政支持，但是在政府的政策支持下，私营部门是通过项目服务向最终使用者收费，来回收成本和实现利润。政府部门不承担项目的建设费用和运营费用，但私营部门可以在政府的特许下，通过适当调整对使用者的收费来补偿成本的增加。采用这种方式，政府部门对项目的作用是有限的，也许仅仅是承担项目最初的计划或按照法定程序帮助项目公司开展前期工作和按照法律进行管理。

2）向政府部门出售服务的项目。这种项目与经济上自立项目的不同点在于，私营部门提供项目服务所产生的成本，完全或主要通过私营部门服务提供者向政府部门收费来补偿，这类项目主要包括私人融资兴建的监狱、医院和交通线路等。

3）合资经营项目。政府部门和私营部门共同出资、分担成本和共享收益。但是，为了使项目成为一个真正的 PFI 项目，项目的控制权必须是由私营部门来掌握，政府部门只是一个合伙人的角色。

（2）PFI 模式特点

PFI 是一种旨在促进私营部门参与基础设施项目建设和政府其他公共服务的一种新的公共物品产出方式。PFI 在本质上是一个设计、建设、融资和运营模式，政府与私营部门是一种合作关系，对 PFI 项目服务的购买是由有采购特权的政府与项目私人营运者签订的。

PFI 模式的主要优点表现在以下几个方面：

1）PFI 模式有非常广泛的适用范围，不仅包括基础设施项目，在学校、医院、监狱等公共项目上也有广泛应用。

2）推行 PFI 模式能够广泛吸引经济领域的私营部门或非官方投资者，参与公共物品的产出，不仅可以缓解政府公共项目建设的资金压力，同时可以提高政府公共物品产出水平。

3）PFI 模式可以吸引私营部门的知识、技术和管理方法，提高公共项目的效率和降低产出成本，使社会资源配置更加合理化。同时，也可使政府摆脱长期困扰的政府项目低效率的压力，使政府有更多的精力和财力用于社会发展更加急需的工程项目建设。

4.1.2 ABS 模式

ABS（Asset-Backed Securitization）意指资产支持的证券化。以拟建项目所拥有的资产为基础，以该项目资产的未来收益作保证，通过在国际资本市场上发行债券等集资金达到融资的目的。

1. ABS 模式运作程序和特点

（1）ABS 模式运作程序

1）组建特定用途公司 SPC（Special Purpose Corporation）。SPC 可以是一个信托投资公司、信用担保公司、投资保险公司或其他独立法人，该机构应能够获得国际权威资信评估机构较高级别的信用等级（AAA 级或 AA 级）。由于 SPC 是进行 ABS 融资的载体，成功组建 SPC 是 ABS 能够成功运作的基本条件和关键因素。

2）SPC 与项目结合。SPC 要寻找可以进行资产证券化融资的对象。一般地，投资项目所依附的资产只要在未来一定时期内能带来现金收入，就可以进行 ABS 融资。可以是房地产的未来租金收入，飞机、汽车等未来运营的收入，项目产品出口贸易收入，航空、港口及铁路的未来运费收入，收费公路及其他公用设施收费收入，税收及其他财政收入等。拥有这种未来现金流量所有权的企业（项目公司）成为原始权益人。这些未来现金流量所代表的资产，是 ABS 融资模式的物质基础。

SPC 与项目的结合，就是以合同、协议等方式将原始权益人所拥有的项目资产的未来现金收入权利转让给 SPC，转让的目的在于将原始权益人本身的风险割断。这样，SPC 进行 ABS 模式融资时，其融资风险仅与项目资产未来现金收入有关，而与工程项目原始权益人本身的风险无关。在实际操作中，为了确保这种风险完全隔断，SPC 一般要求原始权益人或有关机构提供充分的担保。

3）利用信用增级手段使项目资产获得预期的信用等级。通过调整项目资产现有的财务结构，使项目融资债券达到投资级水平，达到 SPC 关于承包 ABS 债券的条件要求。SPC 通过提供专业化的信用担保进行信用升级。信用增级的途径有：利用信用证、开设现金担保账户、直接进行金融担保等。之后，委托资信评估机构，对即将发行的经过担保的 ABS 债券在还本付息能力、项目资产的财务结构、担保条件等方面进行信用评级，确定 ABS 债券的资信等级。

4）SPC 发行债券。SPC 直接在资本市场上发行债券募集资金，或者通过信用担保，由其他机构组织债券发行，并将通过发行债券筹集的资金用于工程项目建设。由于 SPC 一般均获得国际权威性资信评估机构的 AAA 级或 AA 级信用等级，则由其发行的债券或通过其提供信用担保的债券，也具有相应的信用等级。这样，SPC 就可以借助该优势在国际高等级投资证券市场，以较低的融资成本发行债券，募集工程项目建设所需资金。

5）SPC 偿债。由于项目原始收益人已将项目资产的未来现金收入权利让渡给 SPC，因此，SPC 就能利用项目资产的现金流入量，清偿其在国际高等级投资证券市场上所发行债券的本息。

（2）ABS 模式特点

ABS 模式的特点主要体现在以下几个方面：

1）通过证券市场发行债券筹集资金，是 ABS 模式不同于其他项目融资模式的一个显著特点，无论是产品支付、融资租赁，还是 BOT/PPP 模式，都不是通过证券化进行融资的，而证券化融资则代表着项目融资的未来发展方向。

2）由于 ABS 模式隔断了项目原始权益人的自身风险和项目资产未来现金收入的风险，使其清偿债券本息的资金仅与项目资产的未来现金收入有关，加之在国际高等级证券市场发行的债券是由众多投资者购买，从而分散了投资风险。

3）由于 ABS 模式是通过发行高等级投资级债券募集资金，这种负债不反映在原始权益人自身的资产负债表中，从而避免了原始权益人资产质量的限制。同时，利用成熟的项目融资改组技巧，将项目资产的未来现金流量包装成高质量的证券投资对象，可以充分显示金融创新的优势。

4）债券的信用风险得到特定用途公司 SPC 的信用担保，是高等级投资级债券，并且还能在二级市场进行转让，变现能力强，投资风险小，因而具有较大的吸引力，易于债券的发行和推销。

5）由于是在国际高等级证券市场筹资，利息率一般比较低，从而降低了融资成本。由于国际高等级证券市场容量大，资金来源渠道多样化，因此，ABS 模式特别适合大规模筹集资金。

2. ABS 与 BOT/PPP 的区别

ABS 模式和 BOT/PPP 模式都适用于基础设施项目融资，但两者的运作及对经济的影响等存在着较大差异。

（1）运作繁简程度与融资成本不同

BOT/PPP 模式的操作复杂、难度大。采用/PPP 模式必须经过项目确定、项目准备、招标、谈判、合同签署、建设、运营、维护、移交等阶段，涉及政府特许以及外汇担保等诸多环节，牵扯的范围广，不易实施，其融资成本也因中间环节多而增高。ABS 模式则只涉及原始权益人、特定用途公司 SPC、投资者、证券承销商等几个主体，无需政府的特许及外汇担保，是一种主要通过民间非政府途径运作的融资方式。ABS 模式操作简单，融资成本低。

（2）项目所有权、运营权不同

BOT/PPP 项目的所有权、运营权在特许期内属于项目公司，特许期届满，所有权将移交给政府。因此，通过外资 BOT/PPP 进行基础设施项目融资可以引进国外先进的技术和管理，但会使外商掌握项目控制权。而 ABS 模式在债券发行期内，项目资产的所有权属于 SPC，项目的运营决策权则属于原始收益人，原始收益人有义务将项目的现金收入支付给 SPC，待债券到期，用资产产生的收入还本付息后，资产的所有权又复归原始权益人。因此，利用 ABS 模式进行基础设施项目国际融资，可以使项目所在国保持对项目运营的控制，但不能得到国外先进的技术和管理经验。

（3）投资风险不同

BOT/PPP 项目投资人一般都为企业或金融机构，其投资是不能随便放弃和转让的，每一个投资者承担的风险相对较大。而 ABS 项目的投资者是国际资本市场上的债券购买者，数量众多，从而极大地分散了投资风险。同时，这种债券可在二级市场流通，并经过信用增级降低投资风险，这对投资者有很强的吸引力。

（4）适用范围不同

BOT/PPP 方式是非政府资本介入基础设施领域，其实质是 BOT/PPP 项目在特许期内的民营化，因此，某些关系国计民生的要害部门是不能采用 BOT/PPP 模式的。ABS 模式则不同，在债券发行期间，项目的资产所有权虽然归 SPC 所有，但项目的经营决策权依然归原始权益人所有。因此，运用 ABS 模式不必担心重要项目被外商控制。例如，不能采用 BOT/PPP 模式的重要铁路干线、大规模发电厂等重大基础设施项目，都可以考虑采用 ABS 模式。相比而言，在基础设施领域，ABS 模式的应用范围要比 BOT/PPP 模式广泛。

4.2　业主方项目实施组织模式

业主或建设单位是建设工程项目管理的核心，在建设工程项目管理中占主导地位。如果业主或建设单位自身组织机构完善、专业水平高、管理力量强大，则业主或建设单位可自行实施建设工程项目业主方管理。否则，需要委托专业化、社会化咨询机构或项目管理机构实施项目管理承包或工程代建。

4.2.1　项目管理承包（PMC）

项目管理承包（Project Management Contract，PMC）是指业主聘请专业工程公司或咨询公司，代表其在项目实施全过程或其中若干阶段进行项目管理。被聘请的工程公司或咨询公司被称为项目管理承包商（Project Management Contractor，PMC）。采用 PMC 管理模式时，业主仅需保留很少部分项目管理力量对一些关键问题进行决策，绝大部分项目管理工作均由项目管理承包商承担。

1. PMC 类型

按照工作范围不同，项目管理承包（PMC）可分为三种类型：

（1）项目管理承包商代表业主进行项目管理，同时还承担部分工程的设计、采购、施工（EPC）工作。这对项目管理承包商而言，风险高，相应的利润、回报也较高。

（2）项目管理承包商作为业主项目管理的延伸，只是管理 EPC 承包商而不承担任何 EPC 工作。这对项目管理承包商而言，风险和回报均较低。

（3）项目管理承包商作为业主顾问，对项目进行监督和检查，并及时向业主报告工程进展情况。这对项目管理承包商而言，风险最低，接近于零，但回报也低。

2. PMC 工作内容

在 PMC 管理模式下，项目管理承包商派出的项目管理人员与业主代表组成一个完整的管理组织进行项目管理，该项目管理组织有时也被称为一体化项目管理团队（Integrated Project Management Team，IPMT），如图 4-2 所示。

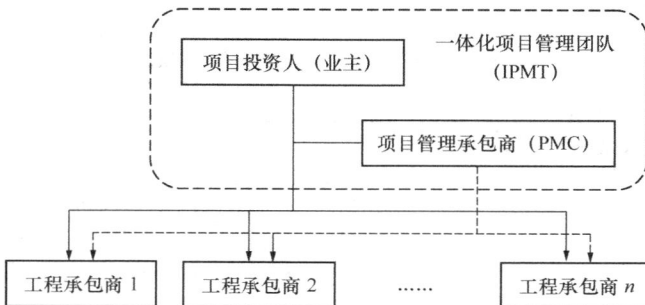

图 4-2　PMC 管理模式中的一体化项目管理团队

按照国际上流行的项目阶段划分方式，工程项目采用 EPC 总承包模式时可分为项目前期和项目实施两个阶段，项目管理承包商在项目进展的不同阶段承担不同工作内容。

（1）项目前期阶段工作内容。在此阶段，项目管理承包商的主要任务是代表业主进行项目管理。具体包括：项目建设方案优化；组织项目风险识别和分析，并制定项目风险应对策略；提供融资方案并协助业主进行融资；提出项目应统一遵循的标准及规范；组织或完成基础设计、初步设计和总体设计；协助业主完成政府相关审批工作；提出项目实施方案，完成项目投资估算；提出材料、设备清单及供货厂家名单；编制 EPC 招标文件，进行 EPC 投标人资格预审，并完成 EPC 评标工作。

（2）项目实施阶段工作内容。在此阶段，由中标的 EPC 总承包商进行项目的详细设计，并进行采购和施工工作。项目管理承包商的主要任务是代表业主进行协调和监督工作。具体包括：进行设计管理，协调有关技术条件；完成项目总体中某些部分的详细设计；实施采购管理，并为业主负责的采购提供服务；配合业主进行生产准备、组织试运行和验收；向业主移交项目文件资料。

3. PMC 实施模式

在我国工程建设实践中，PMC 实施模式可归纳为以下三种：

（1）咨询式服务模式

在通常情况下，工程项目管理单位派出的项目管理团队置身于建设单位外部，为其提供项目管理咨询服务。此时，项目管理团队具有较强的独立性，如图 4-3 所示。

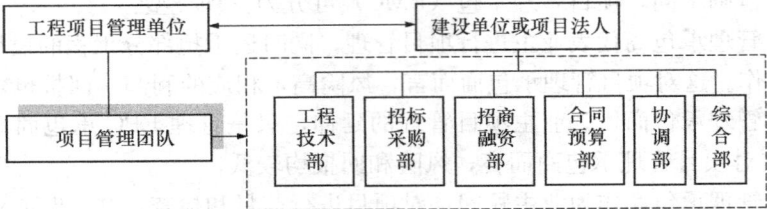

图 4-3 咨询式服务模式

（2）融合式服务模式

工程项目管理单位不设立专门的项目管理团队或设立的项目管理团队中留有少量管理人员，而将大部分项目管理人员分别派到建设单位各职能部门中，与建设单位项目管理人员融合在一起，如图 4-4 所示。

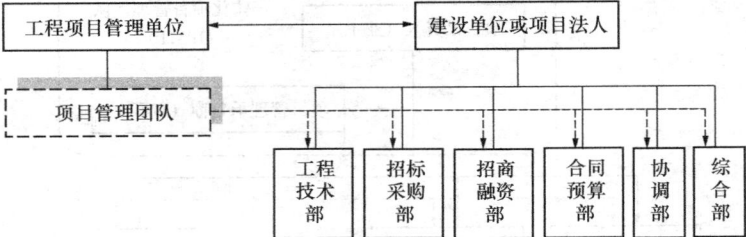

图 4-4 融合式服务模式

（3）植入式服务模式

在建设单位充分信任的前提下，工程项目管理单位设立的项目管理团队直接作为建设单位的职能部门。此时，项目管理团队具有项目管理和职能管理的双重功能，如图 4-5

所示。

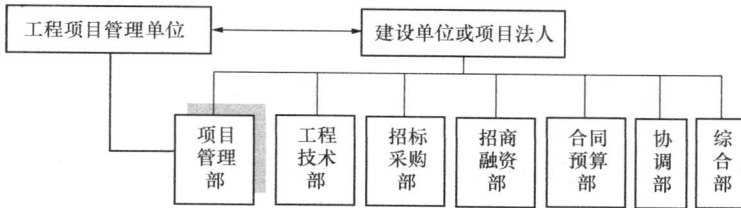

图 4-5 植入式服务模式

值得指出的是，对于属于强制监理范围内的建设工程项目，无论采用何种项目管理服务模式，由具有高水平的专业化单位提供工程监理与项目管理一体化服务是值得提倡的。否则，建设单位既委托项目管理服务，又委托工程监理，而实施单位不是同一家单位时，会造成管理职责重叠，降低工程效率，增加交易成本。

4. 采用 PMC 模式的优越性

（1）通过优化设计方案，可实现建设工程全寿命期成本最低。项目管理承包商会运用自身技术优势，根据项目实际条件对项目进行技术经济分析，从全寿命期成本最低角度对整个设计方案进行优化。

（2）通过选择合适的合同方式，可从整体上为业主节省建设投资。项目管理承包商在完成基础设计之后，会根据工程设计深度、技术复杂程度、工期紧迫程度及工程量大小等因素，通过周密的招标策划，确定每一个合同包范围及计价方式，以化解或减少 EPC 承包带来的风险，在整体上为业主节省建设投资。

（3）通过多项目采购协议及统一的项目采购协议，可降低建设投资。项目管理承包商协助业主就某种设备或材料与制造商签订多项目采购协议，使其成为该项目中这种设备或材料的唯一供货商。业主可通过此协议获得价格、日常运行维护等方面的优惠。各个 EPC 承包商必须按业主所提供的协议去采购相应设备或材料。这样，就可有效减低工程建设投资。

（4）通过现金管理及现金流量优化，可降低建设投资。项目管理承包商与业主之间通常采用成本加奖励的合同计价方式，如果在工程实施过程中通过有效管理使建设投资节约，项目管理承包商将会得到节约部分一定比例的奖励。这样，会促使项目管理承包商利用其丰富的项目融资及财务管理经验，结合工程实际情况，对整个项目的现金流进行优化，从而节约工程建设投资。

当然，对项目管理承包商而言，要想达到上述目的，需要具有先进的管理理念、高水平的管理人才、科学的管理方法和手段，以及大量的数据积累。

4.2.2　工程代建制

根据《国务院关于投资体制改革的决定》（国发〔2004〕20 号），对政府投资的非经营性项目，应加快推行"代建制"，即通过招标等方式，选择专业化的项目管理单位负责建设实施，严格控制项目投资、质量和工期，竣工验收后移交给使用单位。由此可见，代建制是一种针对非经营性政府投资项目的建设实施组织方式，专业化的工程项目管理单位作为代建单位，在工程项目建设过程中按照委托合同的约定代行建设单位职责。

1. 工程代建的性质

工程代建的性质是工程建设的管理和咨询，与工程承包不同。在项目建设期间，工程代建单位不存在经营性亏损或盈利，通过与政府投资管理机构签订代建合同，只收取代理费、咨询费。如果在项目建设期间节省了投资，可按合同约定从节约的投资中提取一部分作为奖金。

工程代建单位不参与工程项目前期的策划决策和建成后的经营管理，也不对投资收益负责。工程项目代建合同生效后，为了保证政府投资的合理使用，代建单位须提交工程概算投资 10% 左右的履约保函。如果代建单位未能完全履行代建合同义务，擅自变更建设内容、扩大建设规模、提高建设标准，致使工期延长、投资增加或工程质量不合格，应承担所造成的损失或投资增加额，由此可见，代建单位要承担相应的管理、咨询风险，这与计划经济时期工程建设指挥部管理有本质区别。

2. 工程代建制与项目法人责任制的区别

（1）项目管理责任范围不同

对于实施项目法人责任制的项目，项目法人的责任范围覆盖工程项目策划决策及建设实施过程，包括项目策划、资金筹措、建设实施、运营管理、贷款偿还及资产的保值增值。而对于实施工程代建制的项目，代建单位的责任范围只是在工程项目建设实施阶段。

（2）项目建设资金责任不同

对于实施项目法人责任制的项目，项目法人需要在项目建设实施阶段负责筹措建设资金，并在项目建成后的运营期间偿还贷款及对投资方的回报。而对于实施工程代建制的项目，代建单位不负责建设资金的筹措，因此也不负责偿还贷款。

（3）项目保值增值责任不同

对于实施项目法人责任制的项目，项目法人需要在项目全寿命期内负责资产的保值增值。而对于实施工程代建制的项目，代建单位仅负责项目建设期间资金的使用，在批准的投资范围内保证建设工程项目实现预期功能，使政府投资效益最大化，不负责项目运营期间的资产保值增值。

（4）适用的工程对象不同

项目法人责任制适用于政府投资的经营性项目，而工程代建制适用于政府投资的非经营性项目（主要是公益性项目）。

4.3　项目承发包模式

4.3.1　DBB 模式

DBB（Design-Bid-Build）是一种较传统的工程承发包模式，即建设单位分别与工程勘察设计单位、施工单位签订合同，工程项目勘察设计、施工任务分别由工程勘察设计单位、施工单位完成。DBB 模式主要体现的是专业化分工，我国大部分工程项目一般都采用这种实施方式。

1. DBB 模式组织结构

在传统的 DBB 模式下，工程勘察设计单位、施工单位分别根据勘察设计合同、施工合同向建设单位负责，工程勘察设计单位与施工单位之间没有合同关系，只是协作关系。

在建设单位同意的前提下，工程勘察设计单位、施工单位可将其部分任务分包给专业勘察设计单位、施工单位。DBB 模式的组织结构如图 4-6 所示。

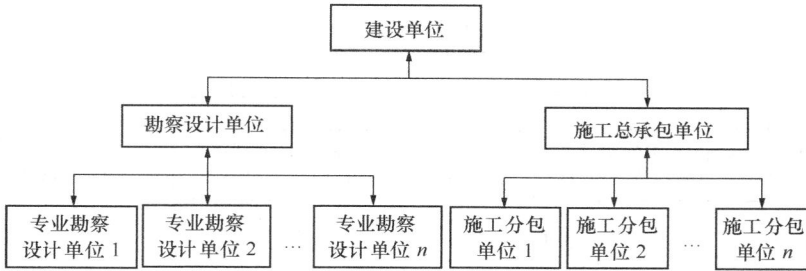

图 4-6　DBB 模式组织结构

在图 4-6 中，施工总承包单位可以是一家施工单位，也可以是由几家施工单位组成的联合体。建设单位可以将工程项目施工任务发包给一家施工总承包单位（或联合体），也可以划分为若干标段分别平行发包给若干施工总承包单位（或联合体）。

2. DBB 模式的特点

（1）DBB 模式的优点

建设单位、勘察设计单位、施工总承包单位及分包单位在合同约束下，各自行使其职责和履行义务，责权利分配明确；建设单位直接管理工程项目的勘察设计和施工，指令易贯彻。而且由于该模式应用广泛、历史长，相关管理方法较成熟，工程参建各方对有关程序都比较熟悉。

（2）DBB 模式的不足

采用 DBB 模式，工程设计、招标、施工按顺序依次进行，建设周期长；而且由于施工单位无法参与工程设计，设计的可施工性差，导致设计与施工的协调困难，设计变更频繁，可能使建设单位利益受损。此外，由于工程的责任主体较多，包括设计单位、施工单位、材料设备供应单位等，一旦工程项目出现问题，建设单位不得不分别面对这些参与方，容易出现互相推诿，协调工作量大。

4.3.2　DB／EPC 模式

DB（Design ＆ Build）、EPC（Engineering，Procurement，Construction）在我国均称为工程总承包模式。DB（设计-建造）模式是指从事工程总承包的单位受建设单位委托，按照合同约定，承担工程项目的勘察设计和施工任务。在 EPC（设计-采购-施工）模式中，工程总承包单位还要负责材料设备的采购工作。DB/EPC 模式能够为建设单位提供工程勘察设计和施工的全过程服务，在国际上较为流行，近年来在我国逐渐被认识并得到推广应用。

1. DB/EPC 模式组织结构

工程总承包单位（或联合体）负责整个工程项目的建设实施，可以发挥其自身优势完成工程项目设计、采购及施工的全部或一部分，也可以选择合格的分包单位来完成相关工作。采用 DB/EPC 模式，对工程总承包单位的综合实力和管理水平有较高要求。DB/EPC 模式的组织结构如图 4-7 所示。

2. DB/EPC 模式的特点

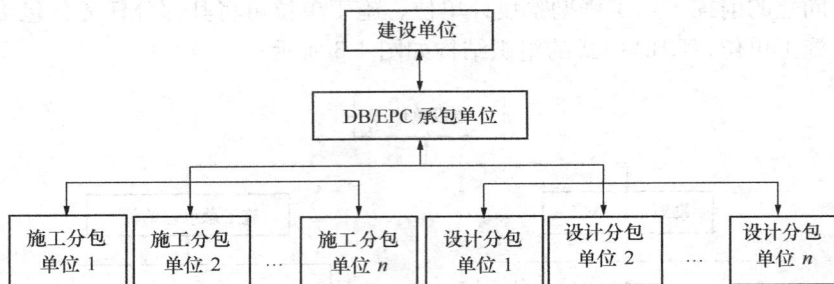

图 4-7　DB/EPC 模式的组织结构

（1）DB/EPC 模式的优点

DB/EPC 模式的优点主要体现在以下几个方面：

1）有利于缩短建设工期。采用 DB/EPC 模式，工程设计和施工任务均由工程总承包单位负责，可使工程设计与施工之间的沟通问题得到极大改善。此外，由于 DB/EPC 模式能够使工程总承包单位在全部设计完成之前便可开始其他工作，如：材料设备采购以及某些可以与设计工作并行的施工工作等。这样，可在很大程度上缩短建设工程。

2）便于建设单位提前确定工程造价。采用 DB/EPC 模式，建设单位与工程总承包单位之间通常签订总价合同，这样使建设单位在工程项目实施初期就确定工程总造价，便于控制工程总造价。此外，由于工程总承包单位负责工程的总体控制，因而有利于减少工程变更，将工程造价控制在预算范围内。

3）使工程项目责任主体单一化。采用 DB/EPC 模式，由工程总承包单位负责工程设计和施工，减少了工程实施中争议和索赔发生的数量。同时，工程设计与施工责任主体的一体化，能够激励工程总承包单位更加注意整个工程项目质量。

4）可减轻建设单位合同管理的负担。采用 DB/EPC 模式，与建设单位直接签订合同的工程参建方减少，建设单位的协调工作量减少，合同管理工作量也大大减少。

（2）DB/EPC 模式的不足

1）道德风险高。由工程总承包单位同时负责工程设计与施工，与传统的 DBB 模式相比，建设单位对工程项目的控制要弱一些，有可能会发生工程总承包单位为节省资金而采取一些不恰当的行为。同时，由于建设单位倾向于将大量的风险转移给工程总承包单位，因此，当风险发生而导致损失时，工程总承包单位有可能通过降低工程质量等行为来弥补损失。

2）建设单位前期工作量大。由于工程总承包单位的技术水平和职业道德将直接影响到工程的成败，因此，建设单位为慎重选择工程总承包单位，不得不在项目招标和评标阶段花费大量的时间和精力对投标单位进行评审，这使得项目的初期投入将会加大。

3）工程总承包单位报价高。采用 DB/EPC 模式，工程总承包单位的风险会增加，为应对工程项目实施风险，工程总承包单位会提高报价，最终会导致整个工程造价增加。

4.3.3　CM 模式

CM 模式是美国人 Charles B. Thomsen 于 1968 年首先提出并开始实施的，其全称为 Fast-Track-Construction Management。它是由建设单位委托一家 CM 单位承担项目管理工作，该 CM 单位以承包商的身份进行施工管理，并在一定程度上影响工程设计活动，组织快速路径（Fast-Track）的生产方式，使工程项目实现有条件的"边设计、边施工"。

1. CM模式的特点

CM模式的主要特点有：

（1）采用快速路径法施工。在工程设计尚未结束之前，当工程某些部分的施工图设计已经完成时，就开始进行该部分工程的施工招标，从而使这部分工程的施工提前到工程项目设计阶段。

（2）CM单位有代理型（Agency）和非代理型（Non-Agency）两种。代理型CM单位不负责分包工程的发包，与分包单位的合同由建设单位直接签订。而非代理型CM单位直接与分包单位签订分包合同。

（3）CM合同采用成本加酬金方式。代理型和非代理型CM合同是有区别的。由于代理型合同是建设单位与分包单位直接签订，所以采用简单的成本加酬金合同形式。而非代理型合同则采用保证最大工程费用（GMP）加酬金的合同形式。这是因为CM合同总价是在CM合同签订之后，随着CM单位与各分包单位签约而逐步形成的。只有采用保证最大工程费用，建设单位才能控制工程总费用。

2. 实施CM模式的价值

CM模式特别适用于实施周期长、工期要求紧迫的大型复杂工程项目。采用CM模式，不仅有利于缩短工程项目建设周期，而且有利于控制工程质量和造价。

（1）工程项目质量控制方面的价值

1）工程设计与施工相结合，有利于提高工程项目质量。采用CM模式，实现了工程设计与施工的结合和协调，从而使工程项目采用新的施工工艺和方法，尽量提高施工质量成为可能。CM单位根据以往的施工经验，在材料和设备的选择方面提出合理化建议，也为保证和提高工程项目质量提供了可能。

2）严格的工程质量控制程序，为控制工程项目质量提供了保证。按照CM合同规定，CM单位在施工阶段要设立专门的现场控制及质量监督机构、建立质量控制和检查程序、编制质量保证计划、监督分包单位的施工质量、检查设备材料供应单位的产品质量，严格按质量标准和合同进行检查、验收，这一系列措施为控制工程项目施工质量提供了保证。

（2）工程项目造价控制方面的价值

1）与施工总承包相比，采用CM模式的合同价更具合理性。采用CM模式，施工任务要进行多次分包，施工合同总价不是一次确定，而是有一部分完整施工图纸，就分包一部分，将施工合同总价化整为零。而且每次分包都通过招标展开竞争，每个分包合同价格都通过谈判进行详细讨论，从而使各个分包合同价格汇总后形成的合同总价更具合理性。

2）CM单位不赚取总包与分包之间的差价。CM单位与分包单位或供货单位之间的合同价是公开的，建设单位可以参与所有分包工程或材料设备采购招标及分包合同或供货合同的谈判。CM单位不赚取总包与分包之间的差价，在进行分包谈判时，会努力降低分包合同价。经谈判而降低合同价的节约部分全部归建设单位所有，CM单位可获得部分奖励，这样，有利于降低工程费用。

3）应用价值工程方法挖掘节约投资的潜力。CM模式不同于普通承包模式的"按图施工"，CM单位早在项目设计阶段就可凭借其在施工成本控制方面的实践经验，应用价值工程方法对项目设计提出合理化建议，以进一步挖掘降低工程项目造价的可能性。此外，由于工程设计与施工的早期结合，使得设计变更在很大程度上得到减少，从而减少了分包单位因设计变更而提出的索赔。

4）GMP 大大减少了建设单位在工程造价控制方面的风险。当采用非代理型 CM 模式时，CM 单位将对工程费用的控制承担风险。如果实际工程费用超过 GMP，超出部分将由 CM 单位承担；如果实际工程费用低于 GMP，节约部分全部归建设单位所有。由此可见，建设单位在工程造价控制方面的风险将大大减少。

5）采用现代化管理方法和手段控制工程费用。与一般承包单位相比，CM 单位不是单"为自己控制成本"，还要承担"为建设单位控制工程费用"的任务。CM 单位要制定和实施完整的工程费用计划和控制工作流程，并不断向建设单位报告工程费用情况。在国外，许多成功的 CM 承包单位都拥有一套先进的计算机费用控制系统，以便在项目实施过程中编制和调整不同版本的费用预算、进行费用计划值与实际值的动态跟踪比较，发现实际费用超过计划值时，及时采取纠偏措施。

（3）工程项目进度控制方面的价值

1）由于采取分阶段发包，集中管理，实现了有条件的"边设计、边施工"，使工程设计与施工能够充分地搭接，有利于缩短建设工期。

2）尽管工程总承包也是在工程设计前期或设计早期进行发包，但由于 CM 模式的招标不需要编制项目功能描述书，因而缩短了招标准备工作时间。因此，采用 CM 模式，比工程总承包的招标时间更短。

3）CM 单位在工程项目设计早期即可参与项目实施，并对项目设计提出合理化建议，使设计方案的施工可行性和合理性在设计阶段就得到考虑和证实，从而可以减少施工阶段因修改设计而造成的实际进度拖后。

4）为了实现工程设计与施工以及施工与施工的合理搭接，CM 模式将项目进度安排看作一个完整的系统工程，一般在项目实施早期即编制供货期长的设备采购计划，并提前安排设备招标、提前组织设备采购，从而可以避免因设备供应工作的组织和管理不当而造成的工程延期。

5）CM 单位一般都拥有一套先进的计算机进度控制系统，充分利用现代化管理方法和手段，卓有成效地进行工程项目的进度安排和控制。

4.3.4 Partnering 模式

Partnering 模式于 20 世纪 80 年代中期首先在美国出现，到 20 世纪 90 年代中后期，其应用范围逐步扩大到英国、澳大利亚、新加坡、中国香港等国家和地区，近年来日益受到工程项目管理界的重视。

Partnering 一词看似简单，但要准确地译成中文却比较困难。我国将其译为伙伴关系（台湾将其译为合作管理）。

1. Partnering 模式的主要特征

Partnering 模式的主要特征表现在以下几个方面：

（1）出于自愿。Partnering 协议并不仅仅是建设单位与承包单位双方之间的协议，而需要工程项目参建各方共同签署，包括建设单位、总承包单位、主要的分包单位、设计单位、咨询单位、主要的材料设备供应单位等。参与 Partnering 模式的有关各方必须是完全自愿，而非出于任何原因的强迫。Partnering 模式的参与各方要充分认识到，这种模式的出发点是实现工程项目建设的共同目标以使参与各方都能获益。只有在认识上达到统一，才能在行动上采取合作和信任的态度，才能愿意共同承担风险和有关费用，共同解决问题和争议。

（2）高层管理的参与。Partnering 模式的实施需要突破传统的观念和组织界限，因而工程项目参建各方高层管理者的参与以及在高层管理者之间达成共识，对于该模式的顺利实施是非常重要的。由于 Partnering 模式需要参与各方共同组成工作小组，要分担风险、共享资源，因此，高层管理者的认同、支持和决策是关键因素。

（3）Partnering 协议不是法律意义上的合同。Partnering 协议与工程合同是两个完全不同的文件。在工程合同签订后，工程参建各方经过讨论协商后才会签署 Partnering 协议。该协议并不改变参与各方在有关合同中规定的权利和义务。Partnering 协议主要用来确定参建各方在工程建设过程中的共同目标、任务分工和行为规范，他是工作小组的纲领性文件。当然，该协议的内容也不是一成不变的，当有新的参与者加入时，或某些参与者对协议的某些内容有意见时，都可以召开会议经过讨论对协议内容进行修改。

（4）信息开放。Partnering 模式强调资源共享，信息作为一种重要的资源，对于工程项目参建各方必须公开。同时，工程项目参建各方要保持及时、经常和开诚布公的沟通，在相互信任的基础上，要保证工程项目质量、造价、进度等方面的信息能为参建各方及时、便利地获取。

2. Partnering 模式的组成要素

Partnering 模式的成功运作所不可缺少的元素包括以下几个方面：

（1）长期协议。虽然 Partnering 模式也经常用于单个工程项目，但从各国实践情况看，在多个工程项目上持续运用 Partnering 模式可以取得更好效果。这也是 Partnering 模式的发展方向。通过与建设单位达成长期协议、进行长期合作，承包单位能够更加准确地了解建设单位的需求；同时能保证承包单位不断地获取工程任务，从而使承包单位将主要精力放在工程项目的具体实施上，充分发挥其积极性和创造性。这样既有利于对工程项目质量、造价、进度的控制，同时也降低了承包单位的经营成本。对建设单位而言，一般只有通过与某一承包单位的成功合作，才会与其达成长期协议，这样不仅使建设单位避免了在选择承包单位方面的风险，而且可以大大降低"交易成本"，缩短建设周期，取得更好的投资效益。

（2）资源共享、风险共担。工程项目参建各方共享有形资源（如人力、机械设备等）和无形资源（如信息、知识等）、共享工程项目实施所产生的有形效益（如费用降低、质量提高等）和无形效益（如避免争议和诉讼的产生、工作积极性提高、承包单位社会信誉提高等）；同时，工程项目参建各方共同分担工程的风险和采用 Partnering 模式所产生的相应费用。

（3）相互信任。相互信任是确定工程项目参建各方共同目标和建立良好合作关系的前提，是 Partnering 模式的基础和关键。只有对参建各方的目标和风险进行分析和沟通，并建立良好的关系，彼此间才能更好地理解；只有相互理解，才能产生信任。而只有相互信任，才能产生整体性效果。Partnering 模式所达成的长期协议本身就是相互信任的结果，其中每一方的承诺都是基于对其他参建方的信任。只有相互信任，才能将工程项目其他承包模式中常见的参建各方之间相互对立的关系转化为相互合作的关系，才能够实现参建各方的资源和效益共享。

（4）共同目标。在一个确定的工程项目中，参建各方都有其各自不同的目标和利益，在某些方面甚至还有矛盾和冲突。尽管如此，工程项目参建各方之间还是有许多共同利益的。例如，通过工程设计单位、施工单位、建设单位三方的配合，可以降低工程风险，对参建各方均有利；还可以提高工程的使用功能和使用价值，这样不仅提高了建设单位的投资效益，而且也提高了设计单位和施工单位的社会声誉。工程项目参建各方要充分认识到，只有工程项目实施结果本身是成功的，才能实现他们各自的目标和利益，从而取得双赢或多赢的结果。

（5）合作。工程项目参建各方要有合作精神，并在相互之间建立良好的合作关系。但这只是基本原则，要做到这一点，还需要有组织保证。Partnering 模式需要突破传统的组织界限，建立一个由工程项目参建各方人员共同组成的工作小组。同时，要明确各方的职责，建立相互之间的信息流程和指令关系，并建立一套规范的操作程序。

值得指出的是，Partnering 模式不是一种独立存在的模式，它通常需要与工程项目其他承包模式中的某一种结合使用。

复 习 思 考 题

1. 项目融资主要有哪些模式？各有何特点？
2. PPP 融资模式与 BOT 融资模式有何异同？
3. ABS 融资模式有哪些特点？
4. PMC 有哪些实施模式？
5. 工程代建制与项目法人责任制有哪些区别？
6. DBB 模式与 DB/EPC 模式有何区别？
7. CM 模式有何特点？
8. Partnering 模式的主要特征有哪些？

案　　例

1. 北京地铁 4 号线工程 PPP 融资模式

北京地铁 4 号线全长 50km，总投资 153.8 亿元，2004 年 8 月正式开工建设。北京地铁 4 号线工程分为 A、B 两部分。A 部分建设工程包括地铁 4 号线车站、区间等土建设施、轨道以及电梯、给排水等机电设备；B 部分建设工程包括 4 号线车辆及通信、信号等机电设备。其中，B 部分建设工程采用 PPP 模式，由北京地铁 4 号线特许经营公司负责融资、设计和建设。A 部分建设工程则由北京地铁 4 号线投资有限责任公司负责融资、设计和建设。

北京地铁 4 号线特许经营公司（北京京港地铁有限公司）是由北京市基础设施投资公司（股权 2%）、北京首都创业集团有限公司（股权 49%）和香港地铁有限公司（股权 49%）于 2004 年 12 月签署北京地铁 4 号线投资、建设、运营合作的原则性协议，2006 年 1 月 16 日成立中外合作经营公司。北京市政府与该特许经营公司签订"特许经营协议"，负责地铁 4 号线 B 部分建设工程的融资、设计和建设。在地铁 4 号线建成后，由特许经营公司根据"特许经营协议"和"资产租赁协议"，从北京地铁 4 号线投资有限责任公司处租赁 A 部分工程设施，并负责地铁 4 号线运营和维护。

北京地铁 4 号线于 2009 年 9 月 28 日正式向公众开放载客运营。特许经营期分为试运营期和正式运营期，共 30 年。特许经营公司按照适用法律和"特许经营协议"，获取票款和其他收益。在整个特许经营期内，特许经营公司将按照协议执行北京市政府制定的运营票价，并依此按年计算实际平均人次票价收入水平。如果实际平均人次票价收入水平低于协议中规定的收入水平，北京市政府将按照协议规定就其差额给予补偿。反之，如果实际平均人次票价收入水平高于协议中规定的收入水平，特许经营公司将按照协议规定就其差额返还给北京市政府，或经北京市政府同意，以特许经营公司增加租金的形式支付给北京地铁 4 号线投资有限责任公司。

待特许期结束后，特许经营公司按照"特许经营协议"和"资产租赁协议"，将 A 部分工程设施交还给北京地铁 4 号线投资有限责任公司或移交给北京市政府（或其指定机构），同时将 B 部分工程设施移交给北京市政府（或其指定机构）。

思考：

（1）城市交通基础设施采用 PPP 模式有何优越性？

（2）采用 PPP 模式，政府及特许经营公司各有何风险？

（3）特许经营与工程代建有何区别？

2. 南海石化工程 PMC 模式

南海石化工程项目是由中海壳牌石油化工有限公司（中国海洋石油公司与壳牌公司组建的合资公司）在广东惠州投资兴建的大型石化项目，项目总投资 45 亿美元，建设周期 60 个月。项目共包括 12 套生产装置以及与之配套的公用工程及辅助设施，年生产能力达到 230 万吨石油化工产品，年销售额预计可达 17 亿美元。

项目采用国际通行的 PMC 模式来进行建设，由美国柏克德公司（BECHTEL）、中国石化工程建设公司（SEI）、英国福斯特惠勒公司（FW）组成的联营体（BSF）作为 PMC（项目管理公司，代表建设单位对工程建设的全过程进行管理。在 PMC 管理上由中外方联合实施，有利于发挥充分发挥中外各方各自优势。

南海石化项目 PMC 设立了项目董事会、项目职能组和项目管理组三个层面，职能组和项目组同在 PMC 项目主任的领导下，职能部门的主要任务是给项目组提供技术和程序支持，各项目组在项目经理的领导下开展工作。

PMC 的主要工作内容包括：项目进度管理、项目费用管理、项目质量管理、项目招标管理、项目风险管理、项目设计管理、项目物资采购管理、项目信息管理、项目 SHE 管理、项目融资管理。

思考：

（1）采用 PMC 模式有何优越性？

（2）PMC 是否可以承包工程？为什么？

第 5 章　建设工程项目管理组织与项目经理

学习目标

建设工程项目管理组织机构是实施项目管理的载体，项目经理是项目管理机构的总负责人，选派称职的项目经理、建立适合的项目管理组织机构，对于建设工程项目的顺利实施具有重要意义。

通过学习本章，应掌握如下内容：

(1) 建设工程项目管理组织形式及其特点；

(2) 项目经理的基本素质要求；

(3) 我国建设工程项目管理相关执业资格制度。

5.1　建设工程项目管理组织形式

5.1.1　直线式

1. 直线式组织结构形式

直线式是最早、最简单的一种组织结构形式。直线式组织中各种职务按垂直系统直线排列，各级主管人员对所属下级拥有直接指挥权，组织中每一个人只接受唯一上级的命令。直线式组织结构如图 5-1 所示。

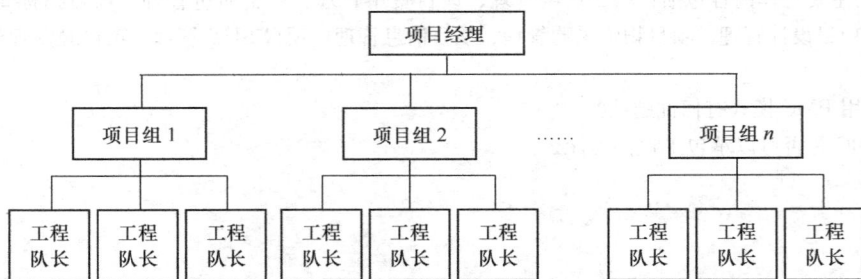

图 5-1　直线式组织结构

2. 直线式组织结构特点

直线式组织结构的优点是结构比较简单，权力集中，责任分明，命令统一，决策迅速，联系简捷。其缺点是实行没有职能部门的"个人管理"，在组织规模较大的情况下，往往由于个人的知识及能力有限而感到难于应付，顾此失彼，可能会发生较多失误。此外，每个部门基本关心的是本部门的工作，因而部门间的协调比较差。一般地，这种组织结构形式只适用于那些没有必要按职能实行专业化管理的小型组织。

5.1.2　职能式

1. 职能式组织结构形式

职能式组织中，除直线主管外还设立一些组织部门，分担某些职能管理业务。这些职能部门有权在其业务范围内，向下级下达命令和指示。因此，下级直线主管除接受上级直线主管领导外，还必须接受上级各职能部门的领导和指示。职能式组织结构如图 5-2 所示。

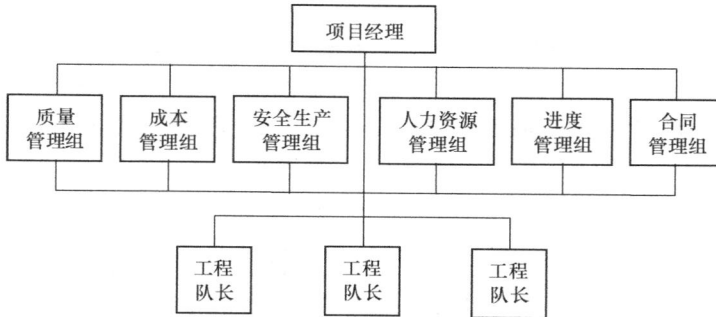

图 5-2　职能式组织结构

2. 职能式组织结构特点

职能式组织结构的优点是能够适应组织技术比较复杂和管理分工较细的情况，能够发挥职能部门专业管理作用，减轻上层主管人员的负担。但其缺点是妨碍了组织必要的集中领导和统一指挥，形成多头领导，如果上级指令相互矛盾，将使下级无所适从。

5.1.3　直线职能式

1. 直线职能式组织结构形式

直线职能式组织是综合直线式和职能式组织结构的优点而形成的一种组织结构形式。该组织形式设置了两套系统：一套是按命令统一原则设置的指挥系统；另一套是按专业化原则设置的管理职能系统。直线部门和人员在自己的职责范围内有决定权，对其所属下级的工作实行指挥和命令，并负全部责任。而职能部门和人员仅是直线主管的参谋，只能对下级机构提供建议和业务指导，没有指挥和命令的权力。直线职能式组织结构如图 5-3 所示。

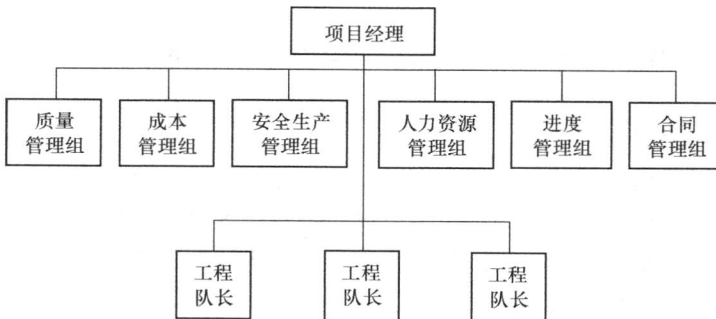

图 5-3　直线职能式组织结构

2. 直线职能式组织结构特点

直线职能式组织结构实行的是职能的高度集中化。其优点是领导集中、职责清楚、秩序井然、工作效率较高，整个组织有较高的稳定性。而缺点是下级部门的主动性和积极性的发挥受到限制；部门间互通信息少，不能集思广益地作出决策，当职能部门和直线部门之间目标不一致时，容易产生矛盾，致使上层主管的协调工作量增大；难于从组织内部培养熟悉全面工作的管理人才；整个组织系统的适应性较差，对新情况不能及时作出反应。

5.1.4 矩阵式

1. 矩阵式组织结构形式

矩阵式组织结构是将按职能划分的部门与按项目划分的部门结合起来组成一个矩阵，使同一名员工既与原职能部门保持组织与业务上的联系，又参加项目管理机构工作。待项目完工交付后，该员工又回到原职能部门或到另外工程项目管理机构中工作。矩阵式组织结构如图 5-4 所示。

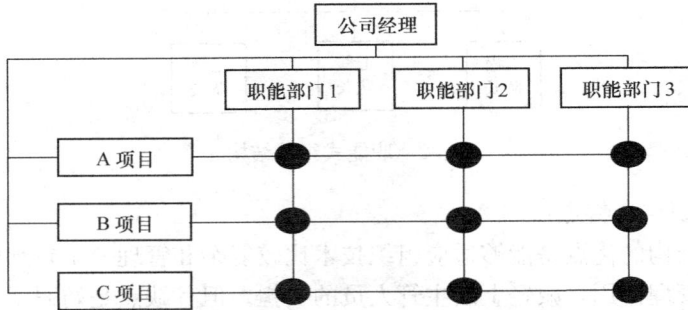

图 5-4　矩阵式组织结构示意图

2. 矩阵式组织结构特点

矩阵式组织结构打破了传统的"一个员工只有一位领导"的命令统一原则，使一位员工同属于两个部门。其优点是能根据工程任务的实际情况灵活地组建与之相适应的管理机构，具有较大的机动性和灵活性；实行了集权与分权的结合，有利于发挥各类专业人员的积极性。其缺点是组织机构经常变动，稳定性差，尤其是业务人员的工作岗位频繁调动；由于实行纵向、横向双重领导，处理不当会由于意见分歧而造成工作中的扯皮现象和矛盾；组织关系较复杂，对项目负责人的要求较高。

3. 矩阵式组织结构形式

按照项目经理的权限不同，矩阵式组织结构又可分为三种形式，即：强矩阵、中矩阵和弱矩阵。

（1）强矩阵式组织形式

强矩阵式组织结构中，项目经理由企业最高领导任命，并全权负责项目。项目组成员绩效完全由项目经理进行考核，项目组成员只对项目经理负责。如图 5-5 所示。强矩阵式组织形式适用于技术复杂且时间紧迫的工程项目，由于各职能部门之间的技术界面比较繁杂，采用强矩阵式组织形式有利于加强各职能部门之间的协调配合。

（2）中矩阵式组织形式

中矩阵式（也称平衡矩阵）组织结构中，项目经理被授予一定权力，对项目整体及项目目标负责。项目组成员是从各职能部门借调而来，需要在成员中指定一人担任专案主持人。一旦专案结束，专案主持人头衔随之消失。如图 5-6 所示。中矩阵式组织形式适用于中等技术复杂程度且建设周期较长的工程项目，其特点是需要精心建立管理程序和配备训练有素的协调人员。

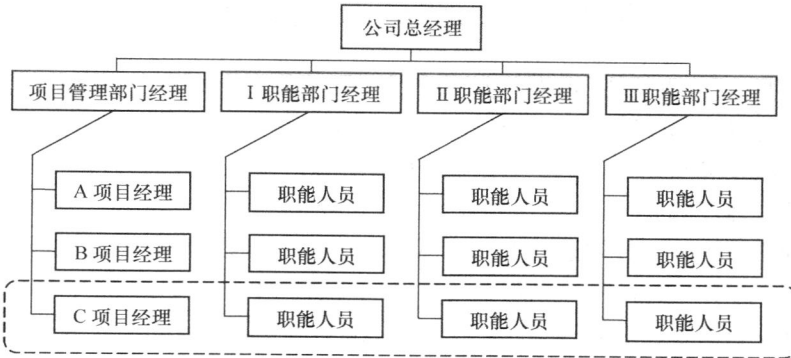

图 5-5　强矩阵式组织结构示意图

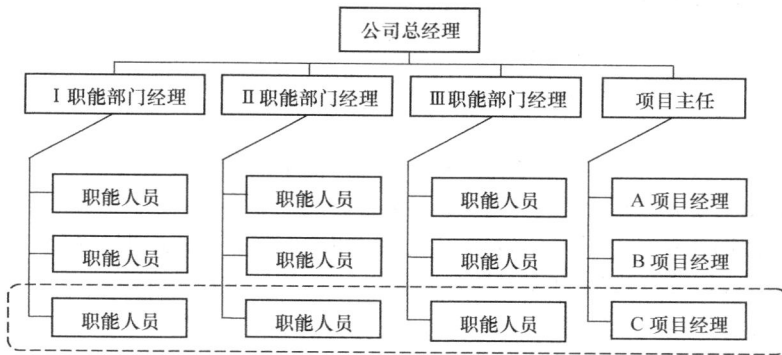

图 5-6　中矩阵式（平衡矩阵）组织结构示意图

（3）弱矩阵式组织形式

弱矩阵式组织结构中，并未明确对项目目标负责的项目经理。即使有项目负责人，其角色也只是一个项目协调者或监督者，而不是一个管理者。同时，员工绩效由职能部门经理进行考核。如图 5-7 所示。弱矩阵式组织形式适用于技术简单的工程项目，由于技术界面明晰或简单，跨职能部门的协调工作比较容易。其特点是项目管理者权限很小。

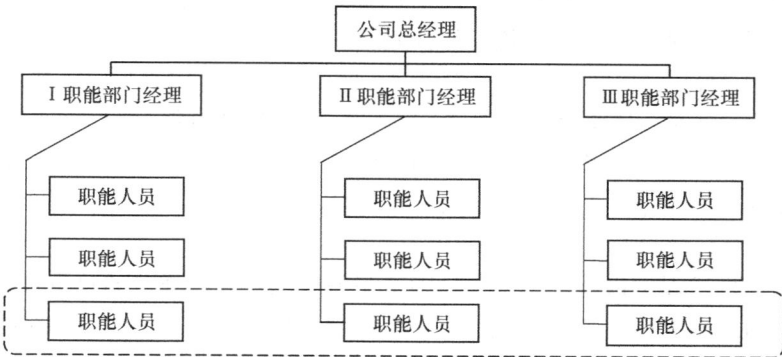

图 5-7　弱矩阵式组织结构示意图

5.2 项目经理及其基本素质

项目经理制自 20 世纪 40 年代在美国产生以来，在一些工业发达国家得到普遍推广。我国于 1983 年提出建立项目经理负责制，这是加强我国工程项目管理所采取的一项有力的组织措施。项目经理在建设工程项目管理中的作用日益受到重视。

5.2.1 项目经理的设置

项目经理是指工程项目的总负责人。项目经理包括建设单位的项目经理、咨询监理单位的项目经理、设计单位的项目经理和施工单位的项目经理。

由于工程项目的承发包方式不同，项目经理的设置方式也不同。如果工程项目是分阶段发包，则建设单位、咨询监理单位、设计单位和施工单位应分别设置项目经理，各方项目经理代表本单位的利益，承担着各自单位的项目管理责任。如果工程项目实行设计、施工、材料设备采购一体化承发包方式，则工程总承包单位应设置统一的项目经理，对工程项目建设实施全过程总负责。随着工程项目管理的集成化发展趋势，应提倡设置全过程负责的项目经理。

1. 建设单位项目经理

建设单位项目经理是由建设单位（或项目法人）委派的领导和组织一个完整工程项目建设的总负责人。对于一些小型工程项目，项目经理可由一人担任。而对于一些规模大、工期长、技术复杂的工程项目，建设单位也可委派分阶段项目经理，如准备阶段项目经理、设计阶段项目经理和施工阶段项目经理等。

2. 咨询、监理单位项目经理

当工程项目比较复杂而建设单位又没有足够的人员组建一个能够胜任项目管理任务的项目管理机构时，就需要委托咨询单位为其提供项目管理服务。咨询单位需要委派项目经理并组建项目管理机构按项目管理合同履行其义务。对于实施监理的工程项目，工程监理单位也需要委派项目经理（总监理工程师）并组建项目监理机构履行监理义务。当然，如果咨询、监理单位为建设单位提供工程监理与项目管理一体化服务，则只需设置一个项目经理，对工程监理与项目管理服务总负责。

对建设单位而言，即使委托咨询监理单位，仍需要建立一个以自己的项目经理为首的项目管理机构。因为在工程项目建设过程中，有许多重大问题仍需由建设单位进行决策，咨询监理机构不能完全代替建设单位行使其职权。

3. 设计单位项目经理

设计单位项目经理（有时也称设计总负责人）是指设计单位领导和组织一个工程项目设计的总负责人。其职责是负责一个工程项目设计工作的全部计划、监督和联系工作。设计单位项目经理从设计角度控制工程项目总目标。

4. 施工单位项目经理

施工单位项目经理是指施工单位领导和组织一个工程项目施工的总负责人，是施工单位在施工现场的最高责任者和组织者。施工单位项目经理在工程项目施工阶段控制质量、成本、进度目标，并负责安全生产管理和环境保护。

此外，材料设备供应单位也可能会根据供货合同设置相应的项目经理。

5.2.2　项目经理基本素质

项目经理基本素质是各种能力的综合。这些能力包括核心能力、必要能力和增效能力三个层次。其中，核心能力是创新能力；必要能力是决策能力、组织能力和指挥能力；增效能力是控制能力和协调能力。这些能力是项目经理有效地行使其职责，充分发挥领导作用所应具备的主观条件。

1. 创新能力

由于科学技术的迅速发展，新技术、新工艺、新材料、新设备等的不断涌现，人们对建筑产品不断提出新的要求。同时，建筑市场改革的深入发展，大量新的问题需要探讨和解决。面临新形势、新任务，项目经理只有解放思想，以创新的精神、创新的思维方法和工作方法来开展工作，才能实现工程项目总目标。因此，创新能力是项目经理业务能力的核心，关系到项目管理的成败和项目投资效益的好坏。

创新能力是项目经理在项目管理活动中，善于敏锐地察觉旧事物的缺陷，准确地捕捉新事物的萌芽，提出大胆、新颖的推测和设想，继而进行科学周密论证，提出可行解决方案的能力。

2. 决策能力

项目经理是项目管理组织的当家人，统一指挥、全权负责项目管理工作，要求项目经理必须具备较强的决策能力。同时，项目经理的决策能力是保证项目管理组织生命机制旺盛的重要因素，也是检验项目经理领导水平的一个重要标志。因此，决策能力是项目经理必要能力的关键。

决策能力是指项目经理根据外部经营条件和内部经营实力，从多种方案中确定工程项目建设方向、目标和战略的能力。

3. 组织能力

项目经理的组织能力关系到项目管理工作的效率。因此，有人将项目经理的组织能力比喻为效率的设计师。

组织能力是指项目经理为了有效地实现项目目标，运用组织理论，将工程项目建设活动的各个要素、各个环节，从纵横交错的相互关系上，从时间和空间的相互关系上，有效、合理地组织起来的能力。如果项目经理有高度的组织能力，并能充分发挥，就能使整个工程项目的建设活动形成一个有机整体，保证其高效率地运转。

组织能力主要包括：组织分析能力、组织设计能力和组织变革能力。

（1）组织分析能力。是指项目经理依据组织理论和原则，对工程项目建设的现有组织进行系统分析的能力。主要是分析现有组织的效能，对利弊进行正确评价，并找出存在的主要问题。

（2）组织设计能力。是指项目经理从项目管理的实际出发，以提高组织管理效能为目标，对工程项目管理组织机构进行基本框架的设计，提出建立哪些系统，分几个层次，明确各主要部门的上下左右关系等。

（3）组织变革能力。是指项目经理执行组织变革方案的能力和评价组织变革方案实施成效的能力。执行组织变革方案的能力，就是在贯彻组织变革设计方案时，引导有关人员自觉行动的能力。评价组织变革方案实施成效的能力，是指项目经理对组织变革方案实施后的利弊，具有做出正确评价的能力，以利于组织日趋完善，使组织的效能不断提高。

4. 指挥能力

项目经理是工程项目建设活动的最高指挥者，担负着有效地指挥工程项目建设活动的职责。因此，项目经理必须具有高度的指挥能力。

项目经理的指挥能力，表现在正确下达命令的能力和正确指导下级的能力两个方面。

项目经理正确下达命令的能力，是强调其指挥能力中的单一性作用；而项目经理正确指导下级的能力，则是强调其指挥能力中的多样性作用。项目经理面对的是不同类型的下级，他们的年龄不同，学历不同，修养不同，性格、习惯也不同，有各自的特点，因此，必须采取因人而异的方式和方法，从而使每一个下级对同一命令有统一的认识和行动。

坚持命令单一性和指导多样性的统一，是项目经理指挥能力的基本内容。而要使项目经理的指挥能力有效地发挥，还必须制定一系列有关的规章制度，做到赏罚分明，令行禁止。

5. 控制能力

工程项目的建设如果缺乏有效控制，其管理效果一定不佳。而对工程项目实行全面而有效的控制，则决定于项目经理的控制能力。

控制能力是指项目经理运用各种手段（包括经济、行政、法律、教育等手段），来保证工程项目实施的正常进行、实现项目总目标的能力。

项目经理的控制能力，体现在自我控制能力、差异发现能力和目标设定能力等方面。自我控制能力是指本人通过检查自己的工作，进行自我调整的能力。差异发现能力是对执行结果与预期目标之间产生的差异，能及时测定和评议的能力。如果没有差异发现能力，就无法控制局面。目标设定能力是指项目经理应善于规定以数量表示出来的接近客观实际的明确的工作目标。这样才便于与实际结果进行比较，找出差异，以利于采取措施进行控制。由于工程项目风险管理的日趋重要，项目经理基于风险管理的目标设定能力和差异发现能力也越来越成为关键能力。

6. 协调能力

项目经理对协调能力掌握和运用得当，就可以对外赢得良好的项目管理环境，对内充分调动职工的积极性、主动性和创造性，取得良好的工作效果，以至超过设定的工作目标。

协调能力是指项目经理处理人际关系，解决各方面矛盾，使各单位、各部门乃至全体职工为实现工程项目目标密切配合、统一行动的能力。

现代大型工程项目，牵涉到很多单位、部门和众多的劳动者。要使各单位、各部门、各环节、各类人员的活动能在时间、数量、质量上达到和谐统一，除了依靠科学的管理方法、严密的管理制度之外，在很大程度上要靠项目经理的协调能力。协调主要是协调人与人之间的关系。协调能力具体表现在以下几个方面：

1）善于解决矛盾的能力。由于人与人之间在职责分工、工作衔接、收益分配差异和认识水平等方面的不同，不可避免地会出现各种矛盾。如果处理不当，还会激化。项目经理应善于分析产生矛盾的根源，掌握矛盾的主要方面，妥善解决矛盾。

2）善于沟通情况的能力。在项目管理中出现不协调的现象，往往是由于信息闭塞，情况没有沟通。为此，项目经理应具有及时沟通情况、善于交流思想的能力。

3）善于鼓动和说服的能力。项目经理应有谈话技巧，既要在理论上和实践上讲清道理，又要以真挚的激情打动人心，给人以激励和鼓舞，催人向上。

5.3　项目管理相关执业资格制度

执业资格是指政府对某些责任较大、社会通用性强、关系公共利益的专业（工种）实行准入控制，是依法独立开业或从事某一特定专业（工种）学识、技术和能力的必备标准。自20世纪90年代中后期以来，我国在工程建设领域先后建立了监理工程师、造价工程师、建造师等注册执业资格制度及咨询工程师（投资）等职业水平证书制度。随着国家行政审批制度的深化改革，曾经建立的一些职业资格（如投资建设项目管理师、招标师等）制度目前已取消。

执业资格考试属于国家设定的准入性考试，进入相应领域执业的，必须通过执业资格考试并注册后才能以相应执业资格执业；而职业资格考试属于职业技能鉴定，是一项基于职业技能水平的标准参考型考试，证明考试通过者具有从事相应工作的水平。

5.3.1　我国项目管理相关执业资格制度

1. 监理工程师执业资格制度

监理工程师是指经考试、资格认定或资格互认取得中华人民共和国监理工程师资格证书，并按照规定注册，取得中华人民共和国监理工程师注册执业证书和执业印章，从事工程监理及相关业务活动的专业技术人员。

（1）考试内容

1994年，在少数省市进行监理工程师执业资格考试试点后，从1997年开始在全国范围内举行监理工程师执业资格考试。考试科目包括：建设工程监理基本理论和相关法规；建设工程合同管理；建设工程质量、投资、进度控制和建设工程监理案例分析。

（2）注册及执业

经考试合格获得执业资格证书者，应当受聘于一个具有建设工程勘察、设计、施工、监理、招标代理、造价咨询等一项或者多项资质的单位，经注册后方可从事相应的执业活动。从事工程监理执业活动的，应当受聘并注册于一个具有工程监理资质的单位。

注册监理工程师可以从事工程监理、工程经济与技术咨询、工程招标与采购咨询、工程项目管理服务以及国务院有关部门规定的其他业务。

注册监理工程师每一注册有效期为3年，在每一注册有效期内须接受必修课和选修课各48学时的继续教育。

2. 造价工程师执业资格制度

造价工程师是指通过全国造价工程师执业资格统一考试或者资格认定、资格互认，取得中华人民共和国造价工程师执业资格，并按照规定注册，取得中华人民共和国造价工程师注册执业证书和执业印章，从事工程造价活动的专业人员。

（1）考试内容

1997年，在少数省市进行造价工程师执业资格考试试点后，从1998年开始在全国范围内举行造价工程师执业资格考试。考试科目包括：建设工程造价管理；建设工程计价；建设工程技术与计量（土木建筑工程或安装工程）和建设工程造价案例分析。

（2）注册及执业

经考试合格获得执业资格证书者，应当受聘于一个工程造价咨询企业或者工程建设领域的建设、勘察设计、施工、招标代理、工程监理、工程造价管理等单位，经注册后方能以注册造价工程师的名义执业。

注册造价工程师执业范围包括：

1）项目建议书、可行性研究中投资估算的编制和审核，项目经济评价，工程概、预、结算、竣工结（决）算的编制和审核；

2）工程量清单、标底（或者控制价）、投标报价的编制和审核，工程合同价款的签订及变更、调整，工程款支付与工程索赔费用的计算；

3）工程项目管理过程中设计方案的优化、限额设计等工程造价分析与控制，工程保险理赔的核查；

4）工程经济纠纷的鉴定。

注册造价工程师每一注册有效期为 4 年，在每一注册有效期内须接受必修课和选修课各 60 学时的继续教育。

3. 建造师执业资格制度

建造师是指通过考核认定或考试合格取得中华人民共和国建造师资格证书，并按规定注册取得中华人民共和国建造师注册证书和执业印章，担任施工单位项目负责人及从事相关活动的专业技术人员。建造师分为一级建造师和二级建造师两个级别。

（1）考试内容

建造师执业资格考试从 2004 年开始在全国范围内举行。一级建造师考试科目包括：建设工程经济；建设工程项目管理；建设工程法规及相关知识；专业工程管理与实务（目前分 10 个专业，即：建筑工程、公路工程、铁路工程、民航机场工程、港口与航道工程、水利水电工程、市政公用工程、通信与广电工程、矿业工程、机电工程）。二级建造师考试科目包括：建设工程施工管理；建设工程法规及相关知识；专业工程管理与实务（目前分 6 个专业，即：建筑工程、公路工程、水利水电工程、市政公用工程、矿业工程和机电工程）。

（2）注册及执业

经考核认定或考试合格者，应当受聘于一个具有建设工程勘察、设计、施工、监理、招标代理、造价咨询等至少一项资质的企业，按规定注册并取得建造师注册执业证书和执业印章后，方可以注册建造师的名义执业。

注册建造师执业范围包括：

1）建设工程项目总承包管理或施工管理；

2）建设工程项目管理服务；

3）建设工程技术经济咨询；

4）法律、行政法规和国务院建设主管部门规定的其他业务。

注册建造师每一注册有效期为 3 年，在每一注册有效期内须接受必修课和选修课各 60 学时的继续教育。

5.3.2 国内外项目管理相关职业资格制度

1. 我国咨询工程师（投资）职业资格制度

咨询工程师（投资）是指通过考试取得中华人民共和国咨询工程师（投资）职业水平

证书，经登记合格并取得中华人民共和国咨询工程师（投资）等级证书的人员。

（1）考试内容

咨询工程师（投资）执业资格考试从 2003 年开始在全国范围内举行。自 2013 年开始改为水平考试。考试科目包括：宏观经济政策与发展规划；工程项目组织与管理；项目决策分析与评价；现代咨询方法与实务。

（2）业务范围

咨询工程师（投资）可以从事以下工程咨询业务：

1）规划咨询；

2）编制项目建议书；

3）编制项目可行性研究报告、项目申请报告和资金申请报告；

4）评估咨询；

5）工程项目管理；

6）其他工程咨询业务。

2. 国际项目管理职业资格制度

（1）美国项目管理学会的 PMP 认证体系

美国项目管理学会 PMI（Project Management Institute）成立于 1969 年，目前已发展成为一个世界领先的项目管理专业学会。PMI 从 1984 年起，建立了一整套严格的基于考试的项目管理专业人士（Project Management Professional，PMP）资格认证制度。1999 年，PMI 成为国际上第一个其证书被 ISO 9001 认可的国际组织。PMI 拥有完整的项目管理专业人士（PMP）标准和资格申请、评估过程。如果想获得 PMP 资格证书，申请者必须满足一定的教育和实际经验的要求，并要最终通过 PMI 组织的共计 200 项选择题的考试。

为满足 PMP 人员的知识要求，PMI 还设立了培训体系，课程内容涉及项目管理知识体系（PMBOK）的 10 个知识领域。

（2）国际项目管理协会的 IPMP 认证体系

以欧洲为首的国际项目管理协会 IPMA（International Project Management Association）于 1965 年在瑞士注册，其成员以代表各个国家的项目管理研究组织为主。IPMA 还与北美、澳大利亚、南非等国家级协会保持密切联系，其宗旨是促进全球项目管理的发展。

IPMA 非常重视专业人员的资格认证工作。IPMP（International Project Management Professional）是 IPMA 在全球推行的四级项目管理专业资质认证体系的总称。IPMP 是对项目管理人员知识、经验和能力水平的综合评估证明。IPMP 依据国际项目管理资质标准，针对项目管理人员专业水平的不同，将项目管理专业人员资质认证划分为四个等级，即 A 级、B 级、C 级和 D 级，每个等级分别授予不同级别的证书。这些人士将分别具有负责大型国际项目、大型复杂项目、一般复杂项目或具有从事项目管理专业工作的能力。

（3）IPMP 与 PMP 的区别

1）在认证体系方面，IPMP 有四个级别；PMP 只有一个级别，对参加 PMP 认证人员的资格要求与 IPMP 的 C 级相当。

2）在考核方式方面，PMP 只有笔试，题型一般为选择题，虽然有项目管理能力方面的审查，但更注重于知识的考核；而 IPMP 除 D 级是单纯的考试外，其他级别都要求面试和案例研讨或项目报告，相比之下更注重实践经验和能力的考核。

此外，IPMP 与 PMP 签订了互认协议，IPMP 的 A～C 级证书完全等同于 PMP 证书。

国际上除 PMP 与 IPMP 认证外，还有英国皇家特许建造学会（The Chartered Institute of Building，CIOB）的特许建造师认证、英国皇家特许测量师学会（The Royal Institution of Chartered Surveyors，RICS）特许测量师认证等。

复习思考题

1. 建设工程项目管理组织结构有哪些形式？各有何特点？
2. 项目经理的基本素质包括哪些内容？
3. 我国建设工程项目管理有哪些相关执业资格？包括哪些考试内容？
4. 国内外项目管理相关职业资格有哪些？
5. IPMP 认证体系与 PMP 认证体系有哪些区别？

第6章 建设工程招投标与合同管理

学习目标

招标与投标是建设工程项目发包与承包的主要方式，合同管理是建设工程项目管理的核心内容。尽管建设工程材料、设备采购合同不属于建设工程合同，但由于其对建设工程项目的顺利实施具有重要作用，故在本章一并阐述。

通过学习本章，应掌握如下内容：

(1)《招标投标法》、《招标投标法实施条例》和《合同法》有关规定；

(2) 工程勘察设计招标与投标工作内容；

(3) 工程勘察设计合同管理主要内容；

(4) 工程施工招标与投标工作内容；

(5) 工程施工合同管理主要内容；

(6) 工程材料、设备采购招标与投标工作内容；

(7) 工程材料、设备采购合同管理主要内容；

(8) 工程总承包合同与分包合同管理主要内容。

6.1 法律法规有关规定

6.1.1 《招标投标法》及《招标投标法实施条例》有关规定

1. 招标

(1) 招标范围

按照国家有关规定需要履行项目审批、核准手续的依法必须进行招标的项目，其招标范围、招标方式、招标组织形式应当报项目审批、核准部门审批、核准。项目审批、核准部门应当及时将审批、核准确定的招标范围、招标方式、招标组织形式通报有关行政监督部门。

1) 可以邀请招标的项目。国有资金占控股或者主导地位的依法必须进行招标的项目，应当公开招标；但有下列情形之一的，可以邀请招标：

① 技术复杂、有特殊要求或者受自然环境限制，只有少量潜在投标人可供选择；

② 采用公开招标方式的费用占项目合同金额的比例过大。

2) 可以不招标的项目。有下列情形之一的，可以不进行招标：

① 需要采用不可替代的专利或者专有技术；

② 采购人依法能够自行建设、生产或者提供；

③ 已通过招标方式选定的特许经营项目投资人依法能够自行建设、生产或者提供；

④ 需要向原中标人采购工程、货物或者服务，否则将影响施工或者功能配套要求；

⑤ 国家规定的其他特殊情形。

（2）招标条件和方式

1）招标条件。招标项目按照国家有关规定需要履行项目审批手续的，应当先履行审批手续，取得批准。招标单位应当有进行招标项目的相应资金或者资金来源已经落实，并应当在招标文件中如实载明。

招标单位有权自行选择招标代理机构，委托其办理招标事宜。任何单位和个人不得以任何方式为招标单位指定招标代理机构。招标单位具有编制招标文件和组织评标能力的，可以自行办理招标事宜。任何单位和个人不得强制其委托招标代理机构办理招标事宜。

依法必须进行招标的项目，招标单位自行办理招标事宜的，应当向有关行政监督部门备案。

2）招标方式。招标分为公开招标和邀请招标两种方式。招标公告或投标邀请书应当载明招标单位的名称和地址、招标项目的性质、数量、实施地点和时间以及获取招标文件的办法等事项。招标单位不得以不合理的条件限制或者排斥潜在投标者，不得对潜在投标者实行歧视待遇。

（3）招标文件

招标单位应当根据招标项目的特点和需要编制招标文件。招标文件应当包括招标项目的技术要求、对招标单位资格审查的标准、投标报价要求和评标标准等所有实质性要求和条件以及拟签订合同的主要条款。招标项目需要划分标段、确定工期的，招标单位应当合理划分标段、确定工期，并在招标文件中载明。

招标文件不得要求或者标明特定的生产供应者以及含有倾向或者排斥潜在投标者的其他内容。招标单位不得向他人透露已获取招标文件的潜在投标者的名称、数量及可能影响公平竞争的有关招标投标的其他情况。

招标单位对已发出的招标文件进行必要的澄清或者修改的，应当在招标文件要求提交投标文件截止时间至少 15 日前，以书面形式通知所有招标文件收受人。该澄清或者修改的内容为招标文件的组成部分。

（4）总承包招标

招标人可以依法对工程以及与工程建设有关的货物、服务全部或者部分实行总承包招标。以暂估价（指总承包招标时不能确定价格而由招标人在招标文件中暂时估定的工程、货物、服务的金额）形式包括在总承包范围内的工程、货物、服务属于依法必须进行招标的项目范围且达到国家规定规模标准的，应当依法进行招标。

（5）两阶段招标

对技术复杂或者无法精确拟定技术规格的项目，招标人可以分两阶段进行招标：

第一阶段，投标人按照招标公告或者投标邀请书的要求提交不带报价的技术建议，招标人根据投标人提交的技术建议确定技术标准和要求，编制招标文件。

第二阶段，招标人向在第一阶段提交技术建议的投标人提供招标文件，投标人按照招标文件的要求提交包括最终技术方案和投标报价的投标文件。如招标人要求投标人提交投标保证金，应当在第二阶段提出。投标保证金不得超过招标项目估算价的 2%。

（6）其他规定

招标单位设有标底的，标底必须保密。招标单位应当确定投标者编制投标文件所需要的合理时间。依法必须进行招标的项目，自招标文件开始发出之日起至投标者提交投标文件截止之日止，最短不得少于 20 日。

2. 投标

投标者应当具备承担招标项目的能力。国家有关规定对投标者资格条件或者招标文件对投标者资格条件有规定的，投标者应当具备规定的资格条件。

（1）投标文件

1）投标文件的内容。投标者应当按照招标文件的要求编制投标文件。投标文件应当对招标文件提出的实质性要求和条件作出响应。

根据招标文件载明的项目实际情况，投标者如果准备在中标后将中标项目的部分非主体、非关键工程进行分包的，应当在投标文件中载明。在招标文件要求提交投标文件的截止时间前，投标者可以补充、修改或者撤回已提交的投标文件，并书面通知招标单位。补充、修改的内容为投标文件的组成部分。

2）投标文件的送达。投标者应当在招标文件要求提交投标文件的截止时间前，将投标文件送达投标地点。招标单位收到投标文件后，应当签收保存，不得开启。投标者少于3 个的，招标单位应当依照《招标投标法》重新招标。

在招标文件要求提交投标文件的截止时间后送达的投标文件，招标单位应当拒收。

（2）联合投标

两个以上法人或者其他组织可以组成一个联合体，以一个投标者的身份共同投标。联合体各方均应具备承担招标项目的相应能力。国家有关规定或者招标文件对投标者资格条件有规定的，联合体各方均应当具备规定的相应资格条件。由同一专业的单位组成的联合体，按照资质等级较低的单位确定资质等级。

联合体各方应当签订共同投标协议，明确约定各方拟承担的工作和责任，并将共同投标协议连同投标文件一并提交给招标单位。联合体中标的，联合体各方应当共同与招标单位签订合同，就中标项目向招标单位承担连带责任。

（3）串通投标和弄虚作假

1）投标人相互串通投标。有下列情形之一的，属于投标人相互串通投标：①投标人之间协商投标报价等投标文件的实质性内容；②投标人之间约定中标人；③投标人之间约定部分投标人放弃投标或者中标；④属于同一集团、协会、商会等组织成员的投标人按照该组织要求协同投标；⑤投标人之间为谋取中标或者排斥特定投标人而采取的其他联合行动。

有下列情形之一的，视为投标人相互串通投标：①不同投标人的投标文件由同一单位或者个人编制；②不同投标人委托同一单位或者个人办理投标事宜；③不同投标人的投标文件载明的项目管理成员为同一人；④不同投标人的投标文件异常一致或者投标报价呈规律性差异；⑤不同投标人的投标文件相互混装；⑥不同投标人的投标保证金从同一单位或者个人的账户转出。

2）招标人与投标人串通投标。有下列情形之一的，属于招标人与投标人串通投标：①招标人在开标前开启投标文件并将有关信息泄露给其他投标人；②招标人直接或者间接向投标人泄露标底、评标委员会成员等信息；③招标人明示或者暗示投标人压低或者抬高投标报价；④招标人授意投标人撤换、修改投标文件；⑤招标人明示或者暗示投标人为特定投标人中标提供方便；⑥招标人与投标人为谋求特定投标人中标而采取的其他串通行为。

3）弄虚作假。投标人不得以他人名义投标，如使用通过受让或者租借等方式获取的资格、资质证书投标。投标人也不得以其他方式弄虚作假，骗取中标，包括：①使用伪造、变造的许可证件；②提供虚假的财务状况或者业绩；③提供虚假的项目负责人或者主要技术人员简历、劳动关系证明；④提供虚假的信用状况；⑤其他弄虚作假的行为。

3. 开标、评标和中标

（1）开标

开标应当在招标单位的主持下，在招标文件确定的提交投标文件截止时间的同一时间、招标文件中预先确定的地点公开进行。应邀请所有投标者参加开标。开标时，由投标者或者其推选的代表检查投标文件的密封情况，也可以由招标单位委托的公证机构检查并公证。经确认无误后，有工作人员当众拆封，宣读投标者名称、投标价格和投标文件的其他主要内容。

开标过程应当记录，并存档备查。

（2）评标

评标由招标单位依法组建的评标委员会负责。招标单位应当采取必要的措施，保证评标在严格保密的情况下进行。评标委员会应当按照招标文件确定的评标标准和方法，对投标文件进行评审和比较。中标人的投标应当符合下列条件之一：

1）能够最大限度地满足招标文件中规定的各项综合评价标准；

2）能够满足招标文件的实质性要求，并且经评审的投标价格最低。但是，投标价格低于成本的除外。

评标委员会经评审，认为所有投标都不符合招标文件要求的，可以否决所有投标。

评标委员会完成评标后，应当向招标单位提出书面评标报告，并推荐合格的中标候选人。招标单位据此确定中标人。招标单位也可以授权评标委员会直接确定中标人。在确定中标人前，招标单位不得与投标者就投标价格、投标方案等实质性内容进行谈判。

（3）中标

中标人确定后，招标单位应当向中标人发出中标通知书，并同时将中标结果通知所有未中标的投标者。

招标单位和中标人应当自中标通知书发出之日起 30 日内，按照招标文件和中标人的投标文件订立书面合同。招标单位和中标人不得再订立背离合同实质性内容的其他协议。

招标文件要求中标人提交履约保证金的，中标人应当提交。履约保证金不得超过中标合同金额的 10%。

6.1.2 《合同法》有关规定

1. 合同成立和生效

（1）合同成立

1）合同成立的时间。当事人采用合同书形式订立合同的，自双方当事人签字或者盖章时合同成立。当事人采用信件、数据电文等形式订立合同的，可以在合同成立之前要求签订确认书。签订确认书时合同成立。

2）合同成立的地点。承诺生效的地点为合同成立的地点。采用数据电文形式订立合同的，收件人的主营业地为合同成立的地点；没有主营业地的，其经常居住地为合同成立的地点。当事人另有约定的，按照其约定。当事人采用合同书形式订立合同的，双方当事人签字或者盖章的地点为合同成立的地点。

3）合同成立的其他情形。合同成立的情形还包括：

① 法律、行政法规规定或者当事人约定采用书面形式订立合同，当事人未采用书面形式但一方已经履行主要义务，对方接受的；

② 采用合同书形式订立合同，在签字或者盖章之前，当事人一方已经履行主要义务，对方接受的。

（2）合同生效

合同生效与合同成立是两个不同的概念。合同的成立，是指双方当事人依照有关法律对合同的内容进行协商并达成一致的意见。合同成立的判断依据是承诺是否生效。合同生效，是指合同产生法律上的效力，具有法律约束力。在通常情况下，合同依法成立之时，就是合同生效之日，二者在时间上是同步的。但有些合同在成立后，并非立即产生法律效力，而是需要其他条件成就之后，才开始生效。

1）合同生效的时间。依法成立的合同，自成立时生效。依照法律、行政法规规定应当办理批准、登记等手续的，待手续完成时合同生效。

2）附条件和附期限的合同。

① 附条件的合同。当事人对合同的效力可以约定附条件。附生效条件的合同，自条件成就时生效。附解除条件的合同，自条件成就时失效。当事人为自己的利益不正当地阻止条件成就的，视为条件已成就；不正当地促成条件成就的，视为条件不成就。

② 附期限的合同。当事人对合同的效力可以约定附期限。附生效期限的合同，自期限届至时生效。附终止期限的合同，自期限届满时失效。

2. 合同履行

合同履行是指合同生效后，合同当事人为实现订立合同欲达到的预期目的而依照合同全面、适当地完成合同义务的行为。

（1）合同履行的原则

1）全面履行原则。当事人应当按照合同约定全面履行自己的义务，即当事人应当严格按照合同约定的标的、数量、质量，由合同约定的履行义务的主体在合同约定的履行期限、履行地点，按照合同约定的价款或者报酬、履行方式，全面地完成合同所约定的属于自己的义务。

全面履行原则不允许合同的任何一方当事人不按合同约定履行义务，擅自对合同的内容进行变更，以保证合同当事人的合法权益。

2）诚实信用原则。当事人应当遵循诚实信用原则，根据合同的性质、目的和交易习惯履行通知、协助、保密等义务。

诚实信用原则要求合同当事人在履行合同过程中维持合同双方的合同利益平衡，以诚实、真诚、善意的态度行使合同权利、履行合同义务，不对另一方当事人进行欺诈，不滥用权利。诚实信用原则还要求合同当事人在履行合同约定的主义务的同时，履行合同履行过程中的附随义务：

① 及时通知义务。有些情况需要及时通知对方的，当事人一方应及时通知对方。

② 提供必要条件和说明的义务。需要当事人提供必要的条件和说明的，当事人应当

根据对方的需要提供必要的条件和说明。

③ 协助义务。需要当事人一方予以协助的，当事人一方应尽可能地为对方提供所需要的协助。

④ 保密义务。需要当事人保密的，当事人应当保守其在订立和履行合同过程中所知悉的对方当事人的商业秘密、技术秘密等。

（2）合同履行的一般规定

1）合同有关内容没有约定或者约定不明确问题的处理。合同生效后，当事人就质量、价款或者报酬、履行地点等内容没有约定或者约定不明确的，可以协议补充；不能达成补充协议的，按照合同有关条款或者交易习惯确定。

依照上述基本原则和方法仍不能确定合同有关内容的，应当按照下列方法处理：

① 质量要求不明确问题的处理方法。质量要求不明确的，按照国家标准、行业标准履行；没有国家标准、行业标准的，按照通常标准或者符合合同目的的特定标准履行。

② 价款或者报酬不明确问题的处理方法。价款或者报酬不明确的，按照订立合同时履行地的市场价格履行；依法应当执行政府定价或者政府指导价的，在合同约定的交付期限内政府价格调整时，按照交付时的价格计价。逾期交付标的物的，遇价格上涨时，按照原价格执行；价格下降时，按照新价格执行。逾期提取标的物或者逾期付款的，遇价格上涨时，按照新价格执行；价格下降时，按照原价格执行。

③ 履行地点不明确问题的处理方法。履行地点不明确，给付货币的，在接受货币一方所在地履行；交付不动产的，在不动产所在地履行；其他标的，在履行义务一方所在地履行。

④ 履行期限不明确问题的处理方法。履行期限不明确的，债务人可以随时履行，债权人也可以随时要求履行，但应当给对方必要的准备时间。

⑤ 履行方式不明确问题的处理方法。履行方式不明确的，按照有利于实现合同目的的方式履行。

⑥ 履行费用的负担不明确问题的处理方法。履行费用的负担不明确的，由履行义务一方负担。

2）合同履行中的第三人。在通常情况下，合同必须由当事人亲自履行。但根据法律的规定及合同的约定，或者在与合同性质不相抵触的情况下，合同可以向第三人履行，也可以由第三人代为履行。向第三人履行合同或者由第三人代为履行合同，不是合用义务的转移，当事人在合同中的法律地位不变。

① 向第三人履行合同。当事人约定由债务人向第三人履行债务的，债务人未向第三人履行债务或者履行债务不符合约定，应当向债权人承担违约责任。

② 由第三人代为履行合同。当事人约定由第三人向债权人履行债务的，第三人不履行债务或者履行债务不符合约定，债务人应当向债权人承担违约责任。

3）合同履行过程中几种特殊情况的处理。

① 因债权人分立、合并或者变更住所致使债务人履行债务发生困难的情况。合同当事人一方发生分立、合并或者变更住所等情况时，有义务及时通知对方当事人，以免给合同的履行造成困难。债权人分立、合并或者变更住所没有通知债务人，致使履行债务发生困难的，债务人可以中止履行或者将标的物提存。所谓提存，是指由于债权人的原因致使

债务人难以履行债务时，债务人可以将标的物交给有关机关保存，以此消灭合同的行为。

②债务人提前履行债务的情况。债务人提前履行债务是指债务人在合同规定的履行期限届至之前即开始履行自己的合同义务的行为。债权人可以拒绝债务人提前履行债务，但提前履行不损害债权人利益的除外。债务人提前履行债务给债权人增加的费用，由债务人负担。

③债务人部分履行债务的情况。债务人部分履行债务是指债务人没有按照合同约定履行合同规定的全部义务，而只是履行了自己的一部分合同义务的行为。债权人可以拒绝债务人部分履行债务，但部分履行不损害债权人利益的除外。债务人部分履行债务给债权人增加的费用，由债务人负担。

4）合同生效后合同主体发生变化时的合同效力。合同生效后，当事人不得因姓名、名称的变更或者法定代表人、负责人、承办人的变动而不履行合同义务。因为当事人的姓名、名称只是作为合同主体的自然人、法人或者其他组织的符号，并非自然人、法人或者其他组织本身，其变更并未使原合同主体发生实质性变化，因而合同的效力也未发生变化。

3. 合同争议的解决

合同争议是指合同当事人之间对合同履行状况和合同违约责任承担等问题所产生的意见分歧。合同争议的解决方式有和解、调解、仲裁或者诉讼。

（1）合同争议的和解与调解

和解与调解是解决合同争议的常用和有效方式。

1）和解。和解是合同当事人之间发生争议后，在没有第三人介入的情况下，合同当事人双方在自愿、互谅的基础上，就已经发生的争议进行商谈并达成协议。和解方式简便易行，有利于加强合同当事人之间的协作，使合同能更好地得到履行。

2）调解。调解是指合同当事人于争议发生后，在第三者的主持下，根据事实、法律和合同，经过第三者的说服与劝解，使发生争议的合同当事人双方互谅、互让，自愿达成协议。

与和解相同，调解也具有方法灵活、程序简便、节省时间和费用、不伤害发生争议的合同当事人双方的感情等特征，而且由于有第三者的介入，可以缓解发生争议的合同双方当事人之间的对立情绪，便于双方较为冷静、理智地考虑问题。同时，由于第三者常常能够站在较为公正的立场上，较为客观、全面地看待、分析争议的有关问题并提出解决方案，从而有利于争议的公正解决。

参与调解的第三者不同，调解的性质也就不同。调解有民间调解、仲裁机构调解和法庭调解三种。

（2）合同争议的仲裁

仲裁是指发生争议的合同当事人双方根据合同种种约定的仲裁条款或者争议发生后由其达成的书面仲裁协议，将合同争议提交给仲裁机构并由仲裁机构按照仲裁法律规范的规定居中裁决，从而解决合同争议的法律制度。当事人不愿协商、调解或协商、调解不成的，可以根据合同中的仲裁条款或事后达成的书面仲裁协议，提交仲裁机构仲裁。涉外合同的当事人可以根据仲裁协议向中国仲裁机构或者其他仲裁机构申请仲裁。

根据我国《仲裁法》，对于合同争议的解决，实行"或裁或审制"。即发生争议的合同当事人双方只能在"仲裁"或者"诉讼"两种方式中选择一种方式解决其合同争议。

仲裁裁决具有法律约束力。合同当事人应当自觉执行裁决。不执行的，另一方当事人可以申请有管辖权的人民法院强制执行。裁决作出后，当事人就同一争议再申请仲裁或者向人民法院起诉的，仲裁机构或者人民法院不予受理。但当事人对仲裁协议的效力有异议的，可以请求仲裁机构作出决定或者请求人民法院作出裁定。

（3）合同争议的诉讼

诉讼是指合同当事人依法将合同争议提交人民法院受理，由人民法院依司法程序通过调查、作出判决、采取强制措施等来处理争议的法律制度。有下列情形之一的，合同当事人可以选择诉讼方式解决合同争议：

1）合同争议的当事人不愿和解、调解的；

2）经过和解、调解未能解决合同争议的；

3）当事人没有订立仲裁协议或者仲裁协议无效的；

4）仲裁裁决被人民法院依法裁定撤销或者不予执行的。

合同当事人双方可以在签订合同时约定选择诉讼方式解决合同争议，并依法选择有管辖权的人民法院，但不得违反《民事诉讼法》关于级别管辖和专属管辖的规定。

6.2　工程勘察设计招投标与合同管理

6.2.1　工程勘察设计招标与投标

1. 工程勘察设计招标范围及特点

（1）工程勘察设计招标范围

为了保证设计指导思想能顺利贯彻于工程项目设计各个阶段，一般是将初步设计（技术设计）和施工图设计一起招标，不单独进行初步设计招标或施工图设计招标，而是由中标的设计单位承担初步设计和施工图设计。当然，在实施工程总承包的项目中，通常会将施工图设计与施工任务一起发包。

工程勘察任务可以单独发包给具有相应资质的勘察单位实施，也可以将其包括在设计招标任务中。建设单位可以将勘察任务和设计任务交给具有勘察能力的设计单位承担，也可以由设计单位总承包，由设计总承包单位再去选择承担勘察任务的分包单位。这种做法比建设单位分别招标委托勘察和设计任务的方式更为有利，不仅可以减少合同履行过程中的协调工作量，而且可以使工程勘察直接根据设计要求进行，满足设计对勘察资料精度、内容和进度的需要，必要时还可以进行补充勘察工作。

（2）工程勘察设计招标特点

1）工程勘察设计招标文件中仅提出设计依据、工程项目应达到的技术经济指标、项目限定的工作范围、项目所在地的基本资料、要求完成的时间等内容，没有具体的工作量要求。

2）投标者的投标报价不是按具体的工程量清单填报单价后算出总价，而是首先提出设计构思和初步方案，阐述该方案的优点和实施计划，在此基础上再进一步提出报价。

3）开标时不是由招标单位按各投标书的报价高低去排定标价次序，而是由各投标者说明各设计方案的基本构思和意图，以及其他实质性内容，而且不排定标价次序。

4）评标时不过分追求工程勘察设计报价的高低，而是更多地关注设计方案的技术先进性、合理性，所达到的技术经济指标，以及对工程项目投资效益的影响。

2. 工程勘察设计招标

（1）招标文件的编制

为了使投标单位能够正确地进行投标，招标文件应包括以下几方面内容：

1）工程概况。包括：工程名称、地址、建设规模等。

2）设计依据文件。包括：已批准的可行性研究报告及其他有关审批文件。

3）项目说明书。包括对工程内容，工程项目的建设投资限额、设计范围和深度，图纸内容、张数和图幅、建设周期和设计进度等的要求。

4）拟签订合同的主要条款和要求。包括：设计资料的供应内容、方式和时间等。

5）设计基础资料。包括可供参考的工程地质、水文地质、工程测量等建设场地勘察成果报告；供水、供电、供气、供热、环保、市政道路等方面的基础资料；城市规划管理部门确定的规划控制条件和用地红线图等。

6）招标文件答疑、踏勘现场和召开标前会议的时间和地点。

7）投标文件编制要求及评标原则。

8）投标文件送达的截止时间。

9）招标可能涉及的其他有关内容。

（2）设计要求文件的准备

在招标过程中，最重要的文件是对工程项目的设计提出明确要求，一般称之为设计要求文件或设计大纲。设计要求文件通常由咨询单位综合考虑技术、经济等方面因素后编写，作为设计招标的指导性文件。设计要求文件内容一般包括以下几个方面：

1）设计文件编制依据；

2）国家有关主管部门对规划方面的要求；

3）技术经济指标；

4）平面布局要求；

5）结构形式方面的要求；

6）结构设计方面的要求；

7）设备设计方面的要求；

8）特殊工程方面的要求；

9）其他有关方面的要求，如环保、防火、节能等。

经咨询单位编制的设计要求文件须经建设单位批准，如果不满足要求，还需重新核查设计原则，修改设计要求文件。

（3）投标单位的资格审查

资格审查的内容主要包括以下几方面：

1）资质审查。主要是审查申请投标单位的勘察和设计资质等级是否与拟建项目的等级相一致，不允许无资质单位或低资质单位越级承接工程设计任务。审查的内容包括资质证书的种类、级别以及允许承接设计工作的范围三个方面。

2）能力审查。能力审查包括主要设计人员力量和主要技术设备两方面。设计人员力量重点考虑设计主要负责人的能力和各专业设计人员的专业覆盖面、人员数量、中高级人员所占比例等是否能满足完成工程设计任务的需要。技术设备能力主要审查测量、制图、钻探设备的器材种类、数量、目前的使用情况等，能否适应开展勘察设计工作的需要。

3）经验审查。审查该设计单位最近几年所完成的工程设计，包括工程名称、规模、标准、结构形式、质量状况、设计周期等内容。侧重于考虑已完成的工程设计与招标项目在规模、性质、结构形式等方面是否相适应，有无此类工程的设计经验。

招标单位对其他需要关注的问题，也可要求投标申请单位报送有关资料，作为资格审查的内容。资格审查合格的申请单位可以参加设计投标竞争；对不合格者，招标单位也应及时发出书面通知。

3. 工程勘察设计投标

投标单位应当按照招标文件、设计文件要求的深度编制投标文件，投标文件应当由具有相应资格的注册建筑师签章，并加盖单位公章密封后在规定时间内递送给招标单位。勘察设计投标文件的内容一般应包括以下几方面：

1）设计综合说明书；

2）设计内容及图纸；

3）建设工期；

4）主要的施工技术要求和施工组织方案；

5）工程投资估算和经济分析；

6）设计进度；

7）设计报价。

必要时还可提供设计的模型或沙盘。

4. 工程勘察设计评标与定标

评标由招标单位组织的评标委员会负责。评标委员会应当按照招标文件的要求，对投标设计方案的经济、技术、功能和造型等进行比选、评价，确定符合招标文件要求的最优设计方案，并向招标单位提出书面评标报告，向招标单位推荐1～3个中标候选方案。

招标单位根据评标委员会的书面评标报告和推荐的中标候选方案，结合投标单位的技术力量和业绩确定中标方案。招标单位也可以委托评标委员会直接确定中标方案。

评标时虽然需要评审的内容很多，但应侧重于以下几个方面：

（1）设计方案的优劣

主要评审以下内容：

1）设计指导思想是否正确；

2）设计方案是否反映了国内外同类工程项目的先进水平；

3）总体布置的合理性和科学性，场地的利用系数是否合理；

4）设备选型的适用性；

5）主要建筑物、构筑物的结构是否合理，造型是否美观大方，布局是否与周围环境相协调；

6）"三废"治理方案是否有效；

7）其他有关问题。

（2）投入产出和经济效益的好坏

主要涉及以下几个方面：

1）建设标准是否合理；

2）投资估算是否超过投资限额；

3）实施该方案能够获得的经济效益；

4）实施该方案所需要的外汇额估算等。

（3）设计进度的快慢

投标文件中的实施方案计划是否能满足招标单位的要求。尤其是某些大型复杂工程项目，建设单位为了缩短项目建设周期，往往在初步设计完成后就进行施工招标，在施工阶段陆续提供施工图。此时，应重点考察设计进度能否满足建设单位实施工程项目总体进度计划的要求。

（4）设计资历和社会信誉

没有设置资格预审程序的邀请招标，在评标时应当对设计单位的资历和社会信誉进行评审，作为对各申请投标单位的比较内容之一。

根据《招标投标法》，招标单位应当在中标方案确定之日起15日内，向中标单位发出中标通知，并将中标结果通知所有未中标单位。对达到招标文件规定要求的未中标方案，公开招标的，招标单位应当在招标公告中明确是否给予未中标单位经济补偿及补偿金额；邀请招标的，应当给予未中标单位经济补偿，补偿金额应当在招标邀请书中明确。

招标单位应当在中标通知书发出之日起30日内与中标单位签订工程勘察设计合同。确需另择设计单位承担施工图设计的，应当在招标公告或招标邀请书中明确。

招标单位、中标单位使用未中标方案的，应当征得提交方案的投标单位同意并付给使用费。

除通过招标选择工程勘察设计单位外，对于一些城市建设工程项目，则需要通过设计方案竞赛优选工程设计方案及设计单位。

6.2.2 工程勘察设计合同管理

工程勘察设计合同是指建设单位与勘察设计单位为完成一定的工程勘察设计任务，明确双方义务和责任的协议。根据双方签订的合同，勘察设计单位应完成建设单位委托的勘察设计任务，建设单位接受符合合同约定要求的勘察设计成果，并向勘察设计单位支付报酬。

1. 工程勘察设计合同的内容

（1）工程勘察设计合同的一般内容

工程勘察设计合同一般应包括以下内容：

1）合同依据；

2）建设单位义务；

3）勘察设计单位义务；

4）建设单位违约责任；

5）勘察设计单位违约责任；

6）勘察设计费用及其支付；

7）合同生效、变更与终止；

8）索赔、争议解决及其他。

合同双方可参照所推荐使用的合同示范文本签订工程勘察设计合同。

（2）工程勘察合同示范文本

为了规范工程勘察市场秩序，维护工程勘察合同当事人的合法权益，住房城乡建设部、国家工商行政管理总局制定和发布了《建设工程勘察合同（示范文本）》GF-2016-0203，该合同示范文本由合同协议书、通用合同条款和专用合同条款三部分组成。

（3）工程设计合同示范文本

工程设计合同示范文本有两个版本，一个是适用于房屋建筑工程设计的《建设工程设计合同示范文本（房屋建筑工程）》GF-2015-0209；另一个是适用于专业建设工程设计的《建设工程设计合同示范文本（专业建设工程）》GF-2015-0210。这些合同示范文本均由合同协议书、通用合同条款和专用合同条款三部分组成。

2. 工程勘察设计合同履行

（1）工程勘察合同履行

1）建设单位义务：

① 以书面形式向勘察人明确勘察任务及技术要求；

② 提供开展工程勘察工作所需要的图纸及技术资料，包括总平面图、地形图、已有水准点和坐标控制点等，若上述资料由勘察单位负责搜集时，建设单位应承担相关费用；

③ 提供工程勘察作业所需的批准及许可文件，包括立项批复、占用和挖掘道路许可等；

④ 为勘察单位提供具备条件的作业场地及进场通道（包括土地征用、障碍物清除、场地平整、提供水电接口和青苗赔偿等），并承担相关费用；

⑤ 应为勘察单位提供作业场地内地下埋藏物（包括地下管线、地下构筑物等）的资料、图纸，没有资料、图纸的地区，应委托专业机构查清地下埋藏物。若因建设单位未提供上述资料、图纸，或提供的资料、图纸不实，致使勘察单位在工程勘察工作过程中发生人身伤害或造成经济损失时，由建设单位承担赔偿责任；

⑥ 应按照法律法规规定为勘察单位安全生产提供条件并支付安全生产防护费用，不得要求勘察单位违反安全生产管理规定进行作业；

⑦ 若勘察现场需要看守，特别是在有毒、有害等危险现场作业时，建设单位应派人负责安全保卫工作；按国家有关规定，对从事危险作业的现场人员进行保健防护，并承担费用。对安全文明施工有特殊要求时，应在专用合同条款中另行约定；

⑧ 应对勘察单位满足质量标准的已完工作，按照合同约定及时支付相应的工程勘察合同价款及费用。

2）勘察单位义务：

① 按勘察任务书和技术要求并依据有关技术标准进行工程勘察工作；

② 建立质量保证体系，按合同约定的时间提交质量合格的成果资料，并对其质量负责；

③ 在提交成果资料后，应为建设单位继续提供后期服务；

④ 在工程勘察期间遇到地下文物时，应及时向建设单位和文物主管部门报告并妥善保护；

⑤ 开展工程勘察活动时应遵守有关职业健康及安全生产方面的各项法律法规规定，采取安全防护措施，确保人员、设备和设施安全；

⑥ 在燃气管道、热力管道、动力设备、输水管道、输电线路、临街交通要道及地下通道（地下隧道）附近等风险性较大的地点，以及在易燃易爆地段及放射、有毒环境中进行工程勘察作业时，应编制安全防护方案并制定应急预案；

⑦ 应在勘察方案中列明环境保护具体措施，并在合同履行期间采取合理措施保护作业现场环境。

3）违约责任：

① 建设单位违约责任。合同生效后，建设单位无故要求终止或解除合同，勘察单位未开始勘察工作的，不退还建设单位已付的定金或建设单位按照专用合同条款约定向勘察单位支付违约金；勘察单位已开始勘察工作的，若完成计划工作量不足 50%的，建设单位应支付勘察单位合同价款的 50%；完成计划工作量超过 50%的，建设单位应支付勘察单位合同价款的 100%。建设单位发生其他违约情形时，建设单位应承担由此增加的费用和工期延误损失，并给予勘察单位合理赔偿。

② 勘察单位违约责任：

a. 合同生效后，勘察单位因自身原因要求终止或解除合同，勘察单位应双倍返还建设单位已支付的定金或勘察单位按照专用合同条款约定向建设单位支付违约金；

b. 因勘察单位原因造成工期延误的，应按专用合同条款约定向建设单位支付违约金；

c. 因勘察单位原因造成成果资料质量达不到合同约定的质量标准，勘察单位应负责无偿给予补充完善使其达到质量合格。因勘察单位原因导致工程质量安全事故或其他事故时，勘察单位除负责采取补救措施外，应通过所投工程勘察责任保险向建设单位承担赔偿责任或根据直接经济损失程度按专用合同条款约定向建设单位支付赔偿金；

d. 勘察单位发生其他违约情形时，勘察单位应承担违约责任并赔偿因其违约给建设单位造成的损失。

（2）工程设计合同履行

1）建设单位义务：

① 遵守法律，并办理法律规定由其办理的许可、核准或备案，包括但不限于建设用地规划许可证、建设工程规划许可证、建设工程方案设计批准、施工图设计审查等许可、核准或备案；

② 负责各阶段设计文件向规划设计管理部门的送审报批工作，并负责将报批结果书面通知设计单位；

③ 负责工程设计的所有外部关系（包括但不限于当地政府主管部门等）的协调，为设计人履行合同提供必要的外部条件；

④ 在工程设计前或专用合同条款约定的时间向设计单位提供工程设计所必需的工程设计资料，并对所提供资料的真实性、准确性和完整性负责。按照法律规定确需在工程设计开始后方能提供的设计资料，应及时地在相应工程设计文件提交给建设单位前的合理期限内提供，合理期限应以不影响设计单位的正常设计为限；

⑤ 按照专用合同条款约定的付款条件及时间向设计单位支付定金或预付款、进度款，并按专用合同条款约定及时结算工程设计价款。

2）设计单位义务：

① 遵守法律和有关技术标准的强制性规定，完成合同约定范围内的方案设计、初步

设计、施工图设计，提供符合技术标准及合同要求的工程设计文件，提供施工配合服务；

② 发现建设单位提供的工程设计资料有问题的，应当及时通知建设单位并经建设单位确认；

③ 根据建设工程使用功能和专业技术协调要求，合理确定基础类型、结构体系、结构布置、使用荷载及综合管线等；

④ 严格执行由合同双方书面确认的主要技术指标控制值；

⑤ 在工程设计中选用的材料、设备，应当注明其规格、型号、性能等技术指标及适应性，满足质量、安全、节能、环保等要求；

⑥ 提供设计技术交底、解决施工中设计技术问题和竣工验收服务。

3）违约责任：

① 建设单位违约责任：

a. 合同生效后，建设单位因非设计单位原因要求终止或解除合同，设计单位未开始设计工作的，不退还建设单位已付的定金或建设单位按照专用合同条款的约定向设计单位支付违约金；已开始设计工作的，建设单位应按照设计单位已完成的实际工作量计算设计费，完成工作量不足一半时，按该阶段设计费的一半支付设计费；超过一半时，按该阶段设计费的全部支付设计费；

b. 建设单位未按专用合同条款约定的金额和期限向设计单位支付设计费的，应按专用合同条款约定向设计单位支付违约金。逾期超过 15 天时，设计单位有权书面通知建设单位中止设计工作。自中止设计工作之日起 15 天内建设单位支付相应费用的，设计单位应及时根据建设单位要求恢复设计工作；自中止设计工作之日起超过 15 天后建设单位支付相应费用的，设计单位有权确定重新恢复设计工作的时间，且设计周期相应延长；

c. 建设单位上级或设计审批部门对设计文件不进行审批或合同工程停建、缓建，建设单位应在事件发生之日起 15 天内按合同约定向设计单位结算并支付设计费；

d. 建设单位擅自将设计单位的设计文件用于其他工程或交第三方使用时，应承担相应法律责任，并应赔偿设计单位因此遭受的损失。

② 设计人违约责任：

a. 合同生效后，设计单位因自身原因要求终止或解除合同，设计单位应按建设单位已支付的定金金额双倍返还给建设单位或设计单位按照专用合同条款约定向建设单位支付违约金；

b. 由于设计单位原因，未按专用合同条款约定的时间交付工程设计文件的，应按专用合同条款约定向建设单位支付违约金；

c. 由于设计单位原因产生的设计问题造成工程质量事故或其他事故时，设计单位除负责采取补救措施外，应当通过所投建设工程设计责任保险向建设单位承担赔偿责任或者根据直接经济损失程度按专用合同条款约定向建设单位支付赔偿金；

d. 由于设计单位原因，工程设计文件超出合同双方书面约定的主要技术指标控制值比例的，设计单位应当按照专用合同条款的约定承担违约责任；

e. 设计单位未经建设单位同意擅自对工程设计进行分包的，建设单位有权要求设计单位解除未经建设单位同意的设计分包合同，设计单位应当按照专用合同条款的约定承担违约责任。

3. 工程勘察、设计单位的法律责任

根据《建设工程质量管理条例》，工程勘察、设计单位有下列行为之一的，责令其改正，并处 10 万元以上 30 万元以下的罚款：

1）勘察单位未按照工程建设强制性标准条文进行勘察的；

2）设计单位未根据勘察成果文件进行工程设计的；

3）设计单位指定建筑材料、建筑构配件的生产厂、供应商的；

4）设计单位未按照工程建设强制性标准条文进行设计的。

如果因上述行为造成工程质量事故的，责令其停业整顿、降低资质等级；情节严重的，吊销资质证书；造成损失的，依法承担赔偿责任。如果造成重大安全事故、构成犯罪的，还要对直接责任人员依法追究刑事责任。

6.3 工程施工招投标与合同管理

6.3.1 工程施工招标与投标

1. 招标准备工作

（1）招标条件

工程项目施工招标由招标单位依法组织实施。招标单位不得以不合理条件限制或者排斥潜在投标单位，不得对潜在投标单位实行歧视待遇，不得对潜在投标单位提出与招标项目实际要求不符的过高的资质等级要求和其他要求。

工程项目施工招标应当具备下列条件：

1）按照国家有关规定需要履行项目审批、核准或备案手续的，已经履行相关手续；

2）建设资金或者资金来源已经落实；

3）有满足施工招标需要的设计文件及其他技术资料；

4）法律、法规规定的其他条件。

施工招标可以进行整个工程项目的招标、单位工程招标、特殊专业工程招标等，但不得肢解工程进行招标。

（2）标段划分

建设单位在划分标段时主要应考虑以下几方面因素：

1）工程特点。从使用功能看，每一工程项目都有一定的专业要求，但从施工内容来看，又可划分为一般土建工程共性特点部分和有较强专业技术要求部分。如果将这两部分内容分别招标，则有利于建设单位在较广泛范围内选择技术水平高、管理能力强而报价又低的可靠承包商来实施具有共性特点的工程。

2）施工现场条件。划分标段时，应充分考虑几个独立承包商在现场施工的情况，尽量避免或减少交叉干扰，以利于监理单位在合同履行过程中对各标段之间的协调管理。如果施工场地比较集中、工程量不大，且技术上又不太复杂时，一般不用划分标段；当工作面分散、工程量大或有某些特殊技术要求时，则可以考虑划分标段。

3）对工程造价的影响。标段的多少对工程造价的影响，并不是一个绝对而能一概而论的问题，应根据工程项目的具体条件进行客观分析。如果工程项目实施总承包，则便于承包商的施工管理，人工、机械设备和临时施工设施便于统一调配使用，单位间的相互干扰少，并有可能获得较低报价。但对于大型复杂工程的施工总承包，由于有能力参与竞争的单位较少，也会使中标的合同价较高。如果采用细分标段的方法分别招标，可参与竞争的投标单位增多，建设单位就能够获得具有竞争性的商业报价。

4）承包商特长的发挥。一个承包商往往在某一方面有其专长，如果按专业划分标段，可增加对某一专项有特长的承包商的吸引力，既能提高投标的竞争性，又有利于保证工程按期、优质、圆满地完成。甚至有时还可招请到在某一方面有先进专利施工技术的承包商，完成特定工程部位的施工任务。

5）合同之间的衔接。工程项目是由单项工程、单位工程或专业工程组成，在考虑确定标段的数量时，既要考虑各承包商之间的交叉干扰，又要注意各标段之间的相互联系。标段之间的联系是指各标段之间的空间衔接和时间衔接。在空间上，要明确划分每一标段的界限，避免在承包商之间对合同的平面或立面交接工作的责任产生推诿或扯皮。时间衔接是指工程进度的衔接，特别是在网络计划"关键线路"上的施工项目，要保证前一标段的工作内容能按期或提前完成，避免影响后续承包商的施工进度，以确保整个工程按计划有序完成。

6）其他因素。影响标段划分的因素有很多，如资金的筹措、设计图纸完成的时间等。有时，为了照顾本国或本地区承包商的利益，也可能将其作为划分标段的考虑因素。

总之，建设单位在划分标段时，应在综合考虑上述影响因素的基础上，拟定几个方案进行比较，然后再确定标段数量。

（3）合同计价方式的选择

1）施工合同计价方式。按计价方式不同，施工合同可划分为总价合同、单价合同和成本补酬合同三大类。

① 总价合同。又可分为固定总价合同和可调总价合同。固定总价合同是指承包商按投标时建设单位接受的合同价格一笔包死。在合同履行过程中，如果建设单位没有要求变更原定承包内容，承包商在完成施工任务后，不论其实际成本如何，均应按合同价获得工程款支付。

采用固定总价合同时，承包商要考虑承担合同履行过程中的主要风险，因此，投标报价一般会较高。

可调总价合同是指在固定总价合同的基础上，增加合同履行过程中因市场价格浮动对承包价格调整的条款。可调总价合同一般适用于合同期较长（1 年以上）的工程项目，由于合同期较长，承包商不可能在投标报价时合理地预见 1 年后市场价格的浮动影响，因此，应在合同中明确约定合同价款的调整原则、方法和依据。常用的调价方法有：文件证明法、票据价格调整法、公式调价法。

② 单价合同。单价合同是指承包商按工程量清单填报单价，以实际完成工程量乘以所报单价计算结算价款的合同。承包商所填报的单价应为计及各种摊销费用后的综合单价，而非直接费单价。合同履行过程中无特殊情况，一般不得变更单价。

常用的单价合同有以下三种形式：

a. 估计工程量单价合同。承包商在投标时以工程量清单中开列的工作内容和估计工程量填报相应单价后，累计计算合同价。合同履行过程中以实际完成工程量乘以单价作为支付和结算的依据。

这种合同较为合理地分担了合同履行过程中的风险。因为承包商据以报价的清单工程量为初步设计估算的工程量，如果实际完成工程量与估计工程量有较大差异时，采用单价合同可以避免建设单位过大的额外支出或承包商的亏损。此外，承包商在投标阶段不可能合理准确预见的风险可不必计入合同价内，有利于建设单位取得较为合理的报价。估计工程量单价合同按照合同工期的长短，也可分为固定单价合同和可调价单价合同两类，调价方法与总价合同方法相同。

b. 纯单价合同。招标文件中仅给出各项工程的工作项目一览表、工程范围和必要说明，而不提供工程量。投标单位只要报出各项目的单价即可，实施过程中按实际完成工程量进行结算。

由于同一工程在不同的施工部位和外部环境条件下，承包商的实际成本投入不尽相同，因此，仅以工作内容填报单价，其准确性较差。而且对于间接费分摊在许多工种中的复杂情况，或有些不易计算工程量的项目内容，采用纯单价合同往往在结算时会出现分歧，甚至导致合同争议。

c. 单价与包干混合合同。这种合同是总价合同与单价合同的一种结合形式。对内容简单、工程量准确的部分，采用总价计价方式；技术复杂、工程量为估算值的部分采用单价计价方式承包。但应注意，在合同内必须详细注明两种计价方式所限定的工作范围。

③ 成本补偿合同。成本补偿合同是将工程项目的实际投资划分成直接成本费和承包商完成工作后应得酬金两部分。实施过程中发生的直接成本费由建设单位实报实销，另按合同约定的方式付给承包商相应报酬。

成本补偿合同大多适用于边设计、边施工的紧急工程或灾后修复工程。由于在签订合同时，建设单位还不可能提供承包商用于准确报价的详细资料，因此，在合同中只能商定酬金的计算方法。按照酬金的计算方式不同，成本补偿合同有以下几种形式：

a. 成本加固定百分比酬金。双方当事人在签订合同时约定，酬金按实际发生的直接成本费乘某一百分比计算。合同总价表达式为：

$$C = C_d(1 + P) \tag{6-1}$$

式中　C——合同总价；

　　C_d——实际发生的直接费；

　　P——双方当事人事先商定的酬金固定百分比。

从式中可以看出，承包商可获得的酬金将随着直接成本费的增大而增大。这种形式的合同虽然在签订时简单易行，但不利于实施过程中施工工期的缩短和成本的降低。

b. 成本加固定酬金。酬金在合同内约定为某一固定值。合同总价表达式为：

$$C = C_d + F \tag{6-2}$$

式中　F——双方约定的酬金数额。

这种形式的合同虽然也不能鼓励承包商关心降低直接成本，但从尽快获得全部酬金、减少管理投入出发，承包商会关心缩短工期。

c. 成本加浮动酬金。签订合同时，双方当事人预先约定该工程的预期成本和固定酬金，以及实际发生的直接成本与预期成本比较后的奖罚计算办法。合同总价表达式为：

$$C = C_d + F \qquad (C_d = C_0) \qquad\qquad (6\text{-}3)$$
$$C = C_d + F + \Delta F \qquad (C_d < C_0) \qquad\qquad (6\text{-}4)$$
$$C = C_d + F - \Delta F \qquad (C_d > C_0) \qquad\qquad (6\text{-}5)$$

式中 C_0——签订合同时双方当事人约定的预期成本；

ΔF——酬金奖罚部分，可以是百分数，也可以是绝对数，而且奖与罚可以是不同的计算标准。

这种形式的合同通常规定，当实际成本超支而减少酬金时，以原定的基本酬金为减少的最高限额。从理论上讲，这种合同形式对双方都没有太大风险，又能促使承包商关心降低成本和缩短工期。但在实践中如何准确地估算作为奖罚标准的预期成本较为困难，也往往是双方谈判的焦点。

d. 目标成本加奖罚。在仅有粗略的初步设计或工程说明书就迫切需要开工的情况下，可以根据大致估算的工程量和适当的单价表编制粗略概算作为目标成本。随着设计的逐步深化，工程量和目标成本可以加以调整。签订合同时，以当时估算的目标成本作为依据，并以百分比形式约定基本酬金和奖罚酬金的计算办法。最后结算时，如果实际直接成本超过目标成本事先商定的界限（如 5%），则在基本酬金内扣减超出部分按约定百分比计算的罚金；反之，如有节约时（也应有一个幅度界限），则应增加酬金。合同总价表达式为：

$$C = C_d + P_1 C_0 + P_2 (C_0 - C_d) \qquad\qquad (6\text{-}6)$$

式中 C_0——目标成本；

P_1——基本酬金计算百分数；

P_2——奖罚酬金计算百分数。

此外，还可以另行约定工期奖罚计算办法。这种合同有助于鼓励承包商节约成本和缩短工期，建设单位和承包商都不会承担太大风险。

不同计价方式的合同比较，详见表 6-1。

不同计价方式的合同比较　　　　　　　　　　　　　　　　表 6-1

合同类型	总价合同	单价合同	成本加酬金合同			
			百分比酬金	固定酬金	浮动酬金	目标成本加奖罚
应用范围	广泛	广泛	有局限性			酌情
建设单位造价控制	易	较易	最难	难	不易	有可能
承包商风险	大	小	基本没有		不大	有

2）选择合同计价方式应考虑的因素。施工合同的形式繁多、特点各异。建设单位应综合考虑以下因素来确定合同计价方式：

① 工程项目复杂程度。规模大且技术复杂的工程项目，承包风险较大，各项费用不易准确估算，因而不宜采用固定总价合同。最好是有把握的部分采用固定价合同，估算不准的部分采用单价合同或成本补酬合同。有时，在同一工程中采用不同的计价方式，是建设单位与承包商合理分担施工风险因素的有效办法。

② 工程项目设计深度。施工招标时所依据的工程项目设计深度，经常是选择合同计价方式的重要因素。招标图纸和工程量清单的详细程度能否让投标单位进行合理报价，决

定于已完成的设计深度。表 6-2 中列出了不同设计阶段与合同计价方式的选择关系，供参考。

合同计价方式选择参考表 表 6-2

合同类型	设计阶段	设计主要内容	设计应满足条件
总价合同	施工图设计	(1) 详细的设备清单 (2) 详细的材料清单 (3) 施工详图 (4) 施工图预算 (5) 施工组织设计	(1) 设备、材料的安排 (2) 非标准设备的制造 (3) 施工图预算的编制 (4) 施工组织设计的编制 (5) 其他施工要求
单价合同	技术设计	(1) 较详细的设备清单 (2) 较详细的材料清单 (3) 工程必需的设计内容 (4) 修正概算	(1) 设计方案中重大技术问题的要求 (2) 有关试验方面确定的要求 (3) 有关设备制造方面的要求
成本补酬合同或单价合同	初步设计	(1) 总概算 (2) 设计依据、指导思想 (3) 建设规模 (4) 主要设备选型和配置 (5) 主要材料需要量 (6) 主要建筑物、构筑物的型式和估计工程量 (7) 公用辅助设施 (8) 主要技术经济指标	(1) 主要材料、设备订购 (2) 项目总造价控制 (3) 技术设计的编制 (4) 施工组织设计的编制

③ 施工技术先进程度。如果工程施工中有较大部分采用新技术和新工艺，当建设单位和承包商在这方面过去都没有经验，且在国家颁布的标准、规范、定额中又没有可作为依据的标准时，为了避免投标单位盲目地提高承包价款，或由于对施工难度估计不足而导致承包亏损，不宜采用固定总价合同，而应选用成本补酬合同。

④ 施工工期紧迫程度。公开招标和邀请招标对工程设计虽有一定的要求，但在招标过程中，一些紧急工程（如灾后恢复工程等）要求尽快开工且工期较紧，此时可能仅有实施方案，还没有施工图纸，因此，不可能让承包商报出合理的价格，宜采用成本补酬合同。

对于一个工程项目而言，究竟采用何种合同计价形式不是固定不变的。在一个工程项目中各个不同的工程部分或不同阶段，可以采用不同的计价方式。在进行招标策划时，必须依据实际情况，权衡各种利弊，然后做出最佳决策。

2. 编制招标有关文件

包括招标公告、资格预审文件、招标文件、协议书及评标办法等。

（1）招标公告

依法必须进行施工公开招标的工程项目，应当在国家或者地方指定的报刊、信息网络或者其他媒介上发布招标公告。招标公告的内容一般应包括：

1）招标单位的名称和地址；

2）招标项目的投资额及资金来源；

3）招标项目的性质、数量、实施地点和时间；项目概况，包括工程规模、范围、内容、位置、工期、技术要求等简要说明；

4）购买资格预审文件的地点、时间和价格，投标截止日期以及获取招标文件的办法等有关事项。

招标单位采用邀请招标方式的，应当向 3 个以上符合资质条件的施工单位发出投标邀请书。投标邀请书应当载明招标单位的名称和地址，招标项目的性质、规模、地点以及获取招标文件的办法等事项。

（2）资格预审文件

资格预审文件通常由资格预审须知和需投标单位填写的资格预审表两部分构成。

1）资格预审须知。

① 总则。比招标公告更详细地说明：工程项目及其各标段的资金来源；工程概况；工程量清单的主要项目和数量；申请者有资格执行的最小合同规模；对申请者的基本要求。

② 申请者应提供的资料和有关证明。一般包括：申请者的资质和组织机构；过去的详细经历（包括联合体各方成员）；可用于本工程的主要施工设备详细情况；计划在施工现场内外参与和执行本工程的主要人员的资历和经验；主要工作内容及拟分包的情况说明；过去三年经审计的财务报表（联合体应提供各自的资料）；申请者近三年介入诉讼的情况。

③ 资格预审要求的强制性条件。这是指招标单位对作为有资格投标者应达到的基本标准，如：投标单位的资质等级要求；根据招标工程特点所要求投标单位最近几年已完成的同类工程的施工经验；允许分包的条件等。

④ 对联合体提交资格预审的要求。包括：联合体组成的条件；不允许通过资格预审后再改变联合体的组成；联合体各成员分别承担的工作内容的说明等。

⑤ 其他规定。包括：递交资格预审文件的份数；送交的地址；接受资格预审文件的截止日期；拒绝投标单位资格的权力，以及其他有关填报资格预审文件的规定。

2）资格预审申请表。资格预审申请表是招标单位根据投标申请者要求的条件而编制的、由投标单位填写的表格，以便进行评审。通常包括以下内容：

① 申请者的名称和地址、成立时间；

② 主要业务概况；

③ 公司组织机构；

④ 财务状况表；

⑤ 公司人员情况表；

⑥ 施工机械设备情况说明表；

⑦ 执行合同的分包计划；

⑧ 工程业绩和经验调查表；

⑨ 申请者或联合体成员目前涉及的诉讼情况调查表；

⑩ 与资格预审有关的其他资料。

（3）招标文件

招标文件是投标单位报价的依据，内容必须明确，以便最大限度地减少误解和争议。

招标单位应当根据招标项目的特点和需要，自行或者委托工程招标代理机构编制招标文件。招标文件应当包括下列内容：

1）投标须知。投标须知是指导投标单位正确地进行投标报价的文件，告之投标时所应遵循的各项规定，以及编制标书和投标时所应注意、考虑的问题，避免投标单位对招标文件内容的疏忽或错误理解。投标须知一般包括：工程概况，招标范围，资格审查条件，工程资金来源或者落实情况（包括银行出具的资金证明），标段划分，工期要求，质量标准，现场踏勘和答疑安排，投标文件编制、提交、修改、撤回的要求，投标报价要求，投标保证金要求，投标有效期，开标的时间和地点，评标的方法和标准等。

2）合同条件。招标文件中包括合同条件和合同格式，目的是告之投标者，中标后将与建设单位签订施工合同的有关义务和责任等规定，以便在编标报价时充分考虑。招标文件中所包括的合同条件是双方签订施工合同的基础，允许双方在签订合同时，通过协商对其中某些条款的约定作适当修改。

3）技术要求和设计文件。施工技术大多套用国家及有关部门编制的规范、规程，技术要求是施工过程中承包商控制工程质量和监理工程师检查验收的主要依据，严格按规范施工和验收才能保证最终获得一项合格工程。规范、设计文件及工程量表同时又是投标者在投标时必不可少的参考资料，投标者依据这些资料，才能拟订施工规划，包括施工方案、施工工序等，并据以进行工程估价和确定投标价。因此，在拟订技术要求时，既要满足设计要求、保证工程施工质量，又不能过于苛刻，否则，会导致投标者抬高报价。

4）投标文件。投标文件一般包括招标单位规定的投标书格式、工程量清单和要求补充的资料表等。投标书格式中还包括投标函格式及要求投标者签字确认的附件、投标保函格式、授权书格式等资料。

① 工程量清单。是投标者的报价文件，包括报价须知，分项工程报价单和汇总表等。可根据承包内容具体划分明细表，详细列出各分项工程名称和每个分项工作内容、单位和估算工程量后，由投标者填报单价、汇总合计成为该投标者的报价。工程实施时，以规范规定以内的实际完成量乘单价，支付给承包商。因此，工程量清单既是投标报价的基础，又是合同履行中建设单位进行支付的依据。

② 补充资料表。一般包括：须由投标者填报的主要工程量或工作内容的单价分析表；合同付款计划表；主要施工设备表；主要人员表；分包情况表；施工方案和进度计划；劳动力和材料计划表；临时设施布置及用地需求等评标时所用资料。对于无资格预审的邀请招标，还应有资格审查表。

招标单位对已发出的招标文件进行必要的澄清或者修改的，应当在招标文件要求提交投标文件截止时间至少 15 日前，以书面形式通知所有招标文件收受人。该澄清或者修改的内容为招标文件的组成部分。

（4）工程标底或招标控制价。

招标单位设有标底或招标控制价的，应当依据国家规定的工程量计算规则及招标文件规定的计价方法和要求编制标底或招标控制价。标底需要在开标前保密，而招标控制价应在招标时公布。一个招标项目只能编制一个标底或招标控制价。

标底是工程项目的预期价格，招标控制价是工程项目的最高限价，建设单位应拒绝高于招标控制价的投标报价。工程标底或招标控制价通常由建设单位委托咨询单位或监理单位编制。

编制一个先进、准确、合理、可行的标底或招标控制价需要认真、实事求是的精神。标底或招标控制价是否准确，首先取决于工程量清单中的工程量是否准确，因此，工程量清单要尽量减少漏项，并尽可能将工程量计算准确。此外，标底或招标控制价的编制不同于概（预）算编制，所取用的定额应建立在一个比较先进的施工方案基础上，能够反映预计参与竞争的承包商目前较为先进的施工水平，这样才可以作为评标或控制报价的依据，否则，就失去了编制标底或招标控制价的意义。只有所依据的施工方法、施工管理水平、技术规范都比较先进，编出的标底或招标控制价才切合实际。

3. 资格预审

1）资格预审程序。采用公开招标时，一般都要设置资格预审程序，其目的一是淘汰条件不合格的投标申请者；二是减少评标工作量，通过对各申请者的全面综合审查，优选出 6～9 家投标单位再邀请其参加投标竞争；三是通过预审投标单位的资历，作为决标时的重要参考条件。为此，招标单位应先确定一个预计邀请投标单位的数量。各投标申请者递送资格预审文件后，经过综合评审编出汇总表，划分成完全符合要求、基本符合要求和不符合要求三类，然后从高分到低分按预计数目初步确定邀请投标单位的短名单。按照短名单及时发出通过资格预审合格通知，并要求他们在规定时间内回函予以确认是否参加投标。如经确认有个别不愿参加者，可由候补投标单位递补，并补发通知征询其意向。当然，意向确认并不具有法律效力，投标单位一旦改变意向，建设单位不能给予任何制裁。

2）资格预审的内容。资格预审的内容应考虑到评标的标准，凡评标时考虑的因素，一般在资格预审时不予考虑。资格预审是对投标申请单位整体资格的综合评定，因此，应包括以下几方面内容：

① 法人地位。审查其资质等级、营业范围及组织机构等是否与招标项目相适应。若为联合体投标，对联合体各方均要审查。

② 商业信誉。主要审查投标单位在建设工程承包活动中已完成项目的情况；资信程度；严重违约行为；建设单位对施工质量状况的满意程度；施工荣誉等。

③ 财务能力。除了要关注投标单位的注册资本、总资产之外，重点应放在近三年经过审计的报表中所反映出的实有资金、流动资产、总负债和流动负债，以及正在实施而尚未完成工程的总投资额、年均完成投资额等。此外，还要评价其可能获得银行贷款的能力，或要求其提供银行出具的信贷证明文件。总之，财务能力审查着重看投标单位可用于本项目的纯流动资金能否满足要求，或施工期间资金不足时的解决办法。

④ 技术能力。主要是评价投标单位实施工程项目的潜在技术水平，包括人员能力和设备能力两方面。在人员能力方面，又可以进一步划分为管理人员和技术人员的能力评价两个方面。

⑤ 施工经验。不仅要看投标单位最近几年已完成工程的数量、规模，更要审查与招标项目相类似的工程施工经验，因此，在资格预审须知中往往规定有强制性合格标准。必须注意，施工经验的强制性标准应定得合理、分寸适当。由于资格预审是要选取一批有资格的投标单位参与竞争，同时还要考虑被批准的投标单位不一定都来投标这一因素，所以，标准不应定得过高；但强制性标准也不能定得过低，尤其是对一些专业性较强的工程，因标准定得过低，就有可能使缺乏专业施工能力或经验的承包商中标。

3）资格预审方法。对投标单位的资格一般采取评分的方法进行综合评审。

① 首先淘汰报送资料极不完整的投标申请者。因为资料不全，难以在机会均等的条件下进行评分。

② 根据招标项目的特点，将资格预审所要考虑的各种因素进行分类，并确定各项内容在评定中所占的比例，即确定权重系数。每一大项下还可进一步划分若干小项，对各个资格预审申请者分别给予打分，进而得出综合评分。

③ 淘汰总分低于预定及格线的投标申请者。

④ 对及格线以上的投标单位进行分项审查。为了能将施工任务交给可靠的承包商完成，不仅要看其综合能力评分，还要审查其各分项得分是否满足最低要求。例如，某投标申请人虽然总分达到及格标准（60分），但施工经验项低于该项所要求的最低分（20分），此时，或者予以淘汰，或者要求该投标申请者补送资料，给予再次审查的机会。

评审结果要报请建设单位批准，如为使用国际金融组织贷款的工程项目，还需报请该组织批准。经资格预审后，招标单位应当向资格预审合格的投标申请者发出资格预审合格通知书，告知获取招标文件的时间、地点和方法，并同时向资格预审不合格的投标申请者告知资格预审结果。

4）资格预审应注意的问题。

① 在审查时，不仅要审阅其文字材料，还应有选择地做一些考察和调查工作。因为有的申请者得标心切，在填报资格预审文件时，不仅只填那些工程质量好、造价低、工期短的工程，甚至还会出现言过其实的现象。

② 投标单位的商业信誉很重要，但这方面的信息往往不容易得到。应通过各种渠道了解投标申请者有无严重违约或毁约的历史记录，在合同履行过程中是否有过多的无理索赔和扯皮现象。

③ 对拟承担项目的主要负责人和设备情况应特别注意。有的投标单位将施工设备按其拥有总量填报，可能包含应报废的设备或施工机具，一旦中标却不能完全兑现。另外，还要注意分析投标单位正在履行的合同与招标项目在管理人员、技术人员和施工设备方面是否发生冲突，以及是否还有足够的财务能力再承接工程项目。

④ 联合体申请投标时，必须审查其合作声明和各合作者的资格。

⑤ 应重视各投标单位过去的施工经历是否与招标项目的规模、专业要求相适应，施工机具、工程技术及管理人员的数量、水平能否满足本项目的要求，以及具有专长的专项施工经验是否比其他投标单位占有优势。

4. 组织现场踏勘和召开标前会议

1）组织现场踏勘。招标单位负责组织各投标单位，在招标文件中规定的时间到施工现场进行考察。组织现场考察的目的，一方面是让投标单位了解招标现场的自然条件、施工条件、周围环境和调查当地的市场价格等，以便于编标报价；另一方面是要求投标单位通过自己的实地考察，以决定投标策略和确定投标原则，避免实施过程中承包商以不了解现场情况为理由，推卸应承担的合同责任。为此，招标单位在组织现场考察过程中，除了对现场情况进行简要介绍以外，不对投标单位提出的有关问题做进一步的说明，以免干扰投标单位的决策。这些问题一般都留待标前会议上去解答。

2）召开标前会议。标前会议是指招标单位在招标文件规定的日期（投标截止日期前），为解答投标单位研究招标文件和现场勘察中所提出的有关质疑问题而举行的会议，又称交底会。在正式会议上，除了向投标单位介绍工程概况外，还可对招标文件中的某些内容加以修改或补充说明，有针对性地解答投标单位书面提出的各种问题，以及会议上投标单位即席提出的有关问题。会议结束后，招标单位应按其口头解答的内容以书面补充通知的形式发给每个投标单位，作为招标文件的组成部分，与招标文件具有同等的效力。书面补充通知应在投标截止日期前一段时间发出，以便让投标单位有时间做出反应。时间长短应视工程规模大小和复杂程度而定，若发出时间太短且对招标文件有重大改动而使投标单位没有足够合理的时间编标报价时，投标截止日期应相应顺延。

标前会议上，招标单位对每个单位的解答都必须慎重、认真，因为其所说的任何一句话都可能影响投标单位的报价决策。为此，在召开标前会议之前，招标单位应组织人员对投标单位的书面质疑所提的全部问题归类研究，列出解答提纲，由主答人解答。对会上投标单位即席提出的问题，主答人有把握时可予以扼要答复，其他人不宜轻率插话；对把握性不大的问题，则可以宣布临时休会，由招标单位研究之后再复会答复；与招标和现场勘察无关的问题，一律拒绝解答。

在有些工程项目招标过程中，建设单位对既不参加现场踏勘，又不参加标前会议的投标单位，往往认为其对此次投标不够重视而取消其投标资格。如有此项要求，应在投标须知中予以说明。

5. 投标报价

（1）投标报价准备

1）现场踏勘。投标单位在报价前必须认真地踏勘施工现场，全面、仔细地调查了解工地及其周围的政治、经济、地理等情况。现场踏勘一般由投标单位自费进行，进入现场应从以下五方面进行考察：

① 工程的性质以及与其他工程之间的关系；

② 所投标工程与其他承包商或分包商之间的关系；

③ 工地地貌、地质、气候、交通、电力、水源等情况，有无障碍物等；

④ 工地附近有无住宿条件，料场开采条件，其他加工条件，设备维修条件等；

⑤ 工地附近治安情况等。

2）分析招标文件、校核工程量、编制施工组织设计。

① 分析招标文件。招标文件是投标的主要依据，应该进行仔细分析。分析应主要放在投标者须知、设计图纸、工程范围以及工程量清单上，最好有专人或小组研究技术规范和设计图纸，明确特殊要求。

② 校核工程量。对于招标文件中的工程量清单，投标者一定要进行校核，因为这直接影响中标的机会和投标报价。对于无工程量清单的招标工程，应当计算工程量，其项目一般可以单价项目划分为依据。在校核中如发现相差较大，投标者不能随便改变工程量，而应致函或直接找建设单位澄清。尤其对于总价合同要特别注意，如果建设单位在投标前不给予更正，而且是对投标者不利的情况，投标者应在投标时附上说明。投标者在核算工程量时，应结合招标文件中的技术规范明确工程量中每一细目的具体内容，以免在计算单位工程量价格时出现错误。如果招标工程是一个大型项目，而且投标时间又比较短，投标者至少要对工程量大而且造价高的项目进行核实。必要时，可以采取不平衡报价的方法来

避免由于建设单位提供工程量的错误而带来的损失。

③ 编制施工组织设计。为投标报价的需要，投标者必须编制施工组织设计。其中包括施工方案、施工方法、施工进度计划、施工机械、材料、设备、劳动力计划。制定施工组织设计的主要依据是施工图纸，编制的原则是在保证工程质量和工期的前提下，使成本最低、利润最大。

a. 选择和确定施工方法。根据工程类型，研究可以采用的施工方法。对于一般的、较简单的工程，则结合已有施工机械及工人技术水平来选定施工方法。对于大型复杂的工程则要考虑几种方案综合比较，努力做到节省开支、加快进度。

b. 选择施工设备和施工设施。一般与研究施工方法同时进行。在工程估价过程中，还要不断进行施工设备和施工设施的比较，是购买还是租赁。如果需要购买的话，是国内购买还是国外购买等。

c. 编制施工进度计划。编制施工进度计划应紧密结合施工方案和施工设备的选定。施工进度计划中应提出各时间段内应完成的工程量及限定日期，施工进度计划是采用网络计划还是横道计划，应根据招标文件的规定而定。

（2）单价分析

投标者在研究招标文件并对现场进行考察之后，即进入单价分析阶段。单价分析是对工程量清单中所列项目单价的分析、计算和确定，或者是研究如何计算不同项目的直接费和分摊其间接费、利润和风险之后得出项目单价。有的招标文件要求投标者对部分项目要递交单价分析表，而一般招标文件不要求报单价分析表。但是对投标者自己而言，除对很有经验、有把握的项目外，必须对工程量大、对工程成本起决定作用、没有经验和特殊的项目进行单价分析，以使报价建立在可靠的基础之上。最后，将每个项目单价分析表中计算的人工费、材料费、机械台班费、分摊的管理费进行汇总，并考虑利润、税金及风险因素后，得出工程总价。

（3）投标报价决策

通过以上计算得出的价格只是待定标价，须经多方面分析后，才能作出最终报价决策。在报价时，投标者要客观而慎重地分析本行业的情况和竞争形势，在此基础上对报价进行深入细致分析，包括分析竞争对手、市场材料价格、企业盈亏、企业当前任务情况等，最后作出报价决策，即报价上浮或下浮的比例，多方分析工程情况后决定最后报价。

报价是确定中标单位的条件之一，而不是唯一的条件。一般来说，在工期、质量、社会信誉相同的条件下，招标单位以选择最低标为好。

（4）报价策略

1）削价和加价因素。在投标报价决策中，可以考虑下列削价和加价因素：

① 削价因素：

a. 对于大批量工程或有后续工程、分期建设的工程，可适当减计大型临时设施费用；

b. 对于施工图设计详细无误、不可预见因素小的工程可减计不可预见费；

c. 对无冬雨季施工的工程，可以免计冬雨季施工增加费；

d. 对工期要求不紧、无须赶工的工程，可减免计夜间施工增加费；

e. 技术装备水平较高的承包商，可减计技术装备费；

f. 采用先进技术、先进施工工艺或廉价材料等，也可列入削价范围。

② 加价因素：

a. 合同签订后的设计变更，可另行结算；

b. 签订合同后的材料价差变更，可另行结算或估算列入报价；

c. 材料代用增加的费用，可另行结算或列入报价；

d. 大量压缩工期增加的赶工措施费用，可增加费用；

e. 把握不准，防止意外费用发生可在允许范围内增加报价；

f. 无预付款的工程，可考虑增加流动资金贷款利息，列入报价；

g. 要求垫支资金或材料的，可增加有关费用。

一般来说，施工合同签订后增加的费用，应另行计算，不列入报价。上述削价、加价因素，应视其招标办法和合同条款而定，不能随便套用。

为了提高投标报价的可靠性和科学性，在投标决策时，经常也会采用一些量化分析的方法，如盈亏平衡法、概率分析法等。但是在使用中，要注意所用数据和参数的准确性和使用此类方法的限制性条件，在条件不成熟的情况下，不宜使用，或其结果仅作参考，不能作为报价决策的主要方法。

2）不平衡报价法。不平衡报价法是指一个工程项目的投标报价，在总价基本确定后，如何调整内部各个项目的报价，以期既不提高总价，不影响中标，又能在结算时得到更理想的经济效益。投标者一般可在以下几种情况下采用不平衡报价法：

① 能早日结账收款的项目（如开办费、基础工程、土方开挖桩基等）可以报得较高，将投标开支、保函手续费、临时设施费、开办费等资金摊算到早期工程价格中去，以利资金周转。后期工程项目（如机电设备安装、装饰、油漆等）的报价可适当降低。

② 经过工程量核算，预计今后工程量会增加的项目，单价适当提高，这样在最终结算时得到更多的资金；相反，对于预计工程量会减少的项目单价降低。

③ 设计图纸不明确，估计修改后工程量要增加的，可提高单价，而工程内容不清的，则可降低一些单价。

④ 对暂定项目要具体分析，因为这类项目要开工后由建设单位研究决定是否实施，由哪家承包商实施。如工程不分标，则其中确定要实施的项目单价可提高，不一定实施的项目单价可适当下调。如工程分标，则暂定项目也可能由其他承包商施工，则不宜报高价，以免影响总报价。

⑤ 在单价包干混合计价合同中，建设单位要求采用包干价报价部分的项目，宜报高价。首先，因为这类项目风险较大；其次，这类项目一般按报价结算。

不平衡报价法的应用一定要建立在对工程量仔细核算的基础之上。特别是对于报低单价的项目，如果实际工程量增多将造成投标者的重大损失。同时，调价幅度一定要控制在合理幅度内（一般在10%左右），以免引起建设单位反对，甚至导致废标。大型工程项目往往采取分期建设的方式，投标者如果希望承包全部工程时，可考虑另一种形式的不平衡报价法。即将一期工程降低报价，将一部分开办费用分摊到后期工程中去，这种方法应对分期建设形势进行比较透彻的分析，在有把握的情况下采用。

6. 编制和递交投标文件

（1）编制投标文件

在最终确定报价后，便可编写投标文件。投标文件的编写要完全符合招标文件的要求，一般不带任何附加条件，否则会导致废标。投标文件的内容包括：

① 投标书。

② 投标保证书。

③ 报价表。随合同类型而异，单价合同一般将各类单价列在工程量清单中。如果建设单位要求报单价分析，则须按招标文件规定，将主要的或全部单价均附上单价分析表。

④ 施工组织设计，各种施工方案和施工进度计划表或资源安排直方图。

⑤ 施工组织机构表及主要工程管理人员人选及简历。

⑥ 如预将部分项目分包给其他承包商，则需将分包商情况写入投标文件。

⑦ 其他必要的附件和资料。如投标保函、承包商营业执照、承包商投标全权代表的委托书及姓名、地址，能确认投标者财务状况的银行或金融机构的名称和地址等。

（2）辅助中标手段

合理的报价、标准的投标文件固然重要，如果有更多的辅助中标手段，对提高中标的保证率也会有很大帮助。

对于一些招标工程，如发现工程范围不很明确，条款不清楚或不很公平，或技术规范要求过于苛刻时，则要在充分估计投标风险的基础上，按多方案报价处理，即按原招标文件报一个价，然后提出如修改某些条款，报价会降低到多少，以引起建设单位的注意。

1）增加建议方案。投标者可组织有经验的设计和施工人员，对原招标文件的设计和施工方案进行仔细研究，提出更合理的方案促成中标。新方案要能够降低工程总价，促进提前竣工或使工程运用更合理。增加建议时，不要将建议写得太具体，保留方案的技术关键，以防止方案泄密。

2）许诺优惠条件。招标单位在评标时，除了要考虑报价和技术方案外，还要分析别的条件，如工期、支付条件等。因此，投标者在投标时主动提出提前竣工、低息贷款、赠与施工设备、免费转让新技术或专利、代为培训人员等，均是吸引建设单位的辅助中标手段。

（3）递送投标文件

在投标截止日前，投标者将编写好的投标文件递交到招标文件载明的地点。递送投标文件是将所有准备好的信函、证明文件、保函、技术文件、报价表、比较方案等封装递送到招标单位。投标文件的填写要清晰、端正，补充设计图纸要美观。一般招标单位会要求投标者在递交投标书的同时递交投标保证金，保证金可以采取现金方式或由银行出具保函，如投标保证金为合同总价的某一百分比时，开投标保函不宜过早，以免泄露报价。

7. 开标、评标与授标

（1）开标

1）开标程序。开标应当在招标文件确定的提交投标文件截止时间的同一时间公开进行。开标地点应当为招标文件中预先确定的地点。

开标由招标单位主持，邀请所有投标单位参加。开标时，首先由投标单位或者其推选的代表检查投标文件的密封情况，也可以由招标单位委托的公证机构进行检查并公证。经确认无误后，由有关工作人员当众拆封，宣读投标单位名称、投标价格和投标文件的其他主要内容，并由记录人在预先准备好的表册上逐一登记。登记表册由读标人、记录人和公证人签名后作为开标的正式记录，由招标单位存档备查。在宣读各投标书时，对投标致函中的有关内容，如临时降价声明、替代方案、优惠条件、其他"可议"条件等均应予以宣读，因为这些内容都直接关系到招标单位和投标单位的切身利益。

招标单位在招标文件要求提交投标文件的截止时间前收到的所有有效投标文件，开标时都应当当众予以拆封、宣读。

在开标时，投标文件出现下列情形之一的，应当作为无效投标文件，不得进入评标：

①投标文件未按照招标文件的要求予以密封的；

②投标文件中的投标函未加盖投标单位及其法定代表人印章的，或者投标单位法定代表人委托代理人没有合法、有效的委托书（原件）及委托代理人印章的；

③投标文件的关键内容字迹模糊、无法辨认的；

④投标单位未按照招标文件的要求提供投标保函或者投标保证金的；

⑤组成联合体投标的，投标文件未附联合体各方共同投标协议的。

2）公布标底。开标时是否公布标底，要根据招标文件中说明的评标原则而定。对于单位工程量价格或单位平方米造价较为固定的中小型工程，经常采用评标价（而非投标报价）最接近标底者中标，同时，规定超过标底一定范围的投标均为废标，则开标时必须公布标底，以使每个投标单位都知道自己标价所处的位置。但对于大型复杂的工程项目，标底仅为评标的一个尺度，一般以最优评标价者中标，此时没有必要公布标底。因为对于大型复杂的工程，采用先进技术、合理的施工组织和施工方法、科学的管理措施等，完全可以突破常规而达到优质价廉的目的。先进与落后反映在标价上会有很大出入，而且投标单位所采用的施工组织和方法可能与编制标底时所依据的原则完全不同，因此，不能完全以标底价格判别报价的优劣。

（2）评标

评标的目的是根据招标文件中确定的标准和方法，对每个投标单位的标书进行评审，以选出最低评标价的中标单位。

评标工作可分为初评和详评两个阶段。

1）初评。初评也称"审标"，是为了从所有标书内筛选出符合最低要求标准的合格标书，淘汰那些不合格的标书，以免在详评阶段浪费时间和精力。评审合格标书的主要条件是：

① 投标书的有效性。审查标书单位是否与资格预审短名单一致；递交的投标保函在金额和有效期方面是否符合招标文件的规定；如果以标底衡量有效标时，投标报价是否在规定的标底上下百分比幅度范围内。

② 投标书的完整性。投标书是否包括招标文件中规定应递交的全部文件，如果缺少一项内容，则无法进行客观、公正的评价，只能按无效标处理。

③ 投标书与招标文件的一致性。如果招标文件指明是"响应标"，则投标书必须严格按招标文件的每一空白栏做出回答，不得有任何修改或附带条件。如果投标单位对任何栏目的规定有说明要求时，只能在完全应答原标书的基础上，以投标致函的方式另行提出自己的建议。对原标书私自做出任何修改或用括号注明条件，都将与建设单位的招标要求不相一致，也按无效标对待。

④ 报价计算的正确性。由于只是初评审标，不过细地研究各项目报价金额是否合理、准确，仅审核是否有计算统计错误。若出现的错误在允许范围之内，由评标委员会予以改

正，并请投标单位签字确认。若其拒绝改正，不仅按无效标处理，而且按投标单位违约对待。当错误值超过允许范围时，也按无效标对待。

经过初评，对合格的标书再按报价由低到高的顺序重新排列名次。由于排除了一些无效标和对报价错误进行了某些修正，此时的排列顺序可能与开标时的排列顺序不一致。在一般情况下，评标委员会将新名单中的前几名作为初步备选的潜在中标单位，在详评阶段作为重点评审对象。

2）详评。施工评标不只是考虑投标价的组成，还要对技术条件、财务能力等进行全面评审和综合分析，最后选出最低评标价的投标。详评的内容包括以下几个方面：

① 技术评审。主要是对投标单位的实施方案进行评定，包括其施工方法和技术措施是否可靠、合理、科学和先进，能否保证施工的顺利进行，确保施工质量和安全；是否充分考虑气候、水文、地质等各种因素的影响，并对施工中可能遇到的问题进行了充分估计，是否同时也设计了妥善的预处理方案；施工进度计划是否科学、可行；材料、设备、劳动力的供应是否有保障；施工场地平面图设计是否科学、合理等。

② 价格分析。不仅是对各标书进行报价数额的比较，还要对主要工作内容及主要工程量的单价进行分析，并对价格组成中各部分比例的合理性进行评价。分析投标价的目的在于鉴定各投标价的合理性，并找出报价高与低的主要原因。

③ 管理和技术能力评审。主要审查承包商实施工程项目的具体组织机构是否合适，所配备的管理人员的能力和数量是否满足施工需要；是否建立满足项目管理需要的质量、工期、安全、成本等保证体系。

④ 商务法律评审。也即对投标书进行响应性检查，主要审查投标书与招标文件是否有重大偏离。当承包商采用多方案报价时，要充分审查评价对招标文件中双方某些权利义务条款修改后，其方案的可行性以及可能产生的经济效益与随之而来的风险。

3）评标方法。评标方法有很多，方式有繁有简，要根据招标项目的复杂程度、专业特点等来决定评标方法。施工评标可以采用下列方法：

① 综合评分法。事先根据招标项目特点将准备评审的内容进行分类，各类内容再细划成小项，并确定各类及小项的评分标准。评分标准确定后，再根据对标书的评审进行打分，各项统计之和即为该标书得分。最终以得分的多少排出次序，作为综合评分的结果。这种定量的评标方法，在评定因素较多而且繁杂的情况下，可以综合评定出各投标单位的素质情况，既是一种科学的评标方法，又能充分体现平等竞争原则。

② 低标价法。以评审价（或称评标价）作为衡量标准，选取最低评标价者作为推荐中标单位。评标价并非投标价，它是将一些因素折算为价格，然后再评定标书次序。由于很多因素不能折算为价格，如施工组织机构、管理体系、人员素质等，因此，采用这种方法必须建立在严格的资格预审基础上。只要投标单位通过资格预审，就被认为已具备可靠承包商的条件，投标竞争只是一个价格的比较。投标单位的报价，虽然是评标价的基本构成要素，但如果发现有明显漏项时，可相应地补项而增加其报价值。如某项税费在报价单内漏项，可将合同期内按规定税率计算的应交纳税费加入其报价内。尽管从理论上讲，承包商报价过低的后果由其自负，但承包商在实施过程中如果发生严重亏损时，必然会将部分风险转移给建设单位，使建设单位实际支出的费用超过原合同价。

评标价的其他构成要素还包括工期的提前量、标书中的优惠条件、技术建议产生的经济效益等，这些条件都折算成价格作为评标价内的扣减因素。如标书中工期提前较多，可以月为单位将建设单位所得收益按一定比例折合为优惠价格计入评标价内；技术建议的实际经济效益也按一定的比例折算。通过以工程报价为基础，对可以折合成价格的因素经换算后加以增减，就组成了该标书的评标价。

但应注意，评标价仅是评标过程中以货币为单位的评定比较方法，而不是与中标单位签订合同的价格。建设单位接受最低评标价的投标单位后，合同价格仍为该投标单位的报价值。

③ A+B值法。当评标委员会对所有标书进行全面审查评定后，凡满足要求条件的标书均被认为具备投标资格。此时，就以标书中报价的合理性作为选定最终中标者的依据。通常的作法是以标底价格作为衡量标准，与标底最接近的为最优标书。但如果出现多家具有授标资格的投标单位，其投标报价均低于标底时，则很有可能是标底编制得不够科学，不能充分地反映出较为先进的施工技术和管理水平，若以标底作为衡量标准就显得有失公允。为了弥补这一缺陷，可以采用以标底价的修正值作为衡量标准，也即"A+B值法"。它是将低于标底某一预定百分比范围内的投标报价算术平均值作为 A，将标底或评标委员会在评标前确定的标价作为 B，然后将 A 和 B 的加权平均值作为衡量标准，再选定与 A+B值最接近的为最优标书。

④ 记分法。该方法一般从六个方面进行评议，即投标价、企业素质、主要施工机械设备、施工组织设计、商业信誉和附加优惠条件。根据国际工程招标常采用的公式，结合国内的实际情况，有些工程在评标时以如下公式计算各标书的评分：

$$P = Q + (B - b)/B \times 200 + S + m + n$$

式中　P——最终得分；

　　　Q——投标报价，一般该项占 40～70 分；

　　　B——标底价；

　　　b——分析报价，分析报价＝投标价－优惠条件折算价；

　　　S——投标单位素质得分，一般取 25～10 分（包括技术人员素质、设备情况、财务状况三项指标）；

　　　m——投标单位的信誉，上限一般为 25～10 分；

　　　n——投标单位的施工经验。特别应注意与招标项目类似的经验，上限一般取 20～10 分。

根据《招标投标法》规定，评标一般采用综合评估法或经评审的最低投标价法。

采用综合评估法的，应当对投标文件提出的工程质量、施工工期、投标价格、施工组织设计或者施工方案、投标单位及项目经理业绩等，能否最大限度地满足招标文件中规定的各项要求和评价标准进行评审和比较。采用经评审的最低投标价法的，应当在投标文件能够满足招标文件实质性要求的投标单位中，评审出投标价格最低的投标单位，但投标价格低于其企业成本的除外。

在评标过程中，评标委员会可以用书面形式要求投标单位对投标文件中含义不明确的内容作必要的澄清或者说明。投标单位应当采用书面形式进行澄清或者说明，其澄清或者说明不得超出投标文件的范围或者改变投标文件的实质性内容。

4）评标报告。评标委员会完成评标后，应当向招标单位提出书面评标报告，阐明评标委员会对各投标文件的评审和比较意见，并按照招标文件中规定的评标方法，推荐不超过3名有排序的合格的中标候选人。招标单位根据评标委员会提出的书面评标报告和推荐的中标候选人确定中标单位。

评标报告应当如实记载以下内容：

① 基本情况和数据表；

② 评标委员会成员名单；

③ 开标记录；

④ 符合要求的投标一览表；

⑤ 废标情况说明；

⑥ 评标标准、评标方法或者评标因素一览表；

⑦ 经评审的价格或者评分比较一览表；

⑧ 经评审的投标单位排序；

⑨ 推荐的中标候选人名单与签订合同前要处理的事宜；

⑩ 澄清、说明、补正事项纪要。

评标报告由评标委员会全体成员签字。对评标结论持有异议的评标委员会成员可以书面方式阐述其不同意见和理由。评标委员会成员拒绝在评标报告上签字且不陈述其不同意见和理由的，视为同意评标结论。评标委员会应当对此作出书面说明并记录在案。

使用国有资金投资或者国家融资的项目，招标单位应当确定排名第一的中标候选人为中标单位。排名第一的中标候选人放弃中标、因不可抗力提出不能履行合同，或者招标文件规定应当提交履约保证金而在规定的期限内未能提交的，招标单位可以确定排名第二的中标候选人为中标单位。排名第二的中标候选人因同样的原因不能签订合同的，招标单位可以确定排名第三的中标候选人为中标单位。

招标单位也可以授权评标委员会直接确定中标单位。

（3）决标和授标

1）决标前谈判。建设单位根据评标报告所推荐的中标单位名单，约请中标候选人进行决标前谈判，建设单位谈判的主要目的如下：

① 标书通过评审，虽然从总体上可以接受投标单位的报价，但仍可能发现有某些不够合理之处，希望通过谈判压低报价额而成为正式合同价格；

② 发现标书中某些建议（包括技术建议或商务建议）是可以采纳的，有些也可能是其他投标单位的建议，建设单位希望备选的中标单位也能接受，需要与其讨论这些建议的实施方案，并确定由于采纳建议导致的价格变更；

③ 进一步了解和审查中标候选人的施工组织设计和各项技术措施是否能保证工程质量和工期要求。

2）决标。建设单位经过与中标候选人谈判后，最后确定中标单位，并向其发出中标通知书。同时将中标结果通知所有未中标的投标单位，并退还其投标保证金。中标通知书对招标单位和中标单位具有法律效力。中标通知书发出后，招标单位改变中标结果的，或者中标单位放弃中标项目的，应当依法承担法律责任。

3）授标。中标单位接到授标通知书后，即成为该招标项目的施工承包商，应在规定时间内与建设单位签订施工合同。此时，建设单位和中标单位还要进行决标后的谈判，将双方以前谈判过程中达成的协议具体落实到合同中，并最后签署合同。在决标后的谈判中，如果中标单位拒签合同，建设单位有权没收其投标保证金，再与其他单位签订合同。

根据《招标投标法》规定，招标单位与中标单位应当自中标通知书发出之日起30日内，按照招标文件和中标单位的投标文件订立书面合同。招标单位和中标单位不得再行订立背离合同实质性内容的其他协议。招标文件要求中标单位提交履约保证金的，中标单位应当提交。

6.3.2 工程施工合同管理

工程施工合同是指建设单位或总承包单位与施工单位或分包单位为完成商定的建筑安装工程，明确双方权利、义务关系的协议。施工合同是控制工程项目施工质量、造价、进度的主要依据。为此，要求承发包双方须具备相应资质条件和履行合同的能力。建设单位对合同范围内的工程建设必须具备组织协调能力，施工单位必须具有相应的资质等级并持有营业执照，有能力完成所承包的工程建设任务。

1. 工程施工合同的组成和内容

（1）施工合同示范文本的组成

建设工程施工合同示范文本一般是由协议书、通用条款、专用条款三部分组成的，并附有若干附件。

1）协议书。协议书是工程施工合同的总纲性文件。虽然其文字量并不大，但其规定了合同当事人双方最主要的权利义务，规定了组成合同的文件及合同当事人对履行合同义务的承诺。合同当事人要在协议书上签字盖章，因此，具有很强的法律效力。协议书的内容包括工程概况、工程承包范围、合同工期、质量标准、合同价款、组成合同的文件及合同双方的承诺等。

2）通用条款。通用条款是根据《合同法》《建筑法》等法律对合同双方的权利义务作出规定的文件，除双方协商一致对其中的某些条款进行修改、补充或取消外，双方都必须履行。通用条款是将建设工程施工合同中的共性内容抽象出来编写的一份完整合同文件，具有很强的通用性。

3）专用条款。考虑到建设工程的内容各不相同，工期、造价也随之变动，施工单位、建设单位各自的能力、施工现场的环境和条件也各不相同，通用条款不能完全适用于各个具体工程，因此，配之以专用条款对其作必要的修改和补充，使通用条款和专用条款成为双方统一意愿的体现。专用条款的条款号与通用条款相一致，但主要是空格，由当事人根据工程的具体情况予以明确或者对通用条款进行修改、补充。

4）附件。附件是对施工合同当事人权利义务的进一步明确，并且使得施工合同当事人的有关工作一目了然，便于执行和管理。附件可包括：施工单位承揽工程项目一览表、建设单位供应材料设备一览表，工程质量保修书等。

（2）施工合同主要内容

施工合同主要内容包括：

1）词语定义及合同文件；

2）合同双方的一般权利和义务；

3）施工组织设计和工期；

4）工程质量及检验；

5）安全施工与环保；

6）合同价款及支付；

7）材料设备供应；

8）工程变更；

9）工程竣工验收与结算；

10）违约、索赔和争议；

11）其他等。

合同双方可参照所推荐使用的示范文本签订工程施工合同。

2. 工程施工合同履行管理

（1）建设单位及监理工程师的合同管理

在工程施工合同履行过程中，建设单位及其委托的监理工程师应当严格按照施工合同约定，履行应尽义务。施工合同中规定应由建设单位负责的工作，是合同履行的基础，是为施工单位开工、施工创造的先决条件，建设单位必须严格履行。

在施工合同履行管理中，建设单位及其代表、监理工程师应行使自己的权利、履行自己的职责，对施工单位的施工活动进行监督检查。

1）质量管理方面。检验工程使用的材料、设备质量；检验工程使用的半成品及构件质量；按合同规定的标准规范监督检验施工质量；按合同规定的程序验收隐蔽工程和需要中间验收的工程质量；验收单项工程和参与验收全部竣工工程质量等。

2）造价管理方面。严格进行合同约定的价款管理；当出现合同约定的调价情况时，对合同价款进行调整；对预付工程款进行管理，包括批准和扣还；对工程量进行核实确认，进行工程款的结算和支付；确定工程变更价款；对施工中涉及的其他费用，如安全施工方面的费用、专利技术等涉及的费用进行管理；办理竣工结算；对保修金进行管理等。

3）进度管理方面。按合同规定，审查施工单位提交的施工进度计划；按照分月、分阶段进度计划进行实际进度检查；对影响进度的因素进行分析，属于建设单位原因的，应及时主动解决；属于施工单位原因的，应督促其及时解决；审查施工单位修改的进度计划；审核确认工程延期等。

4）施工合同档案管理。建设单位及监理工程师应做好施工合同档案管理工作。工程项目全部竣工之后，应将全部合同文件加以系统整理，建档保管。在合同履行过程中，对合同文件，包括有关的签证、记录、补充协议、备忘录、函件、电报、电传等都应做好系统分类，认真管理。

（2）施工单位的合同管理

在合同履行过程中，为确保合同各项内容的顺利实现，施工单位需建立一套完整的施工合同管理制度。主要包括以下几方面：

1）工作岗位责任制度。这是施工单位的基本管理制度。具体规定施工单位内部具有施工合同管理任务的部门和有关管理人员的工作范围、履行合同中应负的责任，以及拥有的职权。只有建立这种制度，才能使分工明确、责任落实，促进施工单位合同管理工作正常开展，保证合同内容的顺利实现。

2）监督检查制度。施工单位应建立施工合同履行的监督检查制度，通过检查发现问题，督促有关部门和人员改进工作。

3）奖惩制度。奖优罚劣是奖惩制度的基本内容。建立奖惩制度有利于增强有关部门和人员在履行施工合同中的责任心。

4）统计考核制度。运用科学的方法，利用统计数据，反馈施工合同的履行情况。通过分析统计数据，总结经验和教训，为企业的经营决策提供重要依据。

施工单位同样应做好施工合同档案管理工作，不但应做好施工合同归档工作，还应以此指导生产、安排计划，使其发挥重要作用。

6.4　工程材料、设备招投标与合同管理

6.4.1　工程材料、设备招标与投标

工程材料、设备质量的好坏和价格的高低，对工程项目建设的成败和经济效益有着直接、重大的影响。根据工程项目的特点和要求，采购的内容可划分为单纯采购大宗建筑材料和定型生产的中小型设备。采购类型包括生产、运输、安装、调试各阶段的综合采购和大型复杂设备的"交钥匙"采购，即完成设计、设备制造、土建施工、安装调试等实施阶段全过程的采购。

工程材料、设备采购招标与工程施工招标有很多相似之处，但由于采购的标的物不同，在具体运作过程中又有其独特性。

1. 采购方式与分标原则

（1）采购方式

为工程项目采购材料、设备而选择供货商，并与其签订物资购销合同或加工订购合同，大多采用如下三种方式之一：

1）招标选择供货商。这种方式大多适用于采购工程项目的大型货物或永久设备、标的金额较大、市场竞争激烈的情况。招标方式可以是公开招标或邀请招标。其招标程序与施工招标程序基本相同。

2）询价选择供货商。这种方式是采用询价—报价—签订合同的程序，即采购方对三家以上的供货商就采购的标的物进行询价，比较其报价后，选择其中一家与其签订供货合同。这种方式实际上是一种议标方式，无需采用复杂的招标程序，又可以保证价格有一定的竞争性。一般适用于采购建筑材料或价值较小的标准规格产品。

3）直接订购。由于这种方式不能进行产品的质量和价格比较，因此是一种非竞争性采购方式。一般适用于以下几种情况：

① 为了使设备或零配件标准化，向原经过招标或询价选择的供货商增加购货，以便满足现有设备的要求；

② 所需设备具有专卖性质，并只能从一家制造商获得；

③ 负责工艺设计的承包单位要求从指定供货商处采购关键性部件，并以此作为保证工程质量的条件；

④ 尽管询价通常是获得最合理价格的较好方法，但在特殊情况下，由于需要某些特定货物早日交货，也可直接签订合同，以免由于时间延误而增加开支。

（2）采购分标原则

货物采购的分标是为了吸引更多的投标单位参加竞争，以发挥各个供货商的专长，达

到降低货物价格、保证供货时间和质量的目的，同时，也是为了便于招标工作的管理。

建设单位进行货物采购的分标和分包时，主要应考虑以下几方面因素：

1）招标项目的规模。根据工程项目所需设备之间的关系、预计金额的大小进行适当的分标。如果标段划分得过大，会使一般中小供货商无力问津，而有实力参与竞争的供货商过少就会引起投标价格提高。反之，如果标段划分得过小，虽可以吸引较多的中小供货商，但很难吸引实力较强的供货商，尤其是外国供货商来参加投标，而且不可避免地会增大招标工作量。因此，分标要大小恰当，既要吸引更多的供货商参与投标竞争，又要便于买方挑选，并有利于合同履行过程中的管理。

2）货物性质和质量要求。工程项目所需的材料、设备，可划分为通用产品和专用产品两大类。通用产品可有较多的供货商参与竞争，而专用产品由于对货物的性能和质量有特殊要求，则应按行业来划分。对于成套设备，为了保证零部件的标准化和机组联接性能，最好确定为一个标，由某一供货商来承包。在既要保证质量又要降低造价的原则下，凡国内制造厂家可以达到技术要求的设备，应单列一个标进行国内招标；国内制造有困难的设备，则需进行国际招标。

3）工程进度与供货时间。按时供应质量合格的材料设备，是工程项目能够顺利实施的物质保证。如何恰当分标，应按供货进度计划满足施工进度计划要求的原则，综合考虑资金、制造周期、运输、仓储能力等条件，既不能延误施工的需要，也不应过早到货。过早到货虽然能满足施工进度计划的实施要求，但它会影响资金的周转，并需要额外支出对货物的保管与保养费用。

4）供货地点。如果工程项目施工点比较分散，则所需货物的供货地点也势必分散，因此，应考虑外埠供货商和当地供货商的供货能力、运输条件、仓储条件等进行分标，以利于保证供应和降低成本。

5）市场供应情况。大型工程项目需要大量建筑材料和较多的设备，如果一次采购，可能会因需求过大而引起价格上涨，因此，应合理计划、分批采购。

6）资金来源。由于工程项目投资来源多元化，应考虑资金的到位情况和周转计划，合理分标，分项采购。

2．资格审查

对投标单位的资格审查，包括投标单位资质的合格性审查和所提供货物的合格性审查两个方面。

（1）投标单位资质审查

投标单位填报的"资格证明文件"应能表明其有资格参加投标和一旦投标被接受后有履行合同的能力。如果投标单位是生产厂家，则必须具有履行合同所必需的财务、技术和生产能力；若投标单位按合同提供的货物不是自己制造或生产的，则应提供货物制造厂家或生产厂家正式授权同意提供该货物的证明资料。

（2）货物合格性审查

投标单位应提交根据招标要求提供的所有货物及其辅助服务的合格性证明文件，这些文件可以是手册、图纸和资料说明等。证明资料应说明以下情况：

1）表明货物的主要技术指标和操作性能；

2）为使货物正常、连续使用，应提供货物使用两年期内所需的零配件和特种工具等清单，包括货源和现行价格情况；

3）资格预审文件或招标文件中指出的工艺、材料、设备、参照的商标或样本目录号码仅作为基本要求的说明，并不作为严格的限制条件。投标单位可以在标书说明文件中选用替代标准，但替代标准必须优于或相当于技术规范所要求的标准。

3. 招标文件的编制

工程材料、设备招标文件通常由招标书、投标须知、招标材料设备清单和技术要求及图纸、投标书格式、合同条款、其他需要说明的问题等内容组成。

1）招标书。包括招标单位名称、工程项目名称及简介、招标材料设备简要内容（材料设备主要参数、数量、要求交货期、交货地点等），投标截止日期和地点、开标日期和地点。

2）投标须知。包括对招标文件的说明及对投标文件的基本要求，评标、定标的基本原则等内容。

3）招标材料设备清单和技术要求及图纸。

4）主要合同条款。包括价格及付款方式、交货条件、质量验收标准以及违约责任等内容。条款要详细、严谨，防止以后发生纠纷。

5）投标书格式、投标材料设备数量及价目表格式。

6）其他需要说明的事项。招标文件一经发出，不得随意修改或增加附加条件。如确需修改或补充，一般应在投标截止日期前15天以信函或电报等书面方式通知到所有招标文件的收受人。

4. 投标文件的编制和递送

（1）投标文件的编制

投标文件的内容和形式应符合招标文件的要求，基本内容包括：

1）投标书。

2）投标材料设备数量及价目表。

3）偏差说明书（对招标文件某些要求有不同意见的说明）。

4）证明投标单位资格的有关文件。

5）投标单位法人代表授权书。

6）投标保函（需要时）。

7）招标文件要求的其他需要说明的事项。

投标单位对招标文件中某些内容不能接受时，应在投标文件中申明。

（2）投标文件的递送

投标文件编制完成后，应由投标单位法人代表或法人代表授权的代理人签字，并加盖单位公章，密封后递送招标单位。

投标单位投标后，在招标文件规定的时间内，可以补充文件的形式修改或补充投标文件。补充文件作为投标文件的一部分，具有同等效力。

5. 评标

材料设备采购评标与施工评标有很大差异，它不仅要考虑采购时所报的现价，还要考虑设备在使用寿命期内可能投入的运营和管理费的高低。尽管投标单位所报的货物价格较低，但运营费很高时，仍不符合建设单位以最合理价格采购的原则，因此，在评标过程中所考虑的因素和评审方法与施工评标不同。评标过程中的初评与施工评标基本相同，下面仅介绍详评阶段的工作。

（1）评审的主要内容

1）投标价。对投标单位的报价，既包括生产制造的出厂价格，还包括其所报的安装、调试、协作等售后服务的价格。

2）运输费。包括运费、保险费和其他费用，如对超大件运输时道路、桥梁加固所需的费用等。

3）交付期。以招标文件中规定的交货期为标准，如投标文件中所提出的交货期早于规定时间，一般不给予评标优惠，因为当施工还不需要时，要增加建设单位的仓储管理费和货物的保养费。如果迟于规定的交货日期，但推迟日期尚属于可接受的范围之内，则应在评标时考虑这一因素。

4）设备的性能和质量。主要比较设备的生产效率和适应能力。还应考虑设备的运营费用，即设备的燃料、原材料消耗、维修费用和所需运行人员费等。如果设备性能超过招标文件要求，使建设单位受益时，评标时也应考虑这一因素。

5）备件价格。对于各类备件（特别是易损备件）在两年内取得的途径和价格，在评标时也要予以考虑。

6）支付要求。合同中规定了购买货物的付款条件，如果投标单位提出了付款的优惠条件或其他的支付要求，而这种与招标文件规定的偏离是建设单位可以接受的，也应在评标时加以计算和比较。

7）售后服务。包括可否提供备件、进行维修服务，以及安装监督、调试、人员培训等可能性和价格。

8）其他与招标文件偏离或不符合的因素等。

（2）评标方法

材料设备采购的评标方法通常有以下几种：

1）最低标价法。采购简单商品、半成品、原材料，以及其他性能、质量相同或容易进行比较的货物时，价格可以作为评标时考虑的唯一因素，以此作为选择中标单位的尺度。

国内生产的货物，报价应为出厂价。出厂价包括为生产所提供的货物购买的原材料和零配件所支付的费用，以及各种税款，但不包括货物售出后所征收的销售税以及其他类似税款。如果所提供的货物是投标单位早已从国外进口、目前已在国内的，则应报仓库交货价或展室价，该价格应包括进口货物时所交付的进口关税，但不包括销售税。

2）综合标价法。是指以报价为基础，将评标时所考虑的其他因素也折算为一定价格而加到投标价上，得到综合标价，然后再根据综合标价的高低决定中标单位。对于采购机组、车辆等大型设备时，大多采用这种方法。评标时具体的处理办法如下：

① 运费、保险及其他费用。按照铁路（公路、水运）运输、保险公司，以及其他部门公布的费用标准，计算货物运抵最终目的地将要发生的运费、保险费及其他费用。

② 交货期。以招标文件中"供货一览表"规定的具体交货时间为标准，若投标文件中的交货时间早于标准时间，评标时不给予优惠；如果迟于标准时间，每迟交货一个月，可按报价的一定百分比（货物一般为2%）计算折算价，将其加到报价上。

③ 付款条件。投标单位必须按照招标文件中规定的付款条件来报价，对于不符合规定的投标，可视为非响应性投标而予以拒绝。但采购大型设备的招标中，如果投标单位在投标致函中提出若采用不同的付款条件可使其报价降低而供建设单位选择时，这一付款要求在评标过程中应该予以考虑。当投标单位提出的付款要求偏离招标文件的规定不是很大、尚属可接受范围时，应根据偏离条件给建设单位增加的费用，按招标文件中规定的贴现率换算成评标时的净现值，加到投标单位在致函中提出的修改报价上，作为评标价格。

④ 零配件和售后服务。零配件的供应和售后服务费用要视招标文件的规定而异。如果这笔费用已要求投标单位包括在报价之内，则评标时不再考虑这一因素。若要求投标单位单报这笔费用，则应将其加到报价上。如果招标文件中没有上述规定，则在评标时要按技术规范附件中开列的、由投标单位填报的、该设备在运行前两年可能需要的主要部件、零配件的名称、数量，计算可能需支付的总价格，并将其加到报价上去。售后服务费用如果需要建设单位自己安排时，这笔费用也应加到报价上去。

⑤ 设备性能、生产能力。投标设备应具备技术规范中规定的起码生产效率，评标时应以投标设备实际生产效率单位成本为基础。投标单位应在标书内说明其所投设备的保证运营能力或效率，若设备的性能、生产能力没有达到技术规范要求的基准参数，凡每种参数比基准参数降低 1% 时，将在报价上增加若干金额。

⑥ 技术服务和培训。投标单位在标书中应报出设备安装、调试等方面的技术服务费用，以及有关培训费。如果这些费用未包括在总报价内，评标时应将其加到报价中作为评标价来考虑。

3）以寿命周期成本为基础的标价法。在采购生产线、成套设备、车辆等运行期内各种后续费用（零配件、油料及燃料、维修等）很高的货物时，可采用以设备寿命周期成本为基础的标价法。评标时应首先确定一个统一的设备运行期，然后再根据各投标文件的实际情况，在投标文件报价上加上一定年限运行期间所发生的各项费用，再减去一定年限运行期后的设备残值。在计算各项费用或残值时，都应按招标文件中规定的贴现率折算成现值。

这种方法是在综合标价法的基础上，再加上运行期内的费用。这些以贴现值计算的费用包括三部分：

① 寿命期内所需的燃料估算费用；

② 寿命期内所需零件及维修估算费用；

③ 寿命期末的估算残值。

4）打分法。打分法是评标前将各评分因素按其重要性确定评分标准，然后按此标准对各投标单位提供的报价和各种服务进行打分，得分最高者中标。

采用打分法时，首先要确定各种因素所占的比例，再以计分评标。以下是世界银行贷款项目通常采用的比例，供参考：

投标价	60～70 分
零配件价格	0～10 分
技术性能、维修、运行费	0～10 分
售后服务	0～5 分
标准备件等	0～5 分
总计	100 分

打分法简便易行，能从难以用金额表示的各投标文件中，将各种因素量化后进行比较，从中选出最好的投标单位。缺点是各评标人独立给分，对评标人的水平和知识面要求高，否则，主观随意性较大。另外，难以合理确定不同技术性能的有关分值和每一性能应得的分数，有时会忽视一些重要的指标。若采用打分法评标，评分因素和各个因素的分值分配均应在招标文件中明确说明。

6.4.2 工程材料、设备合同管理

工程材料、设备采购合同是指采购单位与供货单位之间为实现工程材料、设备买卖，明确双方权利、义务关系的协议。工程材料、设备采购合同属于买卖合同，除具有买卖合同的一般特点外，又具有一些独特性。如：应依据工程承包合同订立；合同以转移财物和支付价款为基本内容；标的物品种繁多、数量巨大，供货条件与质量要求复杂；合同的卖方必须以实物方式履行合同等。因此，工程材料、设备采购合同的签订与履行，显得尤为重要。

1. 材料设备采购合同的签订

材料设备采购合同按其采购物资的类别，可分为材料采购合同、设备采购合同和成套设备采购合同。

（1）材料采购合同

材料采购合同是以工程项目所需材料为标的，以材料采购为目的，明确当事人双方权利义务关系的协议。材料采购合同的内容主要包括：

1）双方当事人的名称、地址、代理人的姓名与职务，法定代表人的姓名与授权委托书等；

2）材料的名称、品种、型号与规格等，应符合采购单的规定；

3）材料技术标准和质量要求；

4）材料数量与计量方法；

5）材料的包装要求；

6）材料的交付方式与交货期限；

7）材料的价格与付款方式；

8）违约责任及其他有关的特殊条款。

（2）设备采购合同

设备采购合同是指以工程项目所需设备为标的，以设备买卖为目的，明确当事人双方权利义务关系的协议。

设备采购合同的主要内容可分为两部分：第一部分是约首，即合同开头部分，包括项目名称、合同号、签约日期、签约地点、当事人双方名称等条款。第二部分为本文，即合同的主要内容，包括合同文件、合同范围和条件、货物及数量、合同金额、付款条件、交货时间和交货地点及合同生效等条款。其中合同文件包括合同条款、投标格式和投标者提交的投标报价表、要求一览表、技术规范、履约保证金、规格响应表、买方授权通知书等；货物及数量、交货时间和交货地点等均在要求一览表中明确；合同金额指合同的总价，分项价格则在投标报价表中确定；合同生效条款规定本合同经双方授权部分为合同约尾，即合同的结尾部分，包括双方的名称、签字盖章及签字时间、地点等。

（3）成套设备采购合同

成套设备采购合同是指以工程项目所需成套设备为标的，以设备买卖为目的，明确当事人双方权利义务关系的协议。

成套设备采购合同的内容一般包括：产品的名称、品种、型号、规格、等级、技术标准或技术性能指标；数量和计量单位；包装标准及包装物的供应与回收规定；交货单位、交货方法、运输方式、到货地点、接（提）货单位；交（提）货期限；验收方法；产品价格；结算方式、开户银行、账户名称、账号、结算单位；违约责任；其他事项。

除上述内容外，还应包括：成套设备价格的确定；成套设备数量及需配置的辅机、附配件等；成套设备所应达到的技术标准和技术性能指标；交货单位；现场服务及保修的规定等。

2. 材料设备采购合同履行管理

（1）材料采购合同履行管理

材料采购合同履行包括以下内容：

1）按约定的标的履行。供货方交付的货物必须与合同规定的名称、品种、规格、型号相一致，不得擅自以其他货物、违约金或赔偿金的方式代替履行合同。

2）按合同规定的期限、地点交付货物。提前交付货物，采购方可拒绝接受；逾期交付，供货方应承担逾期交付的责任。采购方若不再需要，应在接到供货方交货通知后15天内通知供货方。

3）按合同规定的数量和质量交付货物。对交付货物的数量与质量应当场检验，必要时还须作化学或物理试验以检验其内在质量，检验的结果作为验收的依据，由当事人双方签字。

4）按约定的价格与结算条款履行合同义务。

5）明确双方违约责任。

（2）设备采购合同履行管理

设备采购合同履行包括以下内容：

1）交付货物。供货方应按合同规定，按时、按质、按量地履行供货义务，并做好现场服务工作，及时解决有关设备的技术质量、缺损件等问题。

2）验收。采购方对供货方交货应及时进行验收。依据合同规定，对设备的质量及数量进行核实检验，如有异议，应及时与供货方协商解决。

3）结算。采购方对供货方交付的货物检验没有发现问题，应按合同的规定及时付款；如果发现问题，在供货方及时处理达到合同要求后，也应及时履行付款义务。

4）违约责任。在合同履行过程中，任何一方都不应借故延迟履约或拒绝履行合同义务，否则，应追究违约当事人的法律责任。

① 由于供货方交货不符合合同规定，如交付的设备不符合合同的标的，或交付的设备未达到质量技术要求，或数量、交货日期等与合同规定不符时，供货方应承担违约责任；

② 由于供货方中途解除合同，采购方可采取合理的补救措施，并要求供货方赔偿损失；

③ 采购方在验收货物后，不能按期付款，应按有关规定支付违约金；

④ 采购方中途退货，供货方可采取合理的补救措施，并要求采购方赔偿损失。

（3）成套设备采购合同履行管理

1）成套设备公司的职责。成套设备公司承包的设备如因自身的原因未能按承包合同规定的质量、数量、时间供应而影响项目建设进度的，成套设备公司要承担经济责任。在项目建设过程中，成套设备公司要派驻现场服务组或驻厂员负责现场成套技术服务。现场服务的主要职责如下：

① 组织有关企业到现场进行技术服务，处理有关设备方面的问题；

② 了解、掌握工程建设进度和设备到货、安装进度，协助联系设备的交、到货等工作；

③ 参与大型、专用、关键设备的开箱验收，配合建设单位或安装单位处理设备在接运过程中发现的设备质量和缺损件等问题，并明确产品质量责任；

④ 及时向主管部门报告重大设备质量问题，以及项目现场不能解决的其他问题。当出现重大意见分歧时，施工单位或用户单方坚持处理的，应及时写出备忘录备查；

⑤ 参加工程竣工验收，处理工程验收中发现的有关设备问题；

⑥ 关心和了解生产企业派往现场的技术服务人员的工作情况和表现；

⑦ 做好现场服务工作日志，及时记录日常服务工作情况、现场发生的设备质量问题和处理结果，定期向有关主管部门和单位报送报表、汇报工作情况，做好现场服务工作总结。

2）监理工程师对成套设备采购合同的管理。

① 对设备供应合同及时编码，统一管理；

② 参与合同的编写、签订，并就设备的技术要求及交货期限、质量标准提出要求；

③ 驻厂监造，监督设备采购合同的履行。

3）建设单位对设备采购合同的管理。建设单位要向成套设备公司提供设备的详尽设计技术资料和施工要求；要配合成套设备公司做好接运计划工作，安置并协助驻现场服务组开展工作；要按照合同要求督促施工安装单位按计划组织施工安装并试车；牵头组织各有关单位完成验收工作等。

6.5 工程总承包与分包合同管理

6.5.1 工程总承包合同管理

EPC（设计-采购-施工）总承包是最典型和最全面的工程总承包方式，业主仅面对一家承包商，由该承包商负责一个完整工程的设计、施工、材料设备供应等工作。EPC总承包商还可将承包范围内的一些设计、施工或设备供应等工作分包给相应的分包单位去完成，自己负责进行相应的管理工作。

1. EPC承包合同的订立

（1）合同订立过程

1）招标。业主在工程项目立项后即开始招标。业主通常需要委托工程咨询公司按照项目任务书起草招标文件。招标文件的内容包括：投标者须知、合同条件、"业主要求"和投标书格式等文件。

"业主要求"作为合同文件的组成部分，是承包商报价和工程实施的最重要依据。"业主要求"主要包括业主对工程项目目标、合同工作范围、设计和其他技术标准、进度计划的说明，以及对承包商实施方案的具体要求。

2）投标。承包商根据招标文件提出投标文件。投标文件一般包括：投标书、承包商的项目建议书（通常包括工程总体目标和范围的描述、工程的方案设计和实施计划、项目管理组织计划等）、工程估价文件等。

3）签订合同。业主确定中标后，通过合同谈判达成一致后便与承包商签订 EPC 承包合同。

（2）合同文件组成

EPC 总承包合同文件内容及优先解释顺序如下：

1）协议书。

2）合同专用条件。

3）合同通用条件。

4）业主要求。

5）投标书。是指包含在合同中的由承包商提交并被中标函接受的工程报价书及其附件。

作为合同文件组成部分的可能还有：

① 与投标书同时提交，作为合同文件组成部分的数据资料，如工程量清单、数据、费率或价格等；

② 付款计划表或作为付款申请的组成部分的报表；

③ 与投标书同时递交的方案设计文件等。

2. EPC 合同履行管理

（1）业主主要权利和义务

1）选择和任命业主代表。业主代表由业主在合同中指定或按照合同约定任命。业主代表的地位和作用类似于施工合同中的工程师。业主代表负责管理工程，下达指令，行使业主的权力。除非合同条件中明确说明，业主代表无权修改合同、解除合同规定的承包商的任何权利和义务。

2）负责工程勘察。业主应按合同规定的日期，向承包商提供工程勘察所取得的现场水文及地表以下的资料。除合同明确规定业主应负责的情况以外，业主对这些资料的准确性、充分性和完整性不承担责任。

在通常情况下，EPC 承包合同中不包括地质勘察。即使业主要求承包商承担勘察工作，一般也需要通过签订另一份合同予以解决。

3）工程变更。业主代表有权指令或批准变更。与施工合同相比，总承包工程的变更主要是指经业主指示或批准的对业主要求或工程的改变。对施工文件的修改或对不符合合同的工程进行纠正通常不构成变更。

4）施工文件的审查。业主有权检查与审核承包商的施工文件，包括承包商绘制的竣工图纸。竣工图纸的尺寸、参照系及其他有关细节必须经业主代表认可。

（2）承包商主要责任

与施工合同相比，总承包合同中承包商的工程责任更大。

1）设计责任。承包商应使自己的设计人员和设计分包商符合业主要求中规定的标准。

承包商应完全理解业主要求，并将业主要求中出现的任何错误、失误、缺陷通知业主代表。除合同明确规定业主应负责的部分外，承包商应对业主要求（包括设计标准和计算）的正确性负责。

承包商应以合理的技能进行设计，达到预定的要求，保证工程项目的安全可靠性和经济适用性。

2）承包商文件。承包商文件应足够详细，并经业主代表同意或批准后使用。承包商文件应由承包商保存和照管，直到被业主接收为止。承包商若修改已获批准的承包商文件，应通知业主代表，并提交修改后的文件供其审核。在业主要求不变的情况下，对承包商文件的任何修改不属于工程变更。

3）施工文件。承包商应编制足够详细的施工文件，符合业主代表的要求，并对施工文件的完备性、正确性负责。

4）工程协调。承包商应负责工程的协调，负责与业主要求中指明的其他承包商的协调，负责安排自己及其分包商、业主的其他承包商在现场的工作场所和材料存放地。

5）除非合同专用条件中另有规定，承包商应负责工程需要的所有货物和其他物品的包装、装货、运输、接收、卸货、存储和保护，并及时将任何工程设备或其他主要货物即将运到现场的日期通知业主。

（3）合同价款及其支付

1）合同价款。总承包合同通常为总价合同，支付以总价为基础。如果合同价格要随劳务、货物和其他工程费用的变化进行调整，应在合同专用条件中约定。如果发生任何未预见到的困难和费用，合同价格不予调整。

承包商应支付其为完成合同义务所引起的关税和税收，合同价格不因此类费用变化进行调整，但因法律、行政法规变更的除外。

当然，在总价合同中也可能有按照实际完成的工程量和单价支付的分项，即采用单价计价方式。有关计量和估价方法可以在合同专用条件中约定。

2）合同价格的期中支付。合同价格可以采用按月支付或分期（工程阶段）支付方式。如果采用分期支付方式，合同应包括一份支付表，列明合同价款分期支付的详细情况。

对拟用于工程但尚未运到现场的生产设备和材料，如果根据合同规定承包商有权获得期中付款，则必须具备下列条件之一：

① 相关生产设备和材料在工程所在国，并已按业主的指示，标明是业主的财产。

② 承包商已向业主提交保险的证据和符合业主要求的与该项付款等额的银行保函。

6.5.2 分包合同管理

1. 工程施工专业分包合同管理

（1）专业分包合同的订立

1）专业分包合同的内容。《建设工程施工专业分包合同（示范文本）》借鉴 FIDIC（国际咨询工程师联合会）编制的《土木工程施工分包合同条件》，内容包括协议书、通用条款和专用条款三部分。通用条款包括：词语定义及合同文件，双方一般权利和义务，工期，质量与安全，合同价款与支付，工程变更，竣工验收及结算，违约、索赔及争议，保障、保险及担保，其他。共 10 部分 38 条。

2）专业分包合同文件的组成。专业分包合同的当事人是承包人和分包人。对承包人和分包人具有约束力的合同由下列文件组成：①合同协议书；②中标通知书（如有时）；③分包人的投标函或报价书；④除总包合同价款之外的总承包合同文件；⑤合同专用条款；⑥合同通用条款；⑦合同工程建设标准、图纸；⑧合同履行过程中承包人、分包人协商一致的其他书面文件。

从合同文件组成来看，专业分包合同（从合同）与主合同（建设工程施工合同）的区别，主要表现在除主合同中承包人向发包人提交的报价书之外，主合同的其他文件也构成专业分包合同的有效文件。

3）承包人的义务。在签订合同过程中，为使分包人合理预计专业分包工程施工中可能承担的风险，以及保证分包工程的施工能够满足主合同的要求顺利进行，承包人应使分包人充分了解其在分包合同中应履行的义务。为此，承包人应提供主合同供分包人查阅。此外，如果分包人提出，承包人应当提出一份不包括报价书的主合同副本或复印件，使分包人全面了解主合同的各项内容。

4）合同价款。合同价款来源于承包人接受的、分包人承诺的投标函或报价书所注明的金额，并在中标函和协议书中进一步明确。承包人将主合同中的部分工作转交给分包人实施，并不是简单地将主合同中该部分的合同价款转移给分包人，因为主合同中分包工程的价格是承包人合理预计风险后，在自己的施工组织方案基础上对发包人进行的报价，而分包人则应根据其对分包工程的理解向承包人报价。此外，承包人在主合同中对该部分的报价，还包括分包管理费。因此，通用条款明确规定，分包合同价款与总包合同相应部分价款无任何连带关系。

分包合同的计价方式，应与主合同中对该部分工程的约定相一致，可以采用固定价格合同、可调价格合同或成本补酬合同中的一种。

5）合同工期。与合同价款一样，合同工期也来源于分包人投标书中承诺的工期，作为判定分包人是否按期履行合同义务的标准，也应在合同协议书中注明。

（2）专业分包合同的履行管理

1）开工。分包人应当按照协议书约定的日期开工。分包人不能按时开工，应在约定开工日期前5天向承包人提出延期开工要求，并陈述理由。承包人接到请求后的48小时内给予同意或否决的答复，超过规定时间未予答复，则视为同意分包人延期开工的要求。

因非分包人的原因而使分包工程不能按期开工，承包人应以书面形式通知分包人推迟开工日期，并赔偿分包人延期开工造成的损失，合同工期相应顺延。

2）支付管理。分包人在合同约定的时间内，向承包人报送该阶段已完工作的工程量报告。接到分包人的报告后，承包人应首先对照分包合同工程量清单中的工作项目、单价或价格复核取费的合理性和计算的正确性，以核准该阶段应付给分包人的金额。分包工程进度款的内容包括：已完成工程量的实际价值、变更导致的合同价款调整、市场价格浮动的价格调整、获得索赔的价款，以及依据分包合同的约定应扣除的预付款、承包人对分包施工支援的实际应收款项、分包管理费等。承包人计量后，将其列入主合同的支付报表内一并提交工程师。承包人应在专业分包合同约定的时间内支付分包工程款，逾期支付要计算拖期利息。

3）变更管理。承包人接到工程师依据主合同发布的涉及分包工程变更指令后，以书面确认方式通知分包人。同时，承包人也有权根据工程的实际进展情况自主发布有关变更指令。

分包人执行了工程师发布的变更指令，进行变更工程量计量及对变更工程进行估价时，应请分包人参加，以便合理确定分包人应获得的补偿款额和工期延长时间。承包人依据分包合同单独发布的变更指令大多与主合同没有关系，诸如增加或减少分包合同规定的部分工作内容；为了整个合同工程的顺利实施，改变分包人原定的施工方法、作业程序或时间等。如果工程变更不属于分包人的责任，承包人应给予分包人相应的费用补偿或/和分包合同工期的顺延。如果工期不能顺延，则要考虑支付赶工措施费用。

进行变更工程估价时，应参考分包合同工程量表中相同或类似工作的费率来核定。如果没有可参考项目或表中的价格不适用已变更工程时，应通过协商确定一个公平合理的费用加到分包合同价内。

4）竣工验收。专业分包工程具备竣工验收条件时，分包人应向承包人提供完整的竣工资料和竣工验收报告。若约定由分包人提供竣工图，应按专用条款约定的时间和份数提交。

如果分包工程属于主合同规定的分部移交工程，则在分包人与承包人进行相关的检查和检验后，提请发包人按主合同规定的程序进行竣工验收。若根据主合同无需由发包人验收的部分，承包人按照主合同规定的验收程序与分包人共同验收。

无论是发包人组织的验收还是承包人组织的验收，只要验收合格，竣工日期为分包人提交竣工验收报告之日。竣工验收发现存在质量缺陷需要修理、改正的，竣工日期则为分包人提交修复后的竣工报告之日。

2. 工程施工劳务分包合同管理

（1）劳务分包合同的订立

1）劳务分包合同的内容。由于劳务工作相对简单，《建设工程施工劳务分包合同（示范文本）》没有采用通用条款和专用条款的形式，只有一个施工劳务合同和三个附件。

① 劳务合同。包括：劳务分包人资质情况，劳务分包工作对象及提供劳务内容，分包工作期限，质量标准，合同文件及解释顺序，标准规范，总（分）包合同，图纸，项目经理，工程承包人义务，劳务分包人义务，安全施工与检查，安全防护，事故处理，保险，材料、设备供应，劳务报酬，工时及工程量的确认，劳务报酬的中间支付，施工机具、周转材料的供应，施工变更，施工验收，施工配合，劳务报酬最终支付，违约责任，索赔，争议，禁止转包或再分包，不可抗力，文物和地下障碍物，合同解除，合同终止，合同份数，补充条款和合同生效。共35条。

② 附件。为"工程承包人供应材料、设备、构配件计划"、"工程承包人提供施工机具、设备一览表"和"工程承包人提供周转、低值易耗材料一览表"三个标准化格式的表格。

2）劳务分包合同的订立。劳务分包合同的发包方可以是施工合同的承包人或承担专业工程施工的分包人。《建设工程施工劳务分包合同（示范文本）》中的空格之处，经双方当事人协商一致后明确填写即可。主要内容包括：工作内容、质量要求、工期、承包人应向分包人提供的图纸和相关资料、承包人委托分包人采购的低值易耗材料、劳务报酬和支付方法、违约责任的处置方式、最终解决合同争议的方式，以及三个附表等。

（2）劳务分包合同的履行管理

1）施工管理。由于劳务分包人仅负责部分工种的施工任务，因此，承包人负责工程的施工管理，承担主合同规定的义务。承包人负责编制施工组织设计、统一制定各项管理目标，并监督分包人的施工。

劳务分包人应派遣合格的人员上岗施工，遵守安全、环保、文明施工的有关规定，保证施工质量，接受承包人对施工的监督。承包人负责工程的测量定位、沉降观测；劳务分包人按照图纸和承包人的指示施工。

劳务分包人施工完毕，承包人和劳务分包人共同进行验收，无需请工程师参加，也不必等主合同工程全部竣工后再验收。但承包人与发包人按照主合同对隐蔽工程验收和竣工验收时，如果发现劳务分包人的施工质量不合格，劳务分包人应负责无偿修复。全部工程验收合格后（包括劳务分包人工作），劳务分包人对其分包的劳务作业施工质量不再承担责任，质量保修期内的保修责任由承包人承担。

2）劳务报酬。劳务分包合同中，支付劳务分包人报酬的方式可以约定为以下三种之一，须在合同中明确约定：

① 固定劳务报酬方式。在包工不包料承包中，分包工作完成后按承包总价结算。由于劳务分包人不承担施工风险，如果分包合同履行期间出现施工变更，分包人有权获得增加工作量的报酬和工期顺延。反之，由于施工变更导致工作量减少，也应相应减少约定的报酬及减少合同工期。

② 按工时计算劳务报酬方式。承包人依据劳务分包人投入工作的人员和天数支付分包人的劳务报酬。分包人每天应提供当日投入劳务工作的人数报表，由承包人确认后作为支付的依据。

③ 按工程量计算劳务报酬方式。合同中应约定分包工作内容中各项单位工程量的单价。分包人按月（或旬、日）将完成的工程量报送承包人，经过承包人与分包人共同计量确认后，按实际完成的工程量支付报酬。对于分包人未经承包人认可，超出设计图纸范围和由于分包人的原因返工的工程量不予计量。

复 习 思 考 题

1. 《招标投标法》及《招标投标法实施条例》关于招标投标有哪些规定？

2. 《合同法》关于合同生效、履行有哪些规定？

3. 工程勘察设计招标有哪些特点？评标时主要考虑哪些因素？

4. 工程勘察设计合同中建设单位与勘察设计单位的义务有哪些？

5. 划分施工标段时应考虑哪些因素？

6. 施工合同计价方式有哪些？其适用条件是什么？

7. 施工评标的内容和方法有哪些？

8. 施工合同包括哪些内容？

9. 工程材料设备采购分标和分包时应考虑哪些因素？评标内容及评标方法有哪些？

10. 工程材料设备采购合同管理包括哪些内容？

11. 工程总承包合同管理包括哪些内容？

12. 工程分包合同管理包括哪些内容？

案 例

1. 某大坝和电站厂房二期工程土建与安装工程招标

某大坝电站厂房工程，由泄洪与挡水大坝、电站厂房建筑物组成，分为泄洪坝段、厂房坝段和电站厂房三个标段。

建设单位组织设计单位和咨询专家，多次论证技术方案的可靠性，并委托工程设计单位编制招标文件。同时，还请有丰富经验的单位对招标文件的商务和技术部分提出咨询意见。

由于该工程技术复杂，施工难度大，而且一期工程已云集较有实力的施工队伍，形成良好的施工格局。根据工程特点，建设单位决定采取邀请招标方式。

为了使评标工作有序进行，建设单位制订了评标工作大纲。确定了评标工作的原则和依据、评标准则、组织机构及其职责。评标专家组分技术组、商务组和综合组。技术组负责对投标者的技术方案、施工组织设计提出评价意见，并提交技术评标报告。商务组负责对投标者的商务进行全面评价，分析与招标文件的偏离程度，分析各项报价（总价、单价）的合理性，并提出商务组的评标报告。综合组在整个评标过程中承担综合性的组织工作及提供服务。

思考：

（1）划分施工标段需要考虑哪些因素？

（2）邀请招标的程序是什么？

（3）施工评标应考虑哪些内容？

2. 某工程施工合同履行管理

某工程合同为固定单价合同，工程量依实计算，并规定："施工期间无论定额和取费标准及价格如何变化，工程单项造价均不增减"。按合同规定，预付款占合同总价 40％～60％。初始施工进展正常，但随着工程进展，钢材价格上涨幅度较大（半年内上涨 40％）。施工单位以"市场原材料价格猛涨，施工单位严重亏损，无力履约"为由，向建设单位提出书面合同变更请求，要求变更"工程单项造价不增减"条款，同时，要求工程单项造价补偿钢材价差。与此同时，施工现场全面停工。

建设单位认为，由于钢材价格猛烈上涨，超出合同双方预期，是极特殊情况，客观上造成合同双方共同违约。建设单位同意施工单位的要求，变更了"工程单项造价不增减"条款，并给施工单位补偿了钢材价差。

思考：

（1）订立合同时如何规避原材料上涨的风险？

（2）合同价款有哪些调整方法？

第7章 建设工程实施阶段质量管理

学习目标

建设工程项目功能的顺利实现，取决于建设工程项目质量管理，特别是建设工程勘察设计阶段和施工阶段的质量管理。

通过学习本章，应掌握如下内容：

（1）工程项目质量与质量管理的基本内涵；

（2）ISO 9000 质量管理体系的建立和实施；

（3）工程勘察设计阶段质量管理的主要内容；

（4）工程施工阶段质量管理的主要内容；

（5）工程质量问题及事故的处理；

（6）工程质量保修及回访。

7.1 工程质量管理概述

7.1.1 工程项目质量及其管理原则

1. 工程项目质量及其特点

（1）工程项目质量

工程项目质量是指工程项目满足建设单位需要，符合法律法规、技术标准、设计文件及合同规定的综合特性。工程项目质量是工程项目管理的重要目标之一，关系到社会经济发展、企业生产及人民的健康和安全。

从产品功能或使用价值看，工程项目的质量特性通常体现在可用性、可靠性、经济性、与环境的协调性及建设单位所要求的其他特殊功能等方面，如图 7-1 所示。

（2）工程项目质量特点

工程项目质量具有以下主要特点：

1）影响因素多。工程项目质量受到各种自然因素、技术因素和管理因素的影响，如：地形、地质、水文、气象等条件，规划、决策、设计、施工等程序，材料、机械、施工方法、人员素质、管理制度和措施等因素。这些都将直接或间接影响工程项目质量。

2）质量波动大。由于工程项目具有单

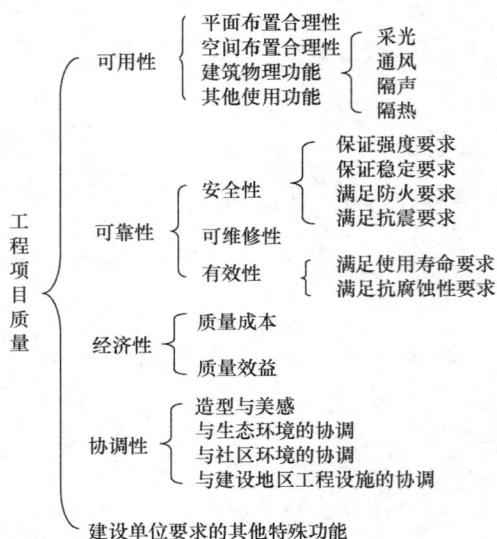

图 7-1 工程项目质量

件性，影响因素多，因此，工程项目质量容易产生波动，而且波动比较大。

3）质量隐蔽性强。在工程项目施工中，由于工序交接较多，中间产品、隐蔽工程多，质量存在较强的隐蔽性。如果不进行严格的检查监督，不及时发现不合格项并进行处理，完工后仅从表面进行检查，很难发现内在质量问题。

4）终检局限性。由于工程项目建成后不能拆解，因而在终检时无法对隐蔽的内在质量进行检查和检测，因此，工程项目的终检存在一定局限性。

2. 工程项目质量管理基本原则

工程项目质量管理是指为确保工程项目质量特性满足要求而进行的计划、组织、指挥、协调和控制等活动。进行工程项目质量管理需遵循下列原则：

（1）坚持质量第一

工程项目目标包括质量、造价和进度，在任何情况下，都必须将工程质量放在第一位，工程质量是一切工程项目的生命线，不能用降低质量要求的办法来加快工程进度和降低工程造价。

（2）坚持以人为核心

人的工作质量会直接或间接地影响到工程项目质量，因此，首先应提高人的工作质量来保证工程项目质量。

（3）坚持预防为主

工程项目质量是设计、施工出来的，而不是检查出来的，工程项目质量管理应以预防为主，加强事前控制，不能被动地等待质量问题出现后再采取措施加以处理，以免造成不必要的损失。

7.1.2 ISO 9000 质量管理体系

1. ISO 9000 质量管理标准

（1）ISO 9000 质量管理标准的核心内容

ISO 9000 质量管理标准是由 ISO（国际标准化组织）TC176（质量管理体系技术委员会）制定的质量管理国际标准。该标准包括 4 项核心内容：

1）ISO 9000：《质量管理体系 基础和术语》；

2）ISO 9001：《质量管理体系 要求》；

3）ISO 9004：《质量管理体系 业绩改进指南》；

4）ISO 19011：《质量和（或）环境管理体系审核指南》。

ISO 9000 质量管理体系是指按照 ISO 9001：《质量管理体系 要求》在组织中所建立的一种着重于质量管理方面的管理体系。

（2）ISO 9000 质量管理原则

为了确保质量目标的实现，ISO 9000 标准中明确了以下八项质量管理原则：

1）以顾客为关注焦点。组织依存于其顾客，因此，组织应理解顾客当前和未来的需求，满足顾客要求并争取超越顾客期望。为此，要全面了解顾客的需求和期望，确保顾客的需求和期望在整个组织中得到沟通，确保组织的各项目标；有计划、系统地测量顾客满意程度并针对测量结果采取改进措施；在重点关注顾客的前提下，确保兼顾其他相关方利益，使组织得到全面、持续的发展。

2）领导作用。领导者要想指挥和控制一个组织，必须做好确定方向、策划未来、激励员工、协调活动和营造一个良好内部环境等工作。为此，要全面考虑所有相关方需求，做好发展规划，为组织勾画一个清晰的远景，设定富有挑战性的目标，并实施为达到目标所需的发展战略；在一定范围内给予员工自主权，激发、鼓励并承认员工的贡献，提倡公开和诚恳的交流和沟通，建立宽松、和谐的工作环境，创造并坚持一种共同的价值观，形成组织文化。

3）全员参与。各级人员是组织之本，只有他们的充分参与，才能使他们的才干为组织带来收益。为此，要对员工进行职业道德教育，教育员工要识别影响他们工作的制约条件；在本职工作中，让员工有一定的自主权，并承担解决问题的责任。将组织的总目标分解到职能部门和层次，激励员工为实现目标而努力，并评价员工的业绩；启发员工积极提高自身素质；在组织内部提倡自由地分享知识和经验，使先进的知识和经验成为共同财富。

4）过程方法。将活动和相关的资源作为过程进行管理，可以更高效地得到期望的结果。为此，要识别质量管理体系所需要的过程；确定每个过程的关键活动，并明确其职责和义务；确定对过程的运行实施有效控制的准则和方法，对过程的进行监视和测量，并对其结果进行数据分析，发现改进机会并采取措施。

5）管理的系统方法。将质量管理体系作为一个大系统，对组成质量管理体系的各个过程加以识别、理解和管理，以实现质量方针和质量目标。为此，要建立一个以过程方法为主体的质量管理体系；明确质量管理过程的顺序和相互作用，使这些过程相互协调；控制并协调质量管理体系中各个过程的运行，并规定其运行的方法和程序；通过对质量管理体系的测量和评审，采取措施以持续改进体系，提高组织业绩。

6）持续改进。进行质量管理的目的就是保持和提高产品质量，没有改进就不可能提高。持续改进是增强满足要求能力的循环活动，通过不断寻求改进机会，采取适当的改进方式，重点改进产品的特性和管理体系的有效性。改进途径可以是日常渐进的改进活动，也可以是突破性的改进项目。为此，要使持续改进成为一种制度；对员工提供关于持续改进的方法和工具的培训，使产品、过程和体系的持续改进成为组织内每个员工的目标；为跟踪持续改进规定指导和测量的目标，承认改进结果。

7）基于事实的决策方法。对数据和信息的逻辑分析或直觉判断是有效决策的基础。以事实为依据进行决策，可以防止决策失误。为此，要收集与目标有关的数据和信息，并规定收集信息的种类渠道和职责；通过鉴别，确保数据和信息的准确性和可靠性；采取各种有效方法，对数据和信息进行分析，确保数据和信息能为使用者获得和利用；根据对事实的分析、过去的经验和直觉判断做出决策并采取行动。

8）与供方互利的关系。供方提供的产品将对组织向顾客提供满意的产品产生重要影响，能否处理好与供方的关系，影响到组织能否持续稳定地向顾客提供满意的产品。为此，要识别并选择重要供方，考虑眼前和长远利益；创造一个通畅和公开的沟通渠道，及时解决问题，联合改进活动；与重要供方共享专门技术、信息和资源，激发、鼓励和承认供方的改进及其成果。

2. ISO 9000 质量管理体系的建立和实施

（1）质量管理体系的建立

尽管质量管理体系建立在企业层面，但对于保证工程项目质量具有重要意义。建立质量管理体系，需要经历策划与总体设计、质量管理体系文件编制两个阶段。

1）质量管理体系的策划与总体设计。组织领导（最高管理者）应确保对质量管理体系进行策划，满足组织确定的质量目标要求及质量管理体系的总体要求，在对质量管理体系的变更进行策划和实施时，应保持管理体系的完整性。通过对质量管理体系的策划，确定建立质量管理体系要采用的过程方法模式，从组织的实际出发进行体系的策划和设计。

2）质量管理体系文件的编制。应在满足标准要求、确保控制质量、提高组织全面管理水平的情况下，建立一套高效、简单、实用的质量管理体系文件。质量管理体系文件包括质量手册、质量管理体系程序文件、质量计划、质量记录等。

① 质量手册。质量手册是组织质量工作的"基本法"，是组织最重要的质量法规性文件。质量手册应阐述组织的质量方针，概述质量管理体系的文件结构并能反映组织质量管理体系的总貌，起到总体规划和加强各职能部门之间协调的作用。

② 质量管理体系程序文件。是质量管理体系的重要组成部分，是质量手册的具体展开和有力支撑。质量管理体系程序文件的范围和详略程度取决于组织的规模、产品类型、过程的复杂程度、方法和相互作用以及人员素质等因素。对每个质量管理程序来说，都应视需要明确何时、何地、何人、做什么、为什么、怎么做（即 5W1H），应保留什么记录。

质量管理程序应至少包括 6 个程序，即：文件控制程序；质量记录控制程序；内部质量审核程序；不合格控制程序；纠正措施程序；预防措施程序。

③ 质量计划。是对特定的项目、产品、过程或合同，规定由谁及何时应使用哪些程序相关资源的文件。质量手册和质量管理体系程序所规定的是各种产品都适用的通用要求和方法。但各种特定产品都有其特殊性，质量计划是一种工具，将某产品、项目或合同的特定要求与现行的通用的质量管理体系程序相连接。

质量计划在组织内部作为一种管理方法，使产品的特殊质量要求能通过有效措施得以满足。在合同情况下，组织使用质量计划向顾客证明其如何满足特定合同的特殊质量要求，并作为顾客实施质量监督的依据。产品（或项目）的质量计划是针对具体产品（或项目）的特殊要求，以及应重点控制的环节所编制的对设计、采购、制造、检验、包装、运输等的质量控制方案。

④ 质量记录。是阐明所取得的结果或提供所完成活动的证据文件。质量记录是产品质量水平和组织质量管理体系中各项质量活动结果的客观反映，应如实加以记录，用以证明达到了合同所要求的产品质量，并证明对合同中提出的质量保证要求予以满足的程度。如果出现偏差，质量记录应反映针对不足之处采取了哪些纠正措施。

质量记录应字迹清晰、内容完整，并按所记录的产品和项目进行标识，记录应注明日期并经授权人员签字、盖章或作其他审定后方能生效。

（2）质量管理体系的实施和运行

为保证质量管理体系的有效运行，要做到两个到位：一是认识到位；二是管理考核到位。

开展纠正与预防活动，充分发挥内审作用是保证质量管理体系有效运行的重要环节。内审是由经过培训并取得内审资格的人员对质量管理体系的符合性及有效性进行验证的过程。对内审中发现的问题，要制定纠正及预防措施，进行质量的持续改进。

7.2 工程勘察设计阶段质量管理

建设工程勘察设计是将项目策划决策阶段所确定的质量目标和水平具体化的过程，不仅是建设工程项目质量的决定性环节，同时也会直接影响整个工程项目造价和进度目标的实现。

在工程勘察设计工作中，勘察是工程设计的重要前提和基础，勘察资料不准确，会导致采用不适当的地基处理或基础设计，不仅会造成工程造价的增加，还会使基础存在隐患。工程设计是整个工程项目的灵魂，是工程施工的依据，工程设计中的技术是否可行、工艺是否先进、经济是否合理、结构是否安全可靠等，决定了工程项目的适用性、安全性、可靠性、经济性和对环境的影响。由此可见，工程勘察设计质量管理是实现建设工程项目目标的有力保障。

7.2.1 工程勘察质量管理

1. 工程勘察的主要工作内容

在建设工程实施阶段，勘察单位根据勘察合同进行勘察的工作内容可分为设计勘察和施工勘察两类。

（1）设计勘察

根据设计深度不同，设计勘察又可分为初步设计勘察和详细勘察两种。

1）初步设计勘察。为初步设计提供依据，主要内容有：查明地层、构造、岩石和土壤的物理力学性质，地下水情况及冰冻程度；场地不良地质现象的成因、分布范围及对场址稳定性的影响及发展趋势；对设计烈度为7度或7度以上建筑要测定场地和地基的地震效应。

2）详细勘察。为施工图设计提供依据，主要内容有：查明建筑物范围内的地层结构、岩石和土壤的物理力学性质，并对地基的稳定性及承载力作出评价；提供不良地质现象及防治工程所需的计算指标和资料；查明地下水的埋藏条件和侵蚀性及地层渗透性，水位变化幅度与规律；判定地基岩石、土壤和地下水对建筑物施工和使用的影响。

（2）施工勘察

施工勘察主要是针对工程地质条件复杂或有特殊施工要求的重要工程进行的。内容有：施工验槽；深基础施工勘察和桩应力测试；地基加固处理勘察和加固效果检验；施工完成后的沉陷监测及其他有关环境工程地质的监测。

2. 工程勘察质量管理要点

（1）勘察单位资质审查

勘察单位资质是其勘察能力和水平的一个重要标志，审查勘察单位资质，是建设单位对工程勘察质量实施事前控制的重点工作。

（2）勘察方案的编制和审查

勘察单位在实施勘察前，应结合工程勘察的工作内容和深度要求，按照工程勘察规范、规程的规定，结合工程特点编制工程勘察方案。勘察方案应包括：勘察工作的内容、方法、质量要求和计划工作量；重大工程、不良地质、特殊地质工点勘察工作的内容、方法和工作量；计划进度及完成日期；提交资料的种类和数量等。

工程勘察方案应由项目负责人组织编写，由勘察单位技术负责人审核后报建设单位，建设单位在必要时，应组织专家对勘察方案进行评审，重点审核其可行性、科学性。

（3）勘察现场作业质量管理

在工程勘察现场，质量管理要点有：

1）保证现场作业人员持证上岗；

2）严格执行"勘察方案"及有关"操作规程"；

3）确保勘察仪器、设备、机具通过计量认证，严格执行管理程序；

4）落实项目负责人责任，确保其对现场的指导、监督和检查；

5）认真填写原始记录表格，并经有关人员签字。

（4）勘察文件质量管理

勘察文件资料的审核与评定是工程勘察质量管理的重要工作内容。质量管理的一般要求是：

1）工程勘察资料、图表、报告等文件要依据工程类别按有关规定进行审核，并由负责人签字；

2）工程勘察成果应齐全、可靠，满足国家有关法规、技术标准及合同要求；

3）工程勘察成果必须严格按照有关程序进行检查和验收，质量合格的，方能提供使用。对工程勘察成果的检查验收应当执行国家、行业和地方有关工程勘察成果检查验收评定的规定。

（5）后期服务质量保证

工程勘察文件交付后，勘察单位要根据工程建设进展情况做好后续阶段的勘察配合及验收工作，对施工过程中出现的地质问题要进行跟踪服务，做好监测、回访。及时参加验槽、基础工程验收和竣工验收及与地基基础有关的工程事故处理工作。

（6）勘察技术档案管理

工程项目完成后，勘察单位应将全部资料分类编目，归档保存，特别是作为质量审查和监督主要依据的原始资料。

7.2.2 工程设计质量管理

1. 工程设计各阶段工作内容和深度

（1）初步设计主要内容和深度

1）初步设计主要内容。初步设计的主要成果是根据设计任务书编制的初步设计文件，包括：设计说明书（包括设计总说明和各专业的设计说明书）、设计图纸、主要设备及材料明细表和工程概算书。

2）初步设计深度。初步设计应满足下列要求：

① 多方案比较：在充分细致论证工程项目的经济效益、社会效益、环境效益的基础上，择优推荐设计方案。

② 工程项目所包括的单项工程、单位工程要齐全，主要工程量误差应在允许范围之内。

③ 主要设备和材料明细表，要符合订货要求，可作为订货依据。

④ 工程总概算不应超过可行性研究的估算投资总额。

⑤ 满足施工图设计准备工作的要求。

⑥ 满足土地征用、造价控制、招标承包、施工准备、施工组织设计，以及生产准备等项工作的要求。

经批准的可行性研究报告中所确定的主要设计原则和方案，如建设地点、规模、主要设备、主要建设标准等，在初步设计中不应有较大变动，若有重大变动或概算突破估算投资较大时，则要申明原因，报请原审批部门批准。

（2）技术设计主要内容和深度

技术设计是根据已批准的初步设计，对设计中比较复杂的项目、遗留问题或特殊需要，通过更详细的设计和计算，进一步研究和阐明其可靠性和合理性，准确地决定各主要技术问题。

技术设计的深度和范围，基本上与初步设计一致，一般应能满足有关特殊工艺流程方面的试验、研究及确定，新型设备的试验、制作和确定，大型建筑物、构筑物等某些关键部位的试验研究和确定，以及某些技术复杂问题的研究和确定等要求。

（3）施工图设计内容和深度

1）施工图设计的主要内容。主要包括：工程施工、设备安装所需的全部图纸，重要施工、安装部位和生产环节的施工操作说明，施工图设计说明，预算书和设备、材料明细表。

在施工总图（平、剖面图）上应有设备、建筑物或构筑物、结构、管线各部分的布置，以及他们之间的相互配合、标高、外形尺寸、坐标；设备和标准件清单；预制的建筑配构件明细表等。在施工详图中，应设计非标准详图，设备安装及工艺详图，设计建、构筑物及一切配件和构件尺寸，联接、结构断面图，材料明细表及编制预算。图纸应按有关专业配套出齐，包括主体工艺、水、暖、风、电、通信、运输、自动化、设备、机械制造、水工、土建等专业。

2）施工图设计深度。施工图设计应满足下列要求：

① 材料设备的安排；

② 非标准设备和结构件的加工制作；

③ 施工图预算编制，并作为工程招标、工程结算的依据；

④ 施工组织设计编制，并满足设备安装和土建工程施工需要。

2. 工程设计质量管理要点

（1）设计单位资质审查

设计单位资质是其设计能力和水平的一个重要标志，审查设计单位资质，是建设单位对工程设计质量实施事前控制的重点工作。

（2）初步设计质量管理要点

初步设计阶段要重视方案选择，初步设计应是多方案比选的结果。初步设计阶段对设计图纸的审核，要侧重于工程项目所采用的技术方案是否符合总体方案要求，以及是否达到项目决策阶段确定的质量标准。具体审核要点如下：

1）是否满足法律法规、技术标准和功能要求；

2）是否满足有关部门的审批意见和设计要求；

3）工艺流程、设备选型的适用性、先进性及经济合理性；

4）技术参数的先进合理性、与环境协调程度、对环境保护要求的满足情况；

5）设计深度是否满足施工图设计阶段的要求；

6）采用的新技术、新工艺、新设备、新材料是否安全适用、经济合理。

根据《国务院关于投资体制改革的决定》，对于采用直接投资和资本金注入方式的政府投资项目，政府要严格审批其初步设计。

（3）技术设计质量管理要点

由于各专业的技术方案一经确定就不易更改，因此，技术设计质量管理应侧重于技术方案的研究、选择。具体管理要点如下：

1）是否符合设计任务书和批准方案所确定的使用性质、规模、设计原则和审批意见，设计文件的深度是否达到要求；

2）有无违反人防、消防、节能、抗震及其他有关设计标准；

3）总体设计中所列项目有无漏项，各项技术经济指标是否符合有关规定，总体工程与城市规划红线、坐标、标高、市政管网等是否协调一致；

4）建筑物单体设计中各部分平面布置、空间布置和相互关系、交通路线等是否合理，建筑物通风采光、安全卫生、消防疏散、装修标准等是否恰当；

5）结构选型、结构布置是否合理，给排水、热力、燃气、消防、空调、电力、电讯、电视等系统设计标准是否恰当。

（4）施工图设计质量管理要点

1）对设计过程进行跟踪监督。必要时，对单位工程施工图设计进行中间检查验收。主要检查内容包括：设计标准及主要设计参数；地基处理与基础形式的选择；结构选型及抗震设防体系；建筑防火、安全疏散、节能环保及卫生要求；以及一些特殊要求，如工艺流程、人防、暖通、恒温、恒湿、防尘、防磁、防腐蚀、防噪声、防微振、防辐射、防电波等。

2）审核验收设计单位提交的施工图设计文件。包括：

① 总体审核。首先，审查施工图纸的完整性和完备性，以及有关部门和人员的盖章签字。其次，审核工程施工设计总图和总目录。审核重点有：工艺和总图布置的合理性，项目是否齐全，有无子项目的缺漏，总图在平面和空间的布置上是否有矛盾；是否有管线"打架"、工艺与各专业"相碰"，工艺流程及相互间距是否满足标准要求。

② 总说明审核。工程设计总说明和分项工程设计总说明的审核重点有：所采用的设计依据、参数、标准是否满足质量要求，各项工程的做法是否合理，选用的设备、仪器、材料等是否先进、合理，工程措施是否合适，所提的技术标准是否满足工程需要。

③ 图纸审核。图纸核查重点有：施工图是否符合现行标准的要求；图纸是否符合现场和施工的实际条件，深度是否达到施工和安装的要求，是否达到工程质量的标准。对选型、选材、造型、尺寸、关系、节点等，进行自身质量要求的审核。

④ 其他审核。审核重点有：是否满足勘察、观测、试验等提供的建设条件；外部水、电、气及交通运输条件是否满足；是否满足与当地政府签订的建设协议，如征地、水电能源、通信导航等；是否满足建筑节能、环境保护和"三废"排放标准；是否满足施工和安全、卫生、劳动保护的要求。

3）施工图设计文件的审查。根据《房屋建筑和市政基础设施工程施工图设计文件审查管理办法》住房和城乡建设部令第13号，建设单位应当将施工图送施工图审查机构审查，但审查机构不得与所审查项目的建设单位、勘察设计企业有隶属关系或者其他利害关系。施工图审查机构对施工图审查的内容包括：

① 是否符合工程建设强制性标准；

② 地基基础和主体结构的安全性；

③ 是否符合民用建筑节能强制性标准，对执行绿色建筑标准的项目，还应当审查是否符合绿色建筑标准；

④ 勘察设计企业和注册执业人员以及相关人员是否按规定在施工图上加盖相应的图章和签字；

⑤法律、法规、规章规定必须审查的其他内容。

建设单位应当向审查机构提供的资料包括：作为勘察、设计依据的政府有关部门的批准文件及附件；全套施工图。

3. 提高工程设计质量的基本措施

（1）加强设计标准化工作

标准是对设计中重复性事物和概念所做的统一规定，是以科学技术和先进经验的综合成果为基础，经有关方面协商一致，由主管机构批准，通过制定发布和实施，为设计提供共同遵守的技术准则和依据。标准在促进技术进步、科技创新，保证设计质量方面起着重要的作用。工程设计必须严格执行工程建设强制性标准，否则，就会为工程带来一定隐患，给人民生命财产造成一定损失甚至重大损失。

（2）严把设计方案的选择与审核关

设计方案的合理性和先进性是设计质量的基础。专业设计方案的选择与审核，重点是设计参数、设计标准、设备和结构选型、功能和使用价值等方面，是否满足使用、经济、美观、安全、可靠等要求。设计评审是对设计文件综合性、系统性、文件化的检查，以评价设计是否满足相关的质量要求，找出存在的问题，并提出解决办法。设计质量应主要依据功能性、可信性、安全性、可实施性、适应性、经济性、时间性和美学等方面是否满足要求来衡量。

（3）控制设计接口

为了使设计过程中设计部门及设计各专业间能做到协调和统一，必须明确规定并切实做好设计部门与采购部门、设计内部各专业间的设计接口。设计的组织接口和技术接口应制订相应的设计接口管理程序。

（4）建立设计成果校审制度

设计文件校审是对设计所作的逐级检查和验证检查，以保证设计满足规定的质量要求。设计校审应按设计过程中规定的每一个阶段进行。对阶段性成果和最终成果质量进行严格校审，具体包括对计算依据的可靠性，成果资料的数据和计算结果的准确性，论证证据和结论的合理性，标准规范的执行，各阶段设计文件的内容和深度，文字说明的准确性，图纸的清晰与准确，成果资料的规范化和标准化等内容的校审。

（5）建立设计文件会签制度

设计文件的会签是保证各专业设计相互配合和正确衔接的必要手段，包括综合会签和专业会签两部分。通过会签，可以消除专业设计人员对设计条件或相互联系中的误解、错误或遗漏，是保证工程设计质量的重要环节。

（6）鼓励设计创新

通过开展优秀设计竞赛评比活动，激励设计人员加强基本训练，不断提高技术业务水平，鼓励设计人员增强创新意识，积极吸收应用新技术、新工艺，提出合理化建议，促进工程设计质量的提高。

7.3 工程施工阶段质量管理

工程施工阶段是工程实体最终形成阶段，也是最终形成工程产品质量和工程项目使用价值的阶段。因此，施工阶段质量管理是工程项目质量管理的重点。

7.3.1 工程施工质量管理系统过程

工程施工阶段质量管理是一个经由对投入的资源和条件进行质量控制（事前控制），进而对生产过程及各环节质量进行控制（事中控制），直到对所完成的工程产出品的质量检验与控制（事后控制）为止的全过程系统控制过程。该过程可根据施工阶段工程实体质量形成的时间段来划分；也可根据施工阶段工程实体形成过程中物质形态的转化来划分；还可将工程项目作为一个大系统，对其组成结构按施工层次加以分解来划分。

1. 根据施工阶段工程实体质量形成的时间段划分

（1）施工准备管理（事前控制）

施工准备的质量管理是指在各工程对象正式施工活动开始前，对各项准备工作及影响质量的各因素和有关方面进行的质量管理。

（2）施工过程管理（事中控制）

施工过程的质量管理对施工过程中进行的所有与施工过程有关各方面的质量管理，也包括对施工过程中的中间产品（工序或分部工程、分项工程）的质量管理。

（3）竣工验收管理（事后控制）

竣工验收管理是指对通过施工过程所完成的具有独立功能和使用价值的最终产品（单位工程、单项工程或整个工程项目）及其有关方面（如工程文件等）的质量管理。

工程施工质量事前、事中、事后控制的系统过程及其所涉及的主要方面如图 7-2 所示。

2. 根据工程实体形成过程中物质形态的转化划分

由于工程施工是一项从投入开始、经施工与安装到产出的物质生产活动，因此，施工阶段质量管理的系统过程也是一个经由上述三个阶段的系统管理过程：

1）对投入物质资源质量的控制。

2）施工及安装生产过程质量控制。即在使投入的物质资源转化为工程产品的过程中，对影响产品质量的各因素、各环节及中间产品的质量进行管理。

3）对完成的工程产出品质量的控制与验收。

在上述三个阶段的系统过程中，前两阶段对于最终产品质量的形成具有决定性作用，而所投入的物质资源的质量控制对最终产品质量又具有举足轻重的影响。因此，在质量管理的系统过程中，无论是对投入物质资源的控制，还是对施工及安装生产过程的管理，都应当对影响工程实体质量的五个重要因素方面，即对施工有关人员因素、材料（包括半成品、构配件）因素、机械设备因素（永久性设备及施工设备）、施工方法（施工方案、方

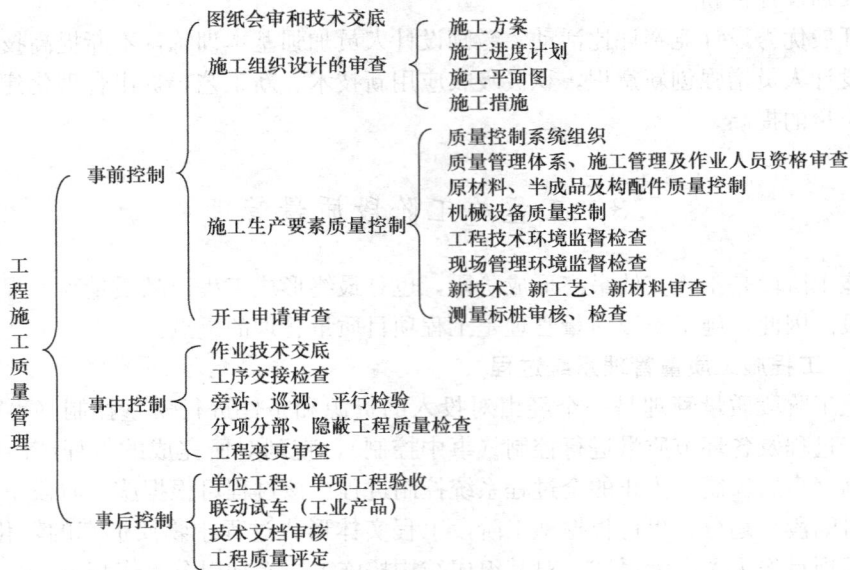

图 7-2 工程施工质量管理的系统过程

法及工艺）因素以及环境因素等，进行全面管理。影响工程质量各因素的构成如图 7-3 所示。

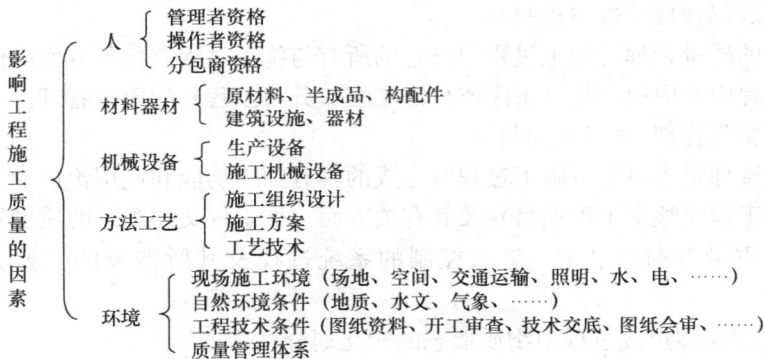

图 7-3 影响工程质量的因素

3. 根据工程项目施工层次结构划分

任何一个大中型工程项目通常都可划分为若干层次，如单项工程、单位工程（子单位工程）、分部工程（子分部工程）和分项工程等层次。各组成部分之间具有一定的先后顺序。显然，工序施工质量控制是最基本的质量控制，它决定了有关分项工程质量；而分项工程质量决定了分部工程质量，分部工程质量又决定了其所在单位工程质量，各单位工程（单项工程）的质量最终决定了整个工程项目质量。

7.3.2 工程施工准备阶段质量管理

1. 图纸会审和技术交底

图纸会审的目的有两个方面：一是使施工单位和各参建单位熟悉设计图纸，了解工程特点和设计意图，找出需要解决的技术难题，并制定解决方案；二是为了解决图纸中存在的问题，减少图纸中的差错，将图纸中的质量隐患消灭在萌芽之中。设计交底的目的是对施工单位和监理单位正确贯彻设计意图，使其加深对设计文件特点、难度、疑点的理解，掌握关键工程部位的质量要求，确保工程质量。

图纸会审工作一般在施工单位完成自审的基础上，由建设单位主持，监理单位组织，设计单位、施工单位等有关人员参加。对于复杂的大型工程项目，建设单位应先组织技术部门各专业技术人员进行预审，将问题汇总，并提出初步处理意见，在图纸会审前做到心中有数。会审各方都应充分准备、认真对待，彻底了解、融会贯通设计意图及技术要求，并能发现问题，提出建议和意见，提高图纸会审的工作质量，将图纸上的差错、缺陷纠正和补充完成在施工之前。

建设单位有责任组织设计单位对于图纸的设计意图、工程技术与质量要求等向施工单位和监理单位做出明确的技术交底。通过图纸会审和技术交底，重点应解决以下问题：

1）理解设计意图和建设单位对工程建设的要求。

2）审查设计深度是否满足指导施工的要求，采用新技术、新工艺、新材料、新设备的，工程结构是否安全合理。

3）审查设计方案及技术措施贯彻国家及行业标准的情况。

4）根据设计图纸要求，审查施工单位组织施工的条件是否具备，施工现场能否满足施工需要。

5）审查图纸上的工程部位、高程、尺寸及材料标准等数据是否准确一致，各类图纸在结构、管线、设备标注上有无矛盾，各种管线走向是否合理，与地上建筑、地下构筑物的交叉有无矛盾等。如发现错误，应提出更正，避免影响工期及增加投资。

6）施工单位应检查图纸上标明的工作范围与合同中明确的有无差异，如因差异较大将影响工期及造价时，应向监理工程师提出工程变更。如图纸所描述的工程超出合同规定的工作范围应属额外工程，在费用和工期方面应与建设单位另行讨论。

图纸会审时要有专人做好记录，会后做出会审纪要，注明会审时间、地点、主持单位及参加单位、参会人员。就会审中提出的问题，着重说明处理和解决的意见与办法。会审纪要经参加会审的单位签字认同后，一式若干份，分别送交有关单位执行及存档，将作为竣工验收依据文件的组成部分。

2. 施工组织设计的编制与审查

（1）施工组织设计的编制

施工单位在工程施工前，应按合同约定的工作内容，结合工程特点编制施工组织设计。施工组织设计应包括：施工方案；施工进度计划和保证措施；劳动力及材料供应计划；施工机械设备的选用；工程质量保证体系及措施；安全生产、文明施工措施；环境保护、成本控制措施；施工平面图等。

施工组织设计应由施工项目经理组织编制，由施工单位技术负责人审核后报项目监理机构审查。

（2）施工组织设计的审查

施工组织设计审查的内容包括：施工方案、施工进度计划、施工平面图以及材料、劳动力、设备需用计划等。

1) 施工方案的审查。施工方案是施工组织设计的核心，方案确定的优劣直接影响到现场的施工组织及质量。施工方案的审查重点包括以下内容：

① 主要施工过程的施工方法和施工机械的确定；

② 施工流向和施工顺序的确定；

③ 各项施工技术组织措施的确定。

2) 施工进度计划的审查。施工进度计划应符合招标文件及施工合同中对工期的要求，必须具备真实性和科学性。真实性要求施工单位根据现场的施工条件和组织管理能力进行编制，真实反映施工单位按进度计划组织施工的可能性；科学性要求施工进度计划安排得既合理、又符合施工合同的要求，确保工程质量。

3) 施工平面图的审查。施工平面图是安排和布置施工现场的基本依据，也是施工现场组织文明施工和加强科学管理的重要条件。在施工的不同阶段，现场的施工内容不同，要求具备反映相应内容的施工平面图。施工平面图的审查重点包括：

① 施工平面图的内容是否全面；

② 空间利用是否合理；

③ 料场，取弃土方地点、路线等安排是否合理；

④ 安全、消防、节能、环保等方面要求是否满足。

4) 材料、劳动力、设备需用计划的审查。主要审查工程项目所需的材料、劳动力和设备是否能得到供应，主要建筑材料的规格型号、性能技术参数及质量标准能否满足工程需求；材料、劳动力、设备供应计划是否与施工进度计划相协调，能否保证施工进度计划的顺利实施。

3. 施工现场准备工作

(1) 施工现场"五通一平"方面的准备

1) 场地平整度和压实程度应满足施工质量要求；

2) 测量数据及水准点的埋设应满足施工要求；

3) 施工道路的布置及路况质量应满足运输要求；

4) 水、电、热及通讯等的供应质量应满足施工要求。

(2) 组织准备

组织准备应满足施工要求，包括：建立和完善施工项目管理组织机构；集结施工队伍；对施工队伍进行入场教育；制定施工现场管理制度等。

(3) 物质准备

物质准备应满足施工要求，包括：建筑材料、构配件和制品加工、施工机具、生产工艺设备的准备等。

4. 第一次工地会议

工程项目开工前，建设单位应组织召开第一次工地会议，监理单位、施工单位有关人员参加。会议主要内容包括：

1) 建设单位、施工单位和监理单位分别介绍各自驻现场的组织机构、人员及其分工；

2) 建设单位根据工程监理合同宣布对总监理工程师的授权；

3) 建设单位介绍工程开工准备情况；

4) 施工单位介绍施工准备情况；

5）建设单位和总监理工程师对施工准备情况提出意见和要求；

6）总监理工程师介绍监理规划的主要内容；

7）研究确定各方在施工过程中参加工地例会的主要人员，召开工地例会周期、地点及主要议题。

第一次工地会议纪要应由项目监理机构负责起草，并经与会各方代表会签。

7.3.3 工程施工过程质量管理

1. 施工作业技术交底

按施工技术管理程序，施工单位应在分项、分部工程施工前逐级进行技术交底。施工单位做好技术交底是保证工程施工质量条件之一。施工作业技术交底是对施工组织设计或施工方案的具体化，是更细致、明确、更加具体的技术实施方案，是关键工序、分项分部工程施工的具体指导文件。

为做好施工作业技术交底，项目经理部必须由主管技术人员编制技术交底书，并经项目技术负责人批准。关键部位或技术难度大、施工复杂的检验批、分项工程施工前，施工单位的技术交底书要报项目监理机构。经项目监理机构审查后，如技术交底书不能保证作业活动的质量要求，施工单位要进行修改补充。没有做好技术交底的工序或分项工程，不得正式实施。

技术交底的内容包括作业技术要领、质量标准、施工依据、与前后施工工序的关系等。技术交底要紧紧围绕和具体施工有关的操作者、机械设备、使用到材料、构配件、方法、环境、具体管理措施等方面进行。

2. 作业活动运行过程管理

工程施工质量是在施工过程中形成的，而施工过程又是由一系列相互联系与制约的作业活动所构成，因此，保证作业活动的效果与质量是施工过程质量管理的基础。

（1）工序质量管理

在作业活动运行过程中，工序质量管理最为重要。工序是构成生产的基本单位，工序质量将直接影响工程项目的整体质量。应根据各工序的特点，按照相关的质量标准，对工序质量进行管理。

工序质量管理的内容主要包括工序活动条件的控制和工序活动效果的控制两个方面。其中，工序活动条件控制包括的内容较多，主要包括对每道工序投入的材料，使用的工具、设备及操作工艺及环境条件等是否符合施工组织设计的要求，同时，检查工序施工人员的操作程序、操作质量是否符合质量规程要求；工序活动效果控制即是对质量控制点和工序施工中间产品的质量进行检查和验收。

质量控制点是指为了保证作业过程质量而确定的重点控制对象、关键部位或薄弱环节。施工单位在工程施工前应根据施工过程质量控制的要求，列出质量控制点明细表，详细地列出各质量控制点的名称或控制内容、检验标准及方法等，提交项目监理机构审查批准后，在此基础上实施质量预控。

质量控制点应选择那些质量保证难度大、对质量影响大或者是发生质量问题时危害大的对象作为质量控制点。其原则一般是：施工过程中的关键工序或环节以及隐蔽工程；施工中的薄弱环节，或质量不稳定的工序、部位或对象；对后续工程施工或对后续工序质量或安全有重大影响的工序、部位或对象；采用新技术、新工艺、新材料的部位或环节；施工中无足够把握、施工条件困难或技术难度大的工序环节等。

（2）施工单位的自检体系

施工单位是施工质量的直接实施者和责任者。施工单位的自检体系表现在以下几点：

1）作业活动的作业者在作业结束后必须进行自检。每一作业活动完成时，应当由完成该作业活动的作业者对其进行仔细检查，由于作业者熟悉其完成的作业活动，并负有一定的责任，因此，作业者必须进行自检。

2）不同工序交接、转换必须由相关人员进行交接检查。交接检查是作业方式的转换及作业活动效果的中间确认。上道工序应满足下道工序的施工条件和要求，对相关专业工序之间也是如此。通过工序间的交接验收，使各工序之间和相关专业工程之间形成一个有机整体。

3）施工单位专职质量检查员的检查。专职质量检查人员应按质量标准对完成的作业活动进行检查，若有问题，应要求作业人员进行整改。只有通过专职质量检查员的检查后，才能报请项目监理机构进行检查。

为实施上述"三检"制度，施工单位必须有整套的制度及工作程序；具有相应的实验设备及检验仪器，配备数量满足需要的专职质量检查人员及试验检测人员。

（3）项目监理机构的检查

监理单位派驻的项目监理机构的质量检查与验收，是对施工单位作业活动质量的复核与确认；项目监理机构的检查绝不能代替施工单位的自检，而且项目监理机构的检查必须是在施工单位自检并确认合格的基础上进行。施工单位专职质量检查员未检查或检查不合格的，不能报请项目监理机构检查。不符合上述规定，项目监理机构一律拒绝进行检查。

3. 中间产品的质量管理

中间产品泛指作业工序的产出品和分项工程，对中间产品进行质量管理是十分有必要的，只有作业活动的中间产品质量都符合要求，才能保证最终工程项目产品的质量。

（1）基槽基坑验收

基槽开挖是基础工程施工中的一项内容，由于其质量状况对后续工程质量影响大，故均作为一个关键工序或一个检验批进行质量检验。由于部位的重要性，基槽开挖验收除建设单位、监理单位和施工单位参加外，要有勘察设计单位和工程质量监督机构参加，经现场检查，测试其地基承载力是否达到标准要求、地质条件是否与设计相符。如与设计相符，则共同签署验收资料；如达不到设计要求或与勘察设计资料不符，则应采取处理措施或进行工程变更，由设计单位提出处理方案，经施工单位实施完毕后重新验收。

（2）隐蔽工程验收

隐蔽工程验收是指前面工序将被后面工序施工所隐蔽的分项、分部工程，在隐蔽前所进行的检查验收。由于检查对象要被其后工序覆盖，给以后的检查造成障碍，因此，隐蔽工程验收对控制整个工程质量十分重要。

隐蔽工程施工完毕，施工单位按有关技术标准、施工图纸先进行自检，自检合格后填写《隐蔽工程报验申请表》，附上相应的隐蔽工程检查记录、试验报告、复试报告及有关材料证明等，报送建设单位或项目监理机构。项目监理机构收到报验申请后，首先对质量证明资料进行审查，并在合同规定时间内到现场检查，施工单位的专职质量检查员及相关施工人员应随同一起到现场。经现场检查，如符合质量要求，监理工程师在《隐蔽工程报验申请表》及隐蔽工程检查记录上签字确认，准予施工单位隐蔽、覆盖，进入下一道工序；如经现场检验不合格，监理工程师指令施工单位整改，整改后自检合格的，再报请项目监理机构进行复查。

（3）成品保护

所谓成品保护，一般是指在施工过程中，有些分项工程已经完成，而其他一些分项工程尚在施工；或者是在其分项工程施工过程中，某些部位已经完成，而其他部位正在施工。在这种情况下，施工单位必须负责对已完成部分采取妥善措施予以保护，以免因成品缺乏保护或保护不善而造成操作损坏或污染，影响工程整体质量。

监理工程师应对施工单位成品保护工作的质量与效果进行经常性检查。对施工单位进行成品保护的基本要求是：在施工单位向建设单位提出工程竣工验收申请或向监理工程师提出分部分项工程中间验收时，其提请验收工程的所有组成部分均应符合合同文件规定或施工图纸等技术文件所要求的质量标准。

（4）不合格处理

上道工序不合格，不准进入下道工序施工，不合格的材料、构配件、半成品不准进入施工现场且不得使用，已经进场的不合格品应及时做出标识、记录，指定专人看管，避免用错，并限期清除出现场。不合格的工序或工程产品，不予计价。

4. 分部分项工程验收

分部分项工程完成后，施工单位应首先进行自检，确认符合设计文件及相关验收规范后，报请项目监理机构进行检查验收。项目监理机构按合同文件的要求，根据施工图纸及有关文件、技术标准等，从外观、几何尺寸、质量证明材料及工程实体质量等方面进行检查、审核。如确认其质量符合要求，则予以确认验收。如有质量问题，则指令施工单位进行处理，待质量符合要求后再予以检查验收。对涉及结构安全和使用功能的重要分部分项工程，应进行抽样检测。

5. 工程变更管理

在工程施工过程中，建设单位、监理单位、设计单位、施工单位。由于工程变更可能来自许多方面，因而只要工程变更在客观上需要发生，项目监理机构就可以向施工单位发出指令，对工程进行变更。然而，频繁的变更对保持质量的统一性与稳定性不利，对工程本身质量的要求也有可能产生偏差。因此，工程变更管理对保证工程质量极为重要。工程变更处理程序如图 7-4 所示。

控制工程变更的有效措施体现在以下几个方面：

（1）做好工程设计优化工作

工程项目的具体内容明确地反映在设计图纸上，建设单位提供的设计委托书是进行工程设计的主要依据。为了有效地控制工程变更，首先要做到设计委托书的内容详实、明确，并能切实反映建设单位的意图，设计人员才能准确完成设计任务；其次要实现专人负责、全过程动态管理，建设单位派专业人员与设计人员沟通，确保设计方案与建设单位的要求一致；最后，将专业配套及二次装修工程与整体设计统一考虑，不仅可以解决专业间的相互冲突问题，而且可以保证工程质量。

（2）做细图纸会审工作

图纸会审能及时发现和更改工程设计中考虑不周之处，以免在施工中返工造成巨大浪

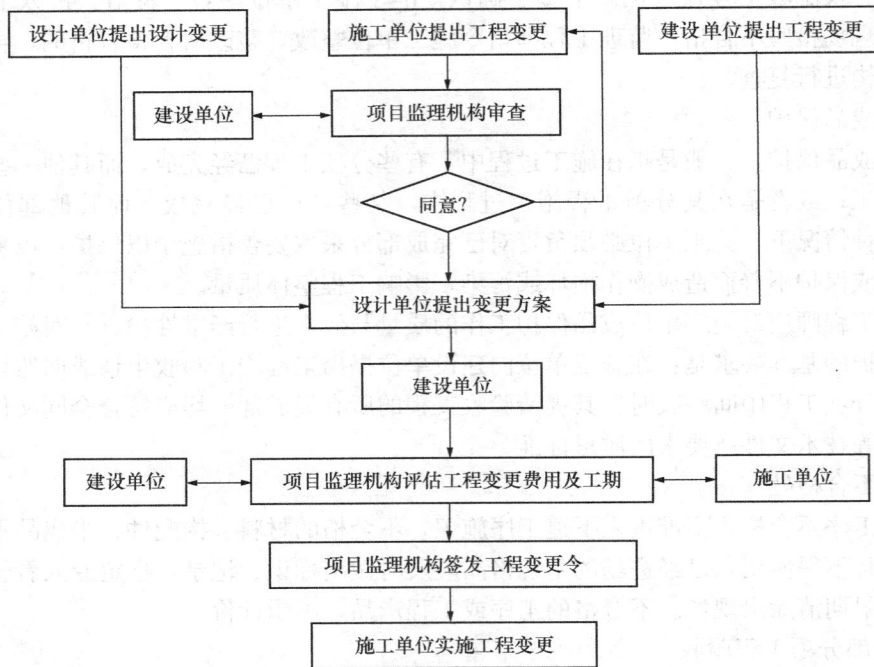

图 7-4　工程变更管理程序

费。图纸会审的主要工作有两大部分：一是要注意查看使用功能是否符合要求；二是要注意审查经济性是否合理。

（3）做实工程变更管理工作

为了加强工程变更管理，建设单位应建立一套工程变更管理办法，制定相应的规章制度，健全管理机构，明确责任，严格工程变更的审查和审批程序，推行工程变更评审制，确保变更工作项目、工程量和变更单价的合理性。

6. 对分包单位的审查和管理

保证分包单位的质量，是保证工程施工质量的一个重要环节和前提。因此，项目监理机构应对分包单位资质进行严格控制和有效管理。

（1）确认分包单位资格

施工单位选定分包单位后，应报请项目监理机构审查。项目监理机构主要是审查分包单位是否具有按工程分包合同规定的条件完成分包工程任务的能力。如果认为该分包单位不具备分包条件，则不予批准。如果认为该分包单位基本具备分包条件，则应在进一步调查后予以书面确认。

（2）对分包单位的管理

项目监理机构对分包单位的管理应注意以下问题：

1）严格执行监理程序。在分包单位进场后，项目监理机构应亲自或指令总承包单位向分包单位交待清楚各项监理程序，并要求分包单位严格遵照执行，若发现分包单位在执行中有违反规定的行为，项目监理机构应及时发出指令要求总承包单位及时整改。

2）鼓励分包单位参加工地会议。分包单位是否参加工地会议，通常是由总承包单位决定的。但在必要时，项目监理机构可向总承包单位提出分包单位参加工地会议的建议，以便加强分包单位对工程情况的了解，提高其实施工程计划的主动性和自觉性。

3）检查分包单位的现场工作情况。项目监理机构一方面要督促总承包单位严格监督分包单位履行合同和认真实施分包工程，保证分包工程质量；另一方面也应对分包单位的现场工作进行监督检查，检查的重点主要有：分包单位的设备使用情况；分包单位的施工人员情况；分包工程质量是否符合工程分包合同中规定的标准。

4）对分包单位的制约与控制。为了保证工程质量，避免或减少由于分包单位不规范的施工行为所带来的损失，项目监理机构可通过采取以下手段和指令，对分包单位进行有效的制约与控制：

①停止施工。当分包单位违反合同、规范及监理程序，而且不积极接受项目监理机构提出的意见予以改进时，项目监理机构有权书面指令总承包单位暂停其施工，直到工作得到改进、获得满意结果。

②拒绝签署付款凭证。分包单位的施工质量未达到合同要求的标准时，项目监理机构有权拒绝签署与之有关的付款证明。

③取消分包资格。项目监理机构若发现分包单位由于技术能力差，无法按合同要求保证分包工程质量；或分包单位无视项目监理机构警告，坚持忽视分包工程质量和进度要求，造成严重危害和影响时，项目监理机构可书面建议或要求总承包单位取消其分包资格。

7. 工程质量资料管理

项目监理机构可以采用施工质量跟踪档案的方法，对施工单位所施工的分部分项工程的每道工序质量形成过程实施严密、细致和有效的监督管理。

施工质量跟踪档案是施工全过程实施质量管理活动的全景记录，包括各自的有关文件、图纸、试验报告、质量合格证、质量自检单、项目监理机构的质量验收单、各工序的质量记录、不符合项报告及处理情况等，还包括项目监理机构对质量管理活动的意见和施工单位对这些意见的答复与处理结果。施工质量跟踪档案不仅对工程施工过程质量管理有重要作用，而且可以为查询工程施工过程质量情况以及工程维修管理提供大量有用的资料信息。

7.3.4　工程质量缺陷及事故处理

工程质量缺陷是指建设工程施工质量检验中发现的不符合规定要求的检验项或检验点；工程质量事故是指对工程结构安全、使用功能和外形观感影响较大、损失较大的质量损伤。

1. 工程质量缺陷的处理

（1）工程质量缺陷的处理方式

在工程施工过程中，项目监理机构如发现工程项目存在不合格项或质量问题，应根据其性质和严重程度按如下方式处理：

1）当施工质量问题处在萌芽状态时应及时制止，并要求施工单位立即更换不合格材料、设备或不称职人员，或要求施工单位立即改变不正确的施工方法和操作工艺。

2）当因施工质量问题已出现时，应立即要求施工单位对质量问题进行补救处理，并采取足以保证施工质量的有效措施后，报告项目监理机构。

3）当某道工序或分项工程完工以后出现不合格项时，项目监理机构应要求施工单位及时采取补救措施予以整改。项目监理机构应对其补救方案进行确认，跟踪处理过程，对处理结果进行验收，否则，不允许进行下道工序或分项工程的施工。

（2）工程质量缺陷的处理程序

当发现工程质量缺陷时，应按下列程序进行处理：

1）当发现工程质量缺陷时，项目监理机构首先应判断其严重程度。对可以通过返修或返工弥补的质量缺陷可责成施工单位提出处理方案，报项目监理机构审核后，由施工单位采取措施进行处理。对于比较严重的工程质量缺陷，应要求施工单位写出质量缺陷调查报告。

2）施工单位接到项目监理机构通知后，应尽快进行调查并按要求编写质量缺陷调查报告。调查报告的主要内容应包括：

① 与质量缺陷相关的工程情况；

② 质量缺陷发生的时间、地点、部位、性质、现状及发展变化等详细情况；

③ 调查中的有关数据和资料；

④ 原因分析与判断；

⑤ 需要采取的临时防护措施；

⑥ 质量缺陷处理补救的建议方案；

⑦ 涉及的有关人员和责任及预防该质量缺陷重复出现的措施。

3）项目监理机构审核分析质量缺陷调查报告，判断和确认质量缺陷产生的原因。必要时，项目监理机构应组织设计单位、施工单位、供货单位和建设单位各方共同参加分析。

4）项目监理机构征得设计单位和建设单位同意后，审核签认质量缺陷处理方案。

5）项目监理机构指令施工单位按签认的处理方案实施处理并进行跟踪检查。发生的质量缺陷不论是否由于施工单位原因造成，通常都应由施工单位负责实施处理。处理质量缺陷所需费用由责任单位承担，如果不属于施工单位原因而造成进度拖延，则应批准工程延期。

6）质量缺陷处理完毕，项目监理机构应组织有关人员对处理结果进行严格的检查、鉴定和验收，写出质量缺陷处理报告，报建设单位和监理单位存档。质量缺陷处理报告的主要内容包括：

① 基本处理过程描述；

② 调查与核查情况，包括调查的有关数据、资料；

③ 原因分析结果；

④ 处理依据；

⑤ 审核认可的质量缺陷处理方案；

⑥ 实施处理中的有关原始数据、验收记录、资料；

⑦ 对处理结果的检查、鉴定和验收结论；

⑧ 质量缺陷处理结论。

2. 工程质量事故及其处理

（1）工程质量事故等级

根据工程质量事故造成的人员伤亡或者直接经济损失不同，工程质量事故可分为四级：

1）特别重大事故。是指造成 30 人及以上死亡，或者 100 人及以上重伤，或者 1 亿元及以上直接经济损失的事故。

2）重大事故。是指造成 10 人及以上 30 人以下死亡，或者 50 人及以上 100 人以下重伤，或者 5000 万元及以上 1 亿元以下直接经济损失的事故。

3）较大事故。是指造成 3 人及以上 10 人以下死亡，或者 10 人及以上 50 人以下重伤，或者 1000 万元及以上 5000 万元以下直接经济损失的事故。

4）一般事故。是指造成 3 人以下死亡，或者 10 人以下重伤，或者 1000 万元以下直接经济损失的事故。

（2）工程质量事故处理程序

1）工程暂停。工程质量事故发生后，项目监理机构应及时签发工程暂停令，要求停止质量缺陷部位和与其有关联部位及下道工序的施工，并要求施工单位采取必要的措施，防止事故扩大并保护好现场。

2）质量事故报告。质量事故发生单位应迅速按类别和等级向相应的主管部门上报，并在 24 小时内写出书面报告。质量事故报告一般包括以下主要内容：

① 事故发生的工程名称、部位、时间、地点；

② 事故经过及主要状况和后果；

③ 事故原因的初步分析；

④ 现场已采取的控制事态的措施；

⑤ 相关各种资料。

3）质量事故调查处理。各级主管部门处理权限及组成调查组权限如下：特别重大质量事故由国务院按有关程序和规定处理；重大质量事故由国务院建设主管部门归口管理；严重质量事故由省、自治区、直辖市建设主管部门归口管理；一般质量事故由市、县级建设主管部门归口管理。质量事故调查组的职责如下：

① 查明事故发生的原因、过程及严重程度和经济损失情况；

② 查明事故的性质、责任单位和主要责任人；

③ 组织技术鉴定；

④ 明确事故主要责任单位和次要责任单位，承担经济损失的划分原则；

⑤ 提出技术处理意见及防止类似事故再次发生应采取的措施；

⑥ 提出对事故责任单位和责任人的处理建议。

事故处理包括两大方面：一方面是事故的责任处罚，根据事故性质、损失大小、情节轻重对责任单位和责任人做出行政处分直至追究刑事责任等的不同处罚；另一方面是事故技术处理，解决施工质量不合格和缺陷问题。工程质量事故的技术处理报告主要内容为：

① 工程质量事故情况、调查情况、原因分析；

② 工程质量事故处理依据；

③ 工程质量事故处理方案；

④ 对处理结果的检查鉴定和验收；

⑤ 工程质量事故处理结论。

4）恢复施工。对停工整改、处理质量事故的工程，经过对施工质量的处理过程和处理结果的全面检查验收，并有明确的质量事故处理鉴定意见后，项目监理机构签发工程复工令，恢复工程正常施工。

7.3.5 工程竣工验收管理

工程竣工验收是工程施工过程质量管理的最后阶段，同时也是工程项目从建设实施转入使用的必经环节。在工程竣工验收的各个环节，施工单位、监理单位、设计单位、建设单位等不同程度地参与其中，从而实现对工程质量的管理。

1. 工程质量验收规范体系

工程竣工验收的主要依据除有关法律法规、设计文件、工程合同外，最重要的就是一系列工程质量验收规范。以建筑工程为例，工程质量验收规范体系包括以下主要内容：

（1）《建筑工程施工质量验收统一标准》GB 50300；

（2）《建筑地基基础工程施工质量验收规范》GB 50202；

（3）《砌体工程施工质量验收规范》GB 50203；

（4）《混凝土结构工程施工质量验收规范》GB 50204；

（5）《钢结构工程施工质量验收规范》GB 50205；

（6）《木结构工程施工质量验收规范》GB 50206；

（7）《屋面工程质量验收规范》GB 50207；

（8）《地下防水工程质量验收规范》GB 50208；

（9）《建筑地面工程施工质量验收规范》GB 50209；

（10）《建筑装饰装修工程质量验收规范》GB 50210；

（11）《建筑给水排水及采暖工程施工质量验收规范》GB 50242；

（12）《通风与空调工程施工质量验收规范》GB 50243；

（13）《建筑电气工程施工质量验收规范》GB 50303；

（14）《电梯工程施工质量验收规范》GB 50310。

2. 工程质量验收层次及内容

工程质量验收层次可划分为：检验批、分项工程、分部（子分部）工程、单位（子单位）工程。其中，检验批和分项工程是质量验收的基本单元，分部工程是在所含全部分项工程验收的基础上进行验收的，他们是在施工过程中随完工随验收；而单位工程是完整的具有独立使用功能的建筑产品，进行最终的竣工验收。

（1）检验批质量验收

1）检验批及其合格质量规定。检验批是指按同一的生产条件或按规定的方式汇总起来供检验用的、由一定数量样本组成的检验体。检验批可根据施工及质量控制和专业验收需要进行划分。检验批合格质量应符合下列规定：

① 主控项目和一般项目的质量经抽样检验合格；

② 具有完整的施工操作依据、质量检查记录。

2）检验批验收内容。包括质量资料的检查和主控项目、一般项目的检验两个方面。

① 资料检查。主要包括：图纸会审、设计变更、洽商记录；建筑材料、成品、半成品、建筑构配件、器具和设备的质量证明书及进场检（试）验报告；工程测量、放线记录；按专业质量验收规范规定的抽样检验报告；隐蔽工程检查记录；施工过程记录和施工

过程检查记录；新材料、新工艺的施工记录；质量管理资料和施工单位操作依据等。

② 主控项目和一般项目的检验。主控项目是对检验批的基本质量起决定性影响的检验项目，因此，必须全部符合有关专业工程验收规范的规定。这意味着主控项目不允许有不符合要求的检验结果，即主控项目的检查具有否决权。

一般项目的抽查结果允许有轻微缺陷，因为其对检验批的基本性能仅造成轻微影响；但不允许有严重缺陷，因为其会显著降低检验批的基本性能，甚至引起失效，故必须加以限制。各专业工程质量验收规范均给出了抽样检验项目允许的偏差及极限偏差。检验合格条件为：检验结果偏差在允许偏差范围以内，但偏差不允许有超过极限偏差的情况。

（2）分项、分部工程质量验收

1）分项工程质量合格规定：

① 分项工程所含的检验批均应符合合格质量规定；

② 分项工程所含的检验批的质量验收记录应完整。

2）分部（子分部）工程及其质量合格规定：

① 分部（子分部）工程所含分项工程的质量均应验收合格；

② 质量控制资料应完整；

③ 地基与基础、主体结构和设备安装等分部工程有关安全及功能的检验和抽样检测结果应符合有关规定；

④ 观感质量验收应符合要求。

3）分部（子分部）工程质量验收。分部（子分部）工程的质量验收在其所含各分项工程质量验收的基础上进行。首先，分部工程的各分项工程必须已验收且相应的质量管理资料文件必须完整，这是验收的基本条件。此外，由于各分项工程的性质不尽相同，因此，作为分部工程不能简单地组合后加以验收，尚须增加以下两类检查：

① 涉及安全和使用功能的地基基础、主体结构、有关安全及重要使用功能的安装分部工程，应进行送样试验或抽样检测；

② 观感质量验收往往难以定量，只能以观察、触摸或简单量测的方式进行，并由个人的主观印象判断，检查结果并不给出"合格"或"不合格"的结论，而是综合给出质量评价。评价的结论为"好"、"一般"和"差"三种。对于"差"的检查点应通过返修处理等进行补救。

（3）单位（子单位）工程质量验收

1）单位（子单位）工程合格质量规定：

①单位（子单位）工程所含分部（子分部）工程的质量应验收合格；

②质量管理资料应完整；

③单位（子单位）工程所含分部工程有关安全和功能的检验资料应完整；

④ 主要功能项目的抽查结果应符合相关专业质量验收规范的规定；

⑤观感质量验收应符合要求。

2）单位（子单位）工程质量竣工验收内容

单位工程质量验收是工程项目投入使用前的最后一次验收，也是最重要的一次验收。验收合格的条件有五个：除构成单位工程的各分部工程应该合格，并且有关资料文件应完整以外，还应进行以下三方面的检查：

①对涉及安全和使用功能的分部工程进行检验资料的复查。不仅要全面检查其完整性（不得有漏检缺项），而且对分部工程验收时补充进行的见证抽样检验报告也要进行复核。这种强化验收的手段体现了对安全和主要使用功能的重视。

②对主要使用功能进行抽查。使用功能的检查是对工程施工和设备安装最终质量的综合检查，也是用户最为关心的内容。因此，在分项、分部工程验收合格的基础上，竣工验收时须再作全面检查。抽查项目是在检查资料文件的基础上由参加验收的各方人员商定，并用计量、计数的抽样方法确定检查部位。检查时按有关专业工程施工质量验收标准的要求进行。

③由参加验收的各方人员共同进行观感质量检查。检查的方法、内容、结论等应在分部工程的相应部分中阐述，最后共同确定是否通过验收。

3. 工程竣工验收程序

（1）竣工自检

当施工单位完成工程项目，确认已达到竣工验收条件后，应及时组织本单位有关部门进行自检，填写工程质量竣工验收记录、质量管理资料核查记录、工程质量观感记录表等，对工程施工质量是否合格作出结论。

对于施工单位独家承包的工程项目，应由施工单位技术负责人组织项目经理及项目经理部技术负责人、施工管理人员和其他相关部门人员对施工质量进行检验，并做好质量检验记录。

对于分包工程项目，分包单位项目经理部应完成各项竣工条件的自检工作后，报总承包单位进行复检。

施工单位组织自检的内容包括：

1）设计文件、图纸和合同约定的各项内容的完成情况；

2）工程技术档案和施工管理资料；

3）工程所用建筑材料、构配件、商品混凝土和设备的进场试验报告；

4）涉及工程结构安全的试块、试件及有关材料的试验报告；

5）地基与基础、主体结构等重要部位质量验收报告签证情况；

6）建设主管部门、质量监督机构、项目监理机构或其他有关部门要求整改的执行情况；

7）单位工程质量自评情况；

8）工程质量保修书。

施工单位通过工程竣工自检，确认工程项目达到竣工报验条件后，应向项目监理机构递交工程竣工报验单和工程竣工资料，提请项目监理机构组织竣工预验收，审查工程项目是否符合正式竣工验收条件。

（2）竣工预验收

项目监理机构接到施工单位递交的工程竣工报验单和竣工资料后，总监理工程师应组织专业监理工程师对施工单位报送的竣工资料进行审查，并组织竣工预验收，对存在的问题要求施工单位及时进行整改。施工单位整改完毕后，应报告项目监理机构，由总监理工程师签署工程竣工报验单，并提出工程质量评估报告。

项目监理机构提出的工程质量评估报告应包括以下主要内容：

1）工程概况；

2）本工程各主要参建单位；

3）主要施工方法、施工工艺；

4）工程质量验收情况；

5）工程质量事故及其处理情况；

6）工程竣工资料审查情况；

7）工程质量评估结论。

施工单位根据项目监理机构签认的工程竣工报验单和工程质量评估报告，通过项目监理机构向建设单位递交工程竣工验收申请报告。

（3）正式竣工验收

建设单位收到施工单位递交的工程竣工验收申请报告后，应组织勘察、设计、施工、监理等有关单位，在确定的时间和地点组织工程正式竣工验收。如果建设单位在规定或约定的时间内不进行竣工验收，或不提出修改意见，应该视为施工单位递交的工程竣工验收申请报告被认可。

1）竣工验收的组织。工程竣工验收的组织要根据工程项目的重要性、规模、隶属关系等情况而定。对于重点工程、大型项目、技术复杂的工程应成立验收委员会，对于一般小型项目则可组成验收小组。

竣工验收工作由建设单位组织，参加竣工验收的单位应包括勘察单位、设计单位、施工单位、监理单位和其他有关单位。

2）竣工验收委员会或小组的职责：

① 听取各单位的工作情况报告；

② 审查竣工档案资料；

③ 对工程质量进行综合性的评估、鉴定；

④ 形成竣工验收会议纪要；

⑤ 签署工程竣工验收报告；

⑥ 对遗漏问题作出处理决定。

3）工程竣工验收报告的主要内容：

① 工程概况。其中包括工程名称、工程地址、建设规模、开工及竣工日期、建设单位、勘察单位、设计单位、施工单位、监理单位、质量监督机构等；

② 工程竣工验收的组织形式及成员。其中包括竣工验收委员会或竣工验收小组，参加竣工验收的单位或代表名单；

③ 实际安排的竣工验收程序；

④ 工程竣工验收意见。其中包括对工程勘察、设计、施工、监理等方面的评价，对整个工程竣工验收的综合评估，最后，还要有参加竣工验收的各单位代表签名并加盖各单位的公章。

（4）竣工档案资料移交

工程竣工档案资料记录了建设工程实施全过程中的管理活动以及实施成果，必须要按规定认真全面整理，使之系统完整、齐全可靠、数据准确、手续完备、相互关联，并符合竣工资料的书写、标识、收集、编目、审阅、保管等程序性文件的要求。

工程竣工档案资料应包括：工程技术档案资料、工程质量保证资料、工程质量检验评定资料、竣工图、规定的其他资料。凡是移交的档案资料都必须按规定的竣工验收程序、建设工程文件归档整理规范和工程档案管理办法进行正式审定签认。

(5) 竣工验收备案

根据《建设工程质量管理条例》，国家推行工程竣工验收备案制度。工程竣工验收合格后，建设单位应在规定的时间内将工程竣工验收报告和有关文件报建设主管部门备案。

1) 工程竣工验收备案应提交的文件。建设单位办理工程竣工验收备案应提交下列文件：

① 工程竣工验收备案表；

② 工程竣工验收报告；

③ 法律法规规定应当由有关部门出具的认可文件或者准许使用文件；

④ 施工单位签署的工程质量保修书；

⑤ 法律法规规定必须提交的其他文件。

2) 工程竣工验收备案程序。

① 建设单位在工程验收 7 日前向建设工程质量监督机构申请领取《建设工程竣工验收备案表》和《建设工程竣工验收报告》；

② 建设单位向建设工程质量监督机构发送《建设工程竣工验收通知单》，将竣工验收的时间、地点、验收组成人员名单通知建设工程质量监督机构；

③ 工程竣工验收合格后，建设单位在 15 日内向工程所在地政府建设主管部门报送《建设工程竣工验收备案表》《建设工程竣工验收报告》和其他有关文件资料，进行工程竣工验收备案；

④ 建设主管部门在接到建设单位报送的备案文件资料后的 15 日内，对文件资料进行审查，符合要求后，在《建设工程竣工验收备案表》上加盖竣工验收备案专用章，并将一份《建设工程竣工验收备案表》退回建设单位进行存档。

7.4 工程保修与回访

7.4.1 工程保修

工程竣工验收后，虽然已通过各种检验，但仍有可能存在质量缺陷、质量问题或隐患，直到使用过程中才能暴露出来。为此，我国《建筑法》和《建设工程质量管理条例》规定，建设工程实行保修制度，以保证工程质量。

1. 保修期限

根据《建设工程质量管理条例》，在正常使用条件下，建设工程的最低保修期限为：

1) 基础设施工程、房屋建筑的地基基础工程和主体结构工程，为设计文件规定的该工程的合理使用年限；

2) 屋面防水工程、有防水要求的卫生间、房间和外墙面的防渗漏，为 5 年；

3) 供热与供冷系统，为 2 个采暖期、供冷期；

4) 电气管线、给排水管道、设备安装和装修工程，为 2 年。

其他工程项目的保修期限由建设单位与施工单位约定。

2. 保修做法

（1）发送保修证书

在工程项目竣工验收的同时，由施工单位向建设单位发送"工程质量保修证书"。保修证书的主要内容包括：工程简况、工程使用管理要求；保修范围和内容；保修时间；保修说明；保修情况记录。此外，保修证书还附有保修单位（即施工单位）的名称、详细地址、电话、联系接待部门和联系人，以便于建设单位联系。

（2）要求检查和修理

在保修期内，建设单位或用户发现工程使用功能不良，又是由于施工质量而影响使用者，可以口头或书面方式通知施工单位的有关保修部门，说明情况，要求派人前往检查修理。施工单位自接到保修通知后，应及时到达现场，与建设单位共同明确责任方，商议返修内容。属于施工单位责任的，如施工单位未能按期到达现场，建设单位应再次通知施工单位；施工单位自接到再次通知仍不能在约定时间到达的，建设单位有权自行返修，所发生的费用由原施工单位承担。不属于施工单位责任的，建设单位应与施工单位联系，商议维修的具体期限。

（3）验收

在发生问题的部位或项目修理完毕以后，要在质量保修证书的"保修记录"栏内做好记录，并经建设单位验收签认，以表示修理工作完结。

7.4.2 工程回访

在工程项目保修期内，施工单位应向使用单位进行回访。通过回访，可以听取和了解使用单位对工程项目施工质量的评价和改进意见，维护自己信誉，不断提高自身管理水平。

1. 回访方式

工程质量回访的方式一般有三种：

（1）季节性回访

大多数是雨季回访屋面、墙面的防水情况，冬期回访采暖系统的情况，发现问题采取有效措施，及时加以解决。

（2）技术性回访

主要了解在工程施工过程中所采用的新材料、新技术、新工艺、新设备等的技术性能和使用后的效果，发现问题及时加以补救和解决。同时，也便于总结经验，获取科学依据，不断改进与完善，并为进一步推广创造条件。这种回访既可定期进行，也可不定期地进行。

（3）保修期满前回访

这种回访一般是在保修即将届满之前进行回访，既可以解决出现的问题，又标志着保修期即将结束，要求建设单位和用户注意工程的维修和使用。

2. 回访方式

应由施工单位的领导组织生产、技术、质量、合同、预算等有关方面的人员进行回访，必要时还可以邀请科研方面的人员参加。回访时，由建设单位组织座谈会或意见听取会，并察看建筑物和设备的运转情况等。回访必须本着为用户负责的态度，认真解决问题，做好回访记录，并作为技术资料归档。

复 习 思 考 题

1. 工程项目质量特性体现在哪些方面？
2. 工程项目质量管理基本原则有哪些？
3. ISO 9000 质量管理原则有哪些？
4. 工程勘察设计质量管理要点有哪些？
5. 提高工程设计质量的基本措施有哪些？
6. 工程施工质量管理系统过程包括哪些内容？
7. 工程施工准备阶段质量管理工作包括哪些内容？
8. 工程施工过程质量管理工作包括哪些内容？
9. 工程竣工验收程序及内容是什么？
10. 工程质量最低保修期限有哪些规定？
11. 工程项目回访有哪些方式？

案 例

1. 施工现场材料质量管理

某工程项目施工之前，项目监理机构对施工单位存放在现场的一批钢筋进行了检查，施工单位出具了该批钢材的试验合格报告。于是，项目监理机构同意该批钢材用于工程。

在工程施工过程中，项目监理机构对关键工序、隐蔽工程部位实施了旁站监督，并对某检验批进行了验收，经对其主控项目和一般项目抽样检验合格后，签署了该检验批合格意见。

在随后的施工过程中，施工单位又购进一批规格、生产厂家同前的钢材，项目监理机构在现场巡视发现后，要求施工单位出具进场材料的出厂合格证、技术说明书、材质化验单等质量保证文件，并进行见证取样检测。经检测合格后，才批准施工单位用于工程。

思考：

（1）项目监理机构检查施工单位进场材料质量时，应检查哪些内容？

（2）施工现场材料的见证取样检测程序是什么？

（3）检验批验收合格应具备哪些条件？

2. 工程质量事故及保修

某工业厂房工程主体结构施工过程中，现浇钢筋混凝土柱拆模后发现有蜂窝、麻面、局部漏筋现象。项目监理机构立即发出指令，要求施工单位进行处理，待检查验收合格后继续进行施工。

该工程竣工验收合格后的第二个冬季供暖期间，出现部分供热管道漏水，造成工厂部分车间停产。经检查发现，施工中所用管材与当初向项目监理机构报验的材料不符。建设单位要求施工单位负责保修，并承担停产损失。

思考：

（1）工程质量问题与工程质量事故的区别是什么？工程质量事故分哪些等级？

（2）施工单位应如何处理现浇钢筋混凝土柱出现的问题？

（3）厂房供热系统是否在保修期内？为什么？

第8章 建设工程实施阶段造价管理

学习目标

建设工程项目的实施过程，就是巨额资金的投入过程。科学合理地确定工程造价，并在工程勘察设计阶段和施工阶段采取有效措施控制工程造价，不仅对于建设工程项目的顺利完成具有重要意义，而且对于整个国民经济的健康发展也具有重要意义。

通过学习本章，应掌握如下内容：

（1）工程造价管理与全面造价管理的基本含义；

（2）建设工程全面造价管理体系中各要素之间的关系；

（3）工程勘察设计阶段造价管理的内容和方法；

（4）工程招投标阶段造价管理的内容和方法；

（5）工程施工阶段造价管理的内容和方法；

（6）工程竣工结算的编制与审查；

（7）工程竣工决算的编制与审查；

（8）工程保修费用的处理。

8.1 工程造价管理概述

8.1.1 工程造价管理的基本内涵

1. 工程造价及其特点

（1）工程造价的含义

工程造价是指建造一个工程项目所需要花费的全部费用，即从工程项目策划决策开始，直至建成、竣工验收为止的全过程所支出的全部费用。

（2）工程造价的特点

工程项目的特点决定了工程造价具有以下特点：

1）大额性。能够发挥投资效用的工程项目，其形体较大，造价较高。由于工程项目造价的大额性，会涉及有关方面的重大经济利益，甚至会对宏观经济产生重大影响。因此，采取科学合理的工程造价管理方法，可以有效节约资金，提高经济效益。

2）层次性。工程造价的层次性取决于工程的层次性。一个工程项目往往包括多个单项工程、单位工程。与此相对应，工程造价包括工程项目总造价、单项工程造价和单位工程造价3个层次。如果专业分工更细，单位工程又可细分为分部工程、分项工程，这样，工程造价就可细分为5个层次。

3）个别性。由于任何一个工程项目都有其特定的功能、用途和规模，其结构、所用材料、施工技术、设备配置、所处地区和位置也各不相同，由此决定了工程内容和实物形态都具有个别性、差异性。建筑产品的差异性决定了工程造价的个别性。

4) 动态性。任何一项工程项目从策划决策到竣工验收交付使用，都需一个较长的建设期。在建设期内，存在着许多影响工程造价的因素，如工程变更，设备材料价格、工资标准以及利率、汇率的变化等。这些因素的变化，必然会导致工程造价水平的变动。由此可见，工程造价在整个建设期内处于不确定状态，直至工程竣工决算时才能最终确定工程实际造价。

5) 兼容性。工程造价涉及的内容非常广泛，资金来源、成本构成、盈利组成复杂，且与政府的宏观经济政策（如产业政策）联系密切，兼容性很强。

2. 工程造价管理与全面造价管理

（1）工程造价管理的含义

工程造价管理是指为了提高建设工程投资效益，通过采用科学的技术、方法等，对影响工程造价的组织资源和因素进行计划、组织、指挥、控制和协调等一系列活动。依据管理主体不同，工程造价管理可分为政府的工程造价管理、业主方工程造价管理及设计单位工程造价管理、施工单位造价管理等。

（2）建设工程全面造价管理的含义

建设工程全面造价管理是指政府主管部门、行业协会、建设单位、设计单位、施工单位、监理及咨询单位等，在建设工程策划决策、设计、招投标、施工、竣工验收的各个阶段，基于建设工程全寿命期，对建设工程本身的建造成本以及质量成本、工期成本、安全成本、环境成本等进行的集成管理。建设工程全面造价管理的主体涉及建设工程管理有关各方，管理的指导思想是基于建设工程全寿命期，管理的纵向范围覆盖建设工程项目策划决策与建设实施的全过程，管理的横向范围涉及影响建设工程造价的各个要素。综上所述，建设工程全面造价管理是一个综合性概念，主要包括全寿命期造价管理、全过程造价管理、全要素造价管理和全方位造价管理四个方面。

1) 全寿命期造价管理。建设工程全寿命期造价是指建设工程初始建造成本和建成后的日常使用成本之和，它包括建设前期、建设期、使用期及拆除期 4 个阶段的成本。由于在工程建设及使用的不同阶段，工程造价存在诸多不确定性，这给建设工程全寿命期造价管理带来较大难度。因此，全寿命期造价管理目前主要作为一种实现建设工程全寿命期造价最小化的指导思想，指导建设工程的投资决策及设计方案的选择。

2) 全过程造价管理。建设工程全过程是指建设工程策划决策、设计、招投标、施工、竣工验收等各个阶段，工程造价管理覆盖建设工程项目策划决策及建设实施的各个阶段，包括策划决策阶段的项目策划、投资估算、项目经济评价、项目融资方案分析、项目不确定性分析；设计阶段的限额设计、方案比选、概预算编制；招投标阶段的标段划分、承发包模式及合同计价方式的选择、标底或招标控制价编制；施工阶段的工程计量与结算、工程变更管理、索赔管理；竣工验收阶段的竣工结算与决算等。

3) 全要素造价管理。建设工程造价管理不能仅限于工程本身的建造成本，因为除工程本身的建造成本之外，工期、质量、安全及环保等因素均会对工程造价产生影响。为此，控制建设工程造价不仅仅是控制建设工程本身的建造成本，还应同时考虑质量成本、工期成本、安全与环境成本的控制，从而实现工程建造成本、工期、质量、安全、环保等要素的集成管理。

4) 全方位造价管理。建设工程造价管理不仅仅是建设单位或施工单位的任务，而应该是政府主管部门、行业协会、建设单位、设计单位、施工单位以及监理、咨询单位的共同任务。尽管各方的地位、利益、角度等有所不同，但必须建立完善的协同工作机制，以实现对建设工程造价的有效控制。

建设工程全面造价管理的提出，打破了人们对工程造价管理的传统观念，代表了建设工程造价管理的发展趋势，对于建设工程管理具有重要的意义和作用。建设工程全面造价管理的实施，能够加强对建设工程的投资控制，优化建设工程项目资源配置，提高建设工程投资的经济效益、社会效益和环境效益。

建设工程全面造价管理体系并非建设工程全寿命期、全过程、全要素、全方位造价管理的简单叠加，而是上述四方面内容的有机结合。建设工程全面造价管理体系中各要素之间的关系如图 8-1 所示。

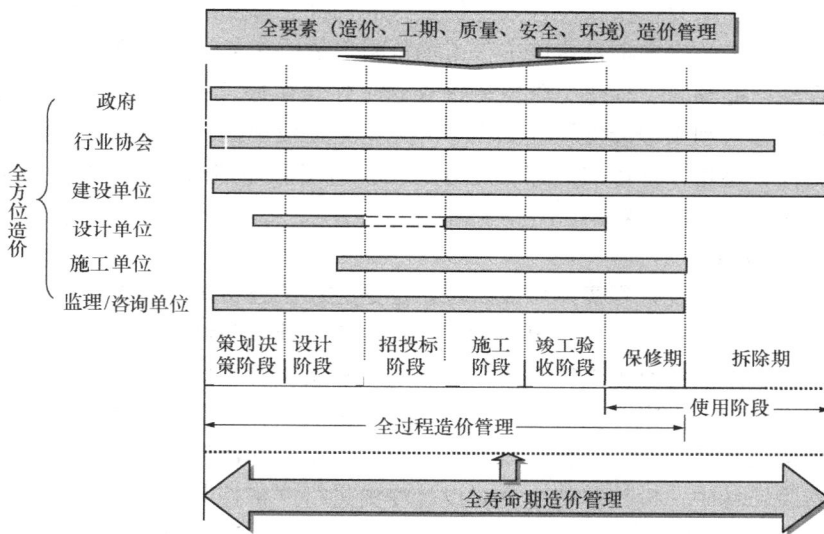

图 8-1　建设工程全面造价管理体系中各要素之间的关系

由图 8-1 可知，在全寿命造价管理思想指导下，全过程、全要素、全方位内部各要素之间彼此交融，具体体现为：在贯穿全过程的各个阶段，各方管理主体综合考虑工程建造成本、工期、质量、安全、环保等要素，对工程造价进行集成管理。因此，有必要从工程建设全过程入手，探讨建设工程全面造价管理体系中各要素之间的关系。

总而言之，在建设工程全面造价管理体系中，由于职责不同，各方管理主体的纵向管理范围（全过程造价管理）也有所不同，但在横向都是针对全要素造价而展开。值得指出的是，对于工程总承包单位，其造价管理范围会延伸至设计阶段乃至策划决策阶段。无论在哪个阶段，政府和行业协会的造价管理的主要职责是监管和信息服务，建设单位、设计单位、施工单位以及监理、咨询单位工程造价管理的主要职责是确定和控制工程造价。

8.1.2　工程实施阶段造价管理的主要内容

1. 工程勘察设计阶段

工程勘察设计阶段作为控制建设工程造价的重要阶段，虽然该阶段的费用占工程总造价的比例不大，但对工程造价的影响非常大。在工程勘察设计阶段，并不只是由建设单位和勘察设计单位来管理工程造价，除政府和行业协会外，工程造价咨询单位也是重要的管理主体。工程造价咨询单位通过为建设单位提供造价咨询服务，加强建设单位与勘察设计单位之间的沟通与交流，并进一步建立工程设计与施工之间的桥梁。当实施建设工程总承包时，工程总承包单位也是工程勘察设计阶段造价管理的重要主体之一。由于工程项目设计质量的好坏直接影响工程建造成本、工期、质量、安全和环保等目标的实现，因此，各方管理主体仍应贯彻全寿命期造价管理思想，优化设计方案，初步制定各项技术、经济措施，在工程勘察设计阶段将工程造价控制在合理范围内。

2. 工程招投标阶段

工程招投标阶段是确定建设工程承包价格、形成施工阶段工程造价控制目标的主要阶段。施工标段划分、承发包模式及合同计价方式的选择、标底或招标控制价的编制、投标报价的确定、合同价的确定都是建设工程市场价格形成的主要过程。在工程招投标阶段做好工程造价管理，能够为工程施工阶段造价管理工作奠定坚实基础。在工程招投标阶段，各有关主体均应参与到工程造价管理工作中，无论是建设单位发布的招标公告、投标单位编制的投标文件，还是评标标准，都应充分反映出对工程建造成本、工期、质量、安全、环保等全要素造价管理的内容。

3. 工程施工阶段

工程施工阶段是建设工程实体形成阶段，也是建设工程费用发生的主要阶段。工程施工组织设计的编制与审查、工程变更与索赔管理、工程计量与结算等是工程造价控制的重点。在工程施工阶段，各有关主体都有其各自的工程造价管理任务，施工单位是建设工程的具体实施者，其施工方案应包含确保建设工程施工成本、工期、质量、安全、环保等目标实现的各项措施，并严格实施。建设单位通过设计单位和监理、咨询单位对施工阶段工程造价进行管理，其中，设计单位主要对设计变更进行严格控制，监理、咨询单位对施工组织设计（方案）、工程计量与结算进行严格审查与管理。同样，政府、行业协会对工程施工阶段造价实施监管和信息服务。

4. 工程竣工验收阶段

工程竣工验收阶段是进行建设工程造价的结算阶段。竣工验收阶段造价管理主要侧重于竣工结算和竣工决算两个方面。工程参建各方均参与工程竣工验收阶段造价管理，其中，监理、造价咨询单位应对工程竣工结算进行严格管理。同时，建设单位应组织有关单位对建设工程建造成本、工期、质量、安全、环保等目标的实现情况进行验收，并编制工程竣工决算。

8.2 工程勘察设计阶段造价管理

工程勘察设计阶段造价管理是建设工程造价管理的重要环节，工程项目策划决策后，控制建设工程总造价的关键就在于工程勘察设计阶段。加强工程勘察设计阶段造价管理，能动地对工程造价进行事前控制，对于减少不必要的投资和全面控制工程造价具有重要意义。

8.2.1 工程勘察设计阶段造价管理的内容和程序

1. 勘察设计阶段造价管理的主要内容

工程勘察设计的技术性较强，涉及的学科较多，需要各专业人员的协同配合，尤其需要造价咨询单位参与到设计阶段的造价管理中来，协助建设单位对工程造价进行管理。我国的工程设计单位一般都有自己的工程造价管理队伍，在工程勘察设计阶段，造价咨询单位主要为建设单位提供工程造价管理服务，因此，这里将建设单位以及为其提供造价咨询服务的单位统称为业主方。无论是业主方还是勘察设计单位，都必须将全寿命期造价管理思想贯穿于整个工程勘察设计阶段工作中。

按照工程设计程序，工程勘察设计阶段造价管理工作主要包括以下内容：

（1）设计准备阶段

为勘察设计工作做准备，主要工作有：分析与论证工程项目目标，进而确定工程勘察设计要求；进行设计方案竞赛和勘察设计招标；确定勘察设计单位，签订勘察设计合同等。

（2）初步设计阶段

对工程项目进行系统全面规划和设计，在工程勘察基础上，论证技术上的先进性、可能性和经济上的合理性，确定工程概算、进行产出效益分析和财务评价，比选初步设计方案，编制和审查初步设计文件。对于采用直接投资和资本金注入方式的政府投资项目，政府还要严格审批工程概算。

（3）技术设计阶段

对于进行技术设计的工程项目，编制和报批修正概算。

（4）施工图设计阶段

在细化已批准的初步设计用以指导施工的基础上，编制和审查施工图预算。

2. 勘察设计阶段造价管理的基本程序

设计阶段的造价管理要求参与各方在设计准备阶段、初步设计阶段、技术设计阶段和施工图设计阶段相互配合，共同完成。建设工程设计阶段造价管理程序如图8-2所示。

8.2.2 工程限额设计与优化设计

1. 限额设计

（1）限额设计的基本内涵

限额设计就是按照可行性研究报告批准的投资限额进行初步设计、按照批准的初步设计概算进行施工图设计、按照施工图预算造价对施工图设计中各专业设计文件做出决策的设计工作程序。限额设计实际上是设计单位的工程技术人员和技术经济分析人员密切合作，做到技术与经济统一的过程。技术人员在设计时考虑经济支出，进行方案比较，优化设计；技术经济分析人员则及时进行工程造价计算，为技术人员提供经济信息，进行技术经济论证，从而达到密切配合、共同进行工程造价动态控制的目的。

限额设计是工程造价控制体系中的一个重要环节，是设计阶段进行技术经济分析，实施工程造价控制的一项重要措施。要实现真正意义上的限额设计，需要建立基于设计过程的动态分析和控制机制。

（2）限额设计的实施程序

限额设计的实施是工程造价目标的动态反馈和管理过程，可分为目标制定、目标分解、目标推进和成果评价等阶段。

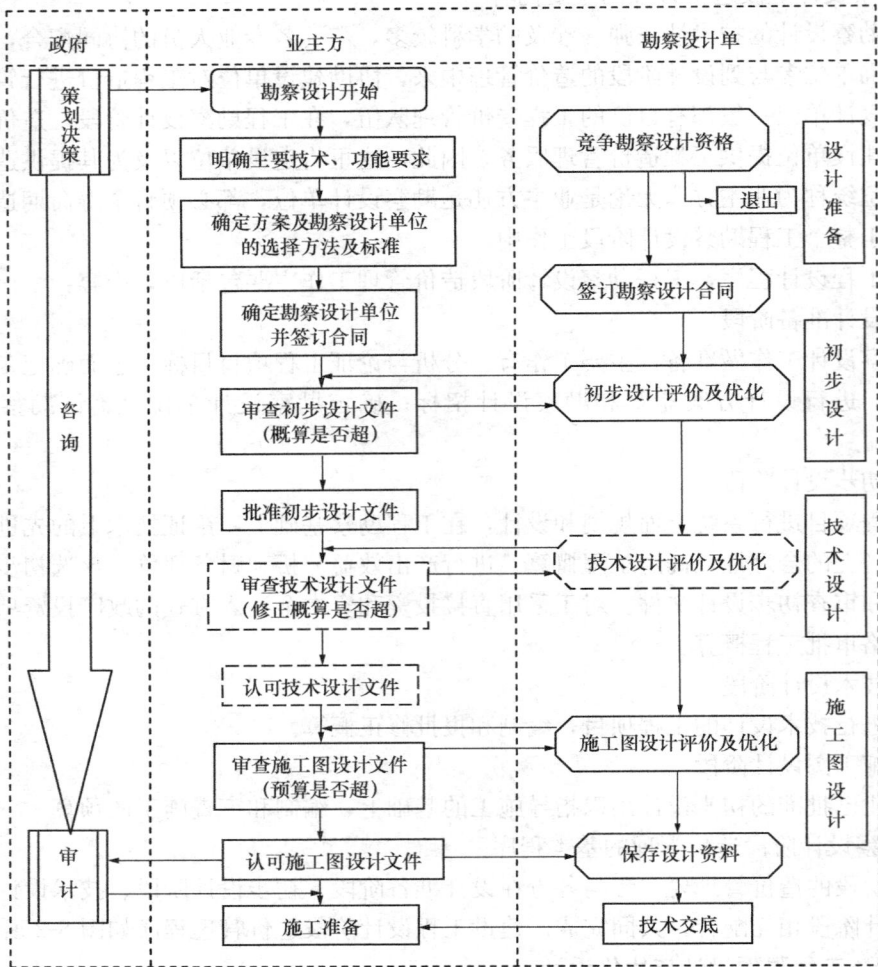

图 8-2　工程勘察设计阶段造价管理程序

1）目标制定。包括工程造价目标、质量目标、进度目标。同时考虑安全生产及环境保护等因素。这些目标之间相互关联和制约，要通过分析与论证找到他们之间的最佳匹配，以实现总体目标的最优。

2）目标分解。在设计任务书的框架内对工程造价目标进行分解，将上一步确定的造价目标细化。通过对工程进行综合分析与评价，将工程总投资限额分解到各单项工程、单位工程、分部工程、分项工程，横向展开到边，纵向展开到底，重点突出，层次分明。然后再将各细化的目标明确到相应的设计班组和个人，制定明确的目标控制计划。

3）目标推进。包括限额初步设计、限额施工图设计两个阶段。限额初步设计应严格按照分配的造价控制目标进行方案的规划和设计，在此基础上由经济分析人员及时编制工程概算，并进行初步设计技术经济分析，直到满足限额要求后才可报批初步设计，作为修正设计及其概算的限额目标。设计单位将工程造价限额作为总目标分解到各个单位工程，继而分解为各专业设计的造价控制目标。

限额施工图设计也要按照各目标协调前进的原则进行。已批准的初步设计及工程概算，作为施工图设计造价的最高限额。单位工程施工图设计完成后，要编制施工图预算，判断是否满足单位工程造价的限额要求；由技术经济专业人员进行施工图设计的技术经济分析，做出是否需要修改的判断，以供设计决策者参考。

4）目标成果评价。这是目标管理的总结阶段，通过评价，总结经验和教训，作为今后实施勘察设计阶段工程造价控制的依据。

2. 设计方案的评价与优化

设计方案的评价与优化是指设计单位通过技术比较、经济分析和效益评价，正确处理技术先进与经济合理之间的关系，力求达到先进技术条件下的经济合理，经济合理基础上的技术先进。

（1）设计方案的评价方法

通常采用技术经济分析法进行设计方案的评价，即将技术与经济相结合，按照建设工程经济效果，针对不同的设计方案，分析其技术经济指标，从中选出经济效果最优的方法。包括：多指标法、单指标法和多因素评分优选法。

（2）设计方案的优化方法

多采用价值工程的方法进行优化。提高建设工程价值的主要途径有以下几种：

1）功能提高，成本降低；

2）功能不变，成本降低；

3）成本不变，提高功能；

4）成本略有提高，带来功能的大幅提高；

5）功能略有下降，带来成本的大幅降低。

需要指出的是，价值分析并不单纯追求降低成本，也不是片面追求功能的提高，而是力求处理好二者之间的对立统一关系，提高其比值，寻求他们之间的最佳匹配。

8.2.3 工程概算编制与审查

工程概算是在工程初步设计阶段根据设计要求对工程造价进行的概略计算。由设计单位编制，建设单位或其委托的咨询单位审查。工程概算一般分为三级：单位工程概算、单项工程综合概算、建设工程总概算，他们之间的关系如图 8-3 所示。

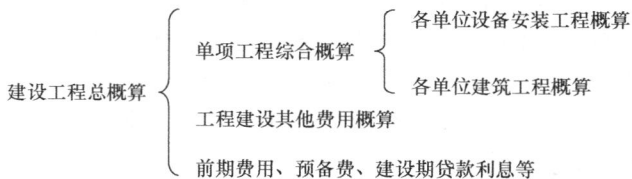

图 8-3 工程概算组成要素之间的关系

单位工程概算是确定单项工程中各单位工程建设费用的文件，是编制单项工程综合概算的依据。对建筑工程而言，单位工程概算包括建筑工程概算和设备及安装工程概算，其中，建筑工程概算细分为土建工程概算、给水排水工程概算、采暖工程概算、通风工程概算、电器照明工程概算、工业管道工程概算、特殊构筑物工程概算；设备及安装工程概算分为机械设备及安装工程概算、电气设备及安装工程概算，以及器具、工具及生产家具购置费概算等。单项工程综合概算是确定一个单项工程所需建设费用的综合文件，包括该单项工程所有单位工程的费用。建设工程总概算是确定整个建设工程从筹建到竣工验收所需全部费用的文件，包括单项工程综合概算、工程建设其他费用概算以及前期费用、预备费、建设期贷款利息等。

1. 工程概算编制

（1）工程概算编制依据

主要有国家有关法律法规、部门规章等；批准的可行性研究报告及投资估算、设计图纸等有关资料；有关部门颁布的概算定额、概算指标、费用定额和工程设计概算编制办法；有关部门发布的人工、设备、材料价格，造价指数等；有关合同、协议；以及其他有关资料。

（2）工程概算编制方法

包括单位工程设计概算的编制、设备及安装工程设计概算的编制、单项工程综合概算的编制以及建设工程总概算的编制。单位工程设计概算常采用以下方法编制：①根据概算定额编制；②根据概算指标编制；③根据预算定额或综合预算定额编制；④利用类似工程预、结算编制。对于小型工程项目可按概算指标编制工程概算；对于招标工程可采用概算定额或综合预算定额编制工程概算。单项工程综合概算根据单项工程内各个专业单位工程概算汇总编制而成。建设工程总概算则由各个单项工程综合概算以及工程建设其他费用和预备费用概算汇总编制而成。

2. 工程概算审查

工程概算审查是确定工程项目造价的一个重要环节，也是建设单位进行工程造价管理的重要内容。

（1）工程概算审查内容

包括：工程概算的编制依据、编制深度；建设规模标准；设备规模、数量和配置；工程费用；计价指标；其他费用。

（2）工程概算审查方法。采用适当的方法审查工程概算，是确保审查质量、提高审查效率的关键。常用的方法有：

1）对比分析法。通过对建设规模、标准与立项审批文件、内容与编制方法、人材机单价等的对比，发现工程概算存在的主要问题和偏差。

2）主要问题复核法。对审查中发现的主要问题以及有较大偏差的设计进行复核，对重要、关键设备和生产装置或造价较大的项目进行复查。

3）查询核实法。对一些关键设备和设施、重要装置以及图纸不全、难以核算的较大投资进行多方查询核对，逐项落实。

4）分类整理法。对审查中发现的问题和偏差，对照单项工程、单位工程的顺序目录分类整理，汇总核增或核减的项目及金额，最后汇总审核后的总造价及增减投资额。

8.2.4 施工图预算编制与审查

施工图预算又称设计预算，是由设计单位在施工图设计基础上，根据施工图设计图纸、预算定额、费用定额以及地区设备、材料、人工、施工机械台班等预算价格编制和确定的工程造价。施工图预算也分为三级，即：单位工程预算、单项工程预算和建设工程总预算。

单位工程预算包括建筑工程预算和设备安装工程预算。建筑工程预算按其工程性质分为一般土建工程预算、卫生工程预算、电器照明工程预算、特殊构筑物工程预算和工业管道工程预算等；设备安装预算可分为机械设备安装工程预算和化工设备、热力设备安装工程预算等。

1. 施工图预算编制

（1）施工图预算编制依据

包括：①施工图纸及说明书、标准图集；②现行预算定额及单位估价表；③施工组织设计或施工方案；④人工、材料、机械台班预算价格调整规定；⑤建安工程费用标准；⑥预算工作手册及有关工具书。

（2）施工图预算编制方法

首先根据施工图设计文件、现行预算定额、费用标准以及人工、材料、机械台班等预算价格资料，编制单位工程施工图预算；汇总所有单位工程施工图预算，得到单项工程施工图预算；汇总所有单项工程施工图预算，得到建设工程建筑安装总预算。

施工图预算的编制方法主要有以下两种：

1）单价法。用事先编制好的分项工程的单位估价表编制施工图预算，具体分两步进行：一是工程量的计算，应按规则认真仔细地计算工程量；二是预算定额单价的套用，分项工程的名称、规格、计量单位要与定额一致，特殊情况下应编制补充定额或单位估价表。

2）实物法。实物法是与市场经济相适应的预算编制方法，也是目前普遍使用的方法。首先根据施工图纸计算出工程量，接着套用相应预算人工、材料、机械台班的定额用量，再分别乘以工程所在地当时的人材机实际单价，从而求出单位工程的人工费、材料费、施工机械使用费，并汇总求和，得到单位工程的直接工程费，然后按规定计取其他各项费用，最后汇总得到单位工程施工图预算造价。

2. 施工图预算审查

对施工图预算进行审查，有利于核实工程造价，节约建设资金；审查核实后的施工图预算能够为工程建设计划、统计及分析研究技术经济指标提供准确可靠依据，不断提高工程设计水平。

（1）施工图预算审查内容

包括：总体方面、工程量、预算单价、各项费用和费率、工料分析等。

（2）施工图预算审查方法

通常可采用以下方法对施工图预算进行审查：

1）全面审查法（又称逐项审查法）。是指按预算定额顺序或施工的先后顺序，逐一进行全部审查。

2）标准预算审查法。是指对于利用标准图纸或通用图纸进行施工的工程，先集中力量编制标准预算，然后以此为标准对施工图预算进行审查。

3）分组计算审查法。将相邻且有一定内在联系的项目编为一组，审查某个分项工程量，并利用不同量之间的相互关系判断其他几个分项工程量的准确性。该方法有利于加快工程量的审查速度。

4）对比审查法。是指用已建成工程的预结算或虽未建成但已审查修正的工程预结算对比审查拟建类似工程施工图预算。

5）筛选审查法。对数据加以汇集、优选、归纳，建立基本值，并以基本值为准进行筛选，对于未被筛除的，即不在基本值范围内的数据进行详细审查。

6）重点抽查法。是指抓住工程预算中的重点进行审查。

7）利用手册审查法。是指将工程常用的构配件事先整理成预算手册，按手册进行对照审查。

8）分解对比审查法。是指将一个单位工程按直接费和间接费进行分解，然后再将直接费按工种和分部工程进行分解，分别与审定的标准预结算进行对比分析。

8.3 工程招投标阶段造价管理

工程招投标阶段形成的招标文件、标底或招标控制价、投标书等是工程造价管理的重点对象。做好招投标阶段造价管理，可以为工程施工、竣工验收阶段的造价管理奠定良好基础。

8.3.1 工程标底或招标控制价

1. 工程标底

工程标底是工程造价的表现形式之一，是建设单位根据工程项目的具体情况，自行或委托咨询单位编制的所招标工程项目的预期价格。

（1）编制依据

1）经上级主管部门审批的初步设计和工程概算等文件；

2）全部设计图纸、图集和有关设计说明；

3）已经批准的招标文件；

4）当地建筑安装工程预（概）算定额及其相配套的材料预算价格和市场材料、设备价格；

5）当地各项收费标准及其他有关规定；

6）建设主管部门颁布的建筑安装工程工期定额及当地的补充定额或实施细则等规定；

7）根据工程技术复杂程度、施工现场条件和工期提前等要求而必须采取的技术措施。

（2）编制程序

1）准备工作。首先，应熟悉施工图设计及说明；其次，应勘察现场，实地了解现场及周围环境，作为确定施工方案和技术措施费计算的依据；掌握材料、设备的市场价格。

2）收集编制资料和依据。凡在工程项目建设过程中可能影响工程造价的各种因素，在编制标底时都应考虑，收集所有必须的资料和依据，达到标底编制具备的条件。

3）计算标底价格。计算方法主要有定额计价法和工程量清单计价法（综合单价法），需要根据招标工程的实际情况，选择合适的编制方法。

4）审核标底价格。计算得到标底价格后，应依据工程设计图纸、特殊施工方法、工程定额等对标底进行测算、复查与审核。

（3）标底文件内容

1）招标工程综合说明。包括招标工程名称、建设规模、招标工程的工程概算或修正概算、工程施工质量要求、定额工期、计划工期天数、计划开竣工日期等。

2）招标工程一览表。包括单项工程名称、工程规模、结构类型、建筑要求等。

3）标底价格。包括工程总造价、单方造价、钢材、水泥、木材总用量及单方用量。

4）招标工程总造价中所含各项费用的说明。包括不可预见费用和工程特殊技术措施费等的说明。

2. 招标控制价

招标控制价是招标单位根据有关部门颁布的有关工程计价依据和办法，按设计图纸计算的、对招标工程限定的最高工程价。其实质类似于工程标底，但无需保密，是在工程招标文件中明确公布的招标单位期望的工程总造价的最高限制标准。投标者的报价若高于招标控制价，其投标书将被作为废标。

（1）招标控制价的编制方法

通常，需要运用工程量清单计价法编制招标控制价：

1）分部分项工程费。根据工程量清单和有关要求，按工程量清单计价规范中招标控制价的编制依据及综合单价包含的内容确定综合单价。综合单价中应包括招标文件中要求投标单位承担的风险费用。

2）措施项目费。根据拟建工程的施工组织设计计算工程量的措施项目。按分部分项工程量清单的方式采用综合单价计价。

3）其他项目费。暂列金额应由招标单位根据工程特点，按有关计价规定估算确定，一般是按分部分项工程量清单费的 10％～15％ 为参考。暂估价中，材料单价应根据工程造价信息或参照市场价格估算，专业工程金额应按不同专业的相关计价规定估算。计日工应根据工程特点和有关计价依据计算。总承包服务费应根据招标文件中列出的内容和向总承包单位提出的要求按下列标准计算：招标单位仅要求对分包的专业工程进行总承包管理和协调时，按分包专业工程估算造价的 1.5％ 计算；招标单位要求对分包的专业工程进行总承包管理和协调，并同时要求提供配合服务时，根据招标文件中列出的配合服务内容和提出的要求，按分包的专业工程估算造价的 3％～5％ 计算；招标单位自行供应材料的，按招标单位供应材料价值的 1％ 计算。

规费和税金按国家或省级、行业建设主管部门的规定计算，不作为竞争性费用。

（2）招标控制价的优劣

1）优点。与工程标底相比，招标控制价的优点是：可有效控制工程造价，防止恶性哄抬报价；提高了透明度，避免了弄虚作假、暗箱操作等违法活动；可使各投标单位自主报价、公平竞争，不受标底的左右；设置了控制上限价格，又尽量减少了建设单位对评标基准价的影响。

2）不足。如果公开的招标控制价远低于市场平均价，就可能出现无人投标的情况；如果公开的招标控制价远高于市场平均价，就可能诱导投标单位围绕招标控制价来投标，造成招标单位资产流失。

8.3.2 投标报价

在工程招投标模式下，投标报价是施工单位承揽工程施工任务的重要环节。

1. 投标报价编制原则和依据

（1）投标报价编制原则

1) 根据招标文件中设定的工程承发包模式和双方责任划分，综合考虑投标报价的费用项目、费用计算方法和计算深度。

2) 投标报价计算前需进行技术经济比较，确定拟投标工程的施工方案、技术措施等。

3) 以反映企业技术和管理水平的定额来计算人工、材料和机械台班消耗量。

4) 充分利用现场考察和调研成果以及市场价格信息等编制投标报价。

（2）投标报价计算依据

1) 招标文件及设计图纸、工程量清单及有关的技术说明书等。

2) 国家及地区颁布的建筑安装工程预算定额及与之相配套的各种费用定额，企业内部制定的有关取费、价格等规定。

3) 拟投标工程当地材料预算价格、采购地点及供应方式等。

4) 标前会议后建设单位书面回复的有关资料。

5) 其他与报价计算有关的各项政策、规定及调整系数等。

2. 投标报价编制方法

（1）以定额计价的投标报价

一般采用预算定额来编制，即按照定额规定的分部分项工程子目逐项计算工程量，套用定额基价或根据市场价格确定直接工程费。然后再按规定的费用定额计取各项费用，最后汇总形成投标报价。

（2）以工程量清单计价的投标报价

投标单位对工程费清单中的工程量审核后，依据企业定额确定人、材、机消耗量和价格、间接费率、利润率，结合市场因素自主报价。投标单位填入工程量清单中的单价是综合单价，包括人工费、材料费、材料费、机械费、措施费、间接费、利润、税金及风险金等全部费用，将工程量与该单价相乘得出组合价，将全部合价汇总后即得出投标总报价。

3. 投标报价编制程序

1) 研究招标文件及设计图纸。研究招标文件中对清单项目、定额要求等的相关要求，熟悉图纸和设计说明，了解招标范围、工期、质量、安全和环保要求，不明确之处向建设单位提出，要求予以确认。

2) 现场考察。勘察现场，了解实地情况。

3) 计算和复核工程量。对仅提供图纸和设计资料的招标文件，投标单位应自行计算工程量。若招标文件提供的是初步设计文件，要计算细部工程量，须借助标准图集或以往资料进行估算，也可按概算定额规定统计计算。

4) 确定单价和总价。选择投标报价编制方法并计算合价，汇总得出总价。

5) 标价调整。采用多种方法从多角度对工程进行盈亏分析，找出计算中的问题，分析降低成本、增加盈利的措施，确定最后的投标报价额。

6) 确定投标报价策略。根据招标项目特点，确定投标报价策略，以提高中标率。

7) 编制正式的工程报价单。

8.4 工程施工阶段造价管理

工程施工阶段是实现建设工程价值的主要阶段，是工程项目建设费用消耗最多的时期，在工程施工阶段，需要投入大量的人力、物力、财力，因此，工程施工阶段是建设工程造价管理的重要阶段。

8.4.1 工程施工阶段造价管理内容和程序

1. 工程施工阶段造价管理的主要内容

工程施工阶段是工程造价管理最难、最复杂的阶段，除政府、行业协会的监管与信息服务外，所涉及的单位主要有建设单位、监理单位、咨询单位、设计单位、施工单位等。工程施工阶段造价管理的工作内容主要有：资金使用计划的编制、施工组织设计的编制、工程变更价款的确定、工程索赔费用的确定、工程价款的结算、费用偏差分析及控制等。

（1）业主方工作内容

业主方是指除建设单位外，还包括接受建设单位委托、为其提供工程造价管理相关服务的造价咨询单位、监理单位。业主方在工程施工阶段的造价管理工作主要包括：资金使用计划的编制、工程计量、工程变更价款的确定、工程索赔费用的控制、工程价款的结算等。

（2）设计单位工作内容

设计单位在工程施工阶段最主要的造价管理工作是控制工程变更，从而将工程造价控制在预定范围内。

（3）施工单位工作内容

施工单位在工程施工阶段造价管理的主要工作包括：施工组织设计的编制、施工现场的成本管理、工程变更与索赔的日常管理、工程价款结算等。

2. 工程施工阶段造价管理基本程序

工程施工阶段造价管理基本程序如图 8-4 所示。

8.4.2 资金使用计划编制

资金使用计划的编制是在工程项目结构分解的基础上，将工程造价总目标值逐层分解到各个工作单元，形成详细的各分目标值，从而可以定期地将工程项目中各个子目标的实际支出额与计划目标值进行比较，以便于及时发现偏差，找出偏差原因并及时采取纠正措施。

资金使用计划在整个工程项目管理中处于重要而独特的地位，其对工程造价的重要影响主要有三个方面：通过编制资金使用计划，可以合理地确定工程造价控制总目标值和分目标值，为工程造价管理提供依据；可以对工程项目的资金使用和进度进行预测，消除资金浪费和进度失控，减少盲目性，使现有资金充分发挥作用；通过资金使用计划的严格执行，可以有效地控制工程造价，最大限度地节约投资，提高投资效益。

依据工程项目分解方法不同，资金使用计划编制方法也不同。常用的编制方法有以下三种。

1. 按费用构成编制资金使用计划

按工程项目费用构成，资金使用计划可分为建筑安装工程资金使用计划、设备工器具资金使用计划和工程建设其他资金使用计划。

最常用也是最简单的编制方法是按照单项工程的建筑安装工程费用和设备工器具购置费用之和的比例进行分摊，但其结果可能与实际支出误差较大。因此，在实践中应对工程项目其他投资的具体内容进行细分，将与各单项工程和单位工程有关的费用分离出来，按照一定比例分解到相应的工程内容中。而与整个工程项目有关的费用则不分解到各单项工程和单位工程。这种编制方法比较适合于有大量经验数据的工程项目。

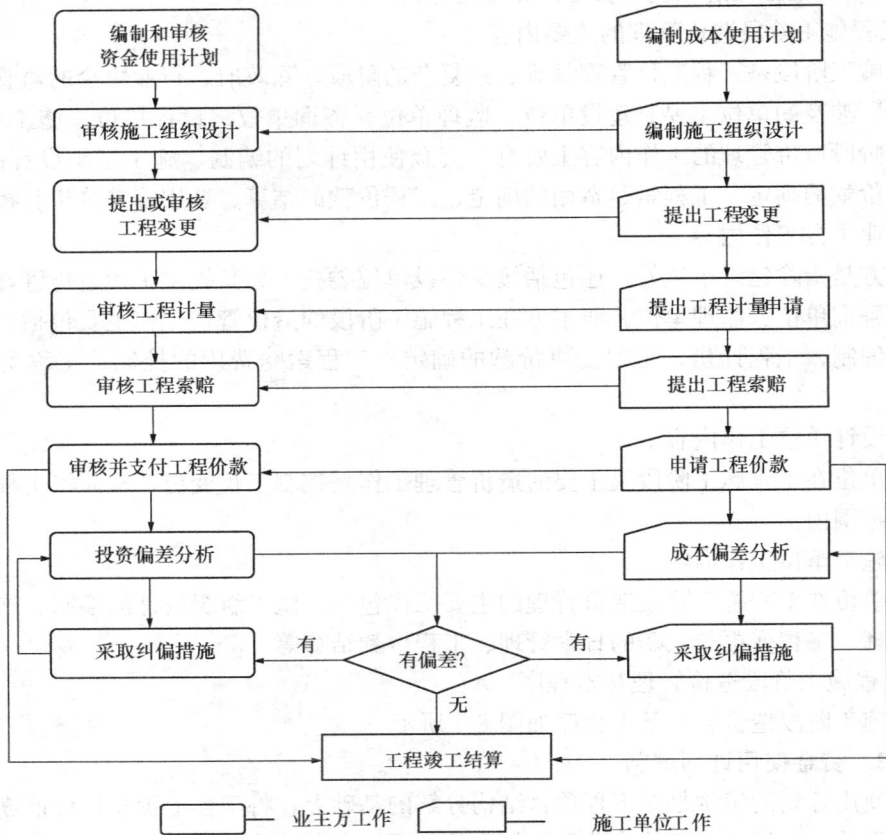

图 8-4　工程施工阶段造价管理基本程序

2. 按项目分解编制资金使用计划

以工程造价总目标为控制目标值，将总目标按项目组成合理地分解为许多子目标。可将每个单项工程细分为不同的单位工程，进而分解为各个分部分项工程。这种编制方法比较简单，易于操作。

以分解后的子目标为控制值，按单项工程、单位工程、分部分项工程的资金计划编制，从而得到详细的资金使用计划表，见表 8-1。

资金使用计划表　　　　　　　　　　　　　　　　表 8-1

序号	工程分项编号	工程内容	计量单位	工程数量	单价	工程分项总价	备注

在编制投资使用计划时，要在工程项目层面考虑预备费，也要在主要的工程分项中安排适当的不可预见费，避免在具体编制资金使用计划时，可能发现个别单位工程或工程量表中某项内容的工程量计算有较大出入，使原来的预算造价失实，并在工程项目实施过程中对其采取有效措施。

3. 按阶段进度编制资金使用计划

为了编制项目资金使用计划，并据此筹措资金，尽可能减少资金占用和利息支出，有必要将工程项目总投资按其使用时间进行分解，以确定各施工阶段具体目标值。

按阶段进度编制资金使用计划的步骤如下：

1) 编制工程施工进度计划。应用工程网络计划技术，计算相应时间参数，确定关键路线。

2) 计算单位时间的资金支出目标。绘制时标网络图，并在时标网络图上绘制单位时间资金需求曲线。

3) 计算规定时间 t 内的计划累计完成投资额。其计算方法为各单位时间计划完成的投资额累加求和，可按式（8-1）计算：

$$Q_t = \sum_{n=1}^{t} q_n \tag{8-1}$$

式中　Q_t——某时间 t 计划累计完成投资额；

　　　q_n——单位时间内的计划完成投资额。

4) 绘制资金使用随时间变化的 S 曲线。S 曲线包括由全部工作均按最早开始时间（ES）开始和均按最迟开始时间（LS）开始的曲线所组成的香蕉曲线，建设单位可根据编制的投资使用预算来安排资金，同时也可根据工程项目融资情况调整 S 曲线。

在资金使用计划的实际编制过程中，一般是将以上三种编制方法有效地结合起来，将会得到更为详尽的综合资金使用计划表。应用综合资金使用计划表，一方面有助于检查各单项工程和单位工程的投资构成是否合理，有无缺项或重复计算；另一方面也可检查各项具体投资支出的对象是否明确和落实，并可校核分解的结果是否正确。

资金使用计划如果由建设单位委托的咨询、监理单位编制，则需提交建设单位审核认可。

8.4.3　施工成本控制

1. 施工组织设计编制和审核

（1）施工组织设计编制

施工组织设计的编制是工程施工过程中造价管理的前提和基础，对合理确定工程造价具有重要意义。若施工组织设计不够深入、科学、合理，会给工程施工过程中的造价管理工作带来较大困难，无法保证合同的正常执行，导致出现合同纠纷、索赔，从而增加工程成本。因此，只有结合工程施工实际，提高施工组织设计的编制质量，提升施工方案的合理性，才能避免或减少由于施工方案不合理导致的工程成本增加。

在收到中标通知书后，施工单位应着手编制详尽的施工组织设计。施工组织设计应考虑全局，抓住主要矛盾，预见薄弱环节，实事求是地做好施工全过程的合理安排。施工组织设计编制可通过以下途径：

1) 重视并充分做好施工准备工作。应结合工程项目的性质、规模、工期、劳动力数量、机械装备程度、材料供应情况、运输条件、地质条件等各项具体技术经济条件，编制施工组织设计。

2) 合理安排施工进度。根据施工进度确定人工、材料、机械设备等资源的使用计划，避免资源浪费。在确保合同工期的前提下，保证工程施工有节奏地进行，实现合同约定的质量、安全、环保目标和预期的利润水平，提高综合效益。

3）组建精干的项目管理机构，组织专业队伍流水作业。组织专业队伍连续交叉作业，尽可能组织流水施工，使工序衔接合理紧密，避免窝工。这样，既能提高工程质量，保证施工安全，又可降低工程成本。

4）提高机械利用率，降低机械使用费。机械设备在选型和搭配上要合理，充分考虑施工作业面、路面状况和运距、施工强度和施工工序。在不影响总进度的前提下，适当调整局部进度计划，做到一机多用，提高机械设备利用率，达到降低机械使用费进而降低工程成本的目的。

5）以提高经济效益为主导，选用施工技术和施工方案。在满足合同约定的质量、安全及环保要求的前提下，采用新材料、新工艺，减少主要材料的浪费损耗，杜绝返工返修，合理降低工程成本。

6）确保施工质量、安全、环保目标的实现，降低工程质量、安全及环保成本。

（2）施工组织设计审核

建设单位或其委托的咨询、监理单位应根据工程性质和规模、施工现场情况、造价、工期、质量、安全、环保等要求，审查施工单位提交的施工组织设计，对各种施工方案从技术上和经济上进行对比评价。施工方案的审查可从定性分析和定量分析两个方面进行：

1）定性分析。根据以往经验对施工方案的优劣进行分析。例如，工期是否适当，可按常规做法或工期定额进行分析；选择的机械是否适当，主要看能否满足使用要求、机械提供使用的可靠性；施工平面图是否合理等。

用定性方法分析施工方案，比较方便，同时要求有关人员必须具有丰富的工作经验，以及较高的管理能力。

2）定量分析。运用价值工程的基本原理来优选施工方案，选择价值最大的施工方案为最优方案。

2. 工程成本控制

（1）工程建造成本控制

1）人工费控制。控制人工费的根本途径是提高劳动生产率，改善劳动组织结构，减少窝工浪费；实行合理的奖惩制度和激励办法，提高员工的劳动积极性和工作效率；加强劳动纪律，加强技术教育和培训工作；压缩非生产用工和辅助用工，严格控制非生产人员比例。

2）材料费控制。材料费用占工程成本的比例很大，因此，降低成本的潜力也最大。降低材料费用的主要措施：做好材料采购计划，节约采购费用；改进材料的采购、运输、收发、保管等方面工作，减少各环节损耗；合理堆放现场材料，避免和减少二次搬运损耗；严格材料进场验收和限额领料控制制度，减少浪费；建立材料消耗台账和材料回收台账，合理使用材料。

3）机械使用费控制。在控制机械使用费方面，最主要的是要注意加强机械设备的一机多用，正确选配和合理利用机械设备，提高机械使用率，从而加快施工进度、增加产量、提高机械设备的综合使用率。

4）措施费及间接费控制。措施费的控制应本着合理计划、有效利用、节约为主的原则进行严格监控。间接费的控制主要应通过精简管理机构，合理确定管理幅度和管理层次，业务管理部门的费用实行节约承包来落实。

（2）工期成本动态控制

工程项目的工期与成本之间有着密切关系。在一般情况下，直接成本会随着工期的缩短而增加，间接成本会随着工期的缩短而减少。在考虑项目总成本时，还应考虑工期变化带来的其他损益，包括效益增量和资金的时间价值等。工程项目成本与工期的关系如图8-5所示。

为了控制项目工期成本，需要从多种进度计划方案中寻求工程项目总成本最低时的工期安排。为此，可按下列步骤进行：

1）计算网络计划中各项工序的时间参数，确定关键工序和关键路线；

2）估计工序在正常持续时间下的费用、最短持续时间及其相应费用，并计算工序的费用率；

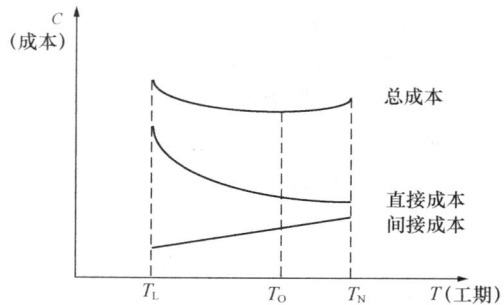

图8-5　工程-成本曲线

T_L—最短工期；T_O—最优工期；T_N—正常工期

3）若只有一条关键路线，则找出费用率最小的关键工序作为压缩对象；若有多条关键路线，则要找出关键路线上费用率总和最小的工序组合作为压缩对象；

4）分析压缩工期的约束条件，确定压缩对象可压缩的时间，压缩后计算出总的直接成本增加值；

5）比较总的直接成本增加值与间接成本减少值，如果继续缩短工期时，总的直接成本增加值小于间接成本减少值，应继续缩短工期，否则，停止压缩工期。此时的工期已是工程项目总成本最低时的工期安排。

在施工方案实施过程中，应比较工程实际进展情况与计划进度之间的关系，如果出现进度偏差，应采用上述方法进行工程-成本优化，寻求新的工程项目总成本最低时的工期安排。如此循环，直至工程项目完成为止。

（3）质量成本动态控制

质量成本的动态控制就是依据质量成本目标，定期对质量成本形成过程中的一切耗费进行严格的计算和审核，揭示偏差，及时纠正，实现预期的质量成本，并进而采取措施，不断降低质量成本。

1）质量成本控制内容。影响工程项目质量的因素主要包括：人、材料、机械、方法和环境五大方面（4M1E）。

① 人的控制。人是直接参与施工的组织者、指挥者和操作者，也是质量的创造者，人作为控制的主体，要发挥其主观积极作用。应从人的技术水平、责任感、生理条件、质量意识、行为表现、组织纪律、职业道德等方面加以控制。

② 材料的控制。材料的控制包括原材料、成品、半成品、构配件等的控制。主要是严格检查验收，正确合理使用。

③ 机械的控制。机械控制包括施工机械设备、工具等的控制。选用技术先进、生产适用的机械设备，正确使用、管理和保养好机械设备，提高设备的完好率和利用率。

④ 方法的控制。方法的控制包括施工方案、施工工艺、施工组织设计、施工技术组织措施等的控制。

⑤环境的控制。影响工程质量的环境因素很多，因此，要根据工程特点和具体条件对影响质量的环境因素采取有效的措施严加控制。

2）质量成本控制方法。施工项目质量控制的方法主要是审核有关技术文件、报告、报表和直接进行现场检查，除此以外，还可采用其他技术方法。

① 质量检验法。质量检验法包括测量、检查和测试等活动，其目的是确定工程项目质量是否与质量标准的要求相一致。检验可以在任何层次进行，其对象可以是一个单项活动的结果，也可以是整个工程项目的结果。

② 控制图法。控制图法是通过描述各样本的质量特征所在区域来进行质量控制，其用途是判断工程项目质量是否处于控制中。当项目质量特征在上控制界限和下控制界限范围以内，说明其处于受控状态；如果落在上控制界限和下控制界限之外，说明质量已处于失控状态，应该采取措施使其回到受控状态。

③ 帕累托图法。帕累托曲线通常将影响质量的因素分为三类：A 类为关键的少数因素，是主要因素，其影响程度的累积百分数在 0～80% 范围内；B 类是一般因素，其影响程度的累积百分数在 80%～90% 范围内；C 类为次要因素，其影响程度的累积百分数在 90%～100% 范围内。B 和 C 构成了次要的多数。因此，帕累托图法也称为 ABC 分析图法，在对这些因素进行 ABC 分类管理时，应对 A 类实行严格的质量控制，对 C 类实行较为宽松的质量控制。

④ 统计抽样法。通过选择一定数量的样本进行检验，从而了解整体情况，以便对工程项目质量进行控制。

⑤趋势分析法。是一种根据过去的结果利用数学方法预测未来结果的一种方法。

3）质量成本控制模型。最佳质量成本决策就是对产品质量总成本与其收益之间的比较分析过程的判断与选择。

① 费根堡姆最佳质量成本模型。最佳质量成本模型是由美国的两位质量管理专家提出的，当产品质量下降时，内部和外部的故障成本就上升；反之就下降。至于预防成本，只要提高产品质量，一般就会逐渐上升。根据上述成本特点，绘成质量总成本曲线，其最低点即为最佳质量成本。上述原理可用数学模型表示如下：

$$T(x) = f(x) + g(x) + k(x) \tag{8-2}$$

式中，x 为产品质量水平；$f(x)$ 为故障成本；$g(x)$ 为鉴定成本；$k(x)$ 为预防成本；$T(x)$ 为质量总成本。

对 $T(x)$ 求导，并令 $Q'(x) = 0$，即：$Q'(x) = f'(x) + g'(x) + k'(x) = 0$。

计算出公式中的 x 值，则 x 值即为达到最佳质量成本点的产品质量水平。将 x 值带入产品质量成本公式中，就可以求得"最佳质量成本"。

② 朱兰最佳质量模型。朱兰将质量成本划分为四部分：预防成本、检验成本、内部损失成本和外部损失成本。当质量提高时，控制成本（如预防和检验成本）也会增加。而同时，随着产品质量的提高，损失成本（内部和外部损失成本）会下降，质量管理的目标是找到一个合适的质量水平，使总质量成本最小化。

朱兰最佳质量成本模型是指产品内部和外部的故障成本曲线，一般随着质量的提高，呈现出由高到低的下降趋势。而预防和鉴定成本之和的曲线，则随着质量的提高，呈现由低到高的上升趋势。上述两条曲线的交点与质量总成本曲线的最低点处于同一条垂直线的位置上，即为最佳质量成本。

根据上述原理，建立数学模型如下：

$$C_1 = L(1-q)/q \quad ; \quad C_2 = vq/(1-q) \tag{8-3}$$

式中，L 为单位废品损失；q 为合格率；C_1 为单位合格品应负担的废品损失（故障成本）；C_2 为预防与鉴定成本之和；v 为 C_2 随合格品率与不合格品率的比例而变化的系数。

如果能确定 v 值，则可求出不同合格品率下相应支付每件产品的预防与鉴定成本之和，而 v 一般可根据有关资料预测得出。

如果 $C_1 = C_2$，$L(1-q)/q = vq(1-q)$，即可求出最佳质量水平 q。

8.4.4 费用偏差分析及纠正

无论是建设单位及其委托的咨询、监理单位，还是施工单位，为了有效地进行费用控制，必须定期进行费用实际值与计划值的比较。当实际值偏离计划值时，要分析产生偏差的原因，采取适当的纠偏措施，尽可能减少费用超支额。

1. 费用偏差分析方法

（1）挣值分析法（Earned Value Analysis）

挣值分析法又称为赢得值法，是在工程项目实施中使用较多的一种对进度和费用进行综合控制的有效方法。

1）挣值分析法的基本参数。

① 拟完工程预算（计划）费用（Budgeted Cost for Work Scheduled，BCWS）。BCWS 是指工程项目实施过程中某阶段计划要求完成的工作量所需的预算费用。计算公式为：

$$BCWS = \Sigma 拟完工程量（计划工程量）\times 计划单价 \tag{8-5}$$

② 已完工程预算（计划）费用（Budgeted Cost for Work Performed，BCWP）。也称挣值或赢得值（Earned Value），因为这是承包单位按合同完成任务后可以挣得的。BCWP 是指工程项目实施过程中某阶段按实际完成工作量和预算（计划）价格所计算出的费用，计算公式为：

$$BCWP = \Sigma 已完工程量（实际工程量）\times 计划单价 \tag{8-6}$$

③ 已完工程实际费用（Actual Cost for Work Performed，ACWP）。ACWP 是指工程项目实施过程中某阶段实际完成的工作量所消耗的费用。ACWP 主要反映工程项目的实际耗费。计算公式为：

$$ACWP = \Sigma 已完工程量（实际工程量）\times 实际单价 \tag{8-7}$$

2）挣值分析法的四个评价指标。

① 费用偏差（Cost Variance，CV）。CV 是指检查时点已完工程预算（计划）费用与已完工程实际费用之间的差值。计算公式为：

$$CV = BCWP - ACWP \tag{8-8}$$

当 CV 为负值时，表示项目实施效果不佳，工程项目实际费用超过预算（即超支）。反之，当 CV 为正值时，表示工程项目实际费用低于预算值（即节余）。若 CV=0，表示工程项目未出现费用偏差。

② 进度偏差（Schedule Variance，SV）。SV 是指检查时点已完工程预算（计划）费用与拟完工程预算（计划）费用之间的差值。计算公式为：

$$SV = BCWP - BCWS \qquad (8-9)$$

当 SV 为负值时，表示工程项目进度延误。反之，当 SV 为正值时，表示工程项目进度提前。若 SV＝0，表明工程项目按计划进度实施。

③ 费用绩效指标（Cost Performed Index，CPI）。CPI 是指项目挣值与已完工程实际费用之比。计算公式为：

$$CPI = BCWP / ACWP \qquad (8-10)$$

当 CPI＜1 时，表示工程项目实际费用超出预算。反之，当 CPI＞1 时，表示工程项目实际费用低于预算。若 CPI＝1，表示工程项目实际费用与预算费用吻合。

④ 进度绩效指标（Schedule Performed Index，SPI）。SPI 是指项目挣值与拟完工程预算（计划）费用之比。计算公式为：

$$SPI = BCWP / BCWS \qquad (8-11)$$

当 SPI＜1 时，表示工程项目进度延误。反之，当 SPI＞1 时，表示工程项目进度提前。若 SPI＝1，表示实际进度与计划进度吻合。

在上述评价指标中，费用偏差和进度偏差指标主要用于同一工程项目中的偏差比较；费用绩效指标和进度绩效指标既可用于同一工程项目中的偏差比较，也可用于不同工程项目之间的偏差比较。

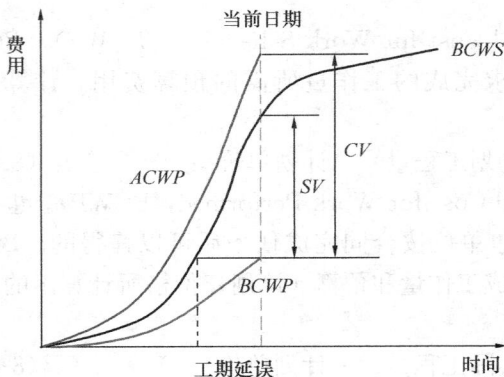

图 8-6　挣值法分析曲线

3）挣值法分析曲线。挣值法分析曲线如图 8-6 所示，图中横坐标表示时间，纵坐标表示费用。由于工程项目投入的费用随时间的推移在不断积累，通常会呈 S 形状，故称 S 曲线。如图 8-5 所示，在检查日期（当前日期），CV＜0、SV＜0，表示工程项目执行效果不佳，即费用超支、进度延误，需要采取相应补救措施。

（2）其他分析方法

常用的费用偏差分析方法还有横道图法和表格法。

1）横道图法。用横道图法进行费用偏差分析，是将已完工程计划费用、拟完工程计划费用和已完工程实际费用用不同的横道线标识，横道线的长度与其金额成正比。

横道图法具有形象、直观等优点，能够准确表达费用的绝对偏差。但是，此方法反映的信息量较少，一般在工程项目的较高管理层应用。

2）表格法。表格法是将项目编号、名称、各个费用参数及费用偏差值等综合纳入一张表格中，并且利用表格直接进行比较，见表 8-2。

用表格法进行偏差分析具有如下优点：灵活、适用性强，可根据实际需要设计表格；信息量大，可以反映偏差分析所需资料，从而有利于工程项目管理人员及时采取针对措施，加强控制；表格处理可以借助于计算机，从而节约大量数据处理所需的人力，并大大提高处理速度。

2. 费用偏差原因及纠偏措施

（1）费用偏差的原因分析

偏差数值分析表

表 8-2

项目编码	(1)	051	052	053
项目名称	(2)	木门窗安装	钢门窗安装	铝合金门窗安装
单位	(3)			
计划单价	(4)			
拟完工程量	(5)			
拟完工程计划费用	(6)＝(4)×(5)			
已完工程量	(7)			
已完工程计划费用	(8)＝(4)×(7)			
实际单价	(9)			
其他款项	(10)			
已完工程实际费用	(11)＝(7)×(9)+(10)			
费用偏差	(12)＝(8)—(11)			
费用绩效指标	(13)＝(8)/(11)			
进度偏差	(14)＝(8)—(6)			
进度绩效指标	(15)＝(8)/(6)			

一般来说，产生费用偏差的原因包括：

1）客观原因。包括人工费涨价、材料费涨价、设备涨价、利率及汇率变化、自然因素、基础处理、交通原因、社会原因、法规变化等。

2）建设单位原因。包括增加工程内容、费用规划不当、组织不落实、建设手续不健全、未按时付款、协调不佳等。

3）设计原因。设计错误或漏项、设计标准变更、设计保守、图纸提供不及时、结构变更等。

4）施工原因。施工组织设计不合理、材料代用、工期拖延、质量事故、进度安排不当、施工技术措施不当、与外单位关系协调不当等。

（2）费用偏差的纠正措施

工程施工阶段费用偏差的纠正与控制，要采用现代控制方法，结合施工实际情况，依靠有丰富实践经验的技术人员和管理人员，通过各方面的共同努力来实现。从管理学角度看，纠偏是一个制定计划、实施计划、检查进度与效果、纠正与处理偏差的动态循环过程。

费用偏差的纠正措施通常包括以下四个方面：

1）组织措施。主要指从组织管理方面采取措施，包括：落实费用控制的组织机构和人员，明确各级费用控制人员的任务、职能分工、权力和责任，改善费用控制工作流程等。

2）经济措施。主要指审核工程量和签发支付证书，包括：检查费用目标分解是否合理，检查资金使用计划有无保障，是否与进度计划发生冲突，工程变更有无必要，是否超预算等。

3）技术措施。主要指对工程方案进行技术经济比较，包括：制订合理的技术方案，进行技术分析，针对偏差进行技术改正等。

4）合同措施。主要是指索赔管理。在施工过程中常出现索赔事件，要认真审查有关索赔依据是否符合合同规定，索赔计算是否合理等，加强日常的合同管理，落实合同规定的职责。

8.4.5 工程计量与价款结算

1. 工程计量

工程计量是指根据设计文件及施工合同中关于工程量计算的规定，对施工单位申报的已完成工程的工程量进行核验。工程计量结果是工程价款结算的直接基础和依据，因此，工程计量是施工阶段造价管理的关键环节之一。

1）工程计量依据。

① 质量合格证书；

② 工程量清单前言和技术规范；

③ 经审定的施工设计图纸、施工组织设计和技术措施方案；

④ 施工现场情况和实测数据；

⑤其他有关技术经济文件。

2）工程计量原则。

① 不符合施工合同文件要求，未经工程质量检验合格或未按设计要求完成的工程与工作，均不予计量；

② 按施工合同文件规定以及项目监理机构批准的方法、范围、内容和单位进行计量；

③ 属于施工单位应承担的责任与风险，或因施工单位原因另外发生的工程量不予计量。

3）工程计量方法。

① 图纸法。根据分部分项工程、单位工程到单项工程的施工图纸的几何尺寸进行计量。工程计量最终所确认的数量是根据图纸提供的数据或图纸显示的几何尺寸计算得到的，但仍需对工程进行详细计量，目的是检查几何尺寸是否在技术标准要求的误差范围内，以保证工程质量符合要求。

② 均摊法。对工程量清单中某些项目的合同条款，按合同工期平均计量。这些项目的共同特征是每月均有发生。

③ 凭据法。按照施工单位提供的凭据进行计量支付。例如：建筑工程保险费、第三方责任险保险费、履约保证金等。

④ 断面法。断面法主要取决于取土坑或填筑路堤土方的计量。

⑤分解计量法。即根据工序或部位将一个项目分解为若干子项目，对完成的各子项目进行计量支付。这种方法主要是为解决一些包干项目或较大工程项目的支付时间过长，影响施工单位的资金流动等问题。

2. 工程价款结算

（1）工程预付款的支付与扣回

工程预付款也称预付备料款，是工程施工合同中订立后由建设单位按照合同规定，在正式开工前预先支付给施工单位的工程款。工程预付款是施工准备和所需要材料、构配件等流动资金的主要来源。

1）工程预付款的支付条件。工程预付款支付条件：施工单位向建设单位提交金额等于预付款数额的银行保函；合同协议书已签订；履约保单已提交。

2）工程预付款的支付时间。根据施工合同，在具备施工条件的前提下，建设单位应在双方签订合同后的一个月内或不迟于约定的开工日期前7天内预付工程款。若建设单位不按约定预付，施工单位应在预付时间到期后7天内向建设单位发出要求预付的通知，建设单位收到通知后仍不按要求支付工程预付款，施工单位可在发出通知后7天停止施工，建设单位应从约定应付之日起向施工单位支付应付款的利息，并承担违约责任。

3）工程预付款数额的计算方法。

① 按合同中约定的数额，建设单位根据工程规模和性质、市场行情等因素，在合同条件中约定工程预付款的百分比，据此计算工程预付款的数额。

② 影响因素法。将影响工程预付款数额的每个因素作为参数，按其影响关系，进行工程预付款的计算。计算公式为：

$$A = \frac{BK}{T}t \tag{8-12}$$

式中　A——预付款数额；

　　　B——年度建筑安装工程费；

　　　K——主材及构件费占年度建筑安装工程费的比例；

　　　T——计划工期；

　　　t——材料储备时间。

③ 额度系数法。设工程预付款的额度系数为λ，即工程预付款数额占年度建筑安装工程费的百分比。一般情况下，工程预付款额度按工程类别、施工期限、建筑材料和构件生产供应情况统一测定，通常取$\lambda = 20\% \sim 30\%$。

4）工程预付款起扣点的确定。必须在合同中约定工程预付款抵扣方式，并在工程进度款支付中进行抵扣。工程预付款开始扣还时的工程进度状态称为工程预付款的起扣点。常用以下两种方式确定起扣点：

① 按累计完成建筑安装工程量的数额表示，称为累计工程量起扣点W，计算公式为：

$$W = B - \frac{A}{K} \tag{8-13}$$

式中符号同前。

② 按累计完成建筑安装工程量与年度建筑安装工程量百分比R表示，称为工作量百分比起扣点，计算公式为：

$$R = \frac{W}{B} \times 100\% = \left(1 - \frac{A}{KB}\right) \times 100\% \tag{8-14}$$

式中符号同前。

5）应扣工程预付款数额。对于工期较短，造价较低，规模较小的工程项目，可以通过合同条款予以确定，扣还工程预付款。

当合同没有明确约定时，可采用一次扣还法和分次扣还法。

① 一次扣还法。指在未完工的建筑安装工作量等于预付款时，以其全部未完工的价款一次抵扣工程预付款，施工单位停止向建设单位收取价款。这种方法虽然简单，但建设单位易对未完工程的大部分失去经济控制权，因此，一般不宜一次扣还工程预付款。

② 分次扣还法。即自起扣点开始扣还工程预付款，每次结算工程价款时，按材料比重抵扣工程价款，工程竣工前全部扣清。

$$第一次抵扣额＝（累计已完工程价值－起扣时已完工程价值）×主材比重 \quad (8-15)$$
$$以后每次抵扣额＝每次完成工程价值×主材比重 \quad (8-16)$$

对于工程造价低、工期短的简单工程，施工过程中可以不分次抵扣，当工程预付款加已付工程款达到合同价款的95%时（即留5%的尾款），停止支付工程款。

（2）工程进度款结算

工程进度款是指施工单位就已完成的部分工程，与建设单位结算工程价款，其目的是用来补偿施工过程中的资金耗用，以确保工程项目的顺利进行。

1）工程进度款结算方式。

① 按月结算与支付。即实行按月支付进度款，竣工后清算的办法。合同工期在两个年度以上的工程，在年终进行工程盘点，办理年度结算；

② 分段结算与支付。即当年开工、当年不能竣工的工程按照工程形象进度，划分不同阶段支付工程进度款。具体划分时应在合同中明确。

2）每期工程进度款应考虑的款项。

① 经过确认核实的已完工程量对应的工程价款；

② 设计变更应调整的合同价；

③ 本期应扣回的工程预付款；

④ 根据合同中允许调整合同价款的规定，应补偿给施工单位的款项和应扣减的款项；

⑤ 经项目监理机构批准的施工单位索赔款；

⑥ 其他应支付或扣回的款项。

（3）工程保修金的预留及其他担保方式

按照有关规定，工程合同价中应预留一定比例的保修金作为质量保修费用，待工程项目保修期结束后最后支付。保修金是为了确保在施工阶段或在保修期内，由于施工单位未能履行合同义务，由建设单位指定他人完成应由施工单位承担的工作所发生的费用。根据FIDIC施工合同条件规定，工程保修金的总额为合同总价的5%。

1）进度款支付余额法。当工程进度款支付累积额达到合同价一定比例（通常为95%～97%左右）时停止支付，预留合同价部分作为保修金。

2）进度款比例法。有关招标文件示范文本规定，保修金的扣留，可以从建设单位向施工单位第一次支付的工程进度款开始，在每次施工单位应得的工程款中扣留投标书附录中规定的金额作为保修金，直至保修金总额达到投标书附录中规定的限额为止。

除了保修金以外，工程保修的其他担保方式还有：施工单位出具银行保函、施工单位以机械作为抵押等。

（4）工程价款动态结算

工程价款动态结算就是将各种动态因素渗透到工程结算过程中，使工程价款结算能反映实际消耗的费用。常用的动态结算方法有以下几种：

1）按实际价格结算法。即施工单位凭发票按实报销。这种方法简便，但由于是实报实销，因而施工单位对降低成本不感兴趣。为了避免副作用，应在合同中规定建设单位或项目监理机构有权要求施工单位选择更廉价的供应来源。

2）按主材计算价差。建设单位在招标文件中列出需要调整价差的主要材料表及其基期价格（一般采用当时当地工程造价管理机构公布的信息价或结算价），工程竣工结算时按竣工当时当地工程造价管理机构公布的材料信息价或结算价，与招标文件中列出的基期价比较计算材料差价。

3）竣工调价系数法。按工程价格管理机构公布的竣工调价系数及调价计算方法计算差价。

4）调值公式法。又称动态结算公式法，即在建设单位与施工单位签订的合同中明确规定调值公式。价格调整的计算工作比较复杂，其程序如下：

① 确定计算物价指数的品种。一般地说，品种不宜太多，只确定那些对工程款影响较大的因素，如水泥、钢材、木材和工资等，这样便于计算。

② 需要注意的问题：

a. 在合同价格条款中，应写明经双方商定的调整因素，以及几种物价波动到何种程度才进行调整（一般在±10%左右）；二是考核的地点和时点，地点一般在工程所在地，或指定的某地市场价格；时间指的是某月某日的市场价格。这里要确定两个时点价格，即基准日期的市场价格（基础价格）和与特定付款证书有关的期间最后一天的时点价格。这两个时点是计算调值的依据。

b. 确定各成本要素的系数和固定系数，各成本要素的系数要根据各成本要素对合同总价的影响程度而定。各成本要素系数之和加固定系数应等于1。

8.4.6 工程变更与索赔

1. 工程变更

工程变更是指工程施工过程中出现与签订合同时预计条件不一致的情况，而需要改变原定施工承包范围内的某些工作内容。

（1）工程变更价款确定程序

工程变更价款确定程序如图8-7所示。

（2）工程变更价款确定原则

1）我国现行规定。根据《建设工程价款结算暂行办法》以及《建设工程施工合同（示范文本）》，工程变更价款确定原则如下：

① 合同中已有适用于变更工程的价格，按合同已有的价格计算、变更合同价款；

② 合同中只有类似于变更工程的价格，可参照类似价格变更合同价款；

③ 合同中没有适用或类似于变更工程的价格，由施工单位或建设单位提出适当的变更价格，项目监理机构批准执行，如双方不能执行，可提请工程所在地工程造价管理机构进行咨询，或按合同约定的争议或纠纷解决程序办理。

2）FIDIC施工合同条件下工程变更价款确定原则。

① 变更工作在工程量表中有同种工作内容的单价，应以该费率计算变更工程费用；

② 工程量表中虽然列有同类工作的单价或价格，但对具体变更工作已不适用，应在原单价和价格的基础上制定合理的新单价或价格；

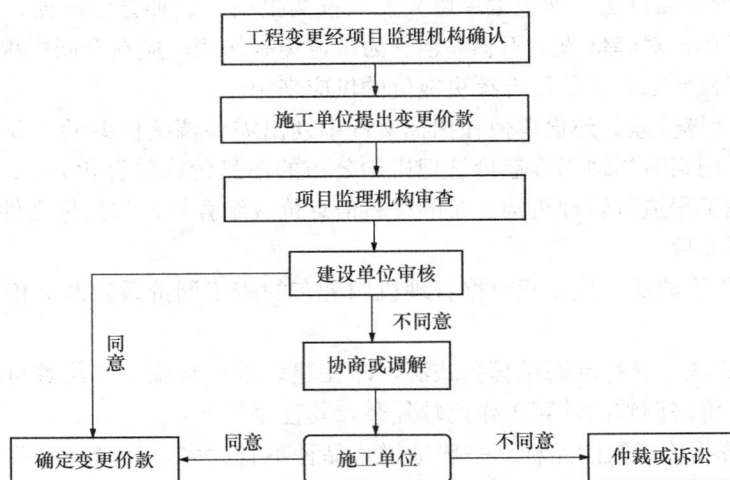

图 8-7　工程变更价款确定程序

③ 变更工作的内容在工程量表中没有同类工作的费率和价格，应按照与合同单价水平相一致的原则，确定新的费率或价格。

2. 工程索赔

工程索赔是工程施工合同履行过程中，合同一方因自身因素或对方不履行或未能正确履行合同规定义务，或者由于对方的行为使权利人受到损失时，向对方提出赔偿要求的权利。

工程索赔一般指施工单位向建设单位提出的索赔。主要包括：不利的自然条件与人为障碍引起的索赔、工程变更引起的索赔、工程延期引起的费用索赔、加速施工引起的费用索赔、建设单位不正当终止工程而引起的索赔、物价上涨引起的索赔、拖延支付工程款的索赔等。

建设单位向施工单位提出的索赔通常称为反索赔。主要包括：工程延误索赔、质量不满足合同要求索赔、施工单位不履行保险费用的索赔、对超额利润的索赔、（FIDIC 施工合同条件下）对指定分包单位的付款索赔、建设单位合理终止合同或施工单位不正当放弃工程的索赔等。

（1）工程索赔处理

项目监理机构在收到施工单位送交的索赔报告和有关资料后，应在合同规定的有效期内给予答复，或要求施工单位进一步补充索赔理由和证据。项目监理机构在合同规定的有效期内未予以答复或未对施工单位提出要求，视为该项索赔已经认可。在经过认真分析研究及与施工单位、建设单位广泛讨论后，项目监理机构应向建设单位和施工单位提出索赔处理决定，当项目监理机构确定的索赔额超过其权限范围时，必须报请建设单位批准，索赔报告经建设单位批准后，项目监理机构即可签发有关证书。

（2）工程索赔费用确定

按索赔的目的，索赔可以分为工期索赔和费用索赔。其中，费用索赔与工程造价息息相关。工程索赔费用一般由以下内容构成：人工费、机械使用费、材料费、分包费用、工地管理费、贷款利息、企业管理费、利润等。

费用索赔的计算可采用总费用法、修正总费用法、实际费用法等。

1）总费用法。当发生多次索赔事件后，重新计算出完成该工程项目的实际费用，减去投标报价的总费用，便得出施工单位的索赔金额。

这种方法使用较少，不易被对方和仲裁机构认可。其使用必须满足以下条件：合同实施过程中的总费用核算是准确的，工程成本核算符合普遍认可的会计原则、成本分摊法则，分摊基础选择合理，实际总成本与报价所包括的内容一致；施工单位的报价是合理的；费用损失责任或干扰事件的责任全在于建设单位或其他人，施工单位在工程中无任何过错。

2）修正总费用法。修正总费用法是对总费用法的改进，能够较为准确地反映实际增加的费用，修正内容包括：将计算索赔金额的时段局限于受到外界影响的时间，而不是整个施工期；只计算受影响时段内某项工作所受影响的损失，而不是计算该时段内所有工作遭受的损失；与该项工作无关的费用不列入总费用中；对投标报价费用重新进行核算，按所受影响时段内该项工作的实际单价进行核算，乘以实际完成的该项工作的工作量，得出调整后的报价费用。

按修正后的总费用计算索赔金额的公式如下：

索赔金额＝某项工作调整后的实际总费用－该项工作的报价费用

3）实际费用法。按每个索赔事件所引起损失的费用项目，据实计算索赔值。在实际工程中常采用这种方法。实际费用法通常分三步进行：首先，分析索赔事件影响的费用项目；其次，计算各费用项目的损失值；最后，将各费用项目的损失值汇总，得到总费用索赔值。

8.5 工程竣工验收阶段及保修期造价管理

工程项目达到竣工条件进行验收，是工程项目实施阶段的最后环节，也是建设成果转入使用阶段的标志。所有工程项目都要及时组织验收，进行工程项目的竣工结算和竣工决算。工程竣工后，工程项目即进入保修期，涉及工程保修费用的处理。竣工验收阶段是工程建设全过程的最后阶段，有效地控制这一阶段的工程造价，对建设工程造价的最终确定具有积极意义。

8.5.1 竣工结算编制与审查

竣工结算是指施工单位按照合同规定的内容全部完成所承包工程，并经质量验收合格，达到合同要求后，向建设单位办理竣工工程价款结算的过程。工程竣工结算分为单位工程竣工结算、单项工程竣工结算和工程项目竣工总结算。

竣工结算文件是施工单位与建设单位办理工程价款最终结算的依据，也是建设工程项目竣工验收后编制竣工决算、核定新增资产价值的依据。因此，竣工结算应充分、合理地反映承包工程的实际价值。

1. 竣工结算编制依据和方法

工程竣工结算文件由施工单位编制。

1）竣工结算编制依据。竣工结算编制依据主要有：

① 工程竣工报告和工程验收证书；

② 工程施工合同、工程竣工图；

③ 设计变更通知单和工程变更签证；

④ 预算定额、工程量清单、材料价格、费用标准等资料；

⑤预算书和报价单；

⑥其他有关资料及现场记录等。

2）竣工结算编制方法。

① 核实工程量。复核原施工图预算工程量（或工程量清单），防止漏算、重算和错算，从中找出工程量的量差，即施工图预算工程量（或工程量清单）与实际发生的工程量不符而产生的量的差异，这是编制工程竣工结算的主要部分。量差主要是由设计变更和设计漏项、现场施工变更、施工图预算（工程量清单）的错误等原因造成的。

② 材料价差调整。

a. 材料价差。材料价差是指材料的预算价格（报价）与实际价格的差额。由建设单位供应的材料按预算价格转给施工单位的，在工程结算时不作调整，其材料价差由建设单位单独核算，在编制竣工决算时摊入工程成本。

由施工单位购买的材料，应该调整价差，调整方法包括：

• 单项调整法。以每种材料的实际价格与预算价格的差值作为该种材料的价差，实际价格由双方协议或根据当地主管部门定期发布的价格信息确定。

• 价差系数调整法。对工程使用的主要材料，比较实际供应价格和预算价格，找出差额，测算价差平均系数，以施工图预算的直接费用为基础，在工程结算是按价差系数进行调整。

• 价差系数调整法与单项调整法并用。当价差系数对工程造价影响较大时，对其中某些价格波动较大的材料用单项调整法调整，从而确定结算价值。

b. 材料代用价差。材料代用价差是指因材料供应缺口或其他原因而发生的以大代小、以优代劣等情况，这部分应根据工程材料代用核定通知单计算材料的价差并进行调整。

③ 费用调整。措施费、间接费等是直接费或人工费等为基础计取的，由于工程量的变化影响到这些费用的计算，因此，这些费用也应作相应调整。但是，属于材料价差的因素引起的费用变化一般不予调整；属于其他费用，如窝工费、机械进出场费用，应一次结清，分摊到结算的工程项目中去。施工单位在施工现场使用建设单位的水电费，也应按规定在竣工结算时清算。总的说来，工程竣工结算的一般计算公式为：

$$\frac{竣工结算}{工程价款}=合同价款+\frac{合同价款}{调整数额}-\frac{预付及已结算}{工程价款}-\frac{质量保证}{（保修）金}$$

3）竣工结算编制程序。编制竣工结算就是指在原预算造价的基础上，对施工过程中的价差、量差的费用变化等进行调整，计算出竣工工程的造价和实际结算价格的一系列过程。竣工结算的编制程序具体如下：

① 对确定作为结算对象的工程项目内容进行全面清点，备齐结算依据和资料；

② 以单位工程为基础，对施工图预算、报价内容，包括工程量、单价及计算方法进行检查核对。如发生多算、漏算和计算错误以及定额分部分项或单价错误，应及时进行调整，如有漏项应予以补充，如有重复计算或者多算应予以删减；

198

③ 对建设单位要求扩大的施工范围和由于工程变更、现场签证等引起的增减预算进行检查，核对无误后，分别归入相应的单位工程结算书；

④ 将各专业的单位工程结算分别以单项工程为单位进行汇总，并提出单项工程综合结算书；

⑤ 将各单项工程汇总成整个建设工程项目的竣工结算书；

⑥ 编写竣工结算编制说明，内容主要为结算书的工程范围、结算内容、存在问题以及其他必须加以说明的事宜；

⑦ 整理、汇总工程竣工结算书，经相关部门批准后，经项目监理机构送建设单位审查签认。

2. 竣工结算审查

对于施工单位报送的工程竣工结算文件，建设单位可直接进行审查，也可委托具有相应资质的工程造价咨询单位审查。

审查内容主要包括：

1）工程项目竣工结算文件是否齐全；

2）工程竣工结算编制范围是否与合同规定的规模、内容相符，结算编制的办法、定额、标准是否符合有关规定，补充定额是否有依据；

3）材料、设备的使用是否符合有关规定，其结算价格是否符合规定或实际情况；

4）工程项目变更的内容是否符合规定，手续是否齐全；工程量是否真实、准确；计算是否正确。

8.5.2 竣工决算与工程保修费用处理

1. 竣工决算编制

竣工决算是指所有建设工程项目竣工后，由建设单位编制的反映工程项目实际造价和投资效果的过程。竣工决算是正确核定新增固定资产价值、考核分析投资效果的依据。通过竣工决算与概算、预算的对比分析，可以考核工程造价控制的工作成效，总结经验教训，积累技术经济方面的基础资料，提高未来建设工程投资效益。

建设工程竣工决算文件由建设单位编制，以实物数量和货币指标为计量单位，综合反映竣工项目从筹建开始到竣工交付使用为止的全部建设费用、建设成果和财务情况，是竣工验收报告的重要组成部分。

（1）竣工决算编制依据

竣工决算编制依据主要包括：

1）经批准的可行性研究报告及投资估算；

2）经批准的初步设计或扩大初步设计及工程概算或修正概算；

3）经批准的施工图设计及施工图预算；

4）设计交底或图纸会审纪要；

5）工程标底、工程施工合同、工程结算资料；

6）设计变更记录、施工记录或施工签证单，以及其他在施工过程中发生的费用记录；

7）竣工图及各种竣工验收资料；

8）历年财务决算及批复文件；

9）设备、材料调价文件和调价记录；

10）有关财务决算制度、办法和其他有关资料、文件等。

（2）竣工决算内容

竣工决算作为考核建设工程项目投资效益、确定交付使用财产价值、办理交付使用手续的依据，一般由竣工决算报告说明书、竣工财务决算报表、建设工程项目竣工图和工程造价比较分析四部分组成。

1）竣工决算报告说明书。竣工决算报告说明书主要反映竣工工程建设成果和经验，是对竣工决算报表进行分析和说明的文件，也是考核工程投资与造价的书面总结。其主要内容包括：

① 建设工程项目概况，即对工程总的评价，一般从进度、质量、安全、环保等方面进行分析说明；

② 工程项目建设过程和管理中的重大事件、经验教训；

③ 会计账务的处理、财产物资情况及债权债务的清偿情况；

④ 资金结余、基本建设结余资金、基本建设收入等的上交分配情况；

⑤ 主要技术经济指标的分析、计算情况以及工程遗留问题等；

⑥ 建设工程项目管理及决算中存在的问题、建议；

⑦ 需说明的其他事项。

2）竣工财务决算报表。按规定，建设工程项目竣工财务决算报表按大中型项目和小型项目分别制定。报表结构如下：

大中型项目
竣工财务决算报表
{
①工程项目竣工财务决算审批表
②大中型工程项目概况表
③大中型工程项目竣工财务决算
④大中型工程项目交付使用资产总表
⑤工程项目交付使用资产明细表
}

小型工程项目
竣工财务决算报表
{
①工程项目竣工财务决算审批表
②工程项目交付使用资产明细表
③小型工程项目竣工财务决算总表
}

3）建设工程项目竣工图。建设工程项目竣工图是真实记录各种地上地下建筑物、构筑物等情况的技术文件，是工程进行交工验收、维护、改建和扩建的依据，是国家重要的技术档案。国家规定，各项新建、扩建、改建的建设工程，都要编制竣工图。为确保竣工图质量，必须在施工过程中及时做好隐蔽工程检查记录，整理好设计变更文件。

4）工程造价比较分析。对控制工程造价所采取的措施、效果及其动态的变化进行认真的比较分析，总结经验。批准的概（预）算是考核建设工程实际造价的依据。在分析时，可将决算报表中所提供的实际数据和相关资料与批准的概（预）算指标进行对比，以反映竣工项目总造价和单方造价是节约还是超支。在对比的基础上，找出节约和超支的内容和原因，总结经验教训，提出改进措施。

（3）竣工决算编制程序

建设工程项目竣工决算的编制程序如下：

1）从建设工程开始就按编制依据的要求，收集、整理、分析有关资料；

2）对各种设备、材料、工具、器具等要逐项盘点核实并填列清单，妥善保管，或按国家有关规定处理，不准任意侵占和挪用；

3）对照、核实工程变动情况，重新核实各单位工程、单项工程造价，将竣工资料与原设计图纸进行查对、核实，必要时可进行实地测量，确认实际变更情况；

4）根据审定的施工单位竣工结算等原始资料，按照有关规定对原概预算进行增减调整，重新核实工程造价；

5）严格划分和核定各类投资，将审定后的待摊费用、设备工器具费用、建筑安装工程费用、工程建设其他费用严格划分和审定后，分别计入相应的建设成本栏目中；

6）编制竣工决算财务说明书，填报竣工财务决算报表；

7）进行工程造价对比分析，侧重分析主要实物工程量、主要材料消耗量、建设单位管理费、建筑安装工程其他直接费和间接费等内容；

8）整理、装订竣工图；

9）按国家规定上报审批存档。

2. 竣工决算审查

竣工决算文件由建设单位编制后，要上交给相关主管部门，由主管部门进行审查。对建设工程项目竣工决算的审查内容主要包括：

1）检查所编制的竣工决算是否符合工程项目实施程序，是否有未经审批立项、未经可行性研究和初步设计等环节而自行建设的项目；

2）检查竣工决算编制方法的可靠性，有无造成交付使用的固定资产价值不实的问题；

3）检查有无将不具备竣工决算编制条件的工程项目提前或强行编制竣工决算的情况；

4）检查竣工工程概况表中的各项费用支出，并分别与设计概算数额相比较，分析节约或超支的情况；

5）检查交付使用资产明细表，将各项资产的实际支出与设计概算数额进行比较，以确定各项资产的节约或超支数额；

6）分析费用支出偏离设计概算的主要原因；

7）检查工程项目结余资金及剩余设备材料等物资的真实性和处置情况，包括：检查建设工程项目物资盘存表，核实库存设备、专用材料账是否相符，检查建设工程项目现金节余的真实性，检查应收、应付款项的真实性，关注是否按合同规定预留了施工单位在工程质量保修期间的保修金。

3. 新增资产价值确定

工程项目竣工投入运营后所花费的总投资应按会计制度和有关税法规定，形成相应的资产，这些新增资产分为固定资产、无形资产、流动资产和其他资产四大类。新增资产价值的确定是由建设单位核算。资产的性质不同，其核算方法也不同。

（1）新增固定资产

1）新增固定资产价值的构成。

① 工程费用。包括设备及工器具购置费用、建筑工程费、安装工程费；

② 固定资产其他费用。主要有建设单位管理费、勘察设计费、研究试验费、工程监理费、工程保险费、联合试运转费、办公和生活家具购置费及引进技术和进口设备的其他费用；

③ 预备费；

④ 融资费用。包括建设期利息和其他融资费用等。

2）新增固定资产价值确定。新增固定资产价值的确定是以独立发挥生产能力的单项工程为对象的。当单项工程建成经有关部门验收合格，正式移交生产或使用，即应计算新增固定资产价值。一次交付生产或使用的工程，一次计算新增固定资产价值；分期分批交付生产或使用的工程，应分期分批计算新增固定资产价值。

在确定新增固定资产价值时应注意以下几种情况：

① 对于为了提高产品质量、改善劳动条件、节约材料消耗、保护环境而建设的附属辅助工程，只要全部建成，正式验收交付使用后就要计入新增固定资产价值。

② 对于单项工程中不构成生产系统，但能独立发挥效益的非生产性项目，如住宅、食堂、医务所、托儿所、生活服务网点等，在建成并交付使用后，也要计算新增固定资产价值。

③ 凡购置达到固定资产标准不需安装的设备、工具、器具，应在交付使用后计入新增固定资产价值。

④ 属于新增固定资产价值的其他投资，应随同受益工程交付使用的同时一并计入。

⑤交付使用财产的成本，应按下列内容计算：

a. 房屋、建筑物、管道、线路等固定资产的成本包括建筑工程成本和应分摊的待摊投资；

b. 动力设备和生产设备等固定资产的成本包括需要安装设备的采购成本、安装工程成本、设备基础支柱等建筑工程成本或砌筑锅炉及各种特殊炉的建筑工程成本、应分摊的待摊投资；

c. 运输设备及其他不需要安装的设备、工具、器具、家具等固定资产一般仅计算采购成本，不计分摊的"待摊投资"。

⑥共同费用的分摊方法。新增固定资产的其他费用，如果是属于整个建筑工程项目或两个以上单项工程的，在计算新增固定资产价值时，应在各单项工程中按比例分摊。一般情况下，建设单位管理费按建筑工程、安装工程、需安装设备价值总额按比例分摊，而土地征用费、勘察设计费等费用则按建筑工程造价分摊。

（2）新增无形资产

无形资产是指能使企业拥有某种权利，能为企业带来长期经济效益，但没有实物形态的资产。无形资产包括专利权、商标权、专有技术、著作权、土地使用权、商誉等。

新增无形资产的计价原则：

① 投资者将无形资产作为资本金或者合作条件投入的，按照评估确认或合同协议约定的金额计价；

② 购入的无形资产，按照实际支付的价款计价；

③ 企业自创并依法确认的无形资产，按开发过程中的实际支出计价；

④ 企业接受捐赠的无形资产，按照发票凭证所载金额或者无形资产市场价计价等。

无形资产计价入账后，其价值从受益之日起，在有效使用期内分期摊销。

（3）新增流动资产

流动资产是指可以在一年或超过一年的营业周期内变现或者耗用的资产。按流动资产占用形态可以分为现金、存货、银行存款、短期投资、应收账款及预付账款等。

依据投资概算核拨的项目铺底流动资金，由建设单位直接移交使用单位。

（4）新增其他资产

其他资产是指除固定资产、无形资产、流动资产以外的资产。形成其他资产原值的费用主要是生产准备费（含职工提前进厂费和培训费），样品样机购置费等。

其他资产按实际入账价值核算。

4. 工程保修费用处理

建设工程竣工验收结束、投入使用之后，即进入工程保修期，这期间有关保修费用的处理问题对工程造价的最终确定有一定影响。

在保修费用的处理问题上，必须根据修理项目的性质、内容以及检查修理等多种因素的实际情况，区别保修责任的承担问题，由建设单位和施工单位共同商定处理办法。对于保修经济责任，应当由有关责任方承担。

1）施工单位未按国家有关规范、标准和设计要求施工，造成的质量缺陷，由施工单位负责无偿返修并承担经济责任。

2）由于设计方面造成的质量缺陷，由设计单位承担经济责任，由施工单位负责维修，其费用按有关规定通过建设单位向设计单位索赔，不足部分由建设单位负责。

3）因建筑材料、构配件和设备质量不合格引起的质量缺陷，属于施工单位采购的，由施工单位承担经济责任；属于建设单位采购的，由建设单位承担经济责任。

4）因使用单位使用不当造成的质量缺陷，由使用单位自行负责。

5）因地震、洪水、台风等不可抗力原因造成的质量问题，施工单位、设计单位不承担经济责任。

复 习 思 考 题

1. 工程造价的特点有哪些？
2. 建设工程全面造价管理的含义是什么？
3. 工程勘察设计阶段造价管理包括哪些内容？
4. 工程标底与招标控制价的编制方法是什么？
5. 工程投标报价的编制方法是什么？
6. 资金使用计划编制方法有哪些？
7. 工程施工成本控制的内容和方法有哪些？
8. 挣值分析法的原理是什么？
9. 工程计量程序是什么？
10. 工程预付款的起扣点如何确定？
11. 工程变更价款的确定原则是什么？
12. 工程索赔费用的计算方法有哪些？
13. 工程竣工结算与决算的程序和内容是什么？
14. 工程保修费用的处理方法是什么？

案 例

1. 工程成本估算及实施

印度某项目始建于1985年，初始估算约4000万美元，直至2008年4月才竣工，项目成本最终约为

11 亿美元。

该发电站项目第一次发包给一家法国承包商，该承包商要求修改合同价格，但印度政府拒绝此要求，导致项目进行第二次招标，第二家法国承包商以更低价格接受了该项目，但由于政治环境恶劣及基础设施缺乏，在断断续续实施 15 年后，第二家承包商也抽身而逃。后来，印度政府与一家挪威公司合作，最终以高成本完成该项目。

思考：

（1）该项目初始预算为 4000 万美元，为何最终耗时 20 多年、耗资 11 亿美元才完成？

（2）确保建设工程造价得到有效控制的要素有哪些？

2. 工程施工索赔

某单机容量为 30 万 kW 的火力发电厂工程项目，建设单位与施工单位签订了单价合同。在施工过程中，施工单位向建设单位常驻工地代表提出申请，要求建设单位支付下列费用：

（1）职工教育经费：因该工程项目的电机等采用国外进口设备，在安装前，需要对安装操作人员进行培训，培训经费 2 万元。

（2）研究试验费：因需对铁路专用线的一座跨公路预应力拱桥模型进行破坏性试验，需费用 9 万元；改进混凝土泵送工艺试验费 3 万元，合计 12 万元。

（3）临时设施费：为搭建民工临时用房 15 间；为建设单位搭建临时办公室 4 间，分别为 3 万元和 1 万元，合计 4 万元。

（4）施工机械迁移费：施工吊装机械从另一工地调入本工地的费用为 1.5 万元。

（5）施工降效费：根据施工组织设计，部分项目安排在雨季施工，由于采取防雨措施，增加费用 2 万元。

（6）由于建设单位委托的另一家施工单位进行场区道路施工，影响了本施工单位正常的混凝土浇筑运输作业，建设单位常驻工地代表已审批了原计划和降效增加的工日及机械台班的数量，资料如下：

受影响部分的工程原计划用工 2300 工日，计划支出 40 元/工日，原计划机械台班 360 台班，综合台班单价为 180 元/台班，受施工干扰后完成该部分工程实际用工 2900 工日，实际支出 45 元/工日，实际用机械台班 410 台班，实际支出 200 元/台班。

思考：

（1）建设单位是否应支付以上各项费用？为什么？

（2）由于非承包商原因造成的施工降效，建设单位补偿的基本原则是什么？

（3）对于施工单位提出的降效支付要求，建设单位应补偿人工费和机械使用费各多少？

第9章 建设工程实施阶段进度管理

学习目标

建设工程进度管理对于确保工程项目按预定时间交付使用、及时发挥投资效益具有重要意义。

通过学习本章，应掌握如下内容：

(1) 建设工程进度管理基本原理；

(2) 建设工程进度计划体系；

(3) 建设工程实施阶段进度控制措施；

(4) 工程勘察设计进度控制工作内容；

(5) 工程施工进度控制工作内容和方法。

9.1 工程进度管理概述

9.1.1 工程进度管理及其基本原理

1. 工程实施阶段进度管理的含义

工程实施阶段进度管理是指对工程项目建设实施各阶段的工作内容、工作程序、持续时间和衔接关系，根据进度总目标及资源优化配置的原则，编制进度计划并付诸实施，然后在进度计划执行过程中经常检查实际进度是否按计划要求进行，对出现的偏差情况进行分析，采取补救措施或调整、修改原计划后再付诸实施，如此循环，直到工程竣工验收交付使用。工程进度管理的最终目的是确保工程项目按预定时间动用或提前交付使用，工程实施阶段进度管理的总目标是建设工期。

2. 工程实施阶段进度管理基本原理

工程项目的实施进度受许多因素影响，项目管理者需事先对影响进度的各种因素进行调查，预测其对进度可能产生的影响，编制可行的进度计划，指导工程项目按计划实施。然而在计划执行过程中，必然会出现新的情况，难以按照原定的进度计划执行。这就要求项目管理者在计划的执行过程中，掌握动态控制原理，不断进行检查，将实际情况与计划安排进行对比，找出偏离计划的原因，特别是找出主要原因，然后采取相应措施。措施的确定有两个前提，一是通过采取措施，维持原计划，使之正常实施；二是采取措施后不能维持原计划，要对原进度计划进行调整或修正，再按新的计划实施。这样不断地计划、执行、检查、分析、调整计划的动态循环过程，就是工程进度管理。

工程项目进度管理基本原理如图 9-1 所示。

9.1.2 工程进度计划体系及表式方法

1. 工程进度计划体系

为了确保建设工程进度控制目标的实现，工程项目参建各方都要编制进度计划，并且

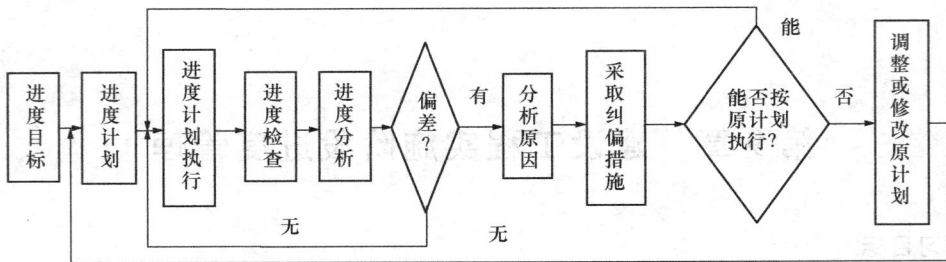

图 9-1 工程进度管理动态循环图

控制其进度计划的执行。工程进度计划体系主要包括：建设单位进度计划系统、监理单位进度计划系统、勘察设计单位进度计划系统和施工单位进度计划系统。

（1）建设单位进度计划系统

在建设工程实施阶段，建设单位编制（也可委托监理单位编制）的进度计划包括：工程项目建设总进度计划和工程项目年度计划。

1）工程项目建设总进度计划。工程项目建设总进度计划是指初步设计被批准后，根据初步设计，对工程项目从开始建设（设计、施工准备）至竣工投产（动用）全过程的统一部署。其主要目的是安排各单位工程的建设进度，合理分配年度投资，组织各方面的协作，保证初步设计所确定的各项建设任务的完成。工程项目建设总进度计划包括文字和表格两部分。

① 文字部分。说明工程项目的概况和特点，安排工程建设总进度的原则和依据，建设投资来源和资金年度安排情况，技术设计、施工图设计、设备交付和施工力量进场时间的安排，道路、供电、供水等方面的协作配合及进度的衔接，计划中存在的主要问题及采取的措施，需要上级及有关部门解决的重大问题等。

② 表格部分。包括：

a. 工程项目一览表。将初步设计中确定的建设内容，按照单位工程归类并编号，明确其建设内容和投资额，以便各部门按统一的口径确定工程项目投资额，并以此为依据对其进行管理。其表式见表 9-1。

工程项目一览表 表 9-1

单位工程名称	工程编号	工程内容	概算额（千元）						备注
			合计	建筑工程费	安装工程费	设备工程费	工器具购置费	工程建设其他费用	

b. 工程项目总进度计划。是根据初步设计中确定的建设工期和工艺流程，具体安排单位工程的开工日期和竣工日期。其表式见表 9-2。

工程编号	单位工程名称	工程量		××年				××年				……
		单位	数量	一季	二季	三季	四季	一季	二季	三季	四季	……

c. 投资计划年度分配表。根据工程项目总进度计划安排各个年度的投资，以便预测各个年度的投资规模，为筹集建设资金及制定分年用款计划提供依据。其表式见表 9-3。

投资计划年度分配表　　　　表 9-3

工程编号	单位工程名称	投资额	投资分配（万元）					
			××年	××年	××年	××年	××年	……
……								
	合计 其中： 　建安工程投资 　设备投资 　工器具投资 　其他投资							

d. 工程项目进度平衡表。用来明确各种设计文件交付日期、主要设备交货日期、施工单位进场日期、水电及道路接通日期等，以保证工程建设中各个环节相互衔接，确保工程项目按期投产或交付使用。其表式见表 9-4。

工程项目进度平衡表　　　　表 9-4

工程编号	单位工程名称	开工日期	竣工日期	要求设计进度				要求设备进度			要求施工进度			协作配合进度				
				交付日期			设计单位	数量	交货日期	供货单位	进场日期	竣工日期	施工单位	道路通行日期	供电		供水	
				技术设计	施工图	设备清单									数量	日期	数量	日期

2) 工程项目年度计划。工程项目年度计划是依据工程项目建设总进度计划和批准的设计文件进行编制的。该计划既要满足工程项目建设总进度计划的要求，又要与当年可能获得的资金、设备、材料、施工力量相适应。应根据分批配套投产或交付使用的要求，合理安排本年度建设的工程项目。工程项目年度计划主要包括文字和表格两部分内容。

① 文字部分。说明编制年度计划的依据和原则，建设进度、本年计划投资额及计划建设规模，施工图、设备、材料、施工力量等建设条件的落实情况，动力资源情况，对外部协作配合项目建设进度的安排或要求，需要上级主管部门协助解决的问题，计划中存在的其他问题，以及为完成计划而采取的各项措施等。

② 表格部分。包括：

a. 年度计划项目表。确定年度施工项目的投资额和年末形象进度，并阐明建设条件（图纸、设备、材料、施工力量）的落实情况。其表式见表 9-5。

年度计划项目表 表 9-5

投资：万元；面积：m²

工程编号	单位工程名称	开工日期	竣工日期	投资额	投资来源	年初完成			本年计划							年末形象进度	建设条件落实情况			
						投资额	建安投资	设备投资	投资			建筑面积					施工图	设备	材料	施工力量
									合计	建安	设备	新开工	续建	竣工						

b. 年度竣工投产交付使用计划表。阐明各单位工程的建设规模、投资额、新增固定资产、新增生产能力等建设总规模及本年计划完成情况，并阐明其竣工日期。其表式见表9-6。

年度竣工投产交付使用计划表 表 9-6

投资：万元；面积：m²

工程编号	单位工程名称	总规模				本年计划完成				
		建筑面积	投资	新增固定资产	新增生产能力	竣工日期	建筑面积	投资	新增固定资产	新增生产能力

c. 年度建设资金平衡表。其表式见表9-7。

年度建设资金平衡表 表 9-7

单位：万元

工程编号	单位工程名称	本年计划投资	动用内部资金	储备资金	本年计划需要资金	资金来源				
						预算拨款	自筹资金	基建贷款	国外贷款	……

d. 年度设备平衡表。其表式见表9-8。

年度设备平衡表 表 9-8

工程编号	单位工程名称	设备名称规格	要求到货		利用库存	自制		已订货		采购数量
			数量	时间		数量	完成时间	数量	到货时间	

（2）监理单位进度计划系统

监理单位除对施工单位进度计划进行监控外，也应有自身的进度计划，以便更有效地控制建设工程实施进度。监理单位计划系统包括工程监理总进度计划及其分解计划。

1）工程监理总进度计划。工程监理总进度计划是在工程监理委托合同范围内，对工程进度控制总目标进行规划，明确工程建设各个阶段的进度安排。其表式见表9-9。

建设阶段	各阶段进度																......
	××年				××年				××年				××年				
	1	2	3	4	1	2	3	4	1	2	3	4	1	2	3	4	
前期准备																	
设计																	
施工																	
动用前准备																	
项目动用																	

2）工程监理总进度分解计划

① 按工程进展阶段分解。包括：a. 设计准备阶段进度计划；b. 设计阶段进度计划；c. 施工阶段进度计划；d. 动用前准备阶段进度计划。

② 按时间分解。包括：a. 年度进度计划；b. 季度进度计划；c. 月度进度计划。

（3）勘察设计单位进度计划系统

勘察设计单位计划系统包括：勘察设计总进度计划、阶段性勘察设计进度计划和勘察设计作业进度计划。

1）勘察设计总进度计划。勘察设计总进度计划主要用来安排自勘察设计准备开始至施工图设计完成的总勘察设计时间内所包含的各阶段工作的开始时间和完成时间，从而确保勘察设计进度控制总目标的实现。其表式见表 9-10。

阶段名称	进度（月）																	
	1	2	3	4	5	6	7	8	9	10	11	12	13	14	15	16	17	18
勘察设计准备																		
勘察																		
初步设计																		
技术设计																		
施工图设计																		

2）阶段性勘察设计进度计划。阶段性勘察设计进度计划包括：勘察设计准备工作进度计划、勘察工作进度计划、初步设计（技术设计）工作进度计划和施工图设计工作进度计划。这些计划是用来控制各阶段的勘察设计进度，从而实现阶段性勘察设计进度目标。在编制阶段性勘察设计进度计划时，必须考虑勘察设计总进度计划对各个勘察设计阶段的时间要求。

3）勘察设计作业进度计划。为了控制各专业的勘察设计进度，并作为勘察设计人员承担勘察设计任务的依据，应根据施工图设计工作进度计划、单位工程设计工日定额及所投入的设计人员数，编制勘察设计作业进度计划。其表式见表 9-11。

××工程勘察设计作业进度计划 表 9-11

工作内容	工日定额	设计人数	进度（天）												
			2	4	6	8	10	12	14	16	18	20	22	24	26	28
工艺设计																
建筑设计																
结构设计																
给排水设计																
通风设计																
电气设计																
设计审查																

（4）施工单位进度计划系统

施工单位进度计划包括：施工准备工作计划、施工总进度计划、单位工程施工进度计划及分部分项工程进度计划。

1）施工准备工作计划。施工准备工作的主要任务是为建设工程施工创造必要的技术和物资条件，统筹安排施工力量和施工现场。施工准备的工作内容通常包括：技术准备、物资准备、劳动组织准备、施工现场准备和施工场外准备。为落实各项施工准备工作，加强检查和监督，应根据各项施工准备工作的内容、时间和人员，编制施工准备工作计划。其表式见表 9-12。

施工准备工作计划 表 9-12

序号	施工准备项目	简要内容	负责单位	负责人	开始日期	完成日期	备 注

2）施工总进度计划。施工总进度计划是根据施工部署中施工方案和工程项目的开展程序，对全工地所有单位工程作出的时间安排。其目的在于确定各单位工程及全工地性工程的施工期限及开竣工日期，进而确定施工现场劳动力、材料、成品、半成品、施工机械的需要数量和调配情况，以及现场临时设施的数量、水电供应量和能源、交通需求量。

3）单位工程施工进度计划。单位工程施工进度计划是在既定施工方案的基础上，根据规定的工期和各种资源供应条件，遵循各施工过程的合理施工顺序，对单位工程中的各施工过程作出的时间和空间上的安排。并以此为依据，确定施工作业所必需的劳动力、施工机具和材料供应计划。

4）分部分项工程进度计划。分部分项工程进度计划是针对工程量较大或施工技术比较复杂的分部分项工程，在依据工程具体情况所制定的施工方案基础上，对其各施工过程所作出的时间安排。如：大型基础土方工程、复杂的基础加固工程、大体积混凝土工程、大型桩基工程、大面积预制构件吊装工程等，均应编制详细的进度计划，以保证单位工程施工进度计划的顺利实施。

此外，为了有效地控制建设工程施工进度，施工单位还应编制年度施工计划、季度施工计划和月（旬）作业计划，将施工进度计划逐层细化，形成一个旬保月、月保季、季保年的计划体系。

2. 工程进度计划表示方法

工程进度计划的表示方法有多种，常用的有横道图和网络图两种表示方法。

（1）横道图

横道图也称甘特图，是美国人甘特（Gantt）在20世纪20年代提出的。由于其形象、直观，且易于编制和理解，因而长期以来被广泛应用于工程进度管理之中。

用横道图表示的工程进度计划，一般包括两个基本部分，即左侧的工作名称及工作的持续时间等基本数据部分和右侧的横道线部分。图9-2所示即为用横道图表示的某桥梁工程施工进度计划。该计划明确地表示出各项工作的划分、工作的开始时间和完成时间、工作的持续时间、工作之间的相互搭接关系，以及整个工程项目的开工时间、完工时间和总工期。

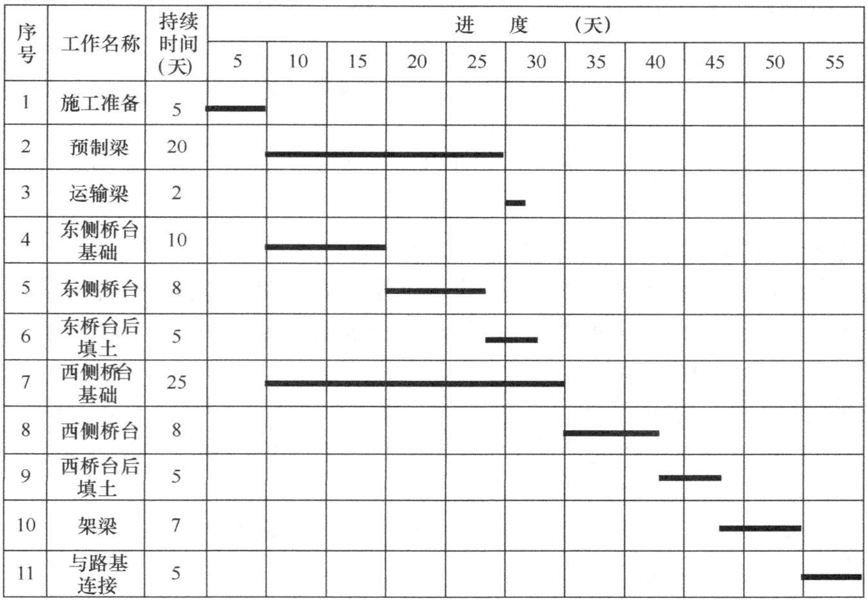

序号	工作名称	持续时间（天）	进度（天）										
			5	10	15	20	25	30	35	40	45	50	55
1	施工准备	5	▬										
2	预制梁	20		▬▬▬▬▬									
3	运输梁	2						▬					
4	东侧桥台基础	10		▬▬									
5	东侧桥台	8				▬▬							
6	东桥台后填土	5					▬						
7	西侧桥台基础	25		▬▬▬▬▬									
8	西侧桥台	8							▬▬				
9	西桥台后填土	5								▬			
10	架梁	7									▬		
11	与路基连接	5											▬

图 9-2 某桥梁工程施工进度横道计划

利用横道图表示工程进度计划，存在下列不足：

1）不能明确地反映出各项工作之间错综复杂的相互关系，因而在计划执行过程中，当某些工作的进度由于某种原因提前或拖延时，不便于分析其对其他工作及总工期的影响程度，不利于工程进度的动态控制。

2）不能明确地反映出影响工期的关键工作和关键线路，也就无法反映出整个工程项目的关键所在，因而不便于进度控制人员抓住主要矛盾。

3）不能反映出工作所具有的机动时间，看不到计划的潜力所在，无法进行最合理的组织和指挥。

4）不能反映工程费用与工期之间的关系，因而不便于缩短工期和降低工程成本。

由于横道计划存在上述不足，给工程进度控制工作带来很大不便。即使项目管理人员在编制计划时已充分考虑各方面的问题，在横道图上也不能全面地反映出来，特别是当工程项目规模大、工艺关系复杂时，横道图就很难充分暴露矛盾。而且在横道计划执行过程中，对其进行调整也是十分繁琐和费时的。由此可见，利用横道计划控制工程进度有较大的局限性。

（2）网络图

工程进度计划用网络图来表示，可以使工程进度得到有效控制。国内外实践证明，网络计划技术是用于计划和控制工程进度的最有效工具。无论是工程设计进度管理，还是施工进度管理，均可应用网络计划技术。

1）网络计划的种类。网络计划技术自20世纪50年代末诞生以来，已得到迅速发展和广泛应用，其种类也越来越多。但总的说来，网络计划可分为确定型和非确定型两类。如果网络计划中各项工作及其持续时间和各工作之间的相互关系都是确定的，就是确定型网络计划，否则属于非确定型网络计划。如计划评审技术（PERT）、图示评审技术（GERT）、风险评审技术（VERT）、决策关键线路法（DN）等均属于非确定型网络计划。在一般情况下，工程进度计划主要应用确定型网络计划。

对于确定型网络计划来说，除了普通的双代号网络计划和单代号网络计划以外，还根据工程实际的需要，派生出下列几种网络计划：

①时标网络计划。时标网络计划是以时间坐标为尺度表示工作进度安排的网络计划，其主要特点是计划时间直观明了。

②搭接网络计划。搭接网络计划是可以表示计划中各项工作之间搭接关系的网络计划，其主要特点是计划图形简单。常用的搭接网络计划是单代号搭接网络计划。

③有时限的网络计划。有时限的网络计划是指能够体现由于外界因素的影响而对工作计划时间安排有限制的网络计划。

④ 多级网络计划。多级网络计划是一个由若干个处于不同层次且相互间有关联的网络计划组成的系统，它主要适用于大中型工程建设项目，用来解决工程进度中的综合平衡问题。

除上述网络计划外，还有用于表示工作之间流水作业关系的流水网络计划和具有多个工期目标的多目标网络计划等。

2）网络计划的特点。利用网络计划控制工程进度，可以弥补横道计划的许多不足。图9-3和图9-4分别为双代号网络图和单代号网络图表示的某桥梁工程施工进度计划。

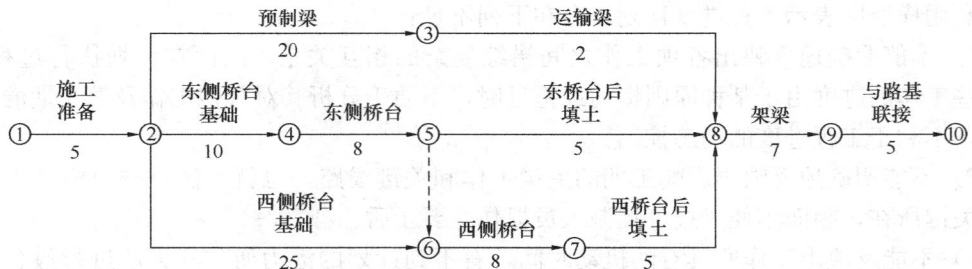

图 9-3　某桥梁工程施工进度双代号网络计划

与横道计划相比，网络计划具有以下主要特点：

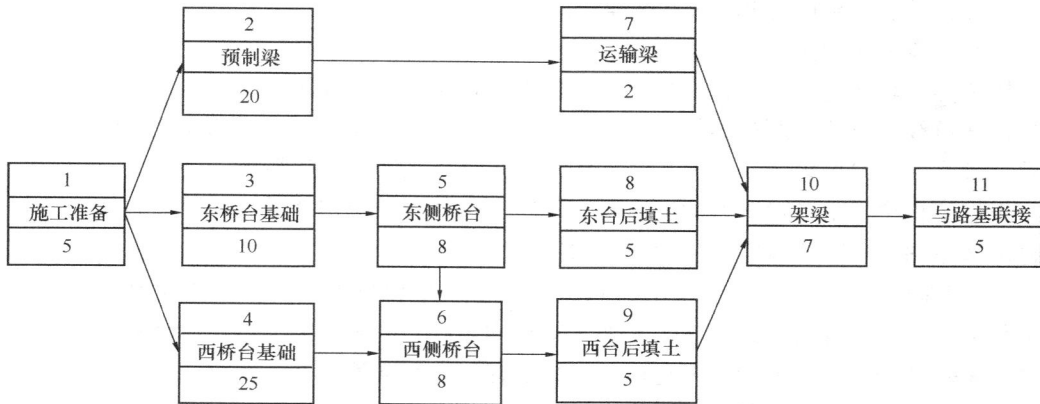

图 9-4 某桥梁工程施工进度单代号网络计划

① 网络计划能够明确表达各项工作之间的逻辑关系。所谓逻辑关系，是指各项工作之间的先后顺序关系。网络计划能够明确地表达各项工作之间的逻辑关系，对于分析各项工作之间的相互影响及处理他们之间的协作关系具有非常重要的意义，同时也是网络计划比横道计划先进的主要特征。

② 通过网络计划时间参数的计算可以找出关键线路和关键工作。在关键线路法（CPM）中，关键线路是指在网络计划中从起点节点开始，沿箭线方向通过一系列箭线与节点，最后到达终点节点为止所形成的通路上所有工作持续时间总和最大的线路。关键线路上各项工作持续时间总和即为网络计划的工期，关键线路上的工作就是关键工作，关键工作的进度将直接影响到网络计划的工期。通过时间参数的计算，能够明确网络计划中的关键线路和关键工作，也就明确了工程进度控制中的工作重点，这对提高工程进度控制效果具有非常重要意义。

③ 通过网络计划时间参数的计算可以明确各项工作的机动时间。所谓工作的机动时间，是指在执行进度计划时除完成任务所必需的时间外尚剩余的、可供利用的富余时间，亦称"时差"。在一般情况下，除关键工作外，其他各项工作（非关键工作）均有富余时间。这种富余时间可视为一种"潜力"，既可以用来支援关键工作，也可以用来优化网络计划，降低单位时间资源需求量。

④ 网络计划可以利用电子计算机进行计算、优化和调整。对进度计划进行优化和调整是工程进度管理工作中的一项重要内容。如果仅靠手工进行计算、优化和调整是非常困难的，必须借助于电子计算机。而且由于影响工程进度的因素有很多，只有利用电子计算机进行进度计划的优化和调整，才能适应实际变化的要求。网络计划就是这样一种模型，它能使项目管理人员利用电子计算机对工程进度计划进行计算、优化和调整。正是由于网络计划的这一特点，使其成为最有效的进度计划和控制方法，从而受到普遍重视。

当然，网络计划也有其不足之处，比如不像横道计划那么直观明了等，但这可以通过绘制时标网络计划得到弥补。

9.1.3 工程进度控制方法和措施

1. 工程进度控制方法

工程进度控制主要通过实际进度与计划进度的比较来实现。常用的工程进度控制方法

213

有横道图比较法、S曲线比较法、前锋线比较法等。

（1）横道图比较法

横道图比较法是指将工程项目实施过程中检查实际进度收集到的数据，经加工整理后直接用横道线平行绘于原计划的横道线处，进行实际进度与计划进度的比较方法。采用横道图比较法，可以形象、直观地反映实际进度与计划进度的比较情况。

根据工程项目中各项工作的进展是否匀速，可分别采用匀速进展横道图比较法或非匀速进展横道图比较法比较实际进度与计划进度。

1）匀速进展横道图比较法。匀速进展是指在工程项目中，每项工作在单位时间内完成的任务量都是相等的，即工作的进展速度是均匀的。此时，每项工作累计完成的任务量与时间呈线性关系。完成的任务量可用实物工程量、劳动消耗量或费用支出表示。为了便于比较，通常用上述物理量的百分比表示。

采用匀速进展横道图比较法时，其步骤如下：

① 编制横道图进度计划；

② 在进度计划上标出检查日期；

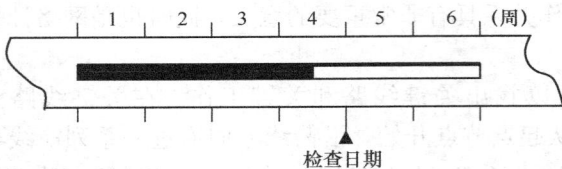

图 9-5　匀速进展横道比较图

③ 将检查收集到的实际进度数据经加工整理后按比例用涂黑的粗线标于计划进度的下方，如图 9-5 所示；

④ 对比分析实际进度与计划进度：

a. 如果涂黑的粗线右端落在检查日期左侧，表明实际进度拖后；

b. 如果涂黑的粗线右端落在检查日期右侧，表明实际进度超前；

c. 如果涂黑的粗线右端与检查日期重合，表明实际进度与计划进度一致。

必须指出，该方法仅适用于工作从开始到结束的整个过程中，其进展速度均为固定不变的情况。如果工作的进展速度是变化的，则不能采用这种方法进行实际进度与计划进度的比较。否则，会得出错误的结论。

2）非匀速进展横道图比较法。当工作在不同单位时间里的进展速度不相等时，累计完成的任务量与时间的关系就不可能是线性关系。此时，应采用非匀速进展横道图比较法进行工作实际进度与计划进度的比较。

非匀速进展横道图比较法在用涂黑粗线表示工作实际进度的同时，还要标出其对应时刻完成任务量的累计百分比，并将该百分比与其同时刻计划完成任务量的累计百分比相比较，判断工作实际进度与计划进度之间的关系。

采用非匀速进展横道图比较法时，其步骤如下：

① 编制横道图进度计划；

② 在横道线上方标出各主要时间工作的计划完成任务量累计百分比；

③ 在横道线下方标出相应时间工作的实际完成任务量累计百分比；

④ 用涂黑粗线标出工作的实际进度，从开始之目标起，同时反映出该工作在实施过程中的连续与间断情况，如图 9-6 所示；

⑤ 通过比较同一时刻实际完成任务量累计百分比和计划完成任务量累计百分比，判

断工作实际进度与计划进度之间的关系：

a. 如果同一时刻横道线上方累计百分比大于横道线下方累计百分比，表明实际进度拖后，拖欠的任务量为二者之差；

b. 如果同一时刻横道线上方累计百分比小于横道线下方累计百分比，表明实际进度超前，超前的任务量为二者之差；

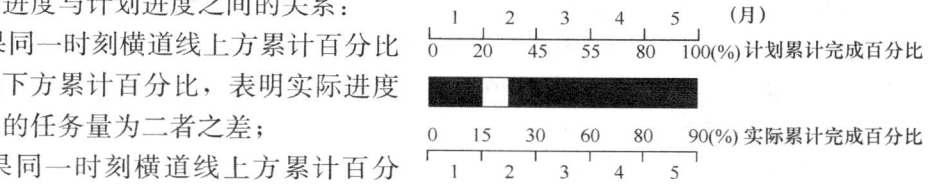

图 9-6　非匀速进展横道比较图

c. 如果同一时刻横道线上下方两个累计百分比相等，表明实际进度与计划进度一致。

可以看出，由于工作进展速度是变化的，因此，在图中的横道线，无论是计划的还是实际的，只能表示工作的开始时间、完成时间和持续时间，并不表示计划完成的任务量和实际完成的任务量。此外，采用非匀速进展横道图比较法，不仅可以进行某一时刻（如检查日期）实际进度与计划进度的比较，而且还能进行某一时间段实际进度与计划进度的比较。当然，这需要实施部门按规定的时间记录当时的任务完成情况。

横道图比较法虽有记录和比较简单、形象直观、易于掌握、使用方便等优点，但由于其以横道计划为基础，因而带有不可克服的局限性。在横道计划中，各项工作之间的逻辑关系表达不明确，关键工作和关键线路无法确定。一旦某些工作实际进度出现偏差时，难以预测其对后续工作和工程总工期的影响，也就难以确定相应的进度计划调整方法。因此，横道图比较法主要用于工程项目中某些工作实际进度与计划进度的局部比较。

（2）S 曲线法

S 曲线法是以横坐标表示时间，纵坐标表示累计完成任务量，绘制一条按计划时间累计完成任务量的 S 曲线；然后将工程项目实施过程中各检查时间实际累计完成任务量的 S 曲线也绘制在同一坐标系中，从而进行实际进度与计划进度比较的一种方法。

从整个工程项目实际进展全过程看，单位时间投入的资源量一般是开始和结束时较少，中间阶段较多。与其相对应，单位时间完成的任务量也呈同样的变化规律，如图 9-7（a）所示。而随工程进展累计完成的任务量则应呈 S 形变化，如图 9-7（b）所示。由于其形似英文字母 "S"，S 曲线因此而得名。

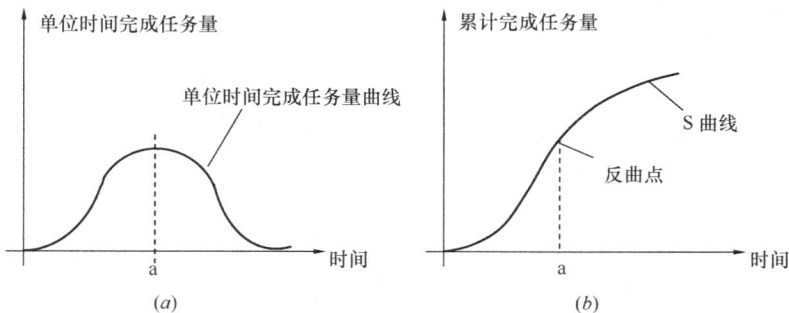

图 9-7　时间与完成任务量关系曲线

1）S 曲线绘制方法如下：

①确定单位时间计划完成任务量；

②计算不同时间累计完成任务量；

③根据累计完成任务量绘制 S 曲线。

2）实际进度与计划进度的比较。与横道图比较法一样，利用 S 曲线比较工程项目实际进度与计划进度也是在图上进行。在工程项目实施过程中，按照规定时间将检查收集到的实际累计完成任务量绘制在原计划 S 曲线图上，即可得到实际进度 S 曲线，如图 9-8 所示。通过比较实际进度 S 曲线和计划进度 S 曲线，可以获得如下信息：

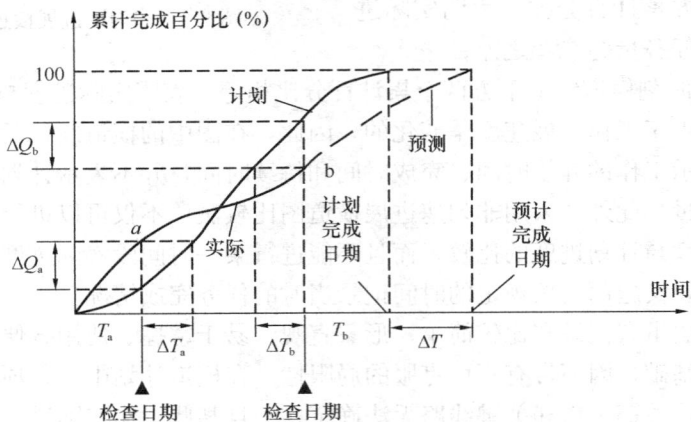

图 9-8　S 曲线比较图

① 工程项目实际进展状况。如果工程实际进展点落在计划 S 曲线左侧，表明此时实际进度比计划进度超前，如图 9-8 中的 a 点；如果工程实际进展点落在 S 计划曲线右侧，表明此时实际进度拖后，如图 9-8 中的 b 点；如果工程实际进展点正好落在计划 S 曲线上，则表示此时实际进度与计划进度一致。

② 工程项目实际进度超前或拖后的时间。在 S 曲线比较图中可以直接读出实际进度比计划进度超前或拖后的时间。如图 9-8 所示，ΔT_a 表示 T_a 时刻实际进度超前的时间；ΔT_b 表示 T_b 时刻实际进度拖后的时间。

③ 工程项目实际超额或拖欠的任务量。在 S 曲线比较图中也可直接读出实际进度比计划进度超额或拖欠的任务量。如图 9-8 所示，ΔQ_a 表示 T_a 时刻超额完成的任务量，ΔQ_b 表示 T_b 时刻拖欠的任务量。

④ 后期工程进度预测。如果后期工程按原计划速度进行，则可作出后期工程计划 S 曲线如图 9-8 中虚线所示，从而可以确定工期拖延预测值 ΔT。

此外，还有一种与 S 曲线比较法原理相似的比较法——香蕉曲线比较法。所谓香蕉曲线，实际上是由两条 S 曲线组合而成的闭合曲线。对于一个工程项目网络计划而言，如果以其中各项工作的最早开始时间安排进度而绘制 S 曲线，称为 ES 曲线；如果以其中各项工作的最迟开始时间安排进度而绘制 S 曲线，称为 LS 曲线。两条 S 曲线具有相同的起点和终点，因此，两条曲线是闭合的。在一般情况下，ES 曲线上的其余各点均落在 LS 曲线的相应点的左侧。由于该闭合曲线形似"香蕉"，故称为香蕉曲线。在工程项目实施过程中，理想的状况应是任一时刻的实际进度处在这两条曲线所包区域内。否则，说明实际进度出现偏差，比较方法类似于 S 曲线。

（3）前锋线比较法

前锋线比较法是通过绘制某检查时刻工程项目实际进度前锋线，进行工程实际进度与计划进度比较的方法，主要适用于时标网络计划。所谓前锋线，是指在原时标网络计划上，从检查时刻的时标点出发，用点划线依次将各项工作实际进展位置点连接而成的折线。前锋线比较法就是通过实际进度前锋线与原进度计划中各工作箭线交点的位置来判断工作实际进度与计划进度的偏差，进而判定该偏差对后续工作及总工期影响程度的一种方法。

1）前锋线比较法的步骤。

① 绘制时标网络计划图。工程项目实际进度前锋线是在时标网络计划图上标示，为清楚起见，可在时标网络计划图的上方和下方各设一时间坐标。

② 绘制实际进度前锋线。一般从时标网络计划图上方时间坐标的检查日期开始绘制，依次连接相邻工作的实际进展位置点，最后与时标网络计划图下方坐标的检查日期相连接。

工作实际进展位置点的标定方法有两种：

a. 按该工作已完任务量比例进行标定。假设工程项目中各项工作均为匀速进展，根据实际进度检查时刻该工作已完任务量占其计划完成总任务量的比例，在工作箭线上从左至右按相同的比例标定其实际进展位置点。

b. 按尚需作业时间进行标定。当某些工作的持续时间难以按实物工程量来计算而只能凭经验估算时，可以先估算出检查时刻到该工作全部完成尚需作业的时间，然后在该工作箭线上从右向左逆向标定其实际进展位置点。

③ 进行实际进度与计划进度的比较。前锋线可以直观地反映出检查日期有关工作实际进度与计划进度之间的关系。对某项工作来说，其实际进度与计划进度之间的关系可能存在以下三种情况：

a. 工作实际进展位置点落在检查日期的左侧，表明该工作实际进度拖后，拖后的时间为二者之差；

b. 工作实际进展位置点与检查日期重合，表明该工作实际进度与计划进度一致；

c. 工作实际进展位置点落在检查日期的右侧，表明该工作实际进度超前，超前的时间为二者之差。

④ 预测进度偏差对后续工作及总工期的影响。通过实际进度与计划进度的比较确定进度偏差后，还可根据工作的自由时差和总时差预测该进度偏差对后续工作及项目总工期的影响。由此可见，前锋线比较法既适用于工作实际进度与计划进度之间的局部比较，又可用来分析和预测工程项目整体进度状况。

值得注意的是，以上比较是针对匀速进展的工作。对于非匀速进展的工作，比较方法较复杂，此处不赘述。

【例题】某工程项目时标网络计划如图 9-9 所示。该计划执行到第 6 周末检查实际进度时，发现工作 A 和 B 已经全部完成，工作 D、E 分别完成计划任务量的 20% 和 50%，工作 C 尚需 3 周完成，试用前锋线法进行实际进度与计划进度的比较。

【解】根据第 6 周末实际进度的检查结果绘制前锋线，如图 9-9 中点划线所示。通过比较可以看出：

① 工作 D 实际进度拖后 2 周，将使其后续工作 F 的最早开始时间推迟 2 周，并使总

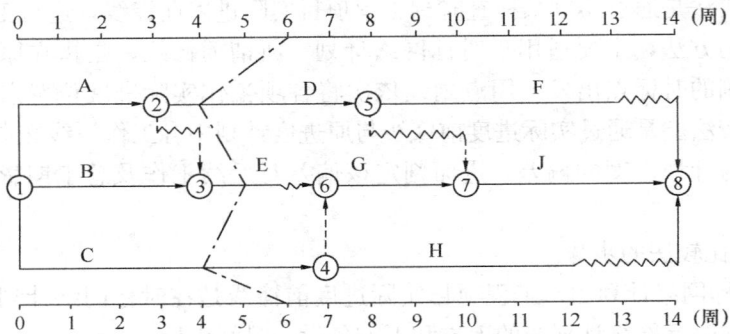

图 9-9 某工程前锋线比较图

工期延长 1 周；

② 工作 E 实际进度拖后 1 周，既不影响总工期，也不影响其后续工作的正常进行；

③ 工作 C 实际进度拖后 2 周，将使其后续工作 G、H、J 的最早开始时间推迟 2 周。由于工作 G、J 开始时间的推迟，从而使总工期延长 2 周。

综上所述，如果不采取措施加快进度，该工程项目的总工期将延长 2 周。

2. 工程进度控制措施

工程进度控制措施通常包括组织措施、技术措施、合同措施和经济措施等。

（1）组织措施

1）建立工程进度控制目标体系，落实进度控制部门人员，进行具体控制任务和管理职能分工；

2）建立工程进度报告制度及进度信息沟通网络；

3）建立进度计划审核制度和进度计划实施中的检查分析制度；

4）确定进度协调工作制度，包括协调会议召开的时间、协调会议参加的人员等；

5）对影响进度目标实现的干扰和风险因素进行分析。风险分析要有依据，主要是根据许多统计资料的积累，对各种因素影响进度的概率及进度拖延的损失值进行计算和预测，并应考虑项目有关审批部门对进度的影响等。

（2）技术措施

1）采用网络计划技术及其他科学适用的计划和控制方法，并结合电子计算机应用，对工程进度实施动态控制；

2）调整和优化施工方案加快施工进度；

3）改进施工工艺、施工方法，采用更先进的施工机具等。

（3）经济措施

1）及时办理工程预付款及工程进度款支付手续；

2）对应急赶工给予优厚的赶工费用；

3）对工期提前给予奖励；

4）对工程延误收取误期损失赔偿金；

5）加强费用索赔管理，公正地处理费用索赔。

（4）合同措施

1）推行 CM 承发包模式，对建设工程实行分段设计、分段发包和分段施工；

2）加强合同管理，协调合同工期与进度计划之间的关系，保证合同中进度目标的实现；

3）严格控制合同变更，对各方提出的工程变更，应严格审查后再补入合同文件之中；

4）加强风险管理，在合同中应充分考虑风险因素及其对进度的影响，以及相应的处理方法。

9.2 工程勘察设计阶段进度管理

工程项目勘察设计阶段进度管理是整个建设工程项目进度管理的重要组成部分。一方面，勘察设计周期本身是建设工期的组成部分，工程勘察设计进度将直接影响建设工程总进度目标的实现；另一方面，工程勘察设计阶段要对施工总进度作出安排，因此，工程勘察设计进度管理对于建设工程按期交付使用意义重大。

9.2.1 工程勘察设计进度影响因素

建设工程勘察设计通常涉及众多因素，如规划、地理、地质、水文、资源、市政、环境保护、运输、物资供应、设备制造等。勘察设计工作本身是多专业的协作产物，工程设计不仅要满足使用要求，同时也要讲究美观和经济效益，并考虑工程施工的可能性等。这一切决定了工程勘察设计进度管理会受到众多因素的影响。

1. 建设意图及要求改变的影响

建设工程设计是按照建设单位的意图和要求而进行的，所有的工程设计必然是建设单位意图的体现。因此，在勘察设计过程中，如果建设单位改变其建设意图和要求，就会引起勘察设计单位的设计变更，必然会对勘察设计进度造成影响。

2. 设计审批时间的影响

建设工程勘察设计是分阶段进行的，如果前一阶段（如初步设计）的设计文件不能顺利得到批准，必然会影响到下一阶段（如施工图设计）的设计进度。因此，设计审批时间的长短，在一定条件下将影响到设计进度。

3. 各专业之间协调配合的影响

建设工程勘察设计是一个多专业、多方面协调合作的复杂过程，如果建设单位、勘察设计单位、监理单位等各单位之间，以及土建、电气、通信等各专业之间没有良好的协作关系，必然会影响工程勘察设计工作的顺利实施。

4. 工程变更的影响

当建设工程采用 CM 法实行分段设计、分段施工时，如果在已施工的部分发现一些问题而必须进行工程变更的情况下，也会影响设计工作进度。

5. 材料代用、设备选用失误的影响

材料代用、设备选用的失误将会导致原有工程设计失效而重新进行设计，这也会影响勘察设计工作进度。

9.2.2 工程勘察设计进度管理的内容和方法

1. 工程勘察设计进度管理程序

工程勘察设计进度管理的主要任务是出图控制，即通过采取有效措施使设计单位如期、优质地完成初步设计、技术设计以及施工图设计等各阶段的设计工作，并提交相应的设计图纸及说明。

勘察设计工作开始之前，由勘察设计单位编制勘察设计进度计划及各专业出图计划，并提交建设单位审查；在工程勘察设计过程中，跟踪检查勘察设计工作的实际完成情况，并与计划进度进行比较分析。如果发现进度偏差，应在分析原因的基础上采取具体措施，如增加勘察设计人员的数量、增加勘察设计时间等，以加快勘察设计工作进度；必要时应对原进度计划进行调整或修订。

2. 工程勘察设计进度管理内容

（1）勘察设计单位的进度管理内容

为了履行勘察设计合同，按期提交施工图设计文件，勘察设计单位应采取有效措施，控制工程勘察设计进度：

1）建立计划部门，负责编制勘察设计单位年度计划和工程项目勘察设计进度计划。

2）建立健全勘察设计技术经济定额，并按定额要求进行计划的编制与考核。

3）实行勘察设计工作技术经济责任制，将勘察设计人员的经济利益与其完成任务的数量和质量挂钩。

4）编制切实可行的勘察设计总进度计划、阶段性勘察设计进度计划和勘察设计进度作业计划。在编制计划时，加强与建设单位、监理单位、科研单位及施工单位的协作与配合，使勘察设计进度计划积极可靠。

5）认真实施勘察设计进度计划，力争勘察设计工作有节奏、有秩序、合理搭接地进行。在执行计划时，要定期检查计划的执行情况，并及时对勘察设计进度进行调整，使勘察设计工作始终处于可控状态。

6）坚持按建设程序办事，尽量避免进行"边设计、边准备、边施工"的"三边"设计。

7）不断分析总结勘察设计进度控制工作经验，逐步提高工程勘察设计进度管理工作水平。

（2）建设单位进度管理内容

建设单位应落实负责勘察设计进度控制的人员，按合同要求对勘察设计工作进度进行监控。

在勘察设计工作开始之前，首先应审查勘察设计单位编制的进度计划的合理性和可行性。在进度计划实施过程中，应定期检查勘察设计工作的实际完成情况，并与计划进度进行比较分析。一旦发现偏差，就应在分析原因的基础上提出纠偏措施，以加快勘察设计工作进度。必要时，应对原进度计划进行调整或修订。

3. 工程设计进度测定方法

为了更好地控制工程设计进度，了解实际设计进度情况，需要对设计情况进行测定。常用的设计进度测定方法有以下几种：

（1）消耗时数衡量法

根据以往设计经验，估算拟建项目设计过程预计消耗的时间，根据设计实际消耗的时间与预计消耗时间之比，确定拟建项目设计进度：

设计进度（完成百分比）＝已耗时数/预计总时数

（2）完成蓝图衡量法

根据以往类似工程设计经验，估计各工种设计的蓝图数量，已完成的蓝图与预计总蓝图数之比即为设计进度：

设计进度（完成百分比）=已完成蓝图数/预计总蓝图数

（3）采购单衡量法

为确保施工时主要设备、材料供应不脱节，在设计阶段通常要在主要设备、材料选型后，向有关供应厂商询价，比较价格，并向供应厂商发出采购单。因此，设计进度也可以用已发采购单来衡量：

设计进度=已发采购单数/预计采购单总数

（4）权数法

权数法是以绘制蓝图为中心来计算设计完成百分数的。相比前面的三种设计进度的测定方法而言，权数法能够更全面、更确切地测定设计进度。具体步骤如下：

1）定出各工种专业蓝图标准完成程度；

2）测定各专业设计实际完成程度；

3）估计出各专业设计实际完成程度；

4）计算实际设计进度。

9.3 工程施工阶段进度管理

9.3.1 工程施工进度影响因素

为了对工程施工进度进行有效控制，必须在工程施工之前对影响施工进度的因素进行分析，进而提出保证施工进度计划实施成功的措施，以实现对工程施工进度的主动控制。影响工程施工进度的因素有很多，归纳起来，主要有以下几个方面。

1. 工程建设相关单位的影响

影响工程施工进度的单位不只是施工单位。事实上，只要是与工程建设有关的单位（如政府部门、建设单位、设计单位、物资供应单位、资金供应单位，以及运输、通讯、供电部门等），其工作进度的拖后必将对施工进度产生影响。因此，控制施工进度仅仅考虑施工单位是不够的，必须协调各相关单位之间的进度关系。而对于那些无法进行协调控制的进度关系，在进度计划的安排中应留有足够的机动时间。

2. 物资供应进度的影响

施工过程中需要的材料、构配件、机具和设备等如果不能按期运抵施工现场或者是运抵施工现场后发现其质量不符合有关标准的要求，都会对施工进度产生影响。因此，应严格把关，采取有效措施控制好物资供应进度。

3. 资金的影响

工程施工的顺利进行必须有足够的资金作保障。一般来说，资金的影响主要来自建设单位，或者是由于没有及时给足工程预付款，或者是由于拖欠工程进度款，这些都会影响到施工单位流动资金的周转，进而殃及施工进度。

4. 设计变更的影响

在施工过程中出现设计变更是难免的，或者是由于原设计有问题需要修改，或者是由于建设单位提出新的要求。应加强设计图纸审查，严格控制随意变更。

5. 施工条件的影响

在施工过程中一旦遇到气候、水文、地质及周围环境等方面的不利因素，必然会影响到施工进度。此时，施工单位应利用自身的技术组织能力予以克服。

6. 各种风险因素的影响

风险因素包括政治、经济、技术及自然等方面的各种可预见或不可预见的因素。政治方面的有战争、内乱、罢工、拒付债务、制裁等；经济方面的有延迟付款、汇率浮动、换汇控制、通货膨胀、分包单位违约等；技术方面的有工程事故、试验失败、标准变化等；自然方面的有地震、洪水等。项目管理人员必须对各种风险因素进行分析，提出控制风险、减少风险损失及对施工进度影响的措施，并对发生的风险事件给予恰当处理。

7. 施工单位自身管理水平的影响

施工现场的情况千变万化，如果施工单位的施工方案不当，计划不周，管理不善，解决问题不及时等，都会影响工程施工进度。施工单位应通过分析、总结吸取教训，及时改进。而项目监理机构应提供服务，协助施工单位解决问题，以确保施工进度控制目标的实现。

正是由于上述因素的影响，才使得施工进度管理显得非常重要。在施工进度计划的实施过程中，一旦掌握工程实际进展情况以及产生问题的原因之后，其影响是可以得到控制的。当然，上述某些影响因素，如自然灾害等是无法避免的，但在大多数情况下，其损失可以通过有效的进度控制而得到弥补。

9.3.2 工程施工进度管理程序和内容

1. 工程施工进度管理程序

工程施工进度管理程序如图 9-10 所示。

2. 工程施工进度管理内容

（1）监理单位进度管理内容

1）编制施工进度控制工作细则。施工进度控制工作细则是在项目监理规划的指导下，由项目监理机构进度控制部门负责编制的更具有实施性和操作性的监理业务文件。

2）编制或审查施工进度计划。对于大型工程项目，由于单位工程较多、施工工期长，且采取分期分批发包又没有一个负责全部工程的总承包单位时，就需要项目监理机构编制施工总进度计划；或者当建设工程由若干个承包单位平行承包时，项目监理机构也有必要编制施工总进度计划。当工程项目有总承包单位时，项目监理机构只需对总承包单位提交的施工总进度计划进行审查。而对于单位工程施工进度计划，项目监理机构只负责审查而不需要编制。

3）按年、季、月编制工程综合计划。着重解决各施工单位进度计划之间、施工进度计划与资源（包括资金、设备、机具、材料及劳动力）保障计划之间及外部协作条件的延伸性计划之间的综合平衡与相互衔接问题。并根据上期计划的完成情况对本期计划作必要的调整，从而作为施工单位近期执行的指令性计划。

4）下达工程开工令。根据施工单位和建设单位双方关于工程开工的准备情况，选择合适的时机发布工程开工令。

5）监督施工进度计划的实施。不仅要及时检查施工单位报送的施工进度报表和分析资料，同时还要进行必要的现场实地检查，核实所报送的已完项目的时间及工程量，杜绝

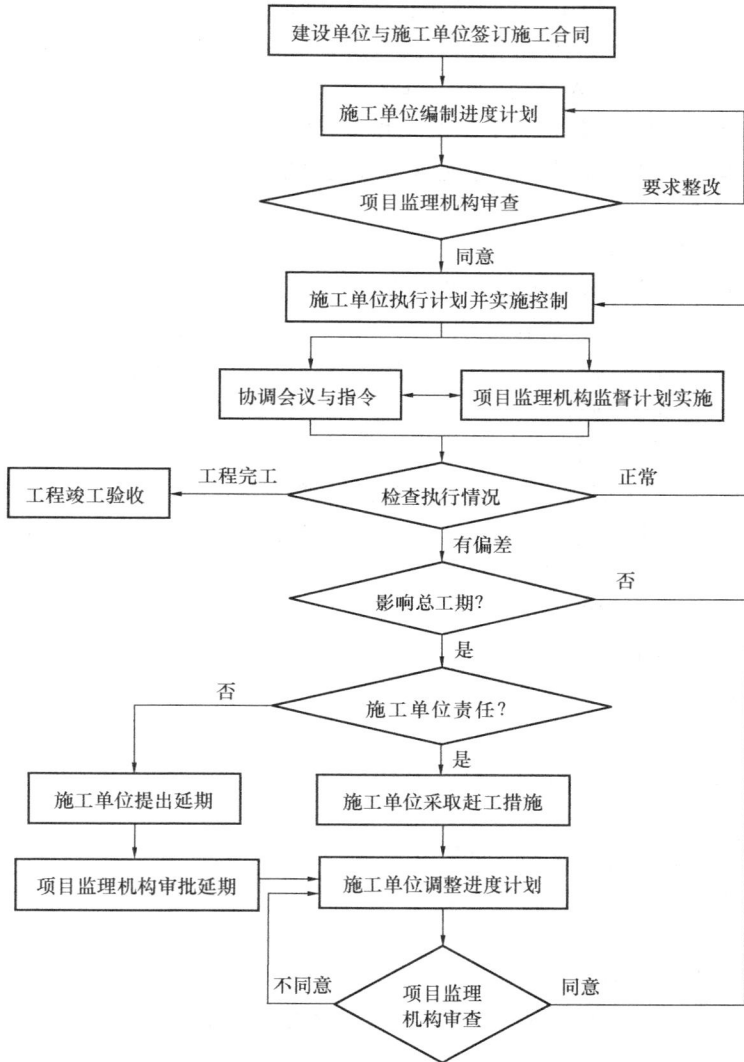

图 9-10　工程施工进度管理程序

虚报现象。

6）组织现场协调会。每月、每周定期组织召开不同层级的现场协调会议，以解决工程施工过程中的相互协调配合问题。在每月召开的高级协调会上通报工程项目建设的重大变更事项，协商其后果处理，解决各个施工单位之间以及建设单位与施工单位之间的重大协调配合问题；在每周召开的管理层协调会上，通报各自进度状况、存在的问题及下周的安排，解决施工中的相互协调配合问题。

对于某些未曾预料的突发变故或问题，项目监理机构可以通过发布紧急协调指令，督促有关单位采取应急措施维护施工的正常秩序。

7）签发工程进度款支付凭证。对施工单位申报的已完分项工程量进行核实，在质量检查验收合格后，签发工程进度款支付凭证。

8）审批工程延期。如果由于施工单位以外的原因造成工期拖延，施工单位有权提出延长工期的申请。项目监理机构应根据合同规定，审批工程延期时间。经监理工程师核实批准的工程延期时间，应纳入合同工期，作为合同工期的一部分。即新的合同工期应等于原定的合同工期加上项目监理机构批准的工程延期时间。

9）向建设单位提供进度报告。应随时整理进度资料，并做好工程记录，定期向建设单位提交工程进度报告。

（2）施工单位进度管理内容

1）编制施工进度计划及相关的资源需求计划。施工单位应视工程项目特点和施工进度控制需要，编制深度不同的控制性和直接指导工程施工的进度计划，以及按不同计划周期的计划等。为确保施工进度计划能得以实施，施工单位还应编制劳动力需求计划、物资需求计划以及资金需求计划等。

2）按施工进度计划组织施工活动。施工过程也就是进度计划实施过程，施工单位必须按照进度计划的要求组织人力、物力和财力进行施工。

3）进度计划实施中的检查与调整。施工进度计划的检查应采取定期检查与不定期检查相结合的方式进行。通常定期检查以周、半月或月为周期进行。不定期检查主要是以项目管理人员的日常巡视方式进行。

① 施工进度计划的检查内容通常包括：

a. 工程量完成情况；

b. 工作时间执行情况；

c. 资源使用及保证进度情况；

d. 前一期进度计划检查所提出问题的整改情况。

② 施工进度计划检查报告内容通常包括：

a. 进度计划实施情况综合描述；

b. 实际进度与计划进度的比较；

c. 进度计划实施过程中存在的问题及其原因分析；

d. 进度执行情况对工程质量、安全和施工成本的影响；

e. 拟采取的纠偏措施；

f. 对未来进度的预测。

③ 施工进度计划的调整内容包括：

a. 工程量的调整；

b. 工作（工序）起止时间的调整；

c. 工作关系的调整；

d. 资源提供条件的调整；

e. 必要的目标调整。

9.3.3 工程施工进度计划编制与审核

1. 施工进度计划编制

施工进度计划主要包括施工总进度计划和单位工程施工进度计划。

（1）施工总进度计划编制

1）编制依据。施工总进度计划的编制依据有：施工合同文件、施工进度目标、各类工期定额资料、工程所在地区自然条件及有关技术经济资料、施工总部署、资源供应条件等。

2）编制步骤和方法。

① 计算工程量。根据批准的工程项目一览表，按单位工程分别计算其主要实物工程量，不仅是为了编制施工总进度计划，而且还为了编制施工方案和选择施工、运输机械，初步规划主要施工过程的流水施工，以及计算人工、施工机械及建筑材料的需要量。因此，工程量只需粗略地计算即可。

② 确定各单位工程的施工期限。各单位工程的施工期限应根据合同工期确定，同时还要考虑建筑类型、结构特征、施工方法、施工管理水平、施工机械化程度及施工现场条件等因素。

③ 确定各单位工程的开竣工时间和相互搭接关系。确定各单位工程的开竣工时间和相互搭接关系主要应考虑以下几点：

a. 同一时期施工的项目不宜过多，以避免人力、物力过于分散；

b. 尽量做到均衡施工，以使劳动力、施工机械和主要材料的供应在整个工期范围内达到均衡；

c. 尽量提前建设可供工程施工使用的永久性工程，以节省临时工程费用；

d. 急需和关键的工程先施工，以保证工程项目如期交工。对于某些技术复杂、施工周期较长、施工困难较多的工程，亦应安排提前施工，以利于整个工程项目按期交付使用；

e. 施工顺序必须与主要生产系统投入生产的先后次序相吻合。同时，还要安排好配套工程的施工时间，以保证建成的工程能迅速投入生产或交付使用；

f. 应注意季节对施工顺序的影响，使施工季节不导致工期拖延，不影响工程质量；

g. 安排一部分附属工程或零星项目作为后备项目，用以调整主要项目的施工进度；

h. 注意主要工种和主要施工机械能连续施工。

④ 编制初步施工总进度计划。施工总进度计划应安排全工地性的流水作业。全工地性的流水作业安排应以工程量大、工期长的单位工程为主导，组织若干条流水线，并以此带动其他工程。

⑤ 编制正式施工总进度计划。初步施工总进度计划编制完成后，要对其进行检查。主要是检查总工期是否符合要求，资源使用是否均衡且其供应是否能得到保证。如果出现问题，则应进行调整。调整的主要方法是改变某些工程的起止时间或调整主导工程的工期。如果是网络计划，则可以利用电子计算机分别进行工期优化、费用优化及资源优化。当初步施工总进度计划经过调整符合要求后，即可编制正式的施工总进度计划。

正式的施工总进度计划确定后，应据以编制劳动力、材料、大型施工机械等资源的需用量计划，以便组织供应，保证施工总进度计划的实现。

（2）单位工程施工进度计划编制

1）编制依据。单位工程施工进度计划的编制依据有：工程项目设计文件，施工总进度计划、施工方案，主要材料和设备的供应能力，施工人员的技术素质和劳动效率，施工现场条件、气候条件、环境条件，已建成同类工程的实际进度和经济指标等。

2）编制步骤和方法。

① 划分工作项目。工作项目是包括一定工作内容的施工过程。工作项目内容的多少，划分的粗细程度，应该根据计划的需要来决定。对于大型工程项目，经常需要编制控制性施工进度计划，此时工作项目可以划分得粗一些，一般只明确到分部工程即可。如果编制实施性施工进度计划，工作项目就应划分得细一些。在一般情况下，单位工程施工进度计划中的工作项目应明确到分项工程或更具体，以满足指导施工作业、控制施工进度的要求。

② 确定施工顺序。确定施工顺序是为了按照施工的技术规律和合理的组织关系，解决各工作项目之间在时间上的先后和搭接问题，以达到保证质量、安全施工、充分利用空间、争取时间、实现合理安排工期的目的。

一般说来，施工顺序受施工工艺和施工组织两方面的制约。当施工方案确定之后，工作项目之间的工艺关系也就随之确定。如果违背这种关系，将不可能施工，或者导致工程质量事故和安全事故的出现，或者造成返工浪费。

工作项目之间的组织关系是由于劳动力、施工机械、材料和构配件等资源的组织和安排需要而形成的。它不是由工程本身决定的，而是一种人为的关系。组织方式不同，组织关系也就不同。不同的组织关系会产生不同的经济效果，应通过调整组织关系，并将工艺关系和组织关系有机地结合起来，形成工作项目之间的合理顺序关系。

③ 计算工程量。工程量的计算应根据施工图和工程量计算规则，针对所划分的每一个工作项目进行。当编制施工进度计划时已有预算文件，且工作项目的划分与施工进度计划一致时，可以直接套用施工预算的工程量，不必重新计算。若某些项目有出入，但出入不大时，应结合工程的实际情况进行某些必要的调整。

④ 计算劳动量和机械台班数。当某工作项目是由若干个分项工程合并而成时，则应分别根据各分项工程的时间定额（或产量定额）及工程量，计算合并后的综合时间定额（或综合产量定额）。

根据工作项目的工程量和所采用的定额，计算各工作项目所需要的劳动量和机械台班数。

⑤ 确定工作项目的持续时间。根据工作项目所需要的劳动量或机械台班数，以及该工作项目每天安排的工人数或配备的机械台数，计算各工作项目的持续时间。

⑥ 编制施工进度计划初始方案。首先应选择施工进度计划的表达形式：横道图或网络图。

⑦ 施工进度计划的检查与调整。当施工进度计划初始方案编制好后，需要对其进行检查与调整，以便使进度计划更加合理，进度计划检查的主要内容包括：

a. 各工作项目的施工顺序、平行搭接和技术间歇是否合理；

b. 总工期是否满足合同规定；

c. 主要工种的工人是否能满足连续、均衡施工的要求；

d. 主要机具、材料等的利用是否均衡和充分。

在上述四个方面中，首要的是前两方面的检查，如果不满足要求，必须进行调整。只有在前两个方面均达到要求的前提下，才能进行后两个方面的检查与调整。前者是解决可行与否的问题，而后者则是优化的问题。

2. 施工进度计划审查

项目监理机构审查施工进度计划的内容主要有：

1）进度安排是否符合工程项目建设总进度计划中总目标和分目标的要求，是否符合施工合同中开、竣工日期的规定。

2）施工总进度计划中的项目是否有遗漏，分期施工是否满足分批动用的需要和配套动用的要求。

3）施工顺序的安排是否符合施工工艺的要求。

4）劳动力、材料、构配件、设备及施工机具、水、电等生产要素的供应计划是否能保证施工进度计划的实现，供应是否均衡、需求高峰期是否有足够能力实现计划供应。

5）总包、分包单位分别编制的各项单位工程施工进度计划之间是否相协调，专业分工与计划衔接是否明确合理。

6）对于建设单位负责提供的施工条件（包括资金、施工图纸、施工场地、采供的物资等），在施工进度计划中安排得是否明确、合理，是否有造成因建设单位违约而导致工程延期和费用索赔的可能存在。

如果项目监理机构在审查施工进度计划过程中发现问题，应及时向施工单位提出书面修改意见（也称整改通知书），其中重大问题应及时向建设单位汇报。

应当说明，编制和实施施工进度计划是施工单位的责任。施工单位之所以将施工进度计划提交给项目监理机构审查，是为了听取项目监理机构的建设性意见。项目监理机构对施工进度计划的审查或批准，并不解除施工单位对施工进度计划的任何责任和义务。此外，对项目监理机构来讲，审查施工进度计划的主要目的是为了防止施工单位计划不当，以及为施工单位保证实现合同规定的进度目标提供帮助。如果强制地干预施工单位的进度安排，或支配施工中所需要劳动力、设备和材料，将是一种错误行为。

尽管施工单位向项目监理机构提交施工进度计划是为了听取建设性意见，但施工进度计划一经项目监理机构确认，即应当视为合同文件的一部分，它是以后处理施工单位提出的工程延期或费用索赔的重要依据。

9.3.4 工程施工进度动态控制

1. 施工进度动态检查

在施工进度计划实施过程中，由于各种因素的影响，常常会打乱原始计划的安排而出现进度偏差。因此，无论是项目监理机构还是施工单位，必须对施工进度计划的执行情况进行动态检查，并分析进度偏差产生的原因，以便为施工进度计划的调整提供必要的信息。

（1）施工进度检查方式

在工程施工过程中，项目监理机构可通过以下方式获得工程实际进展情况：

1）定期地、经常地收集由施工单位提交的有关进度报表资料。工程施工进度报表资料不仅是项目监理机构实施进度控制的依据，同时也是核对工程进度款的依据。在一般情况下，进度报表格式由项目监理机构提供给施工单位，施工单位按时填写完后提交给项目监理机构核查。报表的内容根据施工对象及承包方式的不同而有所区别，但一般应包括工作的开始时间、完成时间、持续时间、逻辑关系、实物工程量和工作量，以及工作时差的利用情况等。施工单位若能准确地填报进度报表，项目监理机构就能从中了解到工程实际进展情况。

2) 由项目监理机构人员现场跟踪检查工程实际进展情况。为了避免施工单位超报已完工程量，项目监理机构人员有必要进行现场实地检查和监督。检查的间隔时间应视工程类型、规模、监理范围及施工现场的条件等多方面因素而定。可以每月或每半月检查一次，也可每旬或每周检查一次。如果在某一施工阶段出现不利情况时，甚至需要每天检查。

除上述两种方式外，由项目监理机构定期组织现场施工负责人召开现场会议，也是获得工程实际进展情况的一种方式，通过这种面对面的交谈，可以从中了解到施工过程中的潜在问题，以便及时采取相应措施加以预防。

（2）施工进度检查方法

施工进度检查的主要方法是对比法。即将经整理的实际进度数据与计划进度数据进行比较，从中发现是否出现进度偏差以及进度偏差的大小。

通过检查分析，如果进度偏差比较小，应在分析其产生原因的基础上采取有效措施，解决矛盾，排除障碍，继续执行原进度计划。如果经过努力，确实不能按原计划实现时，再考虑对原计划进行必要的调整。即适当延长工期，或改变施工速度。计划的调整一般是不可避免的，但应当慎重，尽量减少变更计划性的调整。

2. 施工进度计划调整方法

通过检查分析，如果发现原有进度计划已不能适应实际情况时，为了确保进度控制目标的实现或需要确定新的计划目标，就必须对原有进度计划进行调整，以形成新的进度计划，作为进度控制的新依据。

施工进度计划的调整方法主要有两种：一是通过压缩关键工作的持续时间来缩短工期；二是通过组织搭接作业或平行作业来缩短工期。在实际工作中应根据具体情况选用上述方法进行进度计划的调整。

（1）压缩关键工作的持续时间

这种方法的特点是不改变网络计划中工作之间的先后顺序关系，通过缩短网络计划中关键线路上工作的持续时间来缩短工期。这时，通常需要采取一定的技术组织措施来达到目的。

（2）组织搭接作业或平行作业

这种方法的特点是不改变网络计划中工作的持续时间，而只改变工作的开始时间和完成时间。对于大型工程项目，由于其单位工程较多且相互间的制约比较小，可调整的幅度比较大，所以容易采用平行作业的方法来调整施工进度计划。而对于单位工程项目，由于受工作之间工艺关系的限制，可调整的幅度比较小，所以通常采用搭接作业的方法来调整施工进度计划。但不管是搭接作业还是平行作业，工程项目在单位时间内的资源需求量将会增加。

除了分别采用上述两种方法来缩短工期外，有时由于工期拖延得太多，当采用某种方法进行调整，其可调整的幅度又受到限制时，还可以同时利用上述两种方法对同一施工进度计划进行调整，以满足工期目标的要求。

9.3.5　工程延期申报与审批

工程施工过程中，造成工程进度拖延的原因可归纳为两个方面：一是由于施工单位自身的原因；一是由于施工单位以外的原因（包括不可抗力）。前者所造成的进度拖延，称为工程延误；而后者所造成的进度拖延称为工程延期。当出现工期延误时，项目监理机构有权要求施工单位采取有效措施加快施工进度；如果由于施工单位以外的原因造成工期拖延，施工单位有权提出延长工期的申请。项目监理机构应根据合同规定，审批工程延期时间。

1. 申报工程延期的条件

由于以下原因导致工程延期，施工单位有权提出延长工期的申请，项目监理机构应按合同约定，批准工程延期时间：

1）项目监理机构发出工程变更指令而导致工程量增加；

2）合同所涉及的任何可能造成工程延期的原因，如延期交图、工程暂停、对合格工程的剥离检查及不利的外界条件等；

3）异常恶劣的气候条件；

4）由建设单位造成的任何延误、干扰或障碍，如未及时提供施工场地、未及时付款等；

5）除施工单位自身以外的其他任何原因。

2. 工程延期审批程序

工程延期的审批程序如图 9-11 所示。

当工程延期事件发生后，施工单位应在合同规定的有效期内以书面形式通知项目监理机构（即工程延期意向通知），以便项目监理机构尽早了解所发生的事件，及时作出一些减少延期损失的决定。随后，

```
┌──────────────────────┐
│    工程延期事件发生      │
└──────────┬───────────┘
           │
┌──────────▼───────────┐
│   施工单位提出意向通知    │
└──────────┬───────────┘
           │
┌──────────▼────────┐      ┌─────────────────┐
│ 项目监理机构调查核实  │◄────►│ 施工单位详情报告   │
└──────────┬────────┘      └─────────────────┘
           │
        ╱──▼──╲              是
       ╱ 事件具有 ╲───────────────┐
       ╲ 持续性？ ╱               │
        ╲──┬──╱                 │
           │否            ┌───────▼───────┐
           │              │   临时延期决定    │
           │              └───────┬───────┘
┌──────────▼────────┐             │
│  施工单位最终详情报告  │◄───────────┘
└──────────┬────────┘
           │
┌──────────▼────────┐
│  项目监理机构审批延期  │
└───────────────────┘
```

图 9-11　工程延期的审批程序

施工单位应在合同规定的有效期内（或项目监理机构可能同意的合理期限内）向项目监理机构提交详细的申述报告（延期理由及依据）。项目监理机构收到该报告后应及时进行调查核实，准确地确定工程延期时间。

当延期事件具有持续性，施工单位在合同规定的有效期内不能提交最终详细的申述报告时，应先向项目监理机构提交阶段性的详情报告。项目监理机构应在调查核实阶段性报告的基础上，尽快作出延长工期的临时决定。临时决定的延期时间不宜太长，一般不超过最终批准的延期时间。

待延期事件结束后，施工单位应在合同规定的期限内向项目监理机构提交最终的详情报告。项目监理机构应复查详情报告的全部内容，然后确定该延期事件所需要的延期时间。

项目监理机构在作出临时工程延期或最终工程延期批准之前，均应与建设单位和施工单位进行协商。经项目监理机构核实批准的工程延期时间，应纳入合同工期，作为合同工期的一部分。即新的合同工期应等于原定的合同工期加上项目监理机构批准的工程延期时间。

3. 工程延期审批原则

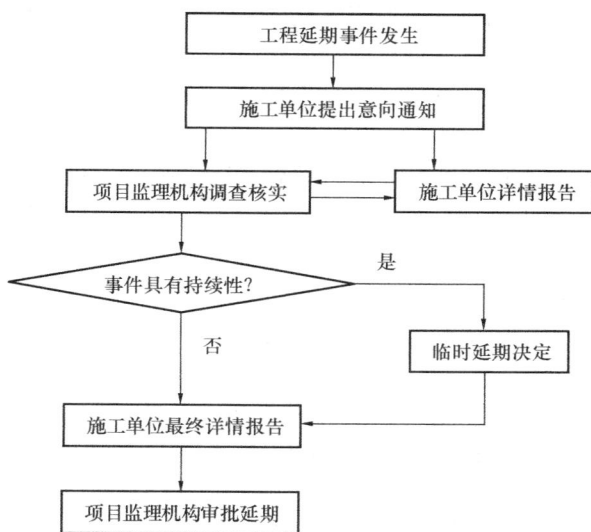

项目监理机构在审批工程延期时应遵循下列原则：

（1）合同条件

项目监理机构批准的工程延期必须符合合同条件。也就是说，导致工期拖延的原因确实属于施工单位自身以外的，否则不能批准为工程延期。这是项目监理机构审批工程延期的一条根本原则。

（2）影响工期

发生延期事件的工程部位，无论其是否处在施工进度计划的关键线路上，只有当所延长的时间超过其相应的总时差时，才能批准工程延期。如果延期事件发生在非关键线路上，且延长的时间并未超过总时差时，即使符合批准为工程延期的合同条件，也不能批准工程延期。

应当说明，工程施工进度计划中的关键线路并非固定不变，会随着工程的进展和情况的变化而转移。项目监理机构应以施工单位提交的、经自己审核后的施工进度计划（不断调整后）为依据来决定是否批准工程延期。

（3）实际情况

批准的工程延期必须符合实际情况。为此，施工单位应对延期事件发生后的各类有关细节进行详细记载，并及时向项目监理机构提交详细报告。与此同时，项目监理机构也应对施工现场进行详细考察和分析，并做好有关记录，以便为合理确定工程延期时间提供可靠依据。

复 习 思 考 题

1. 工程进度计划体系包括哪些内容？
2. 工程进度计划和控制方法有哪些？各有何特点？
3. 工程进度控制措施有哪些？
4. 工程勘察设计进度管理的内容和方法有哪些？
5. 工程施工进度影响因素有哪些？
6. 施工进度管理程序和内容是什么？
7. 施工进度计划的编制步骤和方法是什么？
8. 项目监理机构审查施工进度计划的内容有哪些？
9. 项目监理机构检查实际施工进度的方式有哪些？
10. 施工进度计划调整方法有哪些？
11. 施工单位申报工程延期的条件有哪些？
12. 工程延期审批程序和原则是什么？

案　　例

1. 施工进度滞后

某施工单位承揽了一项由 9 个单项工程组成的冶炼工程项目，该工程地处北方，地质比较复杂，施工期跨越一个冬期。开工时，工程"三通一平"基本完成，资金到位，但图纸供应滞后，而且由于施工力量和施工经验不足，技术力量较弱，加之现场停电、地质及气候等原因，施工进度一直滞后。该工程为电解工艺，在防腐、防渗方面要求较为严格；有些分部、分项工程还有特殊的时间要求。

思考：

（1）影响施工进度的因素有哪些？

（2）施工单位可采取哪些措施加快施工进度？

2. 工程延期

某轧钢工程合同工期 26 个月，施工前，施工总承包单位编制的施工总进度计划已报经项目监理机构审查批准。当工程进行到第 3 个月时，由于建设单位负责供应的钢材未能按期进场，致使钢结构加工拖延 20 天；当工程进行到第 8 个月时，因出现百年不遇的洪水，使工程停工 1 个月，且影响了工程进度计划中关键线路上的工程；当工程进行到第 18 个月时，由于施工单位的组织协调原因，增加了某设备穿插安装难度，造成费用增加，且影响工期 15 天。

思考：

（1）项目监理机构如何审批施工单位提出的工程延期申请？

（2）在本案例中，项目监理机构可以批准工程延期多少时间？为什么？

第 10 章　建设工程安全生产与环境管理

学习目标

建设工程安全生产与环境管理是建设工程项目管理的重要任务，也是工程项目参建各方社会责任和历史责任的体现。

通过学习本章，应掌握如下内容：

（1）安全生产与环境管理的目的和任务；

（2）职业健康安全与环境管理体系的基本内容；

（3）职业健康安全与环境管理体系的建立和实施；

（4）安全生产管理基本方法；

（5）建设工程安全生产管理职责和内容；

（6）建设工程环境管理主要内容。

10.1　安全生产与环境管理概述

10.1.1　安全生产与环境管理的目的和任务

1. 安全生产与环境管理的目的

（1）安全生产管理的目的

安全生产管理的目的是为防止和减少生产安全事故，保护产品生产者的健康与安全，保障人民群众的生命和财产免受损失，控制影响工作场所内所有人员健康与安全的条件和因素，考虑和避免因管理不当对员工的健康与安全造成的危害。

安全生产管理的方针是"安全第一，预防为主"。"安全第一"是将人身安全放在首位，充分体现了"以人为本"的理念；"预防为主"是实现"安全第一"的最重要手段，采取正确的措施和方法进行安全生产控制，从而减少甚至消除事故隐患，尽量将事故消灭在萌芽状态，这是安全生产管理最重要的思想。

安全生产管理的目标是减少和消除生产过程中的事故，保证人员健康安全和财产免受损失。具体可包括：减少或消除人的不安全行为；减少或消除设备、材料的不安全状态；改善生产环境和保护自然环境。

（2）环境管理的目的

环境管理的目的是为保护生态环境，使社会经济发展与人居环境相协调，控制工程项目建设和使用过程中各种粉尘、废水、废气、固体废物以及噪声、振动对环境的污染和危害，考虑能源的节约和避免资源的浪费。建设工程环境管理应体现全寿命期管理的思想，通过工程建设实施（设计和施工），不仅要控制工程项目建设过程中的环境污染，而且要控制工程项目建成后使用过程中的环境污染。

2. 安全生产与环境管理的任务

安全生产与环境管理的任务是工程项目参建各方根据自身安全生产与环境管理方针，识别安全生产与环境风险，制定并实施安全生产与环境管理计划，并在不断检查的基础上持续改进，最终实现建设工程安全生产与环境管理的目的。

10.1.2 职业健康安全与环境管理体系

1. 职业健康安全与环境管理体系的基本内容

（1）职业健康安全管理体系的基本内容

职业健康安全管理体系（Occupation Health Safety Management System，OHSMS）是 20 世纪 80 年代后期国际上兴起的现代安全管理模式。OHSMS 的核心是要求组织（企业）采用现代化管理模式，使包括安全生产管理在内的所有生产经营活动科学、规范和有效，识别安全健康风险，从而预防事故发生和控制职业危害。与 ISO9000 质量管理体系、ISO14000 环境管理体系一起并称为三大管理体系，是目前世界各国广泛推行的一种现代安全生产管理方法，具有很强的科学性、安全性和实效性。

职业健康安全管理体系由 5 个一级要素和 17 个二级要素构成，见表 10-1。

职业健康安全管理体系的基本内容　　　　　　　　　　表 10-1

一级要素	二级要素
1. 职业健康安全方针	（1）职业健康安全方针
2. 规划（策划）	（2）危险源辨识、风险评价和风险控制的策划 （3）法规和其他要求 （4）目标 （5）职业健康安全管理方案
3. 实施和运行	（6）机构和职责 （7）培训、意识和能力 （8）协商和沟通 （9）文件 （10）文件和资料控制 （11）运行控制 （12）应急准备和响应
4. 检查和纠正措施	（13）绩效测量和监视 （14）事故、事件、不符合、纠正与预防措施 （15）记录和记录管理 （16）审核
5. 管理评审	（17）管理评审

（2）环境管理体系的基本内容

ISO14000 环境管理体系是国际标准化组织（ISO）在总结世界各国环境管理标准化成果的基础上，于 1996 年底正式推出的一整套环境系列标准。ISO14000 是一个庞大的标准体系，由环境管理体系、环境审核、环境标志、环境行为评价、生命周期评价、术语和定义、产品标准中的环境等系列标准构成。其目的是支持环境保护和预防污染，协调他们与社会需求和经济需求的关系，指导各类组织取得并表现出良好的环境行为。

环境管理体系由 5 个一级要素和 17 个二级要素构成，见表 10-2。

一级要素	二级要素
1. 环境方针	(1) 环境方针
2. 规划（策划）	(2) 环境因素 (3) 法律和其他要求 (4) 目标和指标 (5) 环境管理方案
3. 实施和运行	(6) 机构和职责 (7) 培训、意识和能力 (8) 信息交流 (9) 环境管理体系文件 (10) 文件控制 (11) 运行控制 (12) 应急准备和响应
4. 检查和纠正措施	(13) 监测和测量 (14) 不符合、纠正与预防措施 (15) 记录 (16) 环境管理体系审核
5. 管理评审	(17) 管理评审

2. 职业健康安全管理体系与环境管理体系的建立和实施

（1）职业健康安全与环境管理体系的建立

1）领导决策。建立职业健康安全与环境管理体系需要最高管理者亲自决策，以便获得各方面的支持和保证建立体系所需资源。

2）成立工作组。最高管理者或授权管理者代表成立工作小组负责建立职业健康安全与环境管理体系。工作小组的成员要覆盖组织的主要职能部门，组长最好由管理者代表担任，以保证小组对人力、资金、信息的获取。

3）人员培训。人员培训的目的是使组织内有关人员了解建立职业健康与环境体系的重要性、标准的主要思想和内容。根据对不同人员的培训要求，可将参加培训的人员分为四个层次，即：最高管理层；中层领导及技术负责人；具体负责建立体系的主要骨干人员；普通员工。

在开展工作之前，参与建立和实施管理体系的有关人员及内审员应接受职业健康安全与环境管理体系标准及相关知识的培训。

4）初始状态评审。初始状态评审是对组织过去和现在的职业健康安全与环境的信息、状态进行收集、调查分析、识别和获取现有的适用于组织的健康安全与环境的法律法规和其他要求，进行危险源辨识和风险评价、环境因素识别和重要环境因素评价。评审的结果将作为确定职业健康安全与环境方针、制定管理方案、编制体系文件和建立职业健康安全与环境管理体系的基础。

5）制定方针、目标、指标和管理方案。方针是组织对其健康安全与环境行为的原则和意图的声明，也是组织自觉承担其责任和义务的承诺。方针不仅为组织确定了总的指导方向和行动准则，而且是评价一切后续活动的依据，并为更加具体的目标和指标提供一个框架。目标和指标制定的依据和准则为：依据并符合方针；考虑法律、法规和其他要求；考虑自身潜在的危险和重要环境因素；考虑商业机会和竞争机遇；考虑可实施性；考虑监测考评的现实性；考虑相关方的观点。管理方案是实现目标、指标的行动方案。

6）管理体系策划与设计。体系策划与设计是依据制定的方针、目标和指标、管理方案，确定组织机构职责和筹划各种运行程序。建立组织机构应考虑的主要因素有：合理分工；加强协作；明确定位，落实岗位责任；赋予权限。

文件策划的主要工作有：确定文件结构；确定文件编写格式；确定各层文件名称及编号；制定文件编写计划；安排文件的审查、审批和发布工作等。

7）体系文件的编写。包括：管理手册、程序文件、作业文件，在编写中要根据文件的特点考虑编写的原则和方法。

8）文件的审查审批和发布。文件编写完成后应进行审查，经审查、修改、汇总后进行审批，然后发布。

（2）职业健康安全管理体系与环境管理体系的实施和运行

职业健康安全管理体系与环境管理体系的实施主要是围绕培训意识和能力，信息交流，文件管理，执行控制程序文件，监测，不符合、纠正和预防措施，记录等活动推进体系的运行工作。

1）培训意识和能力。由主管培训的部门根据体系，体系文件（培训意识和能力程序文件）的要求，判定详细的培训计划，明确培训的组织部门、时间、内容、方法和考核要求。

2）信息交流。信息交流是确保各要素构成一个完整的、动态的、持续改进的体系和基础，应关注信息交流的内容和方式。

3）文件管理。

① 对现有有效文件进行整理编号，方便查询索引；

② 对适用的规范、规程等行业标准应及时购买补充，对适用的表格要及时发放；

③ 对在内容上有抵触的文件和过期的文件要及时作废并妥善处理。

4）执行控制程序文件。体系的运行离不开程序文件的指导，程序文件及其相关的作业文件在组织内部都具有法定效力，必须严格执行，才能保证体系正确运行。

5）监测。为保证体系的正确有效地运行，必须严格监测体系的运行情况。监测中应明确监测的对象和监测的方法。

6）不符合纠正和预防措施。体系在运行过程中，不符合的出现是不可避免的，包括事故也难免要发生，关键是相应的纠正与预防措施是否及时有效。

7）记录。在体系运行过程中及时按文件要求进行记录，如实反映体系运行情况。

10.1.3 安全生产管理基本方法

1. 危险源及其分类

（1）危险源的概念

危险源是指可能导致人身伤害或疾病、财产损失、工作环境破坏或这些情况组合的危险因素和有害因素。危险因素强调突发性和瞬间作用的因素，有害因素强调在一定时期内的慢性损害和累积作用。

（2）危险源种类

在实际生活和生产过程中，危险源是以多种多样的形式存在的，危险源导致事故可归结为能量的意外释放或有害物质的泄漏。根据危险源在事故发生发展中的作用，可将危险源分为两大类，即：第一类危险源和第二类危险源。

1）第一类危险源。通常，将产生能量的能量源或拥有能量的能量载体作为第一类危险源。如：炸药是能够产生能量的物质；压力容器是拥有能量的载体。

2）第二类危险源。造成约束、限制能量措施失效或破坏的各种不安全因素称为第二类危险源。如：电缆绝缘层、脚手架、起重机钢绳等。第二类危险源包括人的不安全行为、物的不安全状态和不良环境条件三个方面。

（3）危险源与事故

事故的发生是两类危险源共同作用的结果，第一类危险源是事故发生的前提，第二类危险源的出现是第一类危险源导致事故的必要条件。在事故的发生和发展过程中，两类危险源相互依存，相辅相成。第一类危险源是事故的主体，决定事故的严重程度；第二类危险源出现的难易，决定事故发生的可能性大小。

2. 危险源辨识与风险评价

（1）危险源辨识方法

1）专家调查法。专家调查法是通过向有经验的专家咨询、调查，辨识、分析和评价危险源，其优点是简便、易行，其缺点是受专家的知识、经验和占有资料的限制，可能出现遗漏。常用的有：头脑风暴（Brain storming）法和德尔菲（Delphi）法。

2）安全检查表法。安全检查表（Safety Check List，SCL）实际上就是实施安全检查和诊断项目的明细表。运用已编制好的安全检查表，进行系统的安全检查，辨识工程项目存在的危险源。检查表的内容一般包括分类项目、检查内容及要求、检查以后处理意见等。可以用"是""否"作回答或"√""×"符号作标记，同时注明检查日期，并由检查人员和被检单位同时签字。

安全检查表法的优点是：简单易懂、容易掌握，可以事先组织专家编制检查项目，使安全检查做到系统化、完整化；缺点是：一般只能进行定性评价。

（2）风险评价方法

风险评价是评估危险源所带来的风险大小及确定风险是否可容许的过程。根据评价结果对风险进行分级，按不同级别的风险有针对性地采取风险控制措施。常用的风险评价方法有以下两种：

1）方法一。将安全风险的大小用事故发生的可能性（p）与发生事故后果的严重程度（f）的乘积来衡量。即：

$$R = p \cdot f \tag{10-1}$$

式中　R——风险大小；

　　　p——事故发生的概率（频率）；

　　　f——事故后果的严重程度。

根据上述估算结果，可按表 10-3 对风险进行分级。

风险分级表 表 10-3

后果（f） 风险级别（大小） 可能性（p）	轻度损失 （轻微伤害）	中度损失 （伤害）	重大损失 （严重伤害）
很大	Ⅲ	Ⅳ	Ⅴ
中等	Ⅱ	Ⅲ	Ⅳ
极小	Ⅰ	Ⅱ	Ⅲ

表中：Ⅰ—可忽略风险；Ⅱ—可容许风险；Ⅲ—中度风险；Ⅳ—重大风险；Ⅴ—不容许风险。

2）方法二。将可能造成安全风险的大小用事故发生的可能性、人员暴露于危险环境中的频繁程度和事故后果三个自变量的乘积衡量，即：

$$S = L \cdot E \cdot C \tag{10-2}$$

式中　S——风险大小；

L——事故发生的可能性，按表 10-4 所给的定义取值；

E——人员暴露于危险环境中的频繁程度，按表 10-5 所给的定义取值；

C——事故后果的严重程度，按表 10-6 所给的定义取值。

此方法由于引用了 L、E、C 三个自变量，故也称为 LEC 方法。

事故发生的可能性（L） 表 10-4

分数值	事故发生的可能性	分数值	事故发生的可能性
10	必然发生的	0.5	很不可能，可以设想
6	相当可能	0.2	极不可能
3	可能，但不经常	0.1	实际不可能
1	可能性极小，完全意外		

暴露于危险环境中的频繁程度（E） 表 10-5

分数值	人员暴露于危险环境中的频繁程度	分数值	人员暴露于危险环境中的频繁程度
10	连续暴露	2	每月一次暴露
6	每天工作时间暴露	1	每年几次暴露
3	每周一次暴露	0.5	非常罕见的暴露

发生事故产生的后果（C） 表 10-6

分数值	事故发生造成的后果	分数值	事故发生造成的后果
100	大灾难，许多人死亡	7	严重，重伤
40	灾难，多人死亡	3	较严重，受伤较重
15	非常严重，一人死亡	1	引人关注，轻伤

根据经验，危险性（S）分值在 20 分以下为可忽略风险；危险性分值在 20～70 之间为可容许风险；危险性分值在 70～160 之间为中度风险；危险性分值在 160～320 之间为重大风险。危险性分值大于 320 时，为不容许风险。见表 10-7。

危险性分值	危险程度	危险性分值	危险程度
S≥320	不容许风险，不能继续作业	20≤S<70	可容许风险，需要注意
160≤S<320	重大风险，需要立即整改	S<20	可忽略风险，可以接受
70≤S<160	中度风险，需要整改		

3. 危险源控制方法

（1）第一类危险源控制方法

1）防止事故发生的方法：消除危险源、限制能量或隔离危险物质。

2）避免或减少事故损失的方法：隔离、个体防护、设置薄弱环节、使能量或危险物质按人们的意图释放、避难与援救措施。

（2）第二类危险源控制方法

1）减少故障：增加安全系数、提高可靠性、设置安全监控系统。

2）故障—安全设计：包括故障—消极方案（即故障发生后，设备、系统处于最低能量状态，直到采取校正措施之前不能运转）；故障—积极方案（即故障发生后，在没有采取校正措施之前使系统、设备处于安全的能量状态之下）；故障—正常方案（即保证在采取校正行动之前，设备、系统正常发挥功能）。

10.2　建设工程安全生产管理

10.2.1　建设工程安全生产管理职责

《建设工程安全生产管理条例》中明确规定了工程项目参建各方的安全生产管理职责，建设单位、勘察单位、设计单位、施工单位、工程监理单位及其他与建设工程安全生产有关的单位，必须遵守安全生产法律法规的规定，保证建设工程安全生产，并依法承担建设工程安全生产责任。

1. 建设单位及监理单位安全生产职责

（1）建设单位安全生产职责

1）应当向施工单位提供施工现场及毗邻区域内供水、排水、供电、供气、供热、通信、广播电视等地下管线资料，气象和水文观测资料，相邻建筑物和构筑物、地下工程的有关资料，并保证资料的真实、准确、完整。

2）不得对工程勘察、设计、施工、监理等单位提出不符合建设工程安全生产法律、法规和强制性标准规定的要求，不得压缩合同约定的工期。

3）在编制工程概算时，应当确定建设工程安全作业环境及安全施工措施所需费用。

4）不得明示或者暗示施工单位购买、租赁、使用不符合安全施工要求的安全防护用具、机械设备、施工机具及配件、消防设施和器材。

5）在申请领取施工许可证时，应当提供建设工程有关安全施工措施的资料。

6）应当将拆除工程发包给具有相应资质等级的施工单位，并在拆除工程施工 15 日前，将下列资料报送建设工程所在地县级以上地方人民政府建设主管部门或者其他有关部门备案：

① 施工单位资质等级证明；

② 拟拆除建筑物、构筑物及可能危及毗邻建筑的说明；

③ 拆除施工组织方案；

④ 堆放、清除废弃物的措施。

实施爆破作业的，应当遵守国家有关民用爆炸物品管理的规定。

（2）监理单位安全生产职责

1）应当审查施工单位提交的施工组织设计中的安全技术措施或者专项施工方案是否符合工程建设强制性标准。

2）在实施监理过程中，发现存在安全事故隐患的，应当要求施工单位整改；情况严重的，应当要求施工单位暂时停止施工，并及时报告建设单位。施工单位拒不整改或者不停止施工的，应当及时向有关主管部门报告。

3）应当按照法律法规和工程建设强制性标准实施监理，并对建设工程安全生产承担监理责任。

2. 勘察设计单位安全生产职责

（1）勘察单位安全生产职责

勘察单位应当按照法律法规和工程建设强制性标准进行勘察，提供的勘察文件应当真实、准确，满足建设工程安全生产的需要。

在勘察作业时，应当严格执行操作规程，采取措施保证各类管线、设施和周边建筑物、构筑物的安全。

（2）设计单位安全生产职责

设计单位应当按照法律法规和工程建设强制性标准进行设计，防止因设计不合理导致生产安全事故的发生，并考虑施工安全操作和防护的需要，对涉及施工安全的重点部位和环节在设计文件中注明，并对防范生产安全事故提出指导意见。

采用新结构、新材料、新工艺或特殊结构的建设工程，设计单位应当在设计中提出保障施工作业人员安全和预防生产安全事故的措施建议。设计单位和注册建筑师等注册执业人员应当对其设计负责。

3. 施工单位安全生产职责

1）施工单位主要负责人依法对本单位的安全生产工作全面负责。施工单位应当建立健全安全生产责任制度和安全生产教育培训制度，制定安全生产规章制度和操作规程，保证本单位安全生产条件所需资金的投入，对所承担的建设工程进行定期和专项安全检查，并做好安全检查记录。

2）施工单位应当设立安全生产管理机构，配备专职安全生产管理人员。专职安全生产管理人员负责对安全生产进行现场监督检查。发现安全事故隐患，应当及时向项目负责人和安全生产管理机构报告；对违章指挥、违章操作的，应当立即制止。

3）施工单位的项目负责人应当由取得相应执业资格的人员担任，对建设工程项目的安全施工负责，落实安全生产责任制度、安全生产规章制度和操作规程，确保安全生产费用的有效使用，并根据工程的特点组织制定安全施工措施，消除安全事故隐患，及时、如实报告生产安全事故。

4）施工单位对列入建设工程概算的安全作业环境及安全施工措施所需费用，应当用于施工安全防护用具及设施的采购和更新、安全施工措施的落实、安全生产条件的改善，不得挪作他用。

5）建设工程实行施工总承包的，由总承包单位对施工现场的安全生产负总责，总承包单位应当自行完成建设工程主体结构的施工。总承包单位依法将建设工程分包给其他单位的，分包合同中应当明确各自的安全生产方面的权利、义务。总承包单位和分包单位对分包工程的安全生产承担连带责任。分包单位应当服从总承包单位的安全生产管理，分包单位不服从管理导致生产安全事故的，由分包单位承担主要责任。

6）垂直运输机械作业人员、安装拆卸工、爆破作业人员、起重信号工、登高架设作业人员等特种作业人员，必须按照国家有关规定经过专门的安全作业培训，并取得特种作业操作资格证书后，方可上岗作业。

7）施工单位应当在施工组织设计中编制安全技术措施和施工现场临时用电方案，对下列达到一定规模的危险性较大的分部分项工程编制专项施工方案，并附具安全验算结果，经施工单位技术负责人、总监理工程师签字后实施，由专职安全生产管理人员进行现场监督：

① 基坑支护与降水工程；

② 土方开挖工程；

③ 模板工程；

④ 起重吊装工程；

⑤ 脚手架工程；

⑥ 拆除、爆破工程；

⑦ 国务院建设主管部门或者其他有关部门规定的其他危险性较大的工程。

对于上述工程中涉及深基坑、地下暗挖工程、高大模板工程的专项施工方案，施工单位还应当组织专家进行论证、审查。

8）工程施工前，施工单位负责项目管理的技术人员应当对有关安全施工的技术要求向施工作业班组、作业人员作出详细说明，并由双方签字确认。

9）施工单位应当在施工现场入口处、施工起重机械、临时用电设施、脚手架、出入通道口、楼梯口、电梯井口、孔洞口、桥梁口、隧道口、基坑边沿、爆破物及有害危险气体和液体存放处等危险部位，设置明显的安全警示标志。安全警示标志必须符合国家标准。

根据不同施工阶段和周围环境及季节、气候的变化，在施工现场采取相应的安全施工措施；施工现场暂时停止施工的，施工单位应当做好现场防护，所需费用由责任方承担，或者按照合同约定执行。

10）施工单位应当将施工现场的办公、生活区与作业区分开设置，并保持安全距离；办公、生活区的选址应当符合安全性要求。职工的膳食、饮水、休息场所等应当符合卫生标准。施工单位不得在尚未竣工的建筑物内设置员工集体宿舍。施工现场临时搭建的建筑物应当符合安全使用要求。施工现场使用的装配式活动房屋应当具有产品合格证。

11）施工单位对因建设工程施工可能造成损害的毗邻建筑物、构筑物和地下管线等，应当采取专项防护措施；遵守有关环境保护法律法规的规定，在施工现场采取措施，防止或者减少粉尘、废气、废水、固体废物、噪声、振动和施工照明对人和环境的危害和污染；在城市市区内的建设工程，施工单位应当对施工现场实行封闭围挡。

12）施工单位应当在施工现场建立消防安全责任制度，确定消防安全责任人，制定用火、用电、使用易燃易爆材料等各项消防安全管理制度和操作规程，设置消防通道、消防水源，配备消防设施和灭火器材，并在施工现场入口处设置明显标志。

13）施工单位应当向作业人员提供安全防护用具和安全防护服装，并书面告知危险岗位的操作规程和违章操作的危害。作业人员应当遵守安全施工的强制性标准、规章制度和操作规程，正确使用安全防护用具、机械设备等。

14）施工单位采购、租赁的安全防护用具、机械设备、施工机具及配件，应当具有生产（制造）许可证、产品合格证，并在进入施工现场前进行查验。施工现场的安全防护用具、机械设备、施工机具及配件必须由专人管理，定期进行检查、维修和保养，建立相应的资料档案，并按照国家有关规定及时报废。

15）施工单位在使用施工起重机械和整体提升脚手架、模板等自升式架设设施前，应当组织有关单位进行验收，也可以委托具有相应资质的检验检测机构进行验收；使用承租的机械设备和施工机具及配件的，由施工总承包单位、分包单位、出租单位和安装单位共同进行验收。验收合格的方可使用。

10.2.2　建设工程安全生产管理程序和内容

1. 建设工程安全生产管理基本原则

（1）坚持安全第一、预防为主的原则

建设工程安全生产关系到人民群众生命和财产的安全。在工程建设中应始终将"安全第一"作为建设工程安全生产管理的基本原则。

建设工程安全生产管理应该是积极主动的，应事先对影响生产安全的各种因素加以控制，而不是消极被动地等出现安全问题再进行处理。因此，要重点做好施工的事先控制，以预防为主，加强施工前和施工过程中的安全管理。

（2）坚持以人为核心的原则

工程建设的决策者、组织者、管理者和操作者以及工程建设中各单位、各部门、各岗位人员的工作质量水平和完善程度，都直接或间接地影响建设工程施工安全。因此，在建设工程安全生产管理中，要以人为核心，重点控制人的素质和个人行为，充分发挥人的积极性和创造性，以人的工作质量保证工程施工安全。

（3）坚持系统管理的原则

所谓系统管理原则，就是要实现安全生产、质量、造价、进度四大目标的统一。要将安全生产管理与质量管理、造价管理、进度管理同时进行，在实施安全生产管理的同时，需要满足预定的质量、造价、进度目标。为此，在安全生产管理过程中，要协调好各方面关系，做好四大目标的有机配合和相互平衡，而不能片面强调安全生产管理。

（4）坚持全过程管理的原则

任何一个工程项目都是由若干分部分项工程组成的，而每一个分部分项工程又是通过一道道工序来完成的。因此，必须对每一道工序的生产安全进行严格检查。

（5）坚持全方位管理的原则

所谓全方位管理，就是要对影响建设工程生产安全的所有因素进行控制，如人、物和环境等。

（6）坚持动态管理的原则

建设工程安全生产涉及施工生产活动的方方面面，随着工程施工的不断进展，各种影响建设工程生产安全的因素会发生变化，因此，建设工程安全生产管理必须坚持动态管理的原则。

（7）坚持持续改进的原则

由于建设工程生产安全的动态性及影响因素的不断变化，需要不断探索新规律，总结新的管理办法和经验，持续改进，以适应新的变化，消除新的危险因素，不断提高安全生产管理水平。

2. 建设工程施工安全管理程序

建设工程施工安全管理程序如图 10-1 所示。

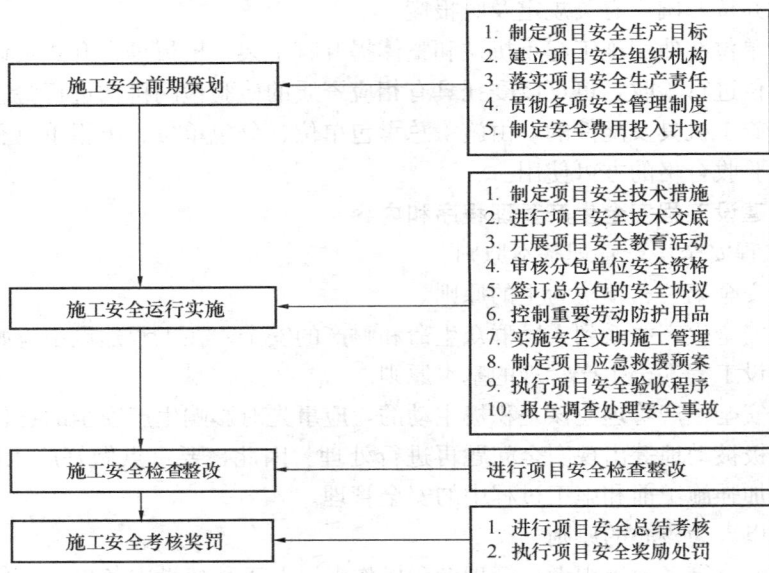

图 10-1　建设工程施工安全管理程序

3. 建设工程施工安全管理的主要内容

（1）建立健全安全生产组织保证体系

施工项目现场管理机构应依据工程特点，建立以项目经理为首的安全生产管理小组，小组成员由项目经理、项目技术负责人、专职安全员、施工员及各工种班组的领班组成。根据工程规模大小，配备专职安全员。对采用新工艺、新技术、新设备、新材料或致害因素多、施工作业难度大的项目，应根据实际情况增配。

同时，每个生产班组都应设置兼职安全员，协助班组长做好班组安全生产管理工作。

（2）落实安全生产责任制

安全问题贯穿于生产全过程，凡是与生产全过程有关的部门和人员，都对保证生产安全负有相应责任。

1）施工项目经理对工程项目施工生产全过程的安全负全面领导责任。具体包括：

① 贯彻落实国家有关安全生产的法规、政策，落实企业安全生产各项规章制度，结

合工程项目特点及施工性质，制定有针对性的各项安全生产管理办法和实施细则，并主持监督其实施。

② 认真执行企业安全生产管理目标，确保项目安全管理达标。

③ 负责建立和完善项目安全生产组织保证体系，成立安全生产领导小组，并领导其有效运行。

④ 组织制定施工组织设计、施工方案中的安全技术措施，严格执行安全技术措施审批制度、施工项目安全交底制度及设施设备交接验收使用制度。

⑤ 定期组织施工项目的安全生产检查，及时组织相关人员消除事故隐患，对上级安全生产检查中提出的事故隐患和管理存在的问题，应定人、定时间、定措施予以解决，并及时反馈整改情况。

⑥ 在工程项目施工中，采用新设备、新技术、新工艺、新材料，组织编制科学的施工方案、配备安全可靠的劳动保护装置和劳动防护用品。

⑦ 对项目进行确保安全生产所产生费用的合理投入进行决策。

⑧ 发生因工伤亡事故时，要做好事故现场保护与伤员的抢救工作，按规定及时上报，不得隐瞒、虚报和故意拖延不报。积极组织配合事故的调查，认真制定并落实防范措施，吸取事故教训，防止发生重复事故。

⑨ 领导组织施工项目文明安全施工管理，贯彻落实当地文明安全施工管理标准、国家有关环境保护、卫生防疫工作的规定。

2）施工项目技术负责人对工程项目生产活动中的安全生产工作负技术领导责任。具体包括：

① 参加或组织编制施工组织设计、专项工程施工方案及季节性施工方案时，要制定或审查安全技术措施，保证其有可行性和针对性，对确定后的方案（特别是方案中相应的安全技术措施）如有变更，应及时修订，并随时检查监督落实，及时解决执行中发现的问题。

② 认真贯彻安全生产方针、政策，严格执行安全技术规范、标准。结合工程特点，主持安全技术方案交底。

③ 应用新材料、新技术、新工艺要及时上报，经批准后方可实施，同时组织上岗人员的安全技术培训、教育，认真执行相应的安全技术措施与安全操作工艺要求，预防施工中因化学药品引起的火灾、中毒或在新工艺实施中可能造成的事故。

④ 主持安全防护设施和设备的验收。严格控制不符合标准要求的防护设备、设施投入使用；使用中的设施、设备要组织定期检查，发现问题及时处理。

⑤ 参加安全生产定期检查，对施工中存在的事故隐患和不安全因素，从技术上提出整改意见和消除办法。

⑥ 参与因工伤亡或重大未遂事故的调查，从技术上分析事故发生的原因，提出防范措施和整改意见。

3）施工项目安全总监在项目经理的直接领导下履行工程项目安全生产工作的管理与监督职责。具体包括：

① 宣传贯彻安全生产方针政策、规章制度，推动工程项目安全生产组织保证体系的运行，并结合工程特点策划项目安全管理工作。

② 制定项目安全生产工作计划，针对工程项目特点，制定安全生产管理办法、实施细则，并负责贯彻实施。

③ 检查、指导各项安全生产管理制度的贯彻与落实；发现薄弱环节或失控部位，及时提出整改意见，并跟踪复查。

④ 组织项目安全员与分包单位专兼职安全人员开展安全监督与检查工作，负责工程项目安全生产管理分支机构及人员的业务领导和组织工作。

⑤ 查处违章指挥、违章操作、违反劳动纪律的行为和人员，对重大事故隐患采取有效的控制措施，必要时可采取局部停工的非常措施。

⑥ 参加施工组织设计、施工方案的会审，参加工程项目施工安全例会。

⑦ 实施工程项目安全生产管理评价，促进工程项目实现安全管理达标。

⑧ 负责监督检查工程项目劳动保护用品的采购、使用和管理。

⑨ 参与因工伤亡事故的调查，对伤亡事故和重大未遂事故进行统计分析。

（3）建立健全安全生产技术保证体系

1）施工安全技术措施。施工安全技术措施是施工组织设计的重要组成部分。应针对不同的施工方法和施工工艺等制定相应的安全技术措施。根据不同的分部分项工程的施工工艺可能给施工带来的不安全因素，从技术上采取措施保证其安全实施。

施工安全技术措施应主要包括以下内容：

① 进入施工现场的安全规定；

② 地面及深基坑作业的防护；

③ 高处及立体交叉作业的防护；

④ 施工用电安全；

⑤ 施工机械设备的安全使用；

⑥ 采用新工艺、新技术、新结构、新材料时，有专门的安全技术措施；

⑦ 预防自然灾害（台风、雷击、高温等）的安全技术措施；

⑧ 预防有毒、有害、易燃、易爆等作业造成危害的安全技术措施；

⑨ 现场消防措施。

2）安全技术交底。工程项目必须实行逐级安全技术交底制度。安全技术交底必须具体、明确，针对性强。内容必须针对分部分项工程中施工给作业人员带来的潜在危险因素而编写。各级安全技术交底必须有交底时间、内容、交底人和被交底人签字。

安全技术交底的主要内容包括：

① 本工程项目施工作业的特点和危险点；

② 针对危险点的具体预防措施；

③ 应注意的安全事项；

④ 相应的安全操作规程和标准；

⑤ 发生事故后应采取的应急措施。

（4）加强安全生产检查

检查方式有企业组织的定期安全检查，各级管理人员的日常巡回检查，专业性检查，季节性检查，节假日前后的检查，班组自检、交接检查，不定期检查等。

安全检查的重点是检查安全责任制的落实。检查后应编写安全检查报告，报告应包括以下内容：已达标项目，未达标项目，存在问题，原因分析，纠正和预防措施。

对查出的安全隐患，不能立即整改的要制定整改计划，定人、定措施、定经费、定完成日期，在未消除安全隐患前，必须采取可靠的防范措施，如有危及人身安全的紧急险情，应立即停工。应按照"登记→整改→复查→销案"程序处理安全隐患。

（5）保证安全生产投入

安全生产投入是确保安全生产的物质基础。建立安全投入保证体系是安全资金支付、安全投入有效发挥作用的重要保证。安全作业环境及安全施工措施所需费用主要用于施工安全防护用具及设施的采购和更新、安全施工措施的落实、安全生产条件的改善。

10.2.3 建设工程生产安全事故隐患及其处理

1. 造成生产安全事故隐患的原因

建设工程生产安全事故隐患是指未被事先识别或未采取必要防护措施的可能导致安全事故的危险源或不利因素。安全事故隐患如果不及时发现并处理，往往会引起事故。建设工程安全生产管理的重点之一是加强安全风险分析，并制定和实施应对策略。造成生产安全事故隐患的原因主要有以下几个方面。

（1）违章作业、违章指挥或安全生产管理不到位

施工单位由于没有制定安全技术措施，缺乏安全技术知识，不进行逐级安全技术交底，安全生产责任制不落实，违章作业，施工安全管理工作不到位，是导致生产安全事故隐患、安全事故的主要原因。

（2）设计不合理或缺陷

设计原因包括：未按照法律法规和工程建设强制性标准进行设计，导致设计不合理；未考虑施工安全操作和防护的需要，对涉及施工安全的重点部位和环节在设计文件中未注明，未对防范生产安全事故提出指导意见；采用新结构、新材料、新工艺和特殊结构的工程，未在设计中提出保障施工作业人员安全和预防生产安全事故的措施建议等。

（3）勘察设计文件失真

勘察单位未认真进行地质勘察或勘察时钻孔布置、深度等不符合规定要求，勘察文件或报告不详细、不准确，不能真实全面地反映地下实际情况等，从而导致基础、主体结构的设计错误，引发重大安全事故。

（4）使用不合格的安全防护用具、安全材料、机械设备、施工机具及配件

许多建设工程已经发生的隐患、安全事故，就是由于施工现场使用劣质、不合格的安全防护用具、安全材料、机械设备、施工机具及配件等造成的。

（5）安全生产资金投入不足

建设单位、施工单位为了追求经济效益，往往不顾生产安全，压缩安全生产费用，致使在工程投入中用于安全生产的资金过少，不能保证正常的安全生产措施。

（6）安全事故应急措施制度不健全

施工单位及其施工现场未制定生产安全事故以及救援预案，未落实应急救援人员、设备、器材等，发生生产安全事故后得不到及时救助和处理。

（7）违法违规行为

包括无证设计、无证施工、越级设计、越级施工、边设计边施工、违法分包、转包等。

（8）其他因素

包括自然环境、管理环境、安全生产责任不够明确等。

2. 建设工程生产安全事故隐患处理程序

建设工程施工过程中出现安全事故隐患时，项目监理机构处理程序如图10-2所示。

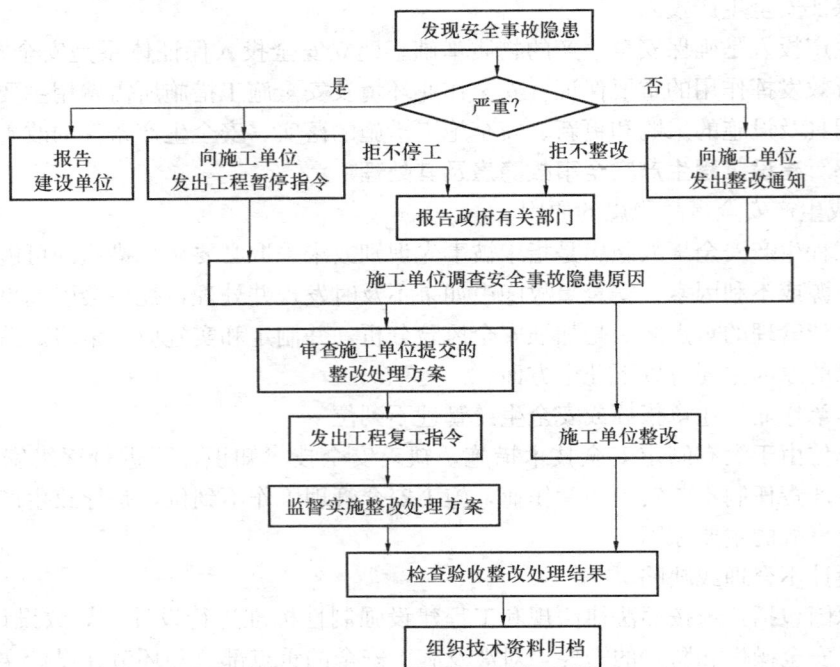

图 10-2　建设工程生产安全隐患处理程序

10.2.4　建设工程生产安全事故及其处理

1. 生产安全事故等级

根据《生产安全事故报告和调查处理条例》国务院令第493号，生产安全事故划分为特别重大事故、重大事故、较大事故和一般事故四个等级。

（1）特别重大事故

特别重大事故是指造成30人及以上死亡，或者100人及以上重伤（包括急性工业中毒，下同），或者1亿元及以上直接经济损失的事故。

（2）重大事故

重大事故是指造成10人及以上30人以下死亡，或者50人及以上100人以下重伤，或者5000万元及以上1亿元以下直接经济损失的事故。

（3）较大事故

较大事故是指造成3人及以上10人以下死亡，或者10人及以上50人以下重伤，或者1000万元及以上5000万元以下直接经济损失的事故。

（4）一般事故

一般事故是指造成3人以下死亡，或者10人以下重伤，或者1000万元以下直接经济损失的事故。

2. 生产安全事故报告

（1）事故报告程序

事故发生后，事故现场有关人员应当立即向本单位负责人报告；单位负责人接到报告后，应当于1小时内向事故发生地县级以上人民政府安全生产监督管理部门和负有安全生产监督管理职责的有关部门报告。

情况紧急时，事故现场有关人员可以直接向事故发生地县级以上人民政府安全生产监督管理部门和负有安全生产监督管理职责的有关部门报告。

（2）事故报告的内容

事故报告应当及时、准确、完整，任何单位和个人对事故不得迟报、漏报、谎报或者瞒报。事故报告的内容包括：

1）事故发生单位概况；

2）事故发生的时间、地点以及事故现场情况；

3）事故的简要经过；

4）事故已经造成或者可能造成的伤亡人数（包括下落不明的人数）和初步估计的直接经济损失；

5）已经采取的措施；

6）其他应当报告的情况。

事故报告后出现新情况的，应当及时补报。自事故发生之日起30日内，事故造成的伤亡人数发生变化的，应当及时补报。道路交通事故、火灾事故自发生之日起7日内，事故造成的伤亡人数发生变化的，应当及时补报。

（3）事故报告后的处置

事故发生单位负责人接到事故报告后，应当立即启动事故相应应急预案，或者采取有效措施，组织抢救，防止事故扩大，减少人员伤亡和财产损失。

事故发生地有关地方人民政府、安全生产监督管理部门和负有安全生产监督管理职责的有关部门接到事故报告后，其负责人应当立即赶赴事故现场，组织事故救援。

事故发生后，有关单位和人员应当妥善保护事故现场以及相关证据，任何单位和个人不得破坏事故现场、毁灭相关证据。

因抢救人员、防止事故扩大以及疏通交通等原因，需要移动事故现场物件的，应当做出标志，绘制现场简图并做出书面记录，妥善保存现场重要痕迹、物证。

3. 事故调查处理

事故调查处理应当坚持实事求是、尊重科学的原则，及时、准确地查清事故经过、事故原因和事故损失，查明事故性质，认定事故责任，总结事故教训，提出整改措施，并对事故责任者依法追究责任。

（1）事故调查

事故调查组有权向有关单位和个人了解与事故有关的情况，并要求其提供相关文件、资料，有关单位和个人不得拒绝。

事故发生单位的负责人和有关人员在事故调查期间不得擅离职守，并应当随时接受事故调查组的询问，如实提供有关情况。

（2）事故处理

有关机关应当按照人民政府的批复，依照法律、行政法规规定的权限和程序，对事故发生单位和有关人员进行行政处罚，对负有事故责任的国家工作人员进行处分。

事故发生单位应当按照负责事故调查的人民政府的批复，对本单位负有事故责任的人员进行处理。负有事故责任的人员涉嫌犯罪的，依法追究刑事责任。

10.3 建设工程环境管理

10.3.1 工程建设对环境的影响

工程建设对所在地区的周边环境影响是巨大的。有些是可见的直接影响，比如采伐森林、废料污染和噪音等，有些是在建设过程中产生的间接影响，例如自然资源的消耗。工程建设的环境影响不会随着工程项目建造的结束而结束，在工程项目使用过程中会对其周围环境造成持续性影响。因此，工程项目的环境保护应是伴随整个建设工程的全寿命期。

在工程项目建设过程中，特别突出的环境影响体现在以下几个方面。

1. 土地使用泛滥

工程项目建设势必要占用土地，不仅使用大量地上土地，地下空间也成为热门开发资源。除此之外，土地开发会导致一些条件较差的区域遗留，剩下荒弃的场地和废弃建筑物和构筑物。

2. 生态环境破坏

越来越多的工程项目对所在地地貌、自然景观和野生动物构成恶劣影响，其中很多是一旦受损就不可能再恢复。如植被破坏和物种灭绝等。

3. 自然资源消耗

工程项目建设过程中势必消耗大量材料和能源。例如木材的使用会导致森林砍伐，砖石的使用会引起矿石开采等能源消耗，并且在很长一段时间内难以消除。

4. 生活环境污染

在工程项目建设过程中，由于使用一些设备仪器或不适当的生产方法，形成的粉尘颗粒和有毒气体会造成大气污染；现场生产过程经常会通过自然水道和人工排水系统来排放污水；天然原料的开采及加工、材料的运输及储存等都易产生大量的废弃物。

5. 健康安全影响

对于任何一个工程项目，噪音、灰尘、污染和交通问题常常与当地居民生活环境的舒适性息息相关。同时，由于工程项目自身特点，总会对现场工作人员和当地居民构成一定程度的安全威胁。

10.3.2 建设工程实施阶段环境管理内容

1. 工程设计阶段环境管理

工程设计阶段应重点考虑以下几方面的影响因素：

1）考虑平面布局对环境的影响。土地资源的再回收利用，现场生态环境，道路与交通，建筑微观气候。

2）考虑对周边环境的影响。听取用户和社区的意见，建筑外观符合美学要求，控制噪声，利用植物绿化建筑物，预测并减少建设对环境的各种污染。

3）考虑节约能源对环境的影响。进行节能设计（如加强自然通风与自然采光的使用），采用高效节能材料，利用可再生资源。

2. 工程招投标阶段环境管理

鉴于工程建设造成的污染问题以及对工程项目建设的影响，许多工程招标中不同程度地规定了环境问题的解决办法或对策要求，投标单位控制环境污染的措施与文明施工已成为评标中的一项重要指标。实践中可以考虑以下几方面工作：

1）招标文件中应有专门章节详细阐述环境问题与措施要求；

2）招标文件中应包括有关环境的法律法规清单，以便引起承包单位的重视；

3）招标文件中强调工程项目对环境的特别要求；

4）评标中增加环境保护措施的分值；

5）施工合同中应明确规定环境保护、建筑垃圾处理、水处理、噪声控制、有害物质控制、空气污染治理、野生物保护、绿色产品采购、文明施工等方面内容。

3. 工程施工阶段环境管理

工程施工对环境的影响程度并不亚于工程项目建设的其他阶段，虽然项目规划、决策和设计决定了项目的布局、结构形式和材料的选择，但工程施工阶段是工程项目实体形成阶段，涉及的单位和人员多、工艺复杂，对工程项目环境的影响也比较大。就我国目前工程项目施工活动而言，应重点做好以下几方面工作：

1）现场卫生防疫管理。重视施工现场卫生防疫设施的建设，保证生活空间和工作环境的卫生条件符合国家和地方规定，从而为工程项目的建设提供一个健康、良好的工作环境，有利于保障工程项目的顺利完成。

2）废弃物产生的污染。主要指建筑垃圾，即：混凝土、碎砖、砂浆等工程垃圾，各种装饰材料的包装物，生活垃圾及施工结束后临时建筑拆除产生的废弃物等。若处理不当，将会造成弃渣阻碍河、沟等水道，降低水道的行洪能力，占用耕地。因此，应做好废弃物填埋处理，甚至可以将一些无毒无害的物质进行回收再利用，节约能源，防止有害物质再次污染。

3）噪声污染。施工过程中产生的噪音主要来源于施工机械，根据不同的施工阶段，施工现场产生噪声的设备和活动包括：

① 土石方施工阶段：挖掘机、装载机、推土机、运输车辆等；

② 打桩阶段：打桩机、振捣棒、混凝土搅拌车等；

③ 结构施工阶段：地泵、汽车泵、混凝土搅拌车、振捣棒、支拆模板、搭拆钢管脚手架、模板修理、电锯、外用电梯等；

④ 装修及机电设备安装阶段：拆脚手架、石材切割、外用电梯、电锯等。

4）水污染。在工程项目建设过程中，生产生活废水的随意排放，会使地面水受到污染，甚至污染饮用水源，影响河道下游水质。

5）粉尘污染。施工现场所产生粉尘的主要来源包括施工期间各种车辆和施工机械在行驶和作业过程中排放的大量尾气，以及水泥、粉煤灰、沙石土料等建筑材料的运输和开挖爆破过程中产生的尘灰，会对周围城市空气环境质量造成极大影响。不仅会严重影响当地居民的生活及环境卫生，甚至在严重时会造成呼吸困难，视觉模糊等情况。

6）危险有毒化学品。在施工现场，易燃易爆品、油品及一些有毒化学品在运输、储存和使用过程中，若不谨慎正确操作，不仅会对施工现场安全产生威胁，同时也会严重破坏所在地及周边环境。

10.3.3　施工现场环境保护措施

1. 施工现场环境管理措施

（1）施工准备阶段管理措施

施工单位应建立环境领导小组，制定环境保护管理实施细则，明确各部门在施工现场环境保护工作中的职责分工；建立健全施工现场环境管理体系和环境管理各项规章制度，并广泛宣传，认真落实；核实确定本单位施工范围内的环境敏感点、施工过程中的重大环境因素；明确本单位施工范围内各施工阶段应遵循的环保法律法规和标准要求。同时，制定年度培训计划，建立培训和考核程序，定期对各层次环境管理工作人员进行环保专业知识培训。

施工单位在编制施工组织设计和施工方案时，应有相应的环境保护工作内容，主要包括：根据施工特点，围绕环境敏感点，制定噪声振动控制方案；根据工地具体情况和环境要求，制定预防扬尘和大气污染的工作方案、工地排水和废水处理方案以及固体废物的处置方案；保护城市绿化的具体工作；施工范围内已有的列入保护范围内的文物名称和具体保护措施等。

应按要求做好施工现场开工前的环保准备工作，列出开工前必须完成的环保工作明细表，明确要求、逐项完成。

（2）施工过程管理措施

施工单位要指派专人负责施工现场和施工活动环境保护工作方案中的各项工作，将环保工作和责任落实到岗位和个人。在日常施工中随时检查，出现问题及时反馈和纠正。

根据不同施工阶段和季节特征及时调整环保工作内容，每周对环保工作进行一次例行检查并记录检查结果，内容包括：施工概况、污染情况以及环境影响等；污染防治措施的落实情况、可行性和效果分析；存在的问题预测和拟采取的纠正措施及其他需说明的问题。

应设置专人负责应急计划的执行，至少每季度进行一次应急计划落实情况的检查工作，一旦发生事故或紧急状态时，要积极处理并及时通知建设单位。在事故或紧急状态发生后，组织有关人员及时对事故或紧急状态发生的原因进行分析，并制定和实施减少和预防环境影响的措施。

2. 水污染防治措施

（1）污水处理

建设单位应与工程所在地市政管理部门联系，提出污水排放申请，得到批准后，将现场临时污水管网与市政污水管网相连接。施工现场污水最后出口处及搅拌机前台、运输车辆清洗处应设立沉淀池，经过沉淀后的污水可直接向污水管网排出，沉淀池内的泥沙定期清理干净，并妥善处理。

（2）生活用水管理

提倡节约用水，减少生活废水和水资源的浪费。生活废水应由专用管线引送，经市政管理部门批准后与市政污水管网连接。严禁在生活废水管线中倾倒或处置化学药品、油品和其他污染物。

（3）其他水体污染源的管理

油库的地面和墙面（由地面向上 25cm 范围）要进行防渗处理，防止油料"跑、冒、滴、漏"现象发生，污染水体；禁止将有毒有害废物用作土方回填，以免污染地下水和环境；在制定工程施工方案时，应采用合理的技术手段或其他经济可行的办法，降低用水量及减少化学品、油品的使用，以确保减少污水量。

3. 固体废物防治措施

（1）减少固体废物产生的措施

混凝土、砂浆等集中搅拌，减少袋装水泥使用量；采用新型模板体系，严格执行工艺标准，减少落地灰的产生；钢筋采用加工厂集中加工的方式，减少废料的产生；临时建筑采用活动房屋，周转使用，减少工程垃圾。

（2）综合利用固体废物

对固体废物实行充分回收和合理利用。固体废物综合利用的措施：工程废土集中过筛，筛余物用粉碎机粉碎，不能利用的垃圾集中处理；建立水泥袋回收制度；施工现场设立废料区，专人管理，可利用的废料及时利用；装饰材料的包装物统一回收。

（3）加强管理和维护固体废物相关设施、设备和场所

加强管理和维护收集、贮存、运输、利用、处置固体废物的设施、设备和场所，及时清运、处置工程施工过程中产生的垃圾。如建立登记制度，在运输过程中沿途不丢弃、遗撒固体废物，防止环境污染，保证其正常运行和使用。

（4）加强研究与开发

加强固体废物污染环境防治的研究与开发，推广先进的防治技术和普及固体废物污染环境的科学知识。教育施工人员养成良好的卫生习惯，不随地乱丢垃圾、杂物，保持工作和生活环境的整洁。

4. 大气污染防治措施

1）对易产生粉尘、扬尘的作业面和装卸、运输过程，制定操作规程和洒水降尘制度，在旱季和大风天气适当洒水，保持湿度。

2）合理组织施工、优化工地布局，使产生扬尘的作业、运输尽量避开敏感点和敏感时段。

3）严禁在施工现场焚烧任何废物和会产生有害有毒气体、烟尘、臭气的物质，熔融沥青等有毒物质要使用封闭和带有烟气处理装置的设备。

4）水泥等易散体物料尽量安排库内存放并覆盖。

5）选择合格的运输单位，做到运输过程中不散落，防止污染范围扩散。

6）施工现场出入口设冲车台，车辆出场冲洗车轮，减少车轮带土。

7）拆除构筑物时要有防尘遮挡，在旱季适量洒水。

8）使用清洁能源，灶炉符合烟尘排放规定。

9）施工现场在施工前做好施工道路的规划和设置，临时施工道路基层夯实、路面硬化。

5. 噪声污染防治措施

1）工程开工 15 日前向当地政府环境保护部门提出申请，说明工程项目名称、建筑物名称、施工场所及施工期可能排放到施工场界的环境噪声强度和所采用的噪声污染防治措施等。

2）采取降噪措施，将噪声污染减少到最低程度，使施工过程中向周围生活环境排放的噪音符合国家规定的环境噪声施工场界排放标准，并与受污染的居民组织和有关单位协商，达成协议。

① 合理安排作业时间，将混凝土施工噪声较大的工序安排在白天进行，在夜间避免进行噪声较大的工作。

② 对主体工程采用吸声降噪板和密目网进行围挡。

③ 使用商品混凝土，混凝土构件尽量工厂化，减少现场加工量。

④ 混凝土浇筑采用低噪声振捣设备。

⑤ 塔吊、吊车指挥配套使用对讲机。

⑥ 电锯、空压机等高噪声设备实行隔音屏障进行封闭式隔声处理。

⑦ 采用早拆支撑体系，减少因拆装扣件引发的高噪声，监控材料机具的搬运。

⑧ 加强对职工的教育，严禁大声喧哗。

6. 城市生态保护措施

工程项目建设影响城市生态，主要有破坏城市绿化，影响市容、景观，阻塞交通，造成不便等。

1）临时占用绿地、砍伐或迁移树木要报批。

2）施工照明灯的悬挂高度和方向要考虑不影响居民夜间休息。

3）严格履行各类用地手续，按划定的施工场地组织施工，不乱占地。

4）施工结束后按要求和具体的实施时间表及时撤场，尽快恢复。

5）在施工场地周围告示居民，以求得附近居民的理解和配合。

复 习 思 考 题

1. 职业健康安全与环境管理体系的基本内容有哪些？
2. 安全生产管理基本方法是什么？
3. 建设单位、监理单位和施工单位的安全生产管理职责各有哪些？
4. 建设工程施工安全管理程序是什么？
5. 建设工程施工安全管理主要内容有哪些？
6. 项目监理机构处理生产安全事故隐患的程序是什么？
7. 生产安全事故分哪些等级？
8. 工程建设对环境的影响主要体现在哪些方面？
9. 施工现场环境保护措施有哪些？

案 例

1. 施工安全事故

某施工单位承建一座大型水泥厂，钢结构施工完毕进入设备安装阶段，在进行空压机组吊装时，发生设备坠落，造成1人死亡、直接经济损失50万元。经调查，事故发生的原因是由于施工人员在吊装前没有详细检查吊装机具、设备，未发现倒链的销钉已被修理过，并非原装销钉；在吊装前也未进行动态试吊。

思考：

（1）该安全事故属于哪个等级？

（2）项目监理机构如何处理该安全事故？

252

（3）施工单位制定的设备吊装方案应包括哪些内容？

2. 施工现场环境管理措施

某既有工厂改造工程，紧邻住宅小区。由于施工中会产生大量污水和固体废物，扬尘现象也比较严重，施工单位在施工组织设计中专门制定了污水、固体废物、空气污染防治措施。因工程紧迫，该工程需要昼夜施工。

思考：

（1）施工现场的污水、固体废物、空气污染防治措施有哪些？

（2）除污水、固体废物、空气污染防治措施外，施工单位还需要制定哪些环境保护措施？

第 11 章 建设工程风险管理

学习目标

由于建设工程规模日趋巨大、技术含量日益增高，风险管理也成为建设工程项目管理的重要任务。

通过学习本章，应掌握如下内容：

（1）工程风险分类和管理程序；

（2）工程风险识别与评价方法；

（3）工程风险应对策略及其监控；

（4）工程保险与担保。

11.1 工程风险管理概述

11.1.1 工程项目风险及其分类

1. 工程项目风险

工程项目风险是指其在项目策划决策和建设实施过程中，造成实际结果与预期目标的差异性及其发生的概率。项目风险的差异性包括损失的不确定性和收益的不确定性。这里的工程项目风险是指损失的不确定性。项目管理人员必须充分重视工程项目风险管理，将其纳入到工程项目管理之中。

2. 工程项目风险分类

工程项目风险因素有很多，可以从不同角度进行分类。

（1）按照风险来源进行划分

风险因素包括自然风险、社会风险、经济风险、法律风险和政治风险。

1）自然风险。如地震，风暴，异常恶劣的雨、雪、冰冻天气等；未能预测到的特殊地质条件，如泥石流、河塘、流砂、泉眼等；恶劣的施工现场条件等。

2）社会风险。包括宗教信仰的影响和冲击、社会治安的稳定性、社会的禁忌、劳动者的文化素质、社会风气等。

3）经济风险。包括国家经济政策的变化，产业结构的调整，银根紧缩；项目的产品市场变化；工程承包市场、材料供应市场、劳动力市场的变动；工资的提高、物价上涨、通货膨胀速度加快；金融风险、外汇汇率的变化等。

4）法律风险。如法律不健全，有法不依、执法不严，相关法律内容发生变化；可能对相关法律未能全面、正确理解；环境保护法规的限制等。

5）政治风险。通常表现为政局的不稳定性，战争、动乱、政变的可能性，国家的对外关系，政府信用和政府廉洁程度，政策及政策的稳定性，经济的开放程度，国有化的可能性、国内的民族矛盾、保护主义倾向等。

（2）按照风险涉及的当事人划分

1）建设单位风险。建设单位遇到的风险通常可以归纳为三类，即人为风险、经济风险和自然风险。

① 人为风险。包括政府主管部门的专制行为，管理体制、法规不健全，资金筹措不力，不可预见事件，合同条款不严谨，承包单位缺乏合作诚意以及履约不力或违约，材料供应商履约不力或违约，设计有错误，监理工程师失职等。

② 经济风险。包括宏观经济形势不利，投资环境恶劣，通货膨胀幅度过大，投资回收期长，基础设施落后，资金筹措困难等。

③ 自然风险。主要是指恶劣的自然条件，恶劣的气候与环境，恶劣的现场条件以及不利的地理环境等。

2）承包单位风险。承包单位作为工程承包合同的一方当事人，所面临的风险并不比建设单位的小。承包单位遇到的风险也可以归纳为三类，即决策错误风险、缔约和履约风险、责任风险。

① 决策错误风险。主要包括信息取舍失误或信息失真风险、中介与代理风险、保标与买标风险、报价失误风险等。

② 缔约和履约风险。在缔约时，合同条款中存在不平等条款、合同中的定义不准确、合同条款有遗漏；在合同履行过程中，协调工作不力，管理手段落后，既缺乏索赔技巧，又不善于运用价格调值办法。

③ 责任风险。主要包括职业责任风险、法律责任风险、替代责任风险。

（3）按风险可否管理划分

1）可管理风险。是指用人的智慧、知识等可以预测、可以控制的风险。

2）不可管理风险。是指用人的智慧、知识等无法预测和无法控制的风险。

风险可否管理不仅取决于风险自身的特点，还取决于所收集资料的多少和掌握管理技术的水平。

（4）按风险影响范围划分

1）局部风险。是指由于某个特定因素导致的风险，其损失的影响范围较小。

2）总体风险。总体风险影响的范围大，其风险因素往往无法加以控制，如经济、政治等因素。

11.1.2　工程项目风险管理内容和方法

1. 工程项目风险识别

风险识别是指在收集资料和调查研究之后，运用各种方法对尚未发生的潜在风险以及客观存在的各种风险进行系统归类和全面识别。风险识别的主要内容是：识别引起风险的主要因素，识别风险的性质，识别风险可能引起的后果。

（1）风险识别方法

风险识别是进行风险评估的基础和前提，常用的风险识别方法有以下几种：

1）故障树分析法（Fault Tree Analysis）。故障树分析法是利用图解形式将大的风险分解成各种小的风险，或对各种引起风险的原因进行分解，这是风险识别的有用工具。该法是一种利用树状图将项目风险由粗到细、由大到小、分层排列的方法，这样容易找出所有的风险因素，关系明确。与故障树相似的还有概率树、决策树等。进行故障树分析的一般步骤如下：

　　① 定义工程项目目标，此时，应将影响项目目标的各种风险因素予以充分考虑；

　　② 编制风险因果图（失效逻辑图）；

　　③ 全面考虑各风险因素之间的相互关系，从而研究对工程项目所应采取的对策或行动方案。

　　2）德尔菲法（Delphi Method）。又称专家调查法。主要依靠专家的直观能力对风险进行识别，即通过调查意见逐步集中，直至在某种程度上达到一致。其基本步骤如下：

　　① 由项目风险管理人员提出风险问题调查方案，制定专家调查表；

　　② 请若干专家阅读有关背景资料和项目方案设计资料，填写调查表；

　　③ 风险管理人员收集整理专家意见，并将汇总结果反馈给各位专家；

　　④ 请专家进行下一轮咨询填表，直至专家意见趋于集中。

　　3）头脑风暴法（Brain Storming）。头脑风暴法是一种刺激创造性、产生新思想的技术。一般采用专家小组会议形式进行，参加的人数不宜太多，一般只有5、6人，多则10人左右。大家就具体问题发表个人意见，畅所欲言，做到集思广益。在参加人员的选择上，应注意不能使参加者感到有压力和约束。

　　4）情景分析法（Scene Analysis）。情景分析法是一种能够分析引起风险的关键因素及其影响程度的方法。可以采用图表或曲线等形式来描述当影响项目的某种因素发生变化时，整个项目情况的变化及其后果。情景分析的结果是以易懂的方式表示出来，大致可以分为两类：一类是对未来某种状态的描述；一类是对一个发展过程的描述，即未来若干年某种情况的变化链。情景分析法对以下情况特别有用：提醒决策者注意某种措施或政策可能引起的风险或危机性的后果；建议需要进行监视的风险范围；研究某些关键性因素对未来过程的影响；提醒人们注意某种技术的发展会给人们带来的风险。

　　5）流程图分析法（Flow-Chart Method）。流程图分析法是一种识别潜在风险的动态分析法。首先建立反映项目进展的流程图，然后通过对流程图进行分析，有效地揭示项目进展中的"瓶颈"分布及其影响，找出影响全局的"瓶颈"，并识别可能存在的风险。

　　6）财务报表分析法（Financial Statement Method）。风险造成的损失以及进行风险管理的各种费用都会在财务报表上表现出来，财务报表分析法就是基于这一点来识别和分析项目风险的。财务报表主要包括资产负债表、损益表、财务状况变动表和利润分配表等。

　　7）现场考察法。综合运用上述几种方法，风险管理人员可能会识别大部分潜在风险，但并不是全部。为补充上述方法的不足，风险管理人员应进行实地调查，收集相关信息。例如，到施工现场视察，可了解有关建筑材料的保管、施工安全措施的执行以及工程进展速度等情况。

　　（2）风险识别成果

　　风险识别成果是进行风险分析与评估的重要基础。风险识别的最主要成果是风险清单。风险清单是记录和控制风险管理过程的一种方法，并且在做出决策时具有不可替代的作用。风险清单最简单的作用是描述存在的风险并记录可能减轻风险的行为。风险清单格式见表11-1。

项目风险清单　　　　　　　　　　　　　　　　　　表 11-1

风险清单			编号		日期	
项目名称			审核		批准	
序号	风险因素		可能造成的后果		可能采取的措施	
1						
2						
3						
……						

2. 工程项目风险分析与评价

风险分析与评价是指在定性识别风险因素的基础上，进一步分析和评价风险因素发生的概率、影响的范围、可能造成损失的大小以及多种风险因素对项目目标的总体影响等，达到更清楚地辨识主要风险因素，有利于项目管理者采取更有针对性的对策和措施，从而减少风险对项目目标的不利影响。

风险分析与评价的任务包括：确定单一风险因素发生的概率；分析单一风险因素的影响范围大小；分析各个风险因素的发生时间；分析各个风险因素的风险结果，探讨这些风险因素对项目目标的影响程度；在单一风险因素量化分析的基础上，考虑多种风险因素对项目目标的综合影响、评估风险的程度并提出可能的措施作为管理决策的依据。

（1）风险度量

1）风险事件发生的概率及概率分布。

① 风险事件发生的概率。根据风险事件发生的频繁程度，用 0～4 将风险事件发生的概率分为 5 个等级，即经常、很可能、偶然、极小、不可能，见表 11-2。等级的划分反映了一种主观判断。因此，等级数量的划分和赋值也可以根据实际情况进行调整。

风险事件发生概率的指数　　　　　　　　　　　　表 11-2

风险事件发生的概率（或可能性）		
说明	简单描述	等级指数
经常	很可能频繁的出现，在所关注的期间多次出现	4
很可能	在所关注的期间出现几次	3
偶然	在所关注的期间偶尔出现	2
极小	不太可能但还有可能在所关注的期间出现	1
不可能	由于不太可能发生所以假设它不会出现或不可能出现	0

② 风险事件的概率分布。连续型的实际概率分布较难确定。一般应用概率分布函数来描述风险事件发生的概率与概率分布。在实践中，均匀分布、三角分布及正态分布最为常用。

2）风险度量方法。风险度量可用下式来描述：

$$R = F(O, P) \tag{11-1}$$

式中　R——某一风险事件发生后对项目目标的影响程度；

　　　　O——该风险事件的所有风险后果集；

P——该风险事件对应于所有风险结果的概率值集。

最简单的一种风险量化方法是：根据风险事件产生的结果与其相应的发生概率，求解项目风险损失的期望值和风险损失的方差（或标准差）来具体度量风险的大小，即：

① 若某一风险因素产生的项目风险损失值为离散型随机变量 X，它的可能取值为 x_1，x_2，…，x_n，这些取值对应的概率分别为 $P(x_1)$，$P(x_2)$，…，$P(x_n)$，则随机变量 X 的数学期望值和方差分别为：

$$E(X) = \sum x_i P(x_i) \tag{11-2}$$

$$D(X) = \sum [x_i - E(X)]^2 P(x_i) \tag{11-3}$$

② 若某一风险因素产生的项目风险损失值为连续型随机变量 X，其概率密度函数为 $f(x)$，则随机变量 X 的数学期望值和方差分别为：

$$E(X) = \int_{-\infty}^{+\infty} x f(x) dx \tag{11-4}$$

$$D(X) = \int_{-\infty}^{+\infty} [x - E(X)]^2 f(x) dx \tag{11-5}$$

（2）风险评定

1）风险后果的等级划分。为了在采取控制措施时能分清轻重缓急，需要给风险因素划定一个等级。通常按事故发生后果的严重程度划分为五级，即：灾难性的、关键的、严重的、次重要的、可忽略的。风险后果的等级划分见表 11-3。

风险后果的等级划分 表 11-3

项目风险的后果		
等级	简单描述	等级
灾难性的	人员死亡、项目失败、犯罪行为、破产	4
关键的	人员严重受伤、项目目标无法完全达到、超过风险准备费用	3
严重的	时间损失、耗费的意外费用、需要保险索赔	2
次重要的	需要处理的损伤或疾病、能接受的工期拖延、需要部分意外费用或是保险费过多	1
可忽略的	损失很小，可认为没有损失后果	0

2）项目风险重要性评定。将风险事件发生概率的指数（表 11-2）与风险后果的等级（表 11-3）相乘，根据相乘所得数值即可对风险的重要性进行评定。风险重要性评定结果见表 11-4。

项目风险重要性评定 表 11-4

项目风险重要性						
可能性	后果　　　等级 等级	灾难性的 4	关键的 3	严重的 2	次重要的 1	可忽略的 0
经常	4	16	12	8	4	0
很可能	3	12	9	6	3	0
偶然的	2	8	6	4	2	0
极小	1	4	3	2	1	0
不可能	0	0	0	0	0	0

3) 项目风险的可接受性评定。根据表 11-4 项目风险重要性评定结果，可以进行项目风险可接受性评定。在表 11-4 中，项目风险重要性评分值在 8 分以上的风险因素表示风险重要性较高，是不可以接受的风险，需要给予重点关注。项目风险可接受性评定见表 11-5。

项目风险可接受性评定　　　　　　　　　　　表 11-5

风险可接受性					
后果 可能性	灾难性的	关键的	严重的	次重要的	可忽略的
经常	不可接受的	不可接受的	不可接受的	不希望有的	不希望有的
很可能	不可接受的	不可接受的	不希望有的	不希望有的	可接受的
偶然的	不可接受的	不希望有的	不希望有的	可接受的	可接受的
极小	不希望有的	不希望有的	可接受的	可接受的	可忽略的
不可能	不希望有的	可接受的	可接受的	可忽略的	可忽略的

注释：

描述	评定标准
不可接受的	无法忍受的后果，必须立即予以消除或转移；
不希望有的	会造成人员伤亡和系统损坏，必须采取合理的行动；
可接受的	暂时还不会造成人员伤亡和系统损坏，应考虑采取控制措施；
可以忽略的	后果小，可不采取措施

（3）风险分析与评价的方法

风险的分析与评价往往采用定性与定量相结合的方法来进行，二者之间并非相互排斥，而是相互补充。目前，常用的工程项目风险分析与评价方法主要有调查打分法、蒙特卡洛模拟法、计划评审技术法和敏感性分析法等。这里仅介绍调查打分法和蒙特卡洛模拟法。

1) 调查打分法。又称综合评估法或主观评分法，是指将识别出的项目可能遇到的所有风险，列成项目风险表后，提交给有关专家，利用专家经验对可能的风险因素等级和重要性进行评估，确定出项目的主要风险因素。这是一种最常见、最简单且易于应用的风险评估方法。

① 调查打分法的基本步骤如下：

a. 针对风险识别的结果，确定每个风险因素的权重，以表示其对项目的影响程度；

b. 确定每个风险因素的等级值，等级值按经常、很可能、偶然、极小、不可能分为五个等级。当然，等级数量的划分和赋值也可以根据实际情况进行调整；

c. 将每个风险因素的权重与相应的等级值相乘，求出该项风险因素的得分。计算公式如下：

$$r_i = \sum_{j=1}^{m} \omega_{ij} S_{ij} \tag{11-6}$$

式中　r_i——风险因素 i 的得分；

　　　ω_{ij}——j 专家对风险因素 i 赋的权重；

S_{ij}——j 专家对风险因素 i 赋的等级值；

m——参与打分的专家数。

d. 将各个风险因素的得分逐项相加得出项目风险因素的总分，总分越高，风险越大。总分计算如下：

$$R = \sum_{i=1}^{n} r_i \qquad\qquad (11\text{-}7)$$

式中　R——项目风险得分；

r_i——风险因素 i 的得分；

n——风险因素的个数。

调查打分法的优点在于简单易懂、能节约时间，而且可以比较容易地识别主要的风险因素。

② 风险调查打分表。表 11-6 给出了工程项目风险调查打分表的一种格式。在表中，风险发生的概率按照高、中、低三个档次来划分，考虑风险因素可能对造价、工期、质量、安全、环境五个方面的影响，分别按照较轻、一般和严重来加以度量。

风险调查打分表　　　　　　　　　　　　表 11-6

序号	风险因素	可能性			影响程度													
		高	中	低	造价			工期			质量			安全			环境		
					较轻	一般	严重	较轻	一般	严重	较轻	一般	严重	较轻	一般	严重	较轻	一般	严重
1	地质条件失真																		
2	设计失误																		
3	设计变更																		
4	施工工艺落后																		
5	材料质量低劣																		
6	施工水平低下																		
7	工期紧迫																		
8	材料价格上涨																		
9	合同条款有误																		
10	成本预算粗略																		
11	管理人员短缺																		
…	…																		

2）蒙特卡罗模拟法。又称统计模拟法、随机抽样技术，是由 20 世纪 40 年代美国在第二次世界大战中研制原子弹的"曼哈顿计划"的成员 S. M. 乌拉姆和 J. 冯·诺伊曼首先提出。蒙特卡罗模拟法以概率和数理统计理论为基础，根据工程项目风险因素的概率来评估项目风险的可能性及重要程度。

蒙特卡罗模拟法的一般步骤如下：

① 对每一项活动，输入最小、最大和最可能估计数据，并为其选择一种合适的先验分布模型；

② 计算机根据上述输入，利用给定的某种规则，快速实施充分大量的随机抽样；

③ 对随机抽样的数据进行必要的数学计算，求出结果；

④ 对求出的结果进行统计学处理，求出最小值、最大值以及数学期望值和单位标准偏差；

⑤ 根据求出的统计处理数据，利用计算机自动生成概率分布曲线和累积概率曲线（通常是基于正态分布的概率累积 S 曲线）；

⑥ 依据累积概率曲线进行项目风险分析。

3. 工程项目风险应对策略及其监控

（1）工程项目风险应对策略

工程项目风险的应对策略包括风险回避、风险转移、风险自留。

1）风险回避。风险回避是指在完成项目风险分析与评价后，如果发现项目风险发生的概率很高，而且可能的损失也很大，又没有其他有效的对策来降低风险时，应采取放弃项目、放弃原有计划或改变目标等方法，使其不发生或不再发展，从而避免可能产生的潜在损失。通常，当遇到下列情形时，应考虑风险回避的策略：

① 风险事件发生概率很大且后果损失也很大的项目；

② 发生损失的概率并不大，但当风险事件发生后产生的损失是灾难性的、无法弥补的。

2）风险转移。风险转移是进行风险管理的一种十分重要的手段，当有些风险无法回避、必须直接面对，而以自身的承受能力又无法有效地承担时，风险转移就是一种十分有效的选择。必须注意的是，风险转移是通过某种方式将某些风险的后果连同对风险应对的权力和责任转移给他人。转移的本身并不能消除风险，只是将风险管理的责任和可能从该风险管理中所能获得的利益移交给了他人，项目管理者不再直接地面对被转移的风险。

风险转移的方法有很多，主要包括非保险转移和保险转移两大类。

① 非保险转移。非保险转移又称为合同转移，因为这种风险转移一般是通过签订合同的方式将项目风险转移给非保险人的对方当事人。项目风险最常见的非保险转移有以下三种情况：

a. 建设单位将合同责任和风险转移给对方当事人。建设单位管理风险必须要从合同管理入手，分析合同管理中的风险分担。在这种情况下，被转移者多数是承包单位。例如，在合同条款中规定，建设单位对场地条件不承担责任；又如，采用固定总价合同将涨价风险转移给承包单位等。

b. 承包单位进行项目分包。承包单位中标承接某工程项目后，将该工程项目中专业技术要求很强而自己缺乏相应技术的项目内容分包给专业分包单位，从而更好地保证工程项目质量。

c. 第三方担保。合同当事人的一方要求另一方为其履约行为提供第三方担保。担保方所承担的风险仅限于合同责任，即由于委托方不履行或不适当履行合同以及违约所产生的责任。第三方担保的主要有建设单位付款担保、承包单位履约担保、预付款担保、分包单位付款担保、工资支付担保等。

与其他的风险应对策略相比，非保险转移的优点主要体现在：一是可以转移某些不可保的潜在损失，如物价上涨、法规变化、设计变更等引起的投资增加；二是被转移者往往能较好地进行损失控制，如承包单位相对于建设单位能更好地把握施工技术风险，专业分包单位相对于总承包单位能更好地完成专业性强的工程内容。

但是，非保险转移的媒介是合同，这就可能因为双方当事人对合同条款的理解发生分歧而导致转移失效。此外，在某些情况下，可能因被转移者无力承担实际发生的重大损失而导致仍然由转移者来承担损失。例如，在采用固定总价合同的条件下，如果承包单位报价中所考虑涨价风险费很低，而实际的通货膨胀率很高，从而导致承包单位亏损破产，最终只得由建设单位自己来承担涨价造成的损失。

② 保险转移。保险转移通常直接称为工程保险。通过购买保险，建设单位或承包单位作为投保人将本应由自己承担的项目风险（包括第三方责任）转移给保险公司，从而使自己免受风险损失。保险之所以能得到越来越广泛的运用，原因在于其符合风险分担的基本原则，即保险人较投保人更适宜承担项目有关的风险。对于投保人来说，某些风险的不确定性很大，但是对于保险人来说，这种风险的发生则趋近于客观概率，不确定性降低，即风险降低。

在决定采用保险转移这一风险应对策略后，需要考虑与保险有关的几个具体问题：一是保险的安排方式；二是选择保险类别和保险人，一般是通过多家比选后确定，也可委托保险经纪人或保险咨询公司代为选择；三是可能要进行保险合同谈判，这项工作最好委托保险经纪人或保险咨询公司完成，但免赔额的数额或比例要由投保人自己确定。

需要说明的是，保险并不能转移工程项目的所有风险，一方面是因为存在不可保风险，另一方面则是因为有些风险不宜保险。因此，对于工程项目风险，应将保险转移与风险回避、损失控制和风险自留结合起来运用。

3）风险自留。风险自留是指项目风险保留在风险管理主体内部，通过采取内部控制措施等来化解风险。

① 风险自留的类型。风险自留可分为非计划性风险自留和计划性风险自留两种。

a. 非计划性风险自留。由于风险管理人员没有意识到项目某些风险的存在，或者不曾有意识地采取有效措施，以致风险发生后只好保留在风险管理主体内部。这样的风险自留就是非计划性的和被动的。导致非计划性风险自留的主要原因有：缺乏风险意识、风险识别失误、风险分析与评价失误、风险决策延误、风险决策实施延误等。

b. 计划性风险自留。计划性风险自留是主动的、有意识的、有计划的选择，是风险管理人员在经过正确的风险识别和风险评价后制定的风险应对策略。风险自留决不可能单独运用，而应与其他风险对策结合使用。在实行风险自留时，应保证重大和较大的项目风险已经进行了工程保险或实施了损失控制计划。

② 风险控制措施。风险控制是一种主动、积极的风险对策。风险控制工作可分为预防损失和减少损失两个方面。预防损失措施的主要作用在于降低或消除（通常只能做到降低）损失发生的概率，而减少损失措施的作用在于降低损失的严重性或遏制损失的进一步发展，使损失最小化。一般来说，风险控制方案都应当是预防损失措施和减少损失措施的有机结合。

在采用风险控制对策时，所制定的风险控制措施应当形成一个周密的、完整的损失控制计划系统。该计划系统一般应由预防计划、灾难计划和应急计划三部分组成。

a. 预防计划。预防计划的目的在于有针对性地预防损失的发生，其主要作用是降低损失发生的概率，在许多情况下也能在一定程度上降低损失的严重性。在损失控制计划系统中，预防计划的内容最广泛，具体措施最多，包括组织措施、经济措施、合同措施、技术措施。

b. 灾难计划。灾难计划是一组事先编制好的、目的明确的工作程序和具体措施，为现场人员提供明确的行动指南，使其在灾难性的风险事件发生后，不至于惊慌失措，也不需要临时讨论研究应对措施，可以做到从容不迫、及时妥善地处理风险事故，从而减少人员伤亡以及财产和经济损失。灾难计划的内容应满足以下要求：安全撤离现场人员；援救及处理伤亡人员；控制事故的进一步发展，最大限度地减少资产和环境损害；保证受影响区域的安全尽快恢复正常。灾难计划在灾难性风险事件发生或即将发生时付诸实施。

c. 应急计划。应急计划就是事先准备好若干种替代计划方案，当遇到某种风险事件时，能够根据应急预案对项目原有计划的范围和内容做出及时地调整，使中断的项目能够尽快全面恢复，并减少进一步的损失，使其影响程度减至最小。应急计划不仅要制定所要采取的相应措施，而且要规定不同工作部门相应的职责。应急计划应包括的内容有：调整整个项目的实施进度计划、材料与设备的采购计划、供应计划；全面审查可使用的资金情况；准备保险索赔依据；确定保险索赔的额度；起草保险索赔报告；必要时需调整筹资计划等。

（2）风险监控

1）风险监控的主要内容。风险监控是指跟踪已识别的风险和识别新的风险，保证风险计划的执行，并评估风险对策与措施的有效性。其目的是考察各种风险控制措施产生的实际效果、确定风险减少的程度、监视风险的变化情况，进而考虑是否需要调整风险管理计划以及是否启动相应的应急措施等。风险管理计划实施后，风险控制措施必然会对风险的发展产生相应的效果，监控风险管理计划实施过程的主要内容包括：①评估风险控制措施产生的效果；②及时发现和度量新的风险因素；③跟踪、评估风险的变化程度；④监控潜在风险的发展、监测项目风险发生的征兆；⑤提供启动风险应急计划的时机和依据。

2）风险跟踪检查与报告。

① 风险跟踪检查。跟踪风险控制措施的效果是风险监控的主要内容，在实际工作中，通常采用风险跟踪表格来记录跟踪的结果，然后定期地将跟踪的结果制成风险跟踪报告，使决策者及时掌握风险发展趋势的相关信息，以便及时地作出反应。

② 风险的重新估计。无论什么时候，只要在风险监控的过程中发现新的风险因素，就要对其进行重新估计。除此之外，在风险管理进程中，即使没有出现新的风险，也需要在项目的关键时段对风险进行重新估计。

③ 风险跟踪报告。风险跟踪的结果需要及时地进行报告，报告通常供高层次的决策者使用。因此，风险报告应该及时、准确并简明扼要，向决策者传达有用的风险信息，报告内容的详细程度应按照决策者的需要而定。编制和提交风险跟踪报告是风险管理的一项日常工作，报告的格式和频率应视需要和成本而定。

11.2 工程保险与担保

11.2.1 工程保险

工程保险是指建设单位或承包单位向专门的保险机构（保险公司）缴纳一定的保险

费，由保险公司建立保险基金，一旦发生所投保的风险事故造成财产或人身伤亡，即由保险公司用保险基金予以补偿的一种制度。工程保险是一种常用的工程项目风险转移方式，建设单位或承包单位通过投保，将应承担的风险责任转移给保险公司来承担。

承保工程项目的保险主要有：建筑工程一切险、安装工程一切险、职业责任险和工程质量保证保险。目前，我国已开办的工程保险有建筑工程一切险、安装工程一切险；正在逐步推行勘察设计、工程监理及其他工程咨询机构的职业责任险和工程质量保证保险。

1. 建筑工程一切险

建筑工程一切险是承保以土木建筑为主体的工程项目在整个建造期间因自然灾害或意外事故造成的物质损失，以及因建造而给第三者造成的物质损失或人身伤亡的保险。

（1）被保险人与投保人

1）被保险人。在工程建设期间，建设单位和承包单位对所建工程都承担有一定风险，即具有可保利益，可向保险公司投保建筑工程一切险。保险公司则可以在一张保险单上对所有涉及该项工程的有关各方都予以合理的保险保障。建筑工程保险一张保单下可以有多个被保险人，这是工程保险区别于其他财产保险的特点之一。建筑工程一切险的被保险人一般可包括以下各方：

① 建设单位或工程所有人；

② 总承包单位及分包单位；

③ 建设单位聘请的建筑师、设计师、工程师和其他专业顾问；

④ 其他关系方，如贷款银行或其他债权人。

2）投保人。

① 全部承包方式，由承包单位负责投保；

② 部分承包方式，在合同中规定由某一方投保；

③ 分段承包方式，一般由建设单位投保；

④ 施工单位只提供劳务的承包方式，一般也由建设单位投保。

（2）保险项目与保险金额

建筑工程一切险的保险项目包括物质损失部分、第三者责任及附加险三部分。

1）物质损失。

① 建筑工程。包括永久和临时性工程及物料。这是建筑工程保险的主要保险项目。该部分保险金额为承包工程合同的总金额，也即建成该项工程的实际价格，包括设计费、材料设备费、施工费（人工及施工设备费）、运杂费、税款及其他有关费用。

② 建设单位提供的物料及项目。是指未包括在工程合同价格之内的，由建设单位提供的物料及负责建筑的项目。该项保险金额应按这一部分标的的重置价值确定。

③ 安装工程项目。是指承包工程合同中未包含的机器设备安装工程项目。该项目的保险金额为其重置价值。所占保额不应超过总保险金额的 20%。超过 20%的，按安装工程一切险费率计收保费；超过 50%，则另投保安装工程一切险。

④ 施工用机器、装置及设备。是指施工用的推土机、钻机、脚手架、吊车等机器设备。此类物品一般为承包单位所有，其价值不包括在工程合同价之内，因而作专项承保。该项保险金额应按机器、装置及设备的重置价值（重新购置同一厂牌、型号、规格、性能或类似型号、规格、性能的机器、设备及装置的价格，包括出厂价、运费、关税、安装费

及其他必要的费用在内）确定。

⑤ 场地清理费。指发生承保风险所致损失后，为清理工地现场所必须支付的一项费用，不包括在工程合同价格之内。该项保险金额一般按大工程不超过其工程合同价格的 5%，小工程不超过工程合同价格的 10% 计算。

⑥ 工地内现成的建筑物。是指不在承保的工程范围内的，建设单位或承包单位所有的或由其保管的工地内已有的建筑物或财产。该项保险金额由双方共同商定，但最高不得超过该建筑物的实际价值。

⑦ 建设单位或承包单位在工地上的其他财产，是指上述六项范围之外的其他可保财产。该项保险金额由双方共同商定。

以上各部分之和为建筑工程一切险物质损失部分的总保险金额。货币、票证、有价证券、文件、账簿、图表、技术资料，领有公共运输执照的车辆、船舶以及其他无法鉴定价值的财产，不能作为建筑工程一切险的保险项目。

2) 第三者责任。是指被保险人在工程保险期内因意外事故造成工地及工地附近的第三者人身伤亡或财产损失依法应负的赔偿责任。保险金额一般通过一个赔偿限额来确定，该限额根据工地责任风险的大小确定。通常有两种方式：

① 只规定每次事故的赔偿限额，不具体限定为人身伤亡或财产损失的分项限额，也不规定在保险期限内的累计赔偿限额，这种方式适用于责任风险较低的第三者责任。

② 先规定每次事故人身伤亡及财产损失的分项赔偿限额，进而规定对每人的限额，然后将分项的人身伤亡限额与财产损失限额组成每次事故的总赔偿限额，最后再规定保险期限内的累计赔偿限额，这种方式适用于责任风险较大的第三者责任。

3) 附加险。根据投保人的特别要求或某项工程的特性需要可以增加一些附加保险，保险金额由双方商定。

2. 安装工程一切险

安装工程一切险是专门承保机器、设备或钢结构工程在安装调试期间，由于保险责任范围内的风险造成的保险财产的物质损失和列明的费用的保险。

（1）安装工程一切险的特点

安装工程一切险和建筑工程一切险在保单结构、条款内容、保险项目上基本一致，是承保工程项目相辅相成的两个险种。与建筑工程一切险相比，安装工程一切险具有以下特点：

1) 建筑工程保险的标的从开工以后逐步增加，保险额也逐步提高，而安装工程一切险的保险标的一开始就存放于工地，保险公司一开始就承担着全部货价的风险。在机器安装好之后，试车、考核和保证阶段风险最大。由于风险集中，试车期的安装工程一切险的保险费通常占整个工期的保费的三分之一左右。

2) 在一般情况下，建筑工程一切险承担的风险主要为自然灾害，而安装工程一切险承担的风险主要为人为事故损失。

3) 安装工程一切险的风险较大，保险费率也要高于建筑工程一切险。

（2）被保险人与投保人

安装工程责任方主要有：建设单位（应对自然灾害及人力不可抗拒的事故负责）；承包单位（应对不属于卖方责任的安装、试车中的疏忽、过失负责）；卖方（应对机器设备本身问题及技术指标导致安装试车过程中的损失负责）。由于安装期间发生损失的原因很复杂，往往各种原因交错，难以截然区分，因此，将有关利益方，即具有可保利益的，都视为安装工程险的共同被保险人。

安装工程一切险的被保险人包括：①建设单位；②承包单位（含分包单位）；③供货单位；④制造商，但因制造商的过失引起的直接损失不包括在安装工程险责任范围内；⑤技术顾问；⑥其他关系方。

一般来说，在全部承包方式下，由承包单位作为投保人投保整个工程的安装工程保险。同时将有关利益方列为共同被保险人。如非全部承包方式，最好由建设单位投保。

（3）保险项目与保险金额

1）安装项目。这是安装工程险承保的主要保险项目，包括被安装的机器设备、装置、物料、基础工程以及工程所需的各种临时设施如水、电、照明、通讯等设施。适用安装工程险保单承保的标的，大致有三种类型：

① 新建工厂、矿山或某一车间生产线安装的成套设备。

② 单独的大型机械装置如发电机组、锅炉、巨型吊车、传送装置的组装工程。

③ 各种钢结构建筑物如储油罐、桥梁、电视发射塔之类的安装和管道、电缆的铺设工程等。这部分的保险金额的确定与承包方式有关，在采用完全承包方式时，为该项目的承包合同价；由建设单位投保引进设备时，保险金额应包括设备的购货合同价加上国外运费和保险费、国内运费和保险费、关税和安装费（人工、材料）。

2）土木建筑工程项目。指新建、扩建厂矿必须有的工程项目。保险金额应为该工程项目建成的价格，包括设计费、材料设备费、施工费、运杂费、税款及其他有关费用。该项保险金额不能超过安装工程一切险金额的20%，超过20%时，应按建筑工程保险费率计收保险费。超过50%时，则需单独投保建筑工程一切险。

3）安装施工用机器设备。保险金额按重置价值计算。

4）建设单位或承包单位在工地上的其他财产。保险金额可由保险人与被保险人商定，但最高不能超过其实际价值。

5）清理费用。此项费用的保险金额由被保险人自定并单独投保，不包括在工程合同价内。保险金额对大工程一般不超过其工程总价值的5%；对小工程一般不超过工程总价值的10%。

以上各项之和即可构成安装工程保险物质损失部分总的保险金额。被保险人可以工程合同规定的工程造价确定投保金额。第三者责任保险金额的确定与建筑工程一切险相同。

3. 职业责任险

职业责任险（Professional Liability Insurance）是指各种职业人士对自身所需承担的职业责任进行投保，一旦由于职业责任造成其当事人或其他人的损失，则赔偿将由保险公司来承担，赔偿的处理过程也由保险公司来负责。在国外，职业责任险又常被称为职业赔偿险或过失责任险，有时也称为专业责任险，其实质是将职业人士需要承担的全部或部分风险转移给保险公司。

国际上，职业责任保险通常由提供各种专业技术服务的单位（如医院、顾问公司、律师事务所、会计师事务所等）投保，如果是以个人为服务提供主体的专业技术人员，如私人诊所医生等，则投保单独的个人职业责任保险。不同专业技术人员的保险，承保内容各不相同。通常，职业责任保险只承保合同责任风险，一般不承保法定责任风险，但随着法律责任的延伸，职业责任保险的保单也逐步将一些职业人士需要承担的法定责任风险纳入保障范畴。

（1）职业责任险的种类和特征

1）职业责任险的种类。国际上，按照职业人士所面对的风险不同，通常将职业责任保险划分为三大类，见表11-7。

职业责任险分类 表11-7

保险种类	具体险种
医疗责任类	包括内科、外科、牙科及药剂师等责任保险，典型风险是人身伤害和间接损失
技术职业类	主要指建筑师、工程师、顾问工程师等责任保险，主要风险包括当事人的损失、工程项目的损失和间接的财产损失等
法律和商业责任类	包括律师、会计师和公证人等责任保险，主要风险因素比较复杂，具有很大的潜在风险

2）职业责任险的特征。职业责任险是一种广义的财产保险，具有一般财产保险的特征，但职业责任险也具有自身的特殊性。

① 保险的标的是职业责任。职业责任保险是以职业责任为保险标的的保险，其保险的标的没有有形的物质载体。而职业责任的产生来自两个方面：一是法律法规；二是合同。就目前国际惯例而言，职业责任最主要的是指合同责任，法定责任也随着形势的发展，越来越受到当事人的重视，不少由法律法规所规定的责任也开始逐步纳入职业责任保单中的保险条款。

② 职业责任的界定较为困难。这是职业责任保险有别于其他责任保险的一个重要特征。尽管法律法规规定了相关责任，但是，职业责任的涉及面较广、专业技术性强，责任风险的暴露需要一定的时间和诱因。也就是说，即使按照正常的程序和方法对工程质量进行了监控，但工程的某些隐患仍然不一定会被发现，或者说不一定被及时发现。如果将来没有特殊的诱因，工程勘察、设计、监理等问题可能永远不会暴露。即使问题暴露，要对责任做出明确的识别和确认也都需要一个十分复杂、漫长的过程。

③ 责任方及受害方都得到保障。在职业责任保险中，责任方是专业技术人员（如工程勘察、设计、监理人员），他们依靠自身所掌握的专业知识为建设单位提供技术服务，自身的经济赔偿能力是非常有限的，而他们的工作对象——建设工程项目涉及的人力、财力都是巨大的，专业技术人员的工作涉及社会公众的切身利益。一旦发生索赔事件，仅靠专业技术人员自身的经济实力，显然不能保障受害人的利益。而对责任方而言，损失也是无法估量的。通过责任保险，将这种责任风险转移到保险公司，由保险公司承担这种责任的赔偿，受害人的利益因此得到切实保障，另一方面，也使责任方不至于因为这种责任使自身的服务和生活受到严重影响。

④ 限额赔偿。普通财产保险的标的是有形的，因而可以根据标的实物价值通过市场来确定保险的金额。由于职业责任保险的标的没有实物形态，这种方法也就不再适用。通常情况下，职业责任保险可以借鉴其他责任保险的方法，即采用一个赔偿的限额来代替赔偿的金额，保险单内只载明赔偿的最高限额，这个限额取决于建筑师、咨询工程师、监理工程师等从业的记录、信誉，与建筑师、咨询工程师、监理工程师等工作对象的实物价值

不发生直接关系。

　　（2）职业责任险的承保方式

　　职业责任险的承保方式通常有以下三种形式：

　　1）以损失为基础的承保方式。又可称为期内发生式承保方式。即在保单有效期内，以损失发生为基础，不论建设单位或受损失的第三方提出索赔的时间是否在保单有效期内，只要在保单有效期内发生由职业责任而造成的损失，保险公司都需承担责任。这种以损失为基础的承保方式，使保险公司的责任期延长到了保险合同有效期之后。为了防止责任期太长而使保险人承担过大的风险，通常都会规定一个宽限期。由于职业责任风险的发生可能需要一个较长的时间和诱因，但这种诱因并不是在任何时候都会出现。因此，责任的宽限期太短，对保险公司的风险不大，职业责任风险得不到保障，会挫伤工程勘察、设计、监理等职业人员投保的积极性；如果宽限期太长，则保险公司的风险太大。从国际通行的做法看，采用这种承保方式的责任保险保单，其宽限期限一般不超过 10 年。

　　2）以索赔为基础的承保方式。又可称为期内索赔式承保方式。即只要索赔是在保单的有效期内提出，对过去的疏忽或过失造成的损失就由保险公司承担赔偿责任，而不管导致索赔的事件发生在何时。这种承保方式实际上使保险的有效期提前到保险合同的有效期之前，考虑到工程事故发生的滞后性，引起索赔的事件往往是在保单有效期之前，为了减少保险公司的承保风险，通常都对这种索赔设置一个追溯期。在第一次投保时，追溯期可设置为零，其后相应延长，但追溯期最长不宜超过 10 年。这种承保方式比较适用连续投保，任何时候都必须保证保单是有效的。首先，提供专业技术服务和实际提出索赔之间可能有相当大的时间滞后。其次，对建筑师、咨询工程师、监理工程师等提出的大多数职业责任索赔，不仅是在提供专业技术服务之后，而且可能是在工程项目竣工移交建设单位之后。因此，如果提出索赔时，保险单无效，则对该索赔就失去了保险意义。

　　由此可见，这种以索赔为基础的承保方式能较好地适宜职业责任风险的特点，由于必须保持保单有效，专业技术人员需要连续投保，有利于保险公司稳定客户，也有利于降低保险费用。

　　3）项目责任保险。对某些情况而言，上述两种方式的承保都不是最佳方式。从灵活方便的角度出发，可以针对具体工程项目来购买职业责任险，保险单内的资金仅限用于投保的项目，而不得用于其他工程项目引起的索赔或赔偿。这种保险方式不必像上述保单一样连续投保，其保险的有效期通常是从投保开始至建设单位接收该工程时止，其后设置一个宽限期，一般为 10 年，这个 10 年的期限，一般是指从建设单位接收该工程后的 10 年期限，而不是指从购买保险日开始的随后 10 年期限，10 年的责任期限结束后，对于职业人士来说是绝对免责的。

　　4. 工程质量保证保险

　　工程质量保证保险是指投保人与保险人约定，工程竣工后一定期间内因内在缺陷造成主体结构、渗漏质量问题，由保险人承担保险责任的保险。

　　工程质量保证保险起源于法国，又名"内在缺陷保险"（Inherent Defects Insurance, IDI），或称"十年期责任保险"（Liability for Ten Years）。IDI 有着悠久的历史。法国 1804 年《拿破仑法典》规定，建筑师和设计师必须在房屋建筑完工 10 年内负有对房屋结构缺陷进行维修的责任，在 10 年保证期后，除非证明建筑师或设计师有欺诈行为，否则，房屋建筑工程所有者将对房屋建筑工程负完全责任。后来，法国对该法典进行了多次修订。在20世纪70年代，房屋建筑工程质量方面仍然存在一些问题，房屋建筑工程的裂缝、渗漏等缺陷出现次数较多，而且存在房屋建筑工程完工后就找不到建设单位和施工单位的现象，建设单位和施工单位质量责任在房屋建筑工程完工后无法有效地落实。针对这种情况，在1978年制订了《斯比那塔法》（Spineta），对《拿破仑法典》进行了全面修订，建立了较为完整的房屋建筑工程质量保证保险构架体系。该法规定房屋建筑工程10年内在缺陷保险为强制性保险，房屋建筑工程的参建各方必须投保。投保单位包括：建筑设计咨询单位、施工图设计单位、施工单位、质量检查控制单位和建设单位。

西班牙建筑工程质量保证保险是在总结法国建筑工程质量保证保险经验的基础上，经过试点正式立法实施的，内容上基本一致。但也有一些差异，主要不同点为：

1）西班牙的建筑工程质量保证保险为伤害保险，没有强制参与建筑工程项目各方的技术责任险，但实际运作中，开发商均要求工程参与各方购买保险；而法国对建设单位为财产保险，对参与建筑工程的各方为民事责任险，这两者都是强制的。

民事责任保险与伤害保险的区别在于责任险法官不审判定案就不赔偿，审判可以拖很多年；西班牙是为业主着想，只要伤害存在，检查评估确认后，保险公司立即赔偿。

2）在法国，建筑工程质量保证保险中没有设置免赔，因此，赔付率居高不下；而西班牙的建筑工程质量保证保险则设置了免赔，运行几年来，其赔付率相对较少。

我国也在探索建立和实施工程质量保证保险制度。

11.2.2 工程担保

工程担保是指在工程建设活动中，通常由银行、保险公司出具保函或专业担保公司作为保证人，为建设单位或施工单位提供担保，当建设单位或施工单位不履行合同时，代为履行并承担代偿义务。

1. 工程担保品种

工程担保品种有很多，其中，工程保证担保包括：投标保证（Bid Bond/Tender Guarantee）、履约保证（Performance Bond/Guarantee/Security）、业主支付保证（Employer Payment Bond）、付款保证（Payment Bond/Guarantee）、预付款保证（Advance Payment Bond/Guarantee）、维修保证（Maintenance Bond/Guarantee）、差额保证（Price Difference Bond/Guarantee）、完工保证（Completion Bond/Guarantee）、分包保证（Subcontract Bond/Guarantee）。还有：免税进口材料设备保证、机具使用保证及税务保证等。工程保证担保的主要品种如图11-1所示。

除工程保证担保之外，国际上还有一些其他形式的工程担保。如：保证金（Deposit/Warrant Money）、保留金（Retention Money）、工程抵押（Mortgage on the Works）、工程留置（Lienon the Works）、信托基金（Trust Fund）、反担保（Counter-guarantee）等。严格地讲，信托基金应属于信托制度，并非属于担保制度。

2. 工程担保典型运作方式

国际上，工程担保最具代表性的有三种，即：美国的美式担保、英国的信托基金和日本的同业担保。

（1）美国——"美式担保"

美国的高保额有条件保函模式主要应用于：投标担保、履约担保和付款担保。其中，

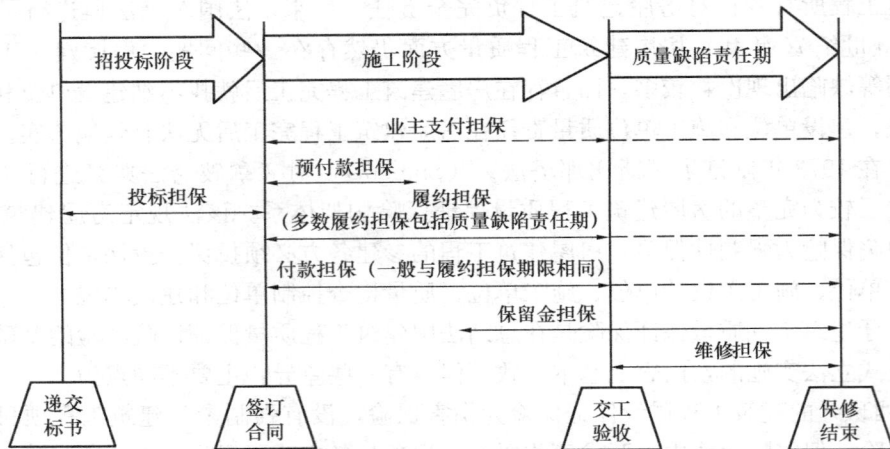

图 11-1 工程担保的主要品种

履约担保通常会覆盖预付款担保、保留金担保、维修担保等多个品种，其有效期一般从工程开工至保修期满截止。

在这种模式下，当承包商违约后，担保人在保函所规定的担保总额内将对承包商尚未履行的全部合同责任负责，并同时继承承包商的合同权利；担保人有权自行选择代为履行合同的方式，包括：提供技术、经济和管理上的支持由原承包商继续履约；引入新的承包商；将未完工程另外发包并向业主支付因此增加的合同金额；向业主直接赔付一笔业主能接受的赔偿金以买回保函。

美式工程担保的顺利实施依赖于以下条件：首先，需要对工程担保制度做出强制规定，在这一前提下，承包商如果要持续发展，必须保持良好的商业信誉，以便获得未来工程项目的担保。其次，需要建立专业化的工程保证担保市场，发展专业化的工程担保公司，使其具备能够代为履行工程合同的能力。再次，需要建立工程保证担保市场的公平竞争机制，防止担保公司通过其垄断地位影响乃至阻碍建筑市场的竞争秩序。

美国法律禁止商业银行从事工程担保业务，专业化的担保公司是工程担保市场的承保主体。美国的保证担保公司一般都具有金融机构的身份，具备雄厚的资金实力来提供担保服务。保证担保公司的人员一般都是从事担保业务、法律、工程管理等方面的专家。这些担保公司必须经美国财政部评估、批准，每年都要进行复核。担保公司提供的每笔保证担保业务金额，不得超过其注册资本。

在美国，无论是承包商、分包商，还是设计咨询商、设备供应商等，如果没有取得相应的工程担保，或者没有购买相应的工程保险，几乎无法从建筑市场上获得工程合同。这不仅是美国法律强制推行的结果，也是工程建设各方普遍遵循的惯例。

（2）英国——"信托基金"

英国在工程担保领域的信托基金模式，是指业主在工程合同生效后的一定期限内（一般为1周），向受托人植入一笔相当于原值的款项，或者提供由银行及其他金融机构出具的相当于原值的即付保证书，以此建立信托基金。信托基金的原值是合同生效日合同价款总额的1.5倍，然后除以合同生效日至合同完成日之间的月份数。业主具有使其在信托基金中的资金维持于原值的义务。

信托基金的受益人为承包商及其下属的分包商和供应商。如果业主因公司破产或解散而无力偿债，则受益人可以向受托人提出赔偿要求，受托人可自行向受益人支付一笔不超过应得款项总值的信托付款。

信托基金模式，在国际工程承包界具有一定的影响力。在英国土木工程师联合会（ICE）1991年制定的《新工程合同文件》（New Engineering Contract，NEC）中确认了该模式。

（3）日本——"同业担保"

日本通过学习、借鉴欧美国家工程担保制度的发展经验，建立了富有特色的同业担保模式。这是一种替补承包商保证担保的方式。

日本建筑业是依靠行业内各公司之间长期信赖的关系来维系的，这种关系建立在各方相互信任的基础之上，业主、承包商、分包商、材料供应商之间长期合作，逐渐形成一个层次合理、共同繁荣的建筑产业结构。在此背景下，除在外资项目中采用符合国际惯例的工程担保模式外，对于日本国内工程，往往采用同业担保模式，即业主与中标承包商签订工程合同时，由另一个具有同等资质或更高资质的承包商作为保证人提供信用担保。若中标人不能履行合同，则由保证人代为履行。替补承包商一般是由参与同一工程项目投标但未中标的承包商担任，在日本被称为工事完工保证人。因此，这一模式又被称作"工事完工保证人制度"。

同业担保模式是日本借鉴国际惯例、建立符合本国特点的工程保证担保制度的一种变通性安排，其初衷为了解决建设资金短缺的问题。为了降低担保成本，日本以替补承包商的保证替代了银行或担保公司的履约担保，目的是使发包人既得到第三方的工程担保又避免支出担保费用。采用这种模式，有利于强化建筑企业内部的信用约束意识，能够保证工程合同的如期履约和工程的正常进行，能够将保证费用留在行业内部，有效地降低了行业管理成本。

1996年后，日本改为履约保证金担保，可为现金、等额有价证券、履约保函或保证保险等。此外，韩国也有实施替补承包商履约保函的。

复 习 思 考 题

1. 建设工程风险可从哪些角度进行分类？
2. 工程风险识别与评价方法有哪些？
3. 工程风险应对策略有哪些？
4. 工程保险有哪些？
5. 工程担保有哪些品种？国际上典型运作模式有哪些？

案 例

某综合住宅小区工程项目，房地产开发公司为确保工程项目的顺利实施，在建设实施之前进行了风险分析，风险因素包括：建材价格上涨；拟定关键技术不可行；利率调整；职业道德风险；施工组织设计不合理；通货膨胀；主要建筑物布局不合理；部门间组织协调不力；劳动力市场变化；地方保护等。

思考：

（1）房地产开发公司可以采用哪些方法识别和分析其开发风险？

（2）房地产开发公司如何应对上述风险？

第 12 章　建设工程信息管理

学习目标

在工程项目策划决策及建设实施过程中，会产生大量信息，为提高建设工程项目管理水平和投资效益，应用信息技术、开发信息资源具有重要意义。建设工程信息管理具有信息收集自动化、信息存储电子化、信息交换网络化、信息检索工具化及信息利用科学化等特征。

通过学习本章，应掌握如下内容：

(1) 建设工程信息管理的意义；

(2) 建设工程信息管理实施模式和策略；

(3) 基于 INTERNET 的建设工程信息平台的结构和功能；

(4) BIM 技术及其在建设工程项目管理中的应用。

12.1　建设工程信息管理的意义和实施策略

12.1.1　建设工程信息管理的意义

建设工程信息管理的意义主要体现在以下几个方面。

1. 可以加快建设工程信息交流速度

利用信息网络作为建设工程信息交流的载体，可以大大加快工程信息交流的速度，减轻工程项目参建各方管理人员日常管理工作的负担，能够及时查询工程进展情况，及时发现问题，及时作出决策，从而提高工作效率。同时，建设工程管理信息化能够为各工程项目参建各方提供完整、准确的历史信息，方便浏览并支持这些信息在计算机上的粘贴和拷贝，可以减少传统管理模式下大量的重复抄录工作，极大地提高工程项目管理工作效率。

2. 可以实现建设工程信息共享和协同工作

利用公共的信息管理平台，既有利于工程项目参建各方的信息共享和协同工作，又有利于工程项目参建各方组织内部各部门、各层级之间的信息沟通和协调。在信息共享环境下，通过自动地完成某些常规的信息发布，可以减少工程项目参建人员之间的信息交流次数，并能保证信息传递的快捷、及时和通畅。这样，不仅有助于提高工程项目管理工作效率，而且可以提高工程项目管理水平。

3. 可以实现建设工程信息的及时采集

建设工程信息管理能够适应工程项目管理对信息量急剧增长的需要，允许实时采集每天的各种工程项目管理活动信息，并可以实现对各管理环节进行及时便利的督促与检查，从而促进工程项目管理工作质量的提高。

4. 可以存储和分析建设工程项目全部信息

建设工程信息管理可以将建设工程项目的全部信息以系统化、结构化的方式存储起来，甚至可以对已积累的既往工程项目信息进行高效的分析，从而为工程项目管理的科学决策提供定量分析数据。

5. 可以促进建设工程项目风险管理水平的提高

由于建设工程项目的规模、技术含量越来越大，以及现代市场经济竞争激烈等特点，使得工程项目建设风险越来越大。建设工程项目风险管理需要大量信息，而且需要迅速获得并处理这些信息。现代信息技术为工程项目风险管理提供了很好的方法、手段和工具，建设工程信息管理能够大大提高建设工程项目风险管理的能力和水平。

12.1.2 建设工程信息管理实施模式与策略

1. 建设工程信息管理实施模式

建设工程信息管理实施模式主要有三种，即：自行开发、直接购买和租用服务。

（1）自行开发

聘请咨询公司和软件公司针对工程项目特点自行开发，完全承担系统的设计、开发及维护工作。

（2）直接购买

建设单位或总承包单位等工程项目主要参建方出资购买商品化项目管理软件，通常通过二次开发后安装在服务器上，供工程项目参建各方使用。

（3）租用服务

租用项目管理应用服务供应商（Project Management-Application Service Provider，PM-ASP）已完全开发好的项目管理信息化系统，通常按租用时间、项目数、用户数、数据占用空间大小收费。PM-ASP 模式基本结构如图 12-1 所示。

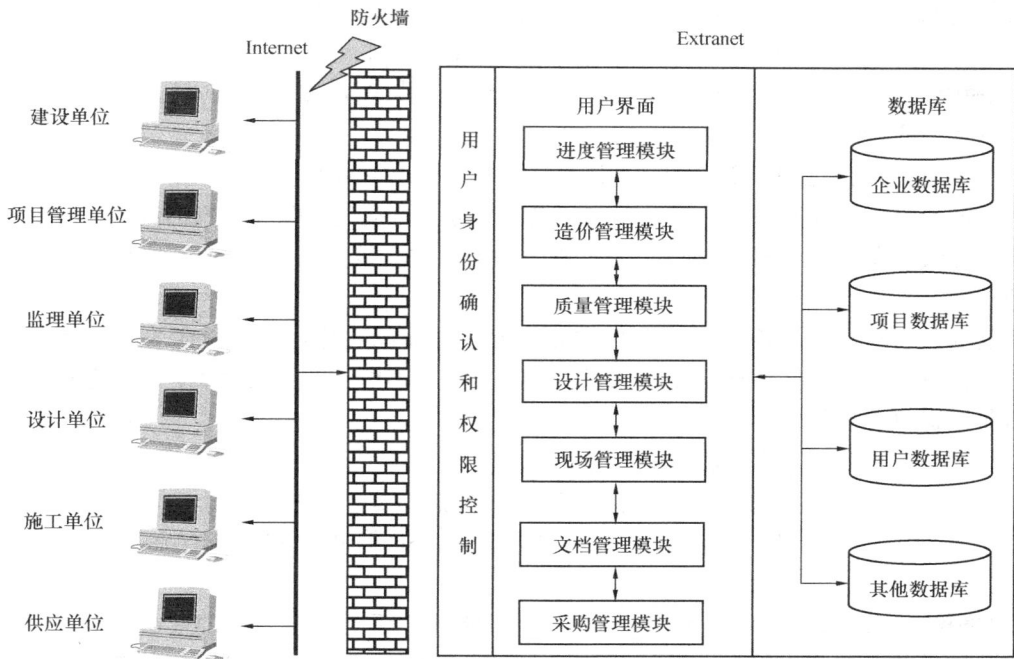

图 12-1　PM-ASP 模式基本结构

三种实施模式（自行开发、直接购买和租用服务）的比较见表12-1。

建设工程信息管理实施模式的比较   表 12-1

实施模式	自行开发	直接购买	租用服务（PM-ASP 模式）
优点	对项目的针对性最强 安全性和可靠性最好	对项目的针对性较强 安全性和可靠性较好	实施费用最低 实施周期最短 维护工作量最小
缺点	开发费用最高 实施周期最长 维护工作量较大	购买费用较高 维护费用较高	对项目的针对性较差 安全性和可靠性较差
适用范围	大型工程项目 复杂性程度高的工程项目 对系统要求高的工程项目	大型工程项目	中小型工程项目 复杂性程度低的工程项目 对系统要求低的工程项目

2. 租用服务模式及其需要解决的问题

（1）租用服务模式

在建设工程项目管理信息化应用程度比较高的美国，租用服务大致可分为以下3种应用模式。

1）项目协同工作平台 PCN（Project Collaboration Network）。项目协同工作平台主要用作工程项目参建各方的日常信息交流和协同工作，如文档管理、在线沟通、工作流程自动化等。主要功能包括：上传和下载文件和图纸、在线打印、备份文件、版本控制、跟踪文件访问的记录、给文件添加注释、在线讨论、红线标注等。

2）项目信息门户 PIP（Project Information Portal）。项目信息门户为工程项目参建各方提供项目全寿命期管理中所需要的大部分信息，如项目编码、权限管理、造价管理、进度管理、质量管理等。

3）项目采购平台 PPE（Project Procurement Exchange）。项目采购平台提供工程项目所需的建筑材料和服务的电子采购和招投标服务，自动化采购和招投标流程。主要功能包括：在线浏览产品目录和价格、发出询价单和订单、交换价格数据、网上采购和招投标等。

目前，还有一些 PM-ASP 服务供应商将上述三种模式综合起来，成为一种提供完整服务的信息门户（Full-Service Portal）。这些平台的构建，为建设工程项目参建各方实施项目管理提供了良好的沟通工具。

（2）实施租用服务需要解决的问题

与自行开发和直接购买模式相比，PM-ASP 模式具有实施费用低、周期短、维护工作量小等优越性。但是，在目前情况下推进 PM-ASP 模式的实施还存在以下问题需要解决：

1）投资回报的定量分析问题。由于采用 PM-ASP 后给企业带来的效益在很大程度上属于隐性效益，如工作效率的提高、信息的及时共享、管理的规范和决策的支持等，很难用定量的方式进行估算，使得很多企业对 PM-ASP 模式的投资回报持怀疑态度。

2）系统的安全性和稳定性。系统的安全应该是用户在使用过程中最关心的问题，目前，绝大多数的 PM-ASP 只采用了"用户名和密码"这样一个简单的安全策略来保护系统，很难满足用户对系统安全性的要求。此外，PM-ASP 是一种完全基于互联网的系统，如果系统出现故障、网络无法连接，用户将无法进行工作。因此，PM-ASP 系统的稳定性也是用户非常担心的问题。

3）电子数据的法律问题。虽然我国已经立法认可电子文件在法律上的合法性，但由于建设工程项目管理的复杂性和多变性，工程项目参建各方出于自身法律安全性的考虑，长期以来一直习惯于书面文件，尤其是一些牵涉到自身关键利益的文件，如合同、变更单、联系单等，往往对电子文件比较排斥，从而使得 PM-ASP 的应用效果大打折扣。

PM-ASP 在发达国家经过多年的商业运作，已经成为比较成熟的商业模式。随着我国工程建设领域信息化应用程度的加深，PM-ASP 模式将会得到进一步发展。

3. 建设工程信息管理实施策略

建设工程信息管理的实施离不开成熟的信息技术、稳定的硬件运行环境，更需要一整套科学合理的建设工程项目组织管理体系。实施建设工程信息管理，应重点做好以下几方面的工作。

（1）强化建设单位作用，强调全员参与

建设单位不同于一般的工程建设参与者，建设单位是工程项目生产过程的总集成者，是推动建设工程信息管理的"发动机"，是建设工程信息管理的关键。同时，信息交流是一个双向或多向的过程，只有强调全员参与，才能使信息交流顺畅，产生应有的效果。

（2）编制信息管理手册，建立健全信息管理制度

信息管理制度是建设工程项目管理信息系统得以正常运行的基础，建立制度的目的就是为了规范信息管理工作，规范和统一信息编码体系，规范和统一信息的输入和输出报表，规范建设工程项目信息流，促进建设工程项目管理工作的规范化、程序化和科学化。

（3）明确信息管理工作流程，充分利用信息资源

为应用信息技术，达到充分利用信息资源的目的，应编制信息管理手册编制和修订的工作流程，收集、录入、审核、加工、传输和发布信息的工作流程，工程档案管理的工作流程，信息技术二次开发的工作流程等。

（4）建立基于网络的信息处理平台，实现项目信息共享

建设工程项目具有跨地域、参与单位多、单件生产和生产过程组织复杂等特性，信息技术的广泛应用，极大地促进了建设工程项目管理的变革。互联网促进了计算机的连通，网格计算机技术则试图实现互联网上所有资源的全面连通，尝试将整个互联网整合成一台巨大的超级计算机，实现计算资源、存储资源、通信、软件、信息、知识的全面共享。通过采用网格计算机技术，建立建设工程项目信息共享中心，可以进一步促进工程项目参建各方的协同工作。

12.2 基于 Internet 的建设工程信息平台

随着科学技术的不断进步和项目管理需求的不断提高，人们对项目信息管理和沟通提出了更高的要求，主要体现在：

① 工程建设参与各方都能在各个阶段随时随地获得工程项目各组成部分的各种信息；

② 能够用虚拟现实的、逼真的工程项目模型指导工程项目的决策、设计与施工全过程；

③ 减少距离的影响，使项目管理者之间沟通时有同处一地的感觉；

④ 对信息的产生、保存及传播能够得到有效的管理。

基于 Internet 的项目信息平台（Internet-based PIP）能够在一定程度上解决上述问题，其主要功能是安全地获取、记录、寻找和查询项目信息。它相当于在工程项目实施全过程中，对工程项目参建各方产生的信息和知识进行集中式管理，即工程项目各参建方有共有的文档系统，同时也有共享的项目数据库。

12.2.1 基于 Internet 的项目信息平台特点和体系结构

1. 基于 Internet 的项目信息平台特点

在一般情况下，基于 Internet 的项目信息平台具有以下基本特点：

1）以 Extranet 作为信息交换工作的平台，其基本形式是项目主题网，它具有较高的安全性。

2）采用 100%B/S（浏览器/服务器）结构，用户在客户端只需安装一个浏览器即可。

3）与其他相关信息系统不同，基于 Internet 的项目信息平台的主要功能是项目信息的共享和传递，而不是对项目信息进行加工、处理。

4）基于 Internet 的项目信息平台不是一个简单的文档系统，通过信息的集中管理和门户设置为项目参建各方提供一个开放、协调、个性化的信息沟通环境。

2. 基于 Internet 的项目信息平台体系结构

一个完整的基于 Internet 的项目信息平台的体系结构包括 8 层，如图 12-2 所示。

1）基于 Internet 技术标准的信息集成平台。是项目信息平台实施的关键，它必须对来自于不同信息源的各种异构信息进行有效集成。

2）项目信息分类层。在项目集成平台基础上，对信息进行有效地分类编目，以便于项目参建各方的信息利用。

3）项目信息搜索层。为项目参与各方提供方便的信息检索服务。

4）项目信息发布与传递层。能支持信息内容的网上发布。

5）工作流程支持层。使项目参建各方通过项目门户完成一些工程项目的日常工作流程，如工程变更等。

6）项目协同工作层。使用同步和异步手段使项目参建各方结合一定的工作流程进行协作和沟通。

图 12-2　基于 Internet 的
项目信息平台体系结构

7）个性化设置层。使项目参建各方实现基于角色的界面设置。

8）数据安全层。基于 Internet 的项目信息平台有严格的数据安全保证措施，用户通过一次登录就可以访问所有的信息源。

12.2.2　基于 Internet 的项目信息平台功能

基于 Internet 的项目信息平台的功能分为基本功能和拓展功能两个层次。其中，基本功能是大部分商业化的基于 Internet 的项目信息平台和应用服务所具备的功能，可以看成基于 Internet 的项目信息平台的核心功能。而拓展功能则是部分应用服务商在其应用服务平台上所提供的服务，这些服务代表了基于 Internet 的项目信息平台的未来发展趋势。基于 Internet 的项目信息平台的功能框架如图 12-3 所示。

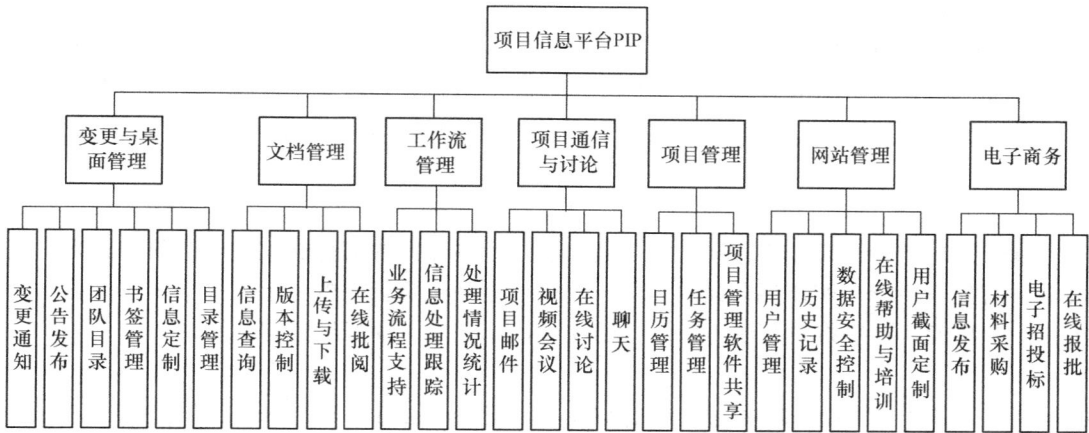

图 12-3　基于 Internet 的项目信息平台功能结构

1. 基本功能

基于 Internet 的项目信息平台的基本功能如下：

（1）通知与桌面管理

通知与桌面管理包括变更通知、公告发布、项目团队通信录及书签管理等功能。其中，变更通知是指当某一个项目参建单位有关的项目信息发生改变时，系统用 E—mail 进行提醒和通知，它是基于 Internet 的项目信息平台应具备的一项基本功能。

（2）日历和任务管理

日历和任务管理是一些简单的项目进度控制工作功能，包括共享项目进度计划的日历管理和任务管理。

（3）文档管理

文档管理是基于 Internet 的项目信息平台一项非常重要的功能，是在项目的站点上提供标准的文档目录结构，项目参建各方可以根据需求进行定制。项目参建各方可以完成文档（包括工程照片、合同、技术说明、图纸、报告、会议纪要、往来函件等）的查询、版本控制、文档上传和下载、在线审阅等工作，其中在线审阅的功能是基于 Internet 的项目信息平台的一项重要功能，可支持多种文档格式，如 CAD、Word、Excel、PowerPoint 等，项目参建各方可以在同一个文件上进行标记、圈阅和讨论，这样可以大大提高项目组织的工作效率。

（4）项目通信与协同工作

在基于 Internet 的项目信息平台为用户定制的主页上，项目参建各方可以通过基于 Internet 的项目信息平台中的内置邮件通信功能进行项目沟通，所有的通信记录在站点上都有详细的记录，从而便于争议的处理。另外，还可以就某一个主题进行在线讨论，讨论的每一个细节都会被记录下来，并分发给有关各方。项目信息门户系统的通信与讨论都可以获得大量随手可及的信息作为支持。

（5）工作流管理

工作流管理是对项目工作流程的支持，包括在线完成信息请求、工程变更、提交请求及原始记录审批等，并对处理情况进行跟踪统计。

（6）网站管理与报告

网站管理与报告包括用户管理、使用报告生成等功能，其中很重要的一项功能就是要对项目参建各方的信息沟通（包括文档传递、邮件信息、会议等）及成员在网站上的活动进行详细记录。数据的安全管理也是一项十分重要的功能，它包括数据的离线备份、加密等。

2. 拓展功能

基于 Internet 的项目信息平台的拓展功能包括多媒体的信息交互、在线项目管理、集成电子商务等功能，如视频会议的功能、进度计划和投资计划的网上发布、电子采购、电子招标等功能，这些将是基于 Internet 的项目信息平台主要发展趋势。

12.3 建筑信息建模（BIM）技术及其在项目管理中的应用

12.3.1 BIM 技术及其特点

BIM（Building Information Modeling）可翻译为"建筑信息建模"，也有翻译为"建筑信息模型"的。但相比之下，前者更为准确。一般认为，BIM 是利用数字模型对工程进行设计、施工和运营的过程。BIM 技术以多种数字技术为依托，将建筑物信息模型与工程管理行为模型进行完美组合，不仅在建设工程规划设计及施工阶段实现数字化管理，而且可应用于建设工程运营阶段，从而实现建设工程全寿命期集成管理。近年来，BIM 技术在工程建设中的重要性日益得到关注和认可，在工程项目管理中的应用也日趋广泛。

BIM 技术具有以下五个方面特点：

（1）可视化

可视化即"所见即所得"。在传统工程建设所用的施工图纸中，只是将各个构件信息用线条来表达，其真正的构造形式需要工程项目参建人员去自行想象。采用 BIM 技术可将以往线条式构件形成一种三维立体实物图形进行展示，如图 12-4 所示。这样在工程设计、建造及运营过程中各参与方均可在可视化状态下进行沟通、讨论和决策。

（2）协调性

协调是工程建设实施过程中的重要工作。在通常情况下，工程实施过程中一旦遇到问题，就需将各有关人员组织起来召开协调会，找出问题发生的原因及解决办法，然后采取相应补救措施。这种协调实质上是一种事后协调。应用 BIM 技术可以实现事先协调。如在工程设计阶段，可应用 BIM 技术对施工过程中建筑物内设施的碰撞问题进行协调。此外，还可对空间布置、防火分区、管道布置等问题进行协调处理。

图 12-4　3D 结构模型

（3）模拟性

在工程设计阶段，应用 BIM 技术可对节能、紧急疏散、日照、热能传导等进行模拟；在工程施工阶段，可根据施工组织设计，将 3D 模型加施工进度（4D）模拟实际施工，从而通过确定合理的施工方案指导实际施工；还可进行 5D 模拟（基于 3D 模型的造价控制），实现造价控制；在运营阶段，还可对日常紧急情况的处理进行模拟，如地震人员逃生模拟及消防人员疏散模拟等。

（4）优化性

工程设计、施工、运营过程均可应用 BIM 技术进行优化。例如：可将工程设计与投资回报分析结合起来，可以实时计算设计变化对投资回报的影响，实现工程设计方案优化；对于建筑物某些部位往往存在不规则设计，如裙楼、幕墙、屋顶、大空间等，这些部位通常也是施工难度较大、施工问题比较多的地方，对这些部位的设计和施工方案进行优化，可以缩短施工工期、降低工程造价。

（5）可出图性

利用 BIM 技术对建筑物进行可视化展示、协调、模拟、优化后，还可帮助输出如下图纸或报告：①综合管线图（经过碰撞检查和设计修改后已消除相应错误）；②综合结构留洞图（预埋套管图）；③碰撞检查侦错报告和建议改进方案。

12.3.2　BIM 技术在项目管理中的应用

BIM 技术有广泛用途，可以应用于城市规划中的日照采光分析、建筑微环境空气流动分析、地标建筑可视度分析、城市建筑群热工分析；建设工程运营过程中设备设施的故障维修和预防性维护。还可进行许多运行维护模拟，如：①人群行为（crowdbehavior）模拟；②疏散（evacuation）模拟；③运行（operation）模拟；④能耗（energy）模拟；⑤应急（emergencyplan）预案模拟；⑥环境（environment）模拟等。

在工程项目管理中，BIM 技术的应用主要体现在以下方面：

1. 工程项目可视化展示

建立可视化模型是 BIM 技术的基础。利用计算机实现工程项目在完工前的可视化展示，与传统单一的设计效果图等表现方式相比，由于工程项目数字化信息平台包含了工程项目各阶段所有数据信息，基于这些数据信息制作的各种可视化展示将更准确、更灵活地表现工程项目，并辅助各专业、各方参建主体之间沟通交流，从而为协同工作提供了技术支撑。

2. 工程设计方案比选和优化

应用 BIM 技术可从方案设计到施工图设计的各阶段设计成果进行评估，有利于尽早发现问题，进行设计方案比选和优化，从而提高工程设计质量。

3. 实现 4D 模拟施工

应用 BIM 技术可将 3D 模型发展到 4D（3D＋时间或进度），在工程施工前形成可视化进度信息、可视化施工组织方案及可视化施工过程模拟，并可在施工过程中对工程变更结果及风险事件结果进行模拟。应用 4D 模型可在整个工程建设过程中实现工程项目信息的高度共享，提高信息利用价值，提高工程建设管理水平。

4. 强化工程造价管理

BIM 技术在工程造价管理信息化方面具有不可比拟的优势，对于改进工程计价模式和造价管理流程、提高工程造价管理效率，都具有积极意义。具体作用体现在以下方面：

（1）提高工程量计算的准确性。基于 BIM 的自动算量功能，可使工程量计算工作摆脱人为因素影响，得到更加客观的数据。无论是规则或不规则构件，均可利用所建立的 3D 模型进行实体工程量计算。

（2）合理安排资源计划。利用 BIM 模型提供的基础数据，加载时间信息后，即可自动获得任意时间段的工作量及工程造价，从而可以合理安排资金计划、人工计划、材料计划和机械计划。

（3）控制工程设计变更。利用 BIM 技术，可将工程设计变更内容关联到模型中，自动反映出相关工程量变化甚至是工程造价变化，从而使工程设计人员清楚地了解工程设计方案变化对工程造价的影响。这样可消除传统模式下耗时且可靠性难以保证的弊端。

（4）有效支持多算对比。利用 BIM 模型数据库特性，可以赋予模型内构件时间、位置、材质、工序等各种参数信息。在此基础上可将模型中构件进行任意组合和汇总，从而快速进行统计和核算，对未施工项目进行多算对比提供有效支持。

（5）积累和共享历史数据。利用 BIM 模型可以对相关工程造价指标、含量指标进行详细、准确的分析和抽取，并形成电子资料，方便存储和共享，为今后类似工程投资估算和审核提供数据支持。

随着大数据、云平台、物联网及 GIS 等技术的飞速发展，BIM 技术将会与这些信息技术进行有效结合，为工程项目管理提供更为有效的技术支撑。

复 习 思 考 题

1. 建设工程信息管理的意义有哪些？
2. 建设工程信息管理实施模式有哪些？
3. 建设工程信息管理实施策略是什么？
4. 基于 Internet 的建设工程信息平台结构是什么？
5. 基于 Internet 的建设工程信息平台基本功能有哪些？
6. 基于 Internet 的建设工程信息平台还可以拓展哪些功能？
7. BIM 技术有哪些特点？
8. BIM 技术在项目管理中的应用有哪些？

参 考 文 献

［1］　刘伊生. 建设项目管理(第 3 版)［M］. 北京：北京交通大学出版社，2014.
［2］　刘伊生. 建设工程全面造价管理——模式·制度·组织·队伍［M］. 北京：中国建筑工业出版社，2010.
［3］　全国造价工程师执业资格考试培训教材编审委员会. 建设工程造价管理［M］. 北京：中国计划出版社，2017.
［4］　刘伊生. 工程项目进度计划与控制［M］. 北京：中国建筑工业出版社，2008.